中国濒危语言志 组委会

主 任
杜占元

执行主任
田立新

成 员
田联刚　许正明　刘　利　黄泰岩　于殿利

张浩明　刘　宏　周晓梅　周洪波　尹虎彬

中国语言资源保护工程

中国濒危语言志　编委会

总主编
曹志耘

主　编
孙宏开　黄　行　李大勤

委　员（音序）
丁石庆　黄成龙　李锦芳　王　锋　张定京

本书执行编委　黄　行

中国濒危语言志 总主编 曹志耘
少数民族语言系列 主编 孙宏开 黄行 李大勤

贵州六枝仡佬语

李锦芳 曾宝芬 康忠德 著

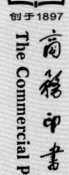
创于1897
商务印书馆
The Commercial Press

图书在版编目（CIP）数据

贵州六枝仡佬语/李锦芳，曾宝芬，康忠德著．—北京：商务印书馆，2019
（中国濒危语言志）
ISBN 978-7-100-17242-4

Ⅰ.①贵⋯　Ⅱ.①李⋯②曾⋯③康⋯　Ⅲ.①仡佬语—介绍—六枝特区　Ⅳ.①H271

中国版本图书馆CIP数据核字（2019）第057323号

权利保留，侵权必究。

贵州六枝仡佬语

李锦芳　曾宝芬　康忠德　著

| 出版发行：商务印书馆 |
| 地　　址：北京王府井大街36号 |
| 邮政编码：100710 |
| 印　　刷：北京雅昌艺术印刷有限公司 |
| 开　本：787×1092　1/16　　印　张：21 1/4 |
| 版　次：2019年6月第1版　　印　次：2019年6月北京第1次印刷 |
| 书　号：ISBN 978-7-100-17242-4 |
| 定　价：120.00元 |

六枝居都仡佬人聚居地地形地貌　六枝特区居都村 /2012.8.8/ 曾宝芬 摄

居都民居　六枝特区居都村 /2014.7.8/ 李锦芳 摄

仡佬族老人对歌　六枝特区居都村 /2016.11/ 何荣芬 摄

调查工作现场　六枝特区居都村 /2014.7.8/ 曾宝芬 摄

序

我的老家在浙江金华。我在老家生活的年代是20世纪六七十年代。那时候人们白天黑夜地干，酷暑寒冬地干，但就是吃不饱饭。山上光秃秃的，地上光秃秃的，简直成了不毛之地。如今40年过去了，回到家乡，只见茂林修竹，清流激湍，芳草鲜美，落英缤纷，俨然人间仙境。进山的小路早已被草木掩没，没有刀斧开路，则寸步难行。

在我家附近的塔石乡，有一个叫"大坑"的畲族村子，坐落在一条山沟里，有50多人。畲族相传发源于广东潮州凤凰山，明代以来逐渐北迁，从广东到福建，从福建到浙江、江西、安徽等地。数百年来，畲族尽管不断迁徙，散落中国东南各地，然而始终保持着他们共同的语言——畲话。1981年，我在山东大学上学期间，曾经一个人跑到大坑去，拿着日本人编制的调查表记录他们的畲话。当时村里男女老少，基本上人人会讲畲话。但时至今日，很多人已不会讲或讲不好畲话了，25岁以下无一人会讲。照此发展下去，估计几十年后，大坑人沿袭千年之久的母语将彻底消亡。

自然环境的破坏可以修复，但语言的消亡无法挽回，不可再生。

根据联合国教科文组织的《世界濒危语言地图》（2018），在世界现存的约6700种语言中，有40%的语言濒临灭绝，平均每两个星期就有一种语言消亡。中国有130多种语言，其中有68种使用人口在万人以下，有48种使用人口在5000人以下，有25种使用人口不足1000人，有的语言只剩下十几个人甚至几个人会说了。汉语方言尽管使用人数众多，但许多小方言、方言岛也在迅速衰亡。即使是那些还在使用的大方言，其语言结构和表达功能也已大大萎缩，或多或少都变成"残缺"的语言了。

冥冥之中，我们成了见证历史的人。

然而，作为语言学工作者，绝不应该坐观潮起潮落。事实上，联合国教科文组织早在1993年就确定当年为"抢救濒危语言年"，同时启动"世界濒危语言计划"，连续发布"世界濒危语言地图"（联合国已确定2019年为"国际本土语言年"）。二十多年来，国际上先后成立了上百个抢救濒危语言的机构和基金会，各种规模和形式的濒危语言抢救保护项目在世界各地以及网络上展开。我国学者在20世纪90年代已开始关注濒危语言问题，自21世纪初以来，开展了多项濒危语言、方言调查研究课题，出版了一系列重要成果，例如孙宏开先生主持的"中国新发现语言研究丛书"、张振兴先生等主持的"中国濒危语言方言研究丛书"、鲍厚星先生主持的"濒危汉语方言研究丛书"（湖南卷）等。为了全面、及时抢救保存中国语言方言资源，教育部、国家语委于2015年启动了规模宏大的"中国语言资源保护工程"。在语保工程里，专门设立了濒危语言方言调查项目，迄今已调查76个濒危语言点和60个濒危汉语方言点。对于濒危语言方言点，除了一般调查点的基本调查内容以外，还要求对该语言或方言进行全面系统的调查，并编写濒危语言志书稿。随着工程的实施，语保工作者奔赴全国各地，帕米尔高原、喜马拉雅山区、藏彝走廊、滇缅边境、黑龙江畔、海南丛林都留下了他们的足迹和身影。一批批鲜活的田野调查语料、音视频数据和口头文化资源汇聚到中国语言资源库，一些从未被记录过的语言、方言在即将消亡前留下了它们的声音。

为了更好地利用这些珍贵的语言文化遗产，在教育部语言文字信息管理司的领导下，商务印书馆和中国语言资源保护研究中心组织申报了国家出版基金项目"中国濒危语言志"，并有幸获得批准。该项目计划在两年内按统一规格、以EP同步方式编写出版30卷志书，其中少数民族语言20卷，汉语方言10卷。自项目启动以来，语信司领导高度重视，亲自指导志书的编写出版工作，各位主编、执行编委以及北京语言大学、中国传媒大学的工作人员认真负责，严格把关，付出了大量心血，商务印书馆则配备了精兵强将以确保出版水准。这套丛书可以说是政府、学术界和出版社三方紧密合作的结果。在投入这么多资源、付出这么大努力之后，我们有理由期待一套传世精品的出现。

当然，艰辛和困难一言难尽，不足和遗憾也在所难免。让我们感到欣慰的是，在这些语言、方言即将隐入历史深处的时候，我们赶到了它们身边，倾听它们的声音，记录它们的风采。尽管我们无力回天，但已经尽了最大的努力，让时间去检验吧。

曹志耘

2018年10月

于浙江师范大学

目录

第一章　导论　1

第一节　调查点概况　2
　一　仡佬族概况　2
　二　六枝仡佬族概况　3

第二节　六枝仡佬语的系属　6
　一　仡佬语的系属　6
　二　仡佬语的方言土语划分　7
　三　六枝仡佬语的归属　8

第三节　六枝仡佬语濒危状况　9
　一　仡佬语的使用情况　9
　二　居都仡佬语濒危状况　10

第四节　仡佬语研究概况　16
　一　仡佬语研究状况　16
　二　六枝仡佬语调查研究状况　17

第五节　调查说明　19
　一　调查大致过程　19
　二　发音人简况　19

第二章　语音　21

第一节　声韵调系统　22
　一　声母　22
　二　韵母　25
　三　声调　27
　四　音节　27

第二节　音变　29
　一　变调　29
　二　合音　32
　三　增音　33
　四　词的变读　33

第三节　拼写符号　35
　一　字母表　35
　二　声母表　35
　三　韵母表　37
　四　声调表　39
　五　标点符号　39
　六　拼写规则　39
　七　拼写符号样品　40

第三章	词汇	71	一	天文	101
第一节	词汇特点	72	二	地理	101
第二节	构词法	73	三	时间	102
	一 构词单位	73	四	方位	103
	二 构词类型	75	五	植物	103
	三 构词方法	76	六	动物	104
	四 四音格词	80	七	房舍、器具	106
第三节	词汇的构成	85	八	服饰	106
	一 汉语借词	85	九	饮食	107
	二 彝语借词	88	十	身体	108
第四节	民俗文化词	91	十一	疾病、医疗	109
	一 民俗文化词	91	十二	婚丧、信仰	109
	二 隐语	97	十三	人品、称谓	109
			十四	农业	111
第四章	分类词表	99	十五	工商业	111
第一节	《中国语言资源调查手册·		十六	文化、娱乐	112
	民族语言（侗台语族、		十七	动作、行为	112
	南亚语系）》通用词	101	十八	性质、状态	115
			十九	数量	117

二十　代词	118	
二十一　副词	119	
二十二　介词、连词	119	

第二节　《中国语言资源调查手册·民族语言（侗台语族、南亚语系）》扩展词　120

一　天文	120
二　地理	120
三　时间	121
四　方位	122
五　植物	122
六　动物	124
七　房舍、器具	126
八　服饰	128
九　饮食	129
十　身体	130
十一　疾病、医疗	131
十二　婚丧、信仰	132
十三　人品、称谓	132

十四　农业	134
十五　工商业	135
十六　文化、娱乐	135
十七　动作、行为	136
十八　性质、状态	144
十九　数量	146
二十　代词	148
二十一　副词	148
二十二　介词、连词	149

第三节　其他词　150

一　天文	150
二　地理	150
三　时间	150
四　植物	151
五　动物	153
六　房舍、器具	154
七　服饰	155
八　饮食	156
九　身体	156

十　疾病、医疗		157
十一　婚丧、信仰		158
十二　人品、称谓		158
十三　农业		159
十四　工商业		160
十五　区域、文化、娱乐		160
十六　动作、行为		160
十七　性质、状态		162
十八　数量		164
十九　副词		165
二十　介词、连词		165

第五章　语法　　167

第一节　词类　　168
一　名词　　168
二　代词　　174
三　数词　　178
四　量词　　183
五　动词　　191
六　形容词　　197
七　副词　　199
八　助词　　203
九　连词　　211
十　介词　　211
十一　叹词　　215

第二节　短语　　217
一　联合短语　　217
二　主谓短语　　217
三　动宾短语　　218
四　偏正短语　　218
五　中补短语　　219
六　同位短语　　219
七　连动短语　　219
八　兼语短语　　219

第三节　句子　　221
一　句子成分　　221
二　单句　　230
三　复句　　243

第六章　语料　　249

第一节　语法例句　　250
第二节　话语材料　　263
一　歌谣　　263
二　故事　　273

参考文献　　317

调查手记　　319

后　记　　325

第一章 导论

第一节

调查点概况

一 仡佬族概况

仡佬族是我国西南地区一个古老的民族,主要分布在贵州省北部、中西部和西南部,广西隆林各族自治县,云南省的富宁、广南、马关、麻栗坡、文山等县市。越南北部河江、河宣两省的一些县也有少数仡佬族散居,系最近几百年间由贵州迁去。仡佬族的发展大致经历了"濮—僚—仡佬"三个阶段。"濮"分布地域辽阔,族系繁杂,邑落众多,史有"百濮"之称,其历史可以上溯到三千多年以前的上古时代。据史书记载,我国西南今滇、黔、川、桂交界地区先后在春秋和战国时期出现了势力强大、文化发达的地方政权牂牁国和夜郎国,其主体部族都是"濮"。夜郎政权曾一度统摄其周边的较小方国,声威远震。《史记·西南夷列传》说:"西南夷君长以什数,夜郎最大。"西汉以后,中央王朝多次对夜郎地区进行武力征讨,加上当时聚居在云南东部和东北部的彝族先民不断向东推进,占据了贵州西部、西北部大片濮人地区,使得濮的势力渐渐衰弱。汉成帝河平二年(公元前27年),夜郎国灭亡,各方国归附汉王朝统治。东汉以后,濮人与大批从岭南北迁入黔的越人不断接触、融合而形成了一个新的族群"僚"。僚的情况也比较复杂,支系众多,其后裔除仡佬族外,还有壮族、布依族、侗族等。分布在今贵州、湖南西部等地的僚人经过长期的发展,在隋唐时期逐渐形成了单一的群体——仡佬族。

据2010年全国人口普查数据,全国仡佬族有550 746人。"仡佬"一词,是其整体民族的称呼,其分布范围非常广,民族内部之间缺乏交往和联系,各地仡佬族在服饰、风俗、语言等方面逐渐形成了自己的特点,因而有各自不同的自称。按服饰分,有青仡佬、红仡佬、白仡佬、花仡佬、披袍仡佬(大披袍仡佬、小披袍仡佬);按习俗分,有锅圈仡佬、剪

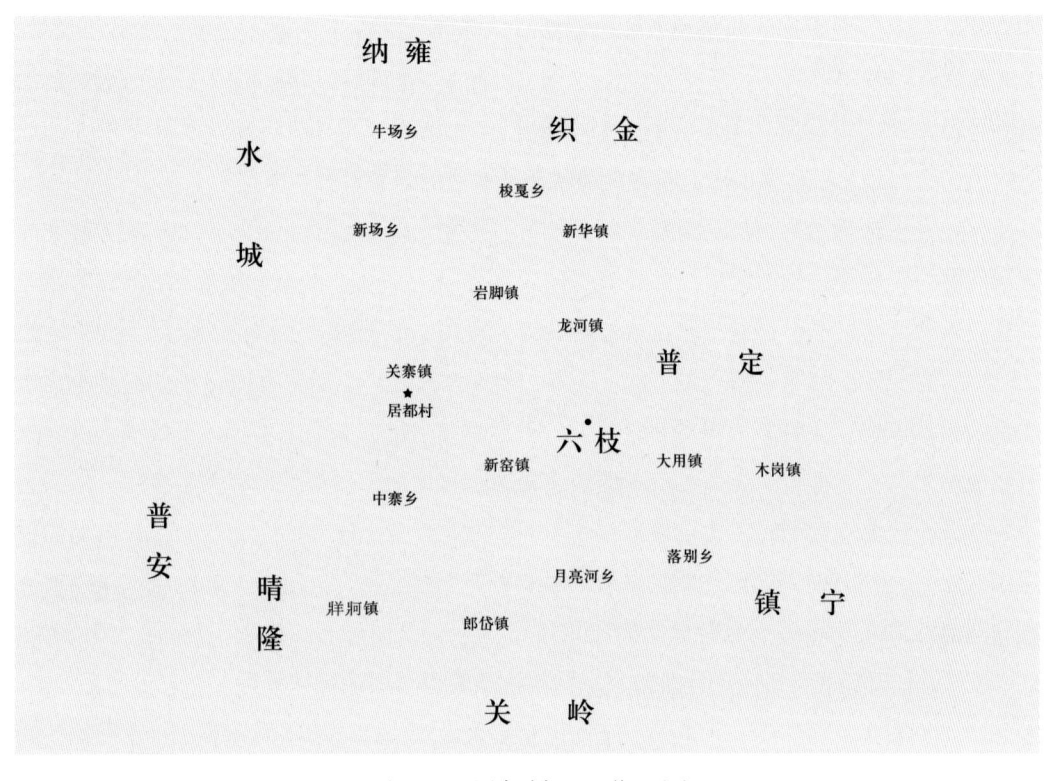

图 1-1 居都村地理位置图

发仡佬、卷发仡佬、打牙仡佬、彝仡佬；按职业分，有打铁仡佬、竹篾仡佬等；按支系自称分，有多罗、哈给、稿、阿欧等。

二 六枝仡佬族概况

贵州省六盘水市六枝特区（县级行政区）有三支仡佬族，一支自称"多罗"（to³¹ʔlo³³），分布在关寨镇（原箐口乡辖地部分）一带。另一支自称"阿欧"（a³³ɣəu⁵⁵），人口极少，仅原箐口乡猴子田村一位80多岁老年妇女仍能使用母语。还有一支他称为"打铁仡佬"的分布在中寨镇陇戛、火坑村等地，可能原先使用稿方言，母语已失传，转用了汉语西南官话。箐口乡居都村委会下辖各自然村仡佬族比较集中，语言保持较好。2015年，箐口乡与堕却乡合并为关寨镇，居都村位于关寨镇西部（原箐口乡东南部），距镇政府驻地关寨18公里。居都村附近的少数民族有苗族、布依族和彝族等。居都村是一个仡佬族村，全村总面积3.8平方公里，下辖6个自然村寨（坡头、丫口、旧寨、松林、岭岗、居都大寨），11个村民小组。全村总户数428户，2426人。仡佬族人口2218人，占91.4%（据2017年村委会的最新统计）。全村有耕地面积1635亩，其中旱地1170亩，水田465亩。居都村所在地山陡岩峭，地势险要，虽然附近就有铁路和省际公路通过，但其交通并不方便。这里气候温和湿润，为典型的亚热带季风气候，年平均气温为16℃，年平均降雨量1482.3毫米。全村地处高山河谷地带，地形以高原、山地为主，平均海拔1418.65米。居都村近年发展速度较快，以前村民住的都是瓦房和草顶房，现在大都盖起了水泥屋顶的砖房。居都村水资源严重缺乏，以前村民去山脚溪边挑一担水需要花一个小时，如今在政府帮助下，基本上解决了村民的饮水问题。2014年，居都村通往外界唯一的公路修好了水泥路，大大改善了居都村的交通条件。从此，崎岖不平、坑洼泥泞的山路成为了历史。居都村分上居都（上排）和下居都（下排），姓氏主要有李、高、杨、沙、苏等，李姓是大姓。上居都大约有50多户姓李，下居都约有20来户，上居都人自称祖籍江西，下居都来自湖广，上下居都的李姓很久以前就可以通婚，但上居都与下居都各自内部禁止通婚，可见上下居都的血缘关系较远。居都大寨内部通婚现象直到现在还比较普遍，外来的婚嫁比较少。仡佬族系贵州境内最古老的世居民族之一，其历史文化十分灿烂悠久。后来由于种种原因，大多地方的仡佬文化逐渐衰落甚至消亡、母语失传，而居都却因地处偏僻，至今仍使用母语，保存不少传统文化习俗。

居都村仡佬族现已没有民族服饰，一些传统服装也与周边汉族无异。老人常年裹头帕。中年男子、妇女及青少年、儿童则与汉族没有多大区别。过去以棉麻布为主，也有独特的野柳树皮捶打纺制的粗布。

居民饮食喜辣，喜饮酒、喝茶。自酿米酒、玉米酒、甜酒等。以大米为主食，玉米、豆、麦为副食。肉食以猪肉为主，亦食牛、马、羊、狗、蛇、昆虫等。菜蔬有辣椒、豆角、南瓜、豇豆等。

多选择半山腰处建房。住房结构有木房草顶、木房瓦顶、石墙瓦顶、混凝土平房等。

传统手工艺有编织、木工、冶炼、刺绣、纺织等。目前除了编织以外，其余的手工业均濒临失传。竹编以绵竹等为材料，产品有晒席、背篼、夹箩、簸箕、筲箕等，因擅长编织竹器，居都仡佬族还有"竹篾仡佬"之称。传统纺织有筒鞋布、斜纹布、单布、缎花布，已濒失传。

常采当地的草药治疗一些普通的疾病，包括一些家畜疾病。

娱乐文化方面，常用的乐器有二胡、笛子、箫筒、唢呐、锣鼓等，还有用泡木皮卷成的"牛角"，也吹木叶（毛桦叶较佳）。姑娘出嫁跳跳脚舞，老人过世跳铃铛舞。游戏有打"鸡儿棒"、打转包、打陀螺、磨磨秋、拴红结、踢鸡毛毽等。

民族传统节日以吃新节最隆重，在农历八月的第一或第二个虎场天，连过三天，要"杀牛祭天、杀马祭地"，祭祀天地、缅怀祖先、祈祷丰年，祈求来年粮食丰产。祭祀时还须供奉粮食瓜果，由于是新成熟的，人们称这个节日为"吃新节"。

农历三月的第一或第二个虎场天为祭树节，也称祭山节，持续三天。祭拜神树、感谢大自然的庇护和恩惠。

冬月（十一月）小年节，是仡佬族纪念祖先、缅怀艰苦岁月的节日。

旧有"祭田娘"习俗，栽秧那天，用篮子装糍粑、米饭、酒肉，带到田坎，分给整片田里的人，一边唱歌一边吃，祈求粮食丰收。正月十五拿糍粑到地头烧来当虫子吃，象征着把虫子吃光，庄稼就会长得好。

婚俗旧时讲究看八字，八字合后，男方拿一坛酒、一对鸡送给女方家，表示男方被放到女方家了。三两年后，女方送布到男方家，表示女方放给男方家了。之后选择吉日结婚。男方派数名歌郎到女方家接亲，新郎姐夫扶新娘上马。女方派6—8名女伴娘陪新娘到男方家。晚上排起一长桌对酒令，拼输赢。满七天后新人挑酒挑肉回门，探视娘家亲人。

老人去世，入葬前每天哭丧两次，早晨和太阳快落山时各一次。请6—8人，一手拿白纸，另一只手拿铃铛绕棺舞唱，称"铃铛舞"。出殡不撒纸钱买路，认为仡佬族最先到达这个地方，路是自己开的。旧时还有头向天、脚朝地的葬式，即民间所谓的"横苗倒仡佬"。

旧时占卜有鸡卜（鸡头骨卜、鸡卦、鸡蛋卜）、竹根卜、茅草卜、木刻四类。

第二节

六枝仡佬语的系属

一 仡佬语的系属

关于仡佬语的系属问题，国内外学者曾分歧比较大。早在1942年，美国学者白保罗（Paul K. Benedict）提出了著名的"澳—泰语系"假说（Benedict 1942），他把黎语、仡佬语、普标、拉基等语言组成的"卡岱"语群（Kadai languages）视为连接侗台语和南岛语的中间环节，在学界引起了很大反响。贺嘉善1983年出版第一部仡佬语研究专著《仡佬语简志》，初步认定仡佬语属于汉藏语系壮侗语族里的一种语言，但应为独立的"仡佬语支"。1993年，张济民将其仡佬语调查研究的成果汇集成《仡佬语研究》一书出版，分析了仡佬语结构特点，比较了跟仡佬语关系比较密切的木佬语、拉基语、羿人语和普标语，以及周边苗语、瑶语、布依语等，将仡佬语与拉基语等归并为"仡拉语族"，与藏缅语族、壮侗语族、苗瑶语族和汉语并列，同属汉藏语系。1996年，梁敏、张均如《侗台语族概论》一书中专立"侗台语族的一个新语支"一章，以Swadesh有关语言年代学的200多个核心词为基础，通过统计同源词的比例，认为"仡佬、拉基、普标和布央等语言应该自成一团，它们跟壮、侗等语言之间的关系比较密切，跟苗、瑶的关系比较疏远"，并提出了把仡佬、布央、拉基、普标等语言作为侗台语族一个独立的新语支，称为"仡央语支"。"仡央语支"观点的提出，在国内同行中产生了重要影响，被广泛接受。Ostapirat（2000）提出了Kra一名，指称相当于中国"仡央语支"的语言，作为侗台语族（Tai-Kdai Languages）下属语支，在国外广被接受。今天，仡佬语作为侗台语族仡央（或Kra）语支的一种语言已为国内外学界广泛认同。

二 仡佬语的方言土语划分

仡佬语方言土语的划分，始于20世纪80年代，由于仡佬语内部方言差异较大，其方言土语的划分至今还是学术界比较关注的问题。

贺嘉善（1983）根据语音和词汇的差别，并参考了语法的异同情况，以及支系自称，把仡佬语划分为稿、阿欧、哈给和多罗四种方言：稿方言主要分布在贵州省平坝县的大狗场、安顺市西秀区的湾子寨和黑寨，普定县的窝子，织金县的牛洞，六枝特区的陇戛，水城县的洞口等地；阿欧方言主要分布在贵州省织金县的龙家寨，黔西县的沙窝、滥泥沟和新开田，大方县的普底等地；哈给方言主要分布在贵州省遵义市正安县的青龙，仁怀县的安良、太阳，清镇市的麦巷，镇宁县的顶营、麻坬和花江镇，普安县的凉水营以及广西壮族自治区隆林各族自治县的三冲；多罗方言主要分布在贵州省织金县的阿弓，镇宁县的顶银哨，六枝特区的堕却、岩脚，遵义市汇川区的尖山以及广西壮族自治区隆林各族自治县的木基。

张济民（1993）把仡佬语分为黔中、黔中北、黔西和黔西南四大方言，主要依据是语音、词汇和语法的异同，以及不同地方仡佬族的自称及其生活、习俗等方面的特点。具体划分如下：

仡佬语 { 黔中方言（稿）：湾子、大狗场、新寨、窝子、长冲、桥上等
黔中北方言（哈给）：三冲、晴隆、关岭、板栗湾、平正等
黔西方言（阿欧）：普底、比工等
黔西南方言（多罗）：牛坡、木基、老寨、打铁寨、尖山等

Ostapirat（2000）从历史语言学的角度出发，指出仡佬语可分为西南部、中部和北部三大方言，并分别以老寨、湾子和桥上为代表点。他主要依据两条标准：1. 西南部方言能较好地保留声母的浊音特征。2. 北部方言对原始仡佬语的翘舌音声母系列有独特的反映。他的划分如下图所示：

仡佬语 { 西南部方言：老寨、牛坡、普底、晴隆、三冲
中部方言：湾子、大狗场、新寨
北部方言：桥上、比工、龙里、龙家

韦名应（2008）考察了以各仡佬语的自称词为代表的高度核心词在语音上的对应，以原始仡佬语 *qr-（*gr-）声类在现代各语点的创新为划分标准，基本上维护贺嘉善和张济民的划分体系，沿用贺嘉善以自称命名的方式，但对桥上、尖山、麦巷、打铁寨、洞口、板栗湾、猴子田、红丰、麻栗坡红仡佬、越南红仡佬、越南白仡佬、越南青仡佬等语点的归属进行了调整或补充。其划分如下：

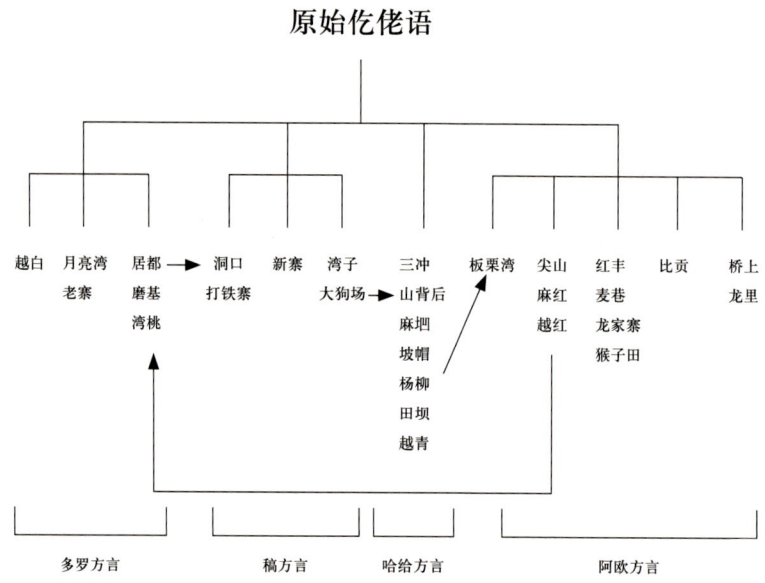

图 1-2　仡佬语方言土语划分

三　六枝仡佬语的归属

我们支持国内学者关于仡佬语划分为四个方言的主张，以及六枝居都仡佬语归入多罗方言的意见。居都仡佬族的自称"to^{31}ʔlo^{33}"即"仡佬族"之意。从目前情况来看，居都仡佬语是仡佬语中使用人口最多、语言活力较强、语言面貌保存得较完好的一种土语。居都仡佬语是一个非常有价值的语言调查点。

第三节

六枝仡佬语濒危状况

一 仡佬语的使用情况

仡佬语方言间的差异较大，操不同方言的人彼此不能通话。目前仡佬族的主要交际工具实际上是汉语，仅有一小部分人还掌握仡佬语。大部分仡佬族地区无论男女老少都会说汉语，在多民族杂居地区，有些仡佬族还会说或略通当地主体少数民族的语言，多数仡佬族地区已经完全转用汉语，母语使用者不足万人。据贺嘉善（1983：61）的统计，约近7000人使用仡佬语，其中说稿方言的仡佬族约有2000人，说阿欧方言的仡佬族约有1500人，说哈给方言的仡佬族约有1700人，说多罗方言的仡佬族约有1200人。30多年过去了，随着经济的发展，现代化脚步的加快，对外交流的增多，人们生活方式的改变，仡佬语的使用人数在急剧减少，仡佬语已日益濒危。严重的如贵州安顺普定新寨，20世纪五六十年代都还使用母语，现在仅有五六位老人会说，在日常语言生活中，仅这几位老人之间偶尔使用仡佬语交流，跟其他人交流均使用汉语。贵州水城打铁寨只有三位老人还记得少量的仡佬语词句，他们在日常会话中都只说汉语，仡佬语已成为他们记忆中的母语。贵州省六枝特区猴子田村仅有一位会说仡佬语的80多岁的老人，并且她只能说出部分基本词汇和一些简单的句子。

居都村所在区域主要通行贵州官话。除了汉族以外，居都村附近还有苗族、布依族、彝族等少数民族，族际交际语是汉语。居都村是仡佬族一个比较集中的聚居地，这里的仡佬语大体保存完好，在全村通行，是居都仡佬族内部的主要交际语言，老、中、青、幼几代都掌握。

二 居都仡佬语濒危状况

根据联合国教科文组织濒危语言特设专家组《语言活力与语言濒危》提出的评估指标,我们通过发放调查问卷的方式,并辅以个人访谈及自然观察等方法,对居都仡佬语的语言活力、使用者的语言态度及濒危程度进行分析。

调查共发放100份问卷,其中居都仡佬语母语者的调查问卷90份,有效回收90份,语言活力和使用者语言态度的统计基于此类问卷;以村里外来媳妇为调查对象的问卷10份,有效回收10份。

(一) 濒危程度抽样数据

1. 居都仡佬语的代际传承

居都仡佬语的代际传承情况,可以从不同年龄层次的人是否都会说仡佬语,以及是否说得地道来考查。抽样调查结果如下:

表1-1 是否会说仡佬语及仡佬语说得是否地道(单位%)

	您是否会说仡佬语?		你的仡佬语说得是否地道?			
	会	不会	很地道	比较地道	一般	只会一点
18岁及以下	100	0	70	30	0	0
19—30岁	100	0	80	20	0	0
31—50岁	100	0	90	10	0	0
51—70岁	100	0	95	5	0	0
71岁及以上	100	0	100	0	0	0

根据调查,仡佬语的使用者涉及各个年龄层次,绝大部分的被调查者都觉得自己讲的仡佬语很地道,可见居都仡佬语的代际传承至今正常。有少数年轻人由于外出上学或常年在外打工,兼用贵州话或普通话的机会比较多,因而觉得自己说的仡佬语不是很地道。然而随着现代媒体的普及和与外界交往的日益频繁,年轻一代的语言能力正趋于下降。

2. 居都仡佬语绝对使用人数占当地总人口的比例

据2010年第六次人口普查,六枝特区总人口约为50万,仡佬语使用总人口约为1721人,仅占该县总人口的0.34%,比例相当低。原箐口乡总人口约1.3万人,仡佬语使用人口也只占该乡总人口的13%,比例也是极低的。从这个指标看,居都仡佬语应属严重濒危型语言。

3. 居都仡佬语现存语域的走向

(1) 家庭域

居都仡佬语最主要的使用场合是家庭,在家庭的使用率非常高。如表1-2所示,不同的性别在语言使用上，对父亲、兄弟姐妹和对母亲及配偶的比例相当，对孩子的使用比例稍微偏低，有时跟孩子尤其是年龄较小的孩子说普通话。居都村有个别外来媳妇，但是她们都学会了说仡佬语，在自己的家庭中也用仡佬语交流，只是跟娘家人交流不用仡佬语。

表1-2　家庭域居都仡佬语使用情况的性别分析（单位%）

	对长辈		对平辈		对晚辈
	对父亲	对母亲	对配偶	对兄弟姐妹	对孩子
男性	88	88	84	84	80
女性	86	86	82	86	82

在家庭内部，年长者一般更倾向于使用仡佬语，尤其是40岁以上的中老年人，与家庭内不同辈分的人交流大多使用仡佬语，年轻人使用仡佬语的比例相对略低，如表1-3所示。有些年轻人跟兄弟姐妹或孩子交流时偶尔使用普通话。

表1-3　家庭域居都仡佬语使用情况的年龄分析（单位%）

	对长辈		对平辈		对晚辈
	对父亲	对母亲	对配偶	对兄弟姐妹	对孩子
18岁及以下	65	65		55	
19—30岁	75	75	70	70	70
31—50岁	85	85	85	85	80
51—70岁	90	90	90	90	90
71岁及以上	95	95	95	95	95

（2）交往域

居都仡佬语的使用领域除了家庭内部以外，在部分社交场合也会使用，但范围十分有限。由表1-4和1-5可知，如果双方都是仡佬语母语人，一般都会使用仡佬语交流，比例达94%，但如果与其他非仡佬语母语人交流，完全不使用仡佬语，使用率为0。到村委会办事，因为村领导基本为仡佬语母语人，则使用率很高，但是到镇上、县城购物或者办事，由于对方不会仡佬语，则完全不使用仡佬语交流。在这方面，不同性别及不同年龄阶段的人使用仡佬语比例差别不大，30岁以下的年轻人跟仡佬语母语人聊天使用仡佬语的比例略低。

表1-4　交往域居都仡佬语的总体使用情况及性别分析（单位%）

	跟说仡佬语的人聊天	跟不说仡佬语的人聊天		到村委会办事	到镇上、县城购物、办事	跟陌生人聊天
		本村	其他村			
总百分比	94	0	0	93	0	0
男性	92	0	0	92	0	0
女性	96	0	0	94	0	0

表1-5　交往域居都仡佬语使用情况的年龄分析（单位%）

	跟说仡佬语的人聊天	跟不说仡佬语的人聊天		到村委会办事	到镇上、县城购物、办事	跟陌生人聊天
		本村	其他村			
18岁及以下	90	0	0	85	0	0
19—30岁	95	0	0	95	0	0
31—50岁	95	0	0	95	0	0
51—70岁	95	0	0	95	0	0
71岁及以上	95	0	0	95	0	0

（3）教育域

居都仡佬语在教育域的使用比例很低，学校老师课堂教学、学生课堂读书或回答问题等几乎都不使用。居都小学有一位本村仡佬族的特聘老师，但他在课堂上比较少使用仡佬语，大多跟学生讲普通话。约有70%以上的被调查者课间跟同学一起玩耍时使用仡佬语，绝大多数的被调查者自己独立思考问题时会用仡佬语。从性别上看，教育域居都仡佬语使用比例男性和女性无太大差别。如表1-6所示。

表1-6　教育域居都仡佬语的总体使用情况及性别分析（单位%）

	老师课堂教学、提问	课堂上学习、读书、回答问题等	课间休息、跟同学一起玩耍	独自思考问题（脑子里想，不发声）
总百分比	16	16	72	89
男性	18	18	74	86
女性	14	14	70	92

（4）个人域

居都仡佬语在个人域的使用比例也较高。通过调查"您在思考问题（脑子里想，不发声）时使用什么语言？"和"您在自言自语时使用什么语言？"，选择使用仡佬语的比例高达80%以上。如表1-7所示，个人域居都仡佬语使用比例男性和女性相当，而年老一辈高于年轻一辈。

表1-7　个人域居都仡佬语使用情况的性别及年龄分析（单位%）

	性别差异			
	男性 |||| 女性			
百分比	82 |||| 84			

	年龄差异			
	18岁及以下	19—30岁	31—50岁	51—70岁	71岁及以上
百分比	65	80	85	95	95

4. 居都仡佬语对新语域和媒体的反映

现代社会广播、电视、网络等现代媒介已成为人们生活的重要组成部分，这些媒体基本以普通话为主，居都仡佬语从未进入此类新语域。根据调查结果，被调查者平时收看的电视节目语言均为普通话，在这方面，居都仡佬语的语言活力值为0。

5. 居都仡佬语使用者的语言态度

语言使用者对该语言态度的积极与否，直接影响到该语言的传承与推广。通过调查居都仡佬语使用者对"您觉得什么话听起来最舒服？""您觉得什么话最有用？""您觉得小孩子是否应该学说仡佬语？""您觉得仡佬语是否有必要保护起来？"等问题的回答，如表1-8、1-9所示，可知大部分被调查者觉得仡佬语听起来最舒服，普通话次之。这说明绝大部分的仡佬语使用者对自己的母语有较深的感情。

表1-8　您觉得什么话听起来最舒服？（单位%）

	仡佬语	贵州话	普通话	其他
百分比	82	4	14	0

表1-9　您觉得什么话听起来最舒服的年龄分析（单位%）

	仡佬语	贵州话	普通话	其他
18岁及以下	45	0	55	0
19—30岁	65	20	15	0
31—50岁	100	0	0	0
51—70岁	100	0	0	0
71岁及以上	100	0	0	0

由上表可见，18岁及以下这一年龄层次选择居都仡佬语听起来最舒服的人数比例最低，中老年选择仡佬语的比例最高，数据表明中老年人对仡佬语的情感更加强烈，年轻人对母语的认同感较低，而对普通话的认同感较高。

关于"您觉得什么话最有用？"有超过一半的人选择普通话，比例最高，贵州官话次之，仡佬语最少。对于这个问题不同年龄层次的人回答也不尽相同。年轻一辈基本上认为普通话最有用。如表1-10、1-11所示。

表1-10　您觉得什么话最有用？（单位%）

	仡佬语	贵州话	普通话	其他
百分比	9	31	60	0

表1-11　您觉得什么话最有用之年龄分析（单位%）

	仡佬语	贵州话	普通话	其他
18岁及以下	0	0	100	0
19—30岁	0	10	90	0
31—50岁	0	45	55	0
51—70岁	15	45	40	0
71岁及以上	30	55	15	0

关于小孩子是否应该学说仡佬语，调查结果见表1-12。数据表明，93%的人认为小孩子应该要学习仡佬语，但也有极个别的人对小孩子是否应该学说仡佬语持无所谓的态度。

表1-12　您觉得小孩子应该学说仡佬语吗？（单位%）

	应该	无所谓	不应该
百分比	93	7	0

关于是否有必要保护居都仡佬语，调查数据如表1-13显示，94%的人都认为有必要保

护居都仡佬语，4%的人持中立态度，仅2%的人认为没必要保护。

表1-13　您觉得是否有必要保护居都仡佬语？（单位%）

	有必要	随便	没有必要
百分比	94	4	2

整体来看，绝大部分使用者对居都仡佬语的保护与传承比较重视，但也有极少数人持无所谓的消极态度。

（二）濒危状况描述

据以上对居都仡佬语濒危程度的抽样数据调查分析，居都仡佬语的濒危状况可做如下描述：

表1-14　居都仡佬语濒危状况描述

序号	指标	评级	情况描述
1	语言代际传承	不安全4	居都仡佬语代代相传。但是在教学、对外交流等场合多使用贵州官话或普通话。
2	语言使用者的绝对人数	绝对使用人口非常少	2218人（据2017年的最新统计数据）
3	语言使用人口占总人口的比例	极度危险1	据2010年的统计数据，居都仡佬语的使用人口仅占该县总人口的0.34%，仡佬语只有极少人使用。
4	现存语言使用域的走向	有限的语域2	居都仡佬语的使用范围仅限于家庭和族群成员聚集的场合，在官方场合、公共场所及学校都不使用仡佬语。
5	语言对新语域和媒体的反应	无活力0	居都仡佬语没有进入任何新语域，新环境、新媒体都不使用该语言，居都仡佬语与现代越来越脱节。
6	语言教育材料及读写材料	书面材料可及度0	居都仡佬语没有可用的书写符号。
7	政府和机构的语言态度和语言政策	消极同化3	居都仡佬语主要作为私人场合的交际语受到尊重和保护，近年开始重视仡佬语的保护与传承，贵州省把居都小学列为仡佬—汉双语教学示范点，但双语教学并没有开展起来。贵州官话和普通话主导各种公共交际场合。
8	语言族群成员对母语的态度	大多数成员支持保持语言4	绝大多数居都仡佬人都热爱自己的语言，仡佬语被视为族群身份的重要标志，都支持母语的发展与传承。
9	语言记录的数量与质量	不充分1	仅有一本语法描写著作，康忠德《居都仡佬语参考语法》，录制了部分声像材料。

上述分析表明，居都仡佬语虽然代际传承情况较好，但使用人口数量等其他指标均不乐观，属于典型的濒危语言。

第四节

仡佬语研究概况

一 仡佬语研究状况

法国殖民统治者于19世纪末期对越南北部仡佬族开展了人类学调查，记录并公布了一些语言材料。20世纪40年代中国学者开始研究仡佬族历史文化，但不涉及语言研究。

20世纪50年代末，中国学者开始调查仡佬语，但未有成果问世。贺嘉善《仡佬语简志》（1983）是第一份较全面的仡佬语研究论著，描写了稿方言的贵州安顺湾子仡佬语的语音、词汇、语法，还简要介绍了仡佬语方言情况。张济民《仡佬语研究》（1993）较详细描写了稿方言贵州平坝大狗场仡佬语的语音、词汇、语法，做了方言比较研究。这两部著作的出版，使学界对仡佬语有了比较全面的认识。

20世纪90年代末以后，仡佬语方言土语调查点进一步铺开，出版了一系列的描写和比较研究著作和论文。李锦芳、周国炎《仡央语言探索》（1999）对仡佬语一些语言点的音系、语音特点和构词法进行了共时描写。李锦芳等《西南地区濒危语言调查研究》（2006）对仡佬语多个方言点进行了调查分析。李锦芳、艾杰瑞《中越红仡佬语比较》（2007）等文对中越边境两侧的仡佬语作了描写和比较研究。李锦芳《仡央语言和彝语的接触关系》（2011）一文分析了仡央语言中的彝语借词，说明了历史上作为强势语言的彝语对仡央语言的影响。2004年周国炎出版《仡佬族母语生态研究》，对仡佬语及仡佬族历史文化做了综合性的研究，介绍了仡佬族母语的使用和发展，揭示了仡佬语的历史文化价值，提出了抢救仡佬族母语和传统文化的措施办法。2014年李霞、李锦芳、罗永现在欧盟PeterLang出版 *A Grammar of Zoulei, Southwest China*（《比工仡佬语语法》），对阿欧方言贵州镇宁比工仡佬语做了详细的描写介绍。

美国学者艾杰瑞（Jerold A. Edmondson）多年来长期关注与研究仡央语言，自20世纪80年代以来多次深入中越边境进行实地调查，收集到仡佬等仡央语群语言的大量第一手资料，其成果主要反映在 The Tai-Kadai Languages（《侗台语言》，Diller, Edmondson and Luo ed. 2008）一书中。20世纪90年代美国学者苏大伟（David Solnit）多次到贵州安顺、镇宁、六枝、平坝等地的仡佬族村寨进行实地调查，但至今未见发表正式的研究成果。90年代后期，泰国学者Weera Ostapirat（许家平）先后到越南和中国仡佬族地区做田野调查，出版了 PROTO-KRA（《原始仡央语》2000）一书，对原始仡央语的声母、韵母和声调进行了构拟，推进了侗台语的历史比较研究。美籍学者沈悠玫的硕士论文《三冲仡佬语语音研究》（Phonology of Sanchong Gelao）（2003）对三冲仡佬语的语音系统进行了比较详细的描写说明，从语音演变的角度对三冲仡佬语和其他仡佬语方言进行了比较，认为三冲仡佬语跟湾子仡佬语的关系最密切，它应该被划到仡佬语的中部分支（稿方言）。

除了著作和论文，还有语料集编纂方面的成果：小坂隆一、周国炎、李锦芳的《仡央语言词汇集》（1998）收入了哈给方言贵州贞丰坡帽村的仡佬语词汇并附汉语和英语解释。李锦芳主编的《仡佬语布央语语法标注话语材料集》（2011）集编著者十几年的调查记录成果，描写介绍了分布于贵州、广西、云南的仡佬语和布央语共八个语言点的故事传说、祭祀辞、歌谣等丰富的话语材料，全文包括国际音标转写，汉语和英语的对译注释、意译，民族语、汉语和英语三语对照。俄罗斯学者Irina Samarina主编的《仡佬族的语言（仡佬–俄–汉–越词汇对照）》（2011，俄文版）收录了越南北部白仡佬（多罗方言）、红仡佬（阿欧方言）三个语言点较丰富的词目。

自2003年以来，李锦芳在中央民族大学带领他的学生对仡佬语开展了诸多专题性深入描写和研究，写出了一批以仡佬语为研究对象的硕士、博士学位论文及其他论文。有的全面细致描写某一点的仡佬语，有的专门研究仡佬语的语音或语法专题，有的专门研究仡佬语词汇，有的研究仡佬语方言土语的划分。这些论文对相关问题做了有益探索，也为仡佬语的后续研究提供了可资利用的素材。

二 六枝仡佬语调查研究状况

六枝居都仡佬语较早的研究成果见于张济民先生的《仡佬语研究》，但除词语的重叠现象介绍比较详细外，大都是在与其他方言点做比较时举例说明，不成系统，让人难以了解居都仡佬语的概貌。

2003年，李锦芳对居都仡佬语进行了较全面的调查，记录了居都仡佬语的语音、词汇和语法例句，收集了话语材料。2004年，姜莉芳在李锦芳指导下写成硕士论文《居都仡佬语调查研究》，介绍了居都仡佬语的语音概貌、词汇概貌及若干语法特点。2011年，康忠德出版《居都仡佬语参考语法》一书，对居都仡佬语的语法结构及特点进行了较为系统、全面、深入的共时描写和分析。2014年曾宝芬的博士论文《居都仡佬语词汇研究》，对居都仡佬语词汇的语音关系、结构特点、语义关系等进行了描写和分析。

近年来学界还发表了一些有关居都仡佬语的专题期刊论文，研究取得一定进展。例如：龙海燕、蔡吉燕《居都、大狗场仡佬语比较研究》（2010），康忠德《居都仡佬语否定句研究》（2010）、《居都仡佬语形容词构形法研究》（2010）、《居都仡佬语差比句分析》（2011），李锦芳、李霞《居都仡佬语量词的基本语法特征和句法功能》（2010），许雁《居都仡佬语的"给"字句》（2013），曾宝芬《居都仡佬语四音格研究》（2014）、《居都仡佬语俗语的语言特点及文化意蕴》（2014），等等。

第五节

调查说明

一 调查大致过程

自2003年夏以来,作者对六枝居都仡佬语开展了多次调查,2015年又作为中国语言资源保护工程濒危语言点进行更全面、深入的调查。

居都村委会几个自然村的居民均为仡佬族,使用的语言一致,我们以最大的村落居都大寨作为主要的语言采录地点。

我们前后10次对居都仡佬语的语言结构信息和历史文化背景做了比较全面的调查记录,对这个语言点比较了解。除了作者,先后参与调查并有成果面世的还有姜莉芳、韦名应、李霞、许雁等。

为做语保工程示范调查摄录,2015年7月,我们在广西南宁广西民族大学进行居都仡佬语调查和摄录,进行语料转写翻译和数据处理,之后2016年又到居都村进行语料核实和补充调查。本书是15年来团队多人调查研究的集体成果。

2012年我们还对居都村委会的松林、岭岗村仡佬语进行了话语材料采录,目前尚未完全整理。

二 发音人简况

李友红,男,1963年出生,居都村上居都一组村民,小学文化,从小至今居住在居都村,曾在1996年去河南打工一年,回来后偶尔去贵阳打短工。曾担任过居都村民兵连长,现为居都村村委会干部。其父母是本地土生土长的仡佬族,父亲是上居都长房,担任上居都寨佬,主持吃新节等重大民族节日活动,其父去世后,李友红接任上居都寨佬。发音人从小说仡佬语，读小学开始学贵州官话，目前日常用语为仡佬语，能听懂一点布依语，但不会说。跟本地的外族人说贵州官话，同时也能用地方普通话跟不会贵州官话的外地人交流。能唱民歌、讲故事。协助作者多次调查，担任2015年调查的主要发音人。

李发旺（1933—2014），男，居都村下居都村民，小学文化，自小居住在居都村，母语为仡佬语，同时也会说贵州官话。担任过生产队长，有较高的民族文化自觉性，热心配合调查，对母语文化存留很关心，也很担忧。能讲述丰富的故事，能唱很多歌谣。给调查团队展示了一些民俗、游艺活动。协助了作者2003—2012年间数次调查。

李天英，1938年生，女，居都村上居都村民，文盲，从小居住在居都村，母语为仡佬语，会说贵州官话。会唱民歌、讲故事。协助数次调查。

第二章 语音

第一节

声韵调系统

一 声母

(一) 声母表

居都仡佬语的声母共44个（包括零声母），其中单辅音声母38个，复辅音声母5个。复辅音声母多由双唇音同流音-l-结合而成。声母列表如下：

表2-1 居都仡佬语声母表

发音方法		发音部位 音标	双唇	唇齿	舌尖前	舌尖中	舌面前	舌面后	小舌	声门
塞音	不送气		p			t		k	q	ʔ
	送气		ph			th		kh	qh	
	浊		b			d		g		
塞擦音	不送气				ts		tɕ			
	送气				tsh		tɕh			
	浊				dz		dʑ			
鼻音			m			n	ȵ	ŋ		
清鼻音			m̥			n̥	ȵ̥	ŋ̥		
边音						l				

(续表)

发音方法 \ 发音部位	双唇	唇齿	舌尖前	舌尖中	舌面前	舌面后	小舌	声门
擦音 清		f	s	ɬ	ɕ	x	χ	
擦音 浊		v	z				ʁ	
半元音	w				j			
复辅音	pl phl bl ml			ʔl				

（二）声母例词

表2-2 声母例词

p	pi³¹ 走	pau³³ 雄性	pe⁴⁵ 小
ph	phɯ³¹ 棵	phin³³（一）元（钱）	phai⁴⁵（一）本
b	ba³¹ 官	baŋ³³ 田	bau⁴⁵ 拔
pl	plei³¹ 年	plan³³ 烧	ple⁴⁵ 拍
phl	phle⁴⁵ 变	phlɯ⁴⁵ 银子	
bl	blaŋ³¹ 高兴	ble³³ 过滤	bla⁴⁵ 坏
m	mau³¹ 舌头	ma³³ 雌性	me⁴⁵ 瓜
m̥	m̥o³¹ 猪	m̥an³¹ 看	m̥e⁴⁵（一）把
ml	mlɯ³¹ 五	mlaŋ³¹ 油	mlɯ³³ 活儿
w	wan³¹ 回	wai³³ 哥哥	wei⁴⁵ 红稗
f	fei³¹ 分	fan³³ 比	fe⁴⁵ 吹
v	vei³¹ 耳朵	vu³³ 去	vu⁴⁵ 脾脏
ts	tsa³¹（一）段	tso³³ 交换	tsau⁴⁵ 湿
tsh	tshai³¹ 小米	tsha³³ 缎子	tshu⁴⁵ 切
dz	dza³¹ 挤	dzu³³ 估计	dzɿ⁴⁵ 吸（气）
s	sei³¹ 梳	sɯ³¹ 二	sa⁴⁵ 汉族

(续表)

z	zaŋ³³ 割	za³¹ 掏	zuŋ⁴⁵ 垮
t	tu³¹ 喂养	ta³³ 猴子	tuŋ⁴⁵ 煮
th	thuŋ³¹ 关	the³¹the⁴⁵ 围	tha⁴⁵（一）件
d	da³¹ 做	dau³³ 慌张	den³¹ 边儿
n	nuŋ³¹ 事情	no³³ 石灰	na⁴⁵ 让
n̥	n̥ei³³ 抵押	n̥aŋ³³ 泡	n̥ei⁴⁵ 挨（打）
l	le³¹ 多	lai³³ 耕（田）	la⁴⁵ 小孩
ɬ	ɬa³¹ 拿	ɬei³³ 老鼠	ɬe⁴⁵ 留
ʔl	ʔlei³¹ 房子	ʔlaŋ³³ 埋	ʔlɯ⁴⁵ 打
tɕ	tɕia³¹ 粮食	tɕi³³ 瞎	tɕiu³³ 矮
tɕh	tɕhi³¹（刀）锋利	tɕhuŋ³¹ 盖子	tɕhiu³¹ 六
dʑ	dʑi³¹ 每一	dʑau³³（一）个	dʑin⁴⁵ 请
ɲ	ə³¹ɲia³¹ 粘	ɲi³³ 竹笋	ɲian⁴⁵ 腻
ɲ̥	ɲ̥uŋ³³ 穿（鞋）	ɲ̥ian³³ 忘记	vu³¹ɲ̥uŋ⁴⁵ 乱
ɕ	ɕin³¹ 说	ə³³ɕuŋ³³ 裤子	ɕie³¹ɕie⁴⁵ 扫
j	juŋ³¹ 藤	jau³³ 弟弟	ja⁴⁵ 错
k	ka³¹ 吃	ko³³ 快	ke⁴⁵ 脱
kh	khen³¹ 肥料	khai³³ 舀	khau³¹khau⁴⁵ 削
g	gen³¹ 移动	guŋ³³ 蚂蚁	gi³³ 好
ŋ	ŋu³¹ 蛇	ŋe⁴⁵ 鼻涕	ŋa⁴⁵（一）次
ŋ̊	ŋ̊a³¹ 沙子	ŋ̊a⁴⁵ 上腭	
x	xan³¹ 可以	xan³³ 别	lau³¹xau⁴⁵ 斗篷
q	qa³¹ 见	qaŋ³³（一）盒	qu⁴⁵ 旧
qh	qhɛ³¹（一）间	qhaŋ³³ 穷	qha⁴⁵ 亲戚
χ	χe³¹ 八	χen³¹ 七	χaŋ³¹ 大马蜂
ʁ	ʁai⁴⁵ 密集	ʁa⁴⁵（一）户（人家）	ʔlei³¹ʁa⁴⁵ 伴侣
ʔ	ma³³ʔi³³ 嫂子	ʔiau³¹ 扔	ʔiaŋ³³ 铁
∅	i³³ 我	au³¹ 是	e⁴⁵ 闭

(三)声母说明

1. 塞音、塞擦音、擦音都有清浊对立,有p/b、t/d、k/g、pl/bl、ts/dz、tɕ/dʑ、f/v、s/z、χ/ʁ共9对。其中小舌浊擦音ʁ只发现4个例词:ʁa⁴⁵(一)户(人家)、ʔlei³¹ʁa⁴⁵(伴侣)、ʁai⁴⁵(密集)、ʁa⁴⁵(鲜美)。

2. 有一套完整的清鼻音m̥、n̥、ȵ̥、ŋ̥,但在十几岁的孩童一代有消失的趋势,例如n̥uŋ³³n̥uŋ³³(骑)小孩普遍说成nuŋ³³nuŋ³³。

3. 有5个复辅音声母pl、phl、bl、ml、ʔl。

4. 唇音p与高元音i相拼读时,元音擦化。

5. 有喉塞(声门)音声母ʔ,如ʔiu⁴⁵(竹子)、ʔiu³³(老)、ʔiaŋ³³(铁)等。以元音开头的音节通常都带有前喉塞音ʔ,一般将其处理为零声母。但在居都仡佬语中,喉塞音声母ʔ是独立的音位,与带零声母的音节有区别。因此处理为两个声母:ʔ和零声母∅。

6. 浊擦音v和半元音w有明显的区别,两者形成音位上的对立,是两个独立的音位。

7. 半元音声母j有时念成舌面擦音ʑ,但没有区别意义的作用,统一处理为j。

8. 词头中的小舌音声母q在语流中常常被省略,并不影响理解与交流。例如qə³¹常常发成ə³¹。

二 韵母

居都仡佬语的韵母共33个,其中单元音韵母11个、二合元音韵母11个、三合元音韵母2个、带鼻音韵尾韵母9个。

(一)韵母

单元音韵母11个:a、o、e、ə、ɛ、i、ɿ、u、ɯ、ɚ、y;

二合元音韵母11个:ai、au、əu、ia、ua、io、ei、ue、ie、iu、ui;

三合元音韵母2个:iau、uai;

带鼻音韵尾韵母9个:an、aŋ、iaŋ、uan、uaŋ、en、in、iŋ、uŋ。

(二)韵母例词

表2-3 韵母例词

a	ta³³ 猴子	da³¹ 做	ma⁴⁵ 水果
o	m̥o³¹ 猪	ko³¹ 腿	ko⁴⁵ 脚
e	ble³¹ 鸭子	m̥e⁴⁵ 跳蚤	khe⁴⁵ 锅
ə	qə³³pu³³ 云	lə³¹ba³¹ 丈夫	

(续表)

ɛ	qɛ³¹ 鸡	qhɛ⁴⁵ 缺	
i	ɲi³³ 笋	tɕi³¹ 稻子	di³¹ 老虎
ɿ	tsɿ³³ 一	dzɿ⁴⁵ 吸	
u	dzu³³ 估计	pu³¹ 四	lu⁴⁵ 旱地
ɯ	pɯ³³ 活	kɯ³¹ 九	sɯ⁴⁵ 晴
ɚ	ɚ⁴⁵fu³¹ 二胡	pa³¹ɚ³³ 八哥	
y	tɕy³¹tsɿ³³ 橘子		
ai	khai³³ 舀	tshai³¹ 小米	bai⁴⁵ 庙
au	mau³³ 饭	dzau³¹ 喜欢	khau³¹khau⁴⁵ 削
əu	kəu³³ 钩	təu⁴⁵ 斗（嘴）	
an	man³¹ 雨	xan³¹ 能	san⁴⁵san³³ 碗
aŋ	dzaŋ³¹ 小麦	baŋ³³ 水田	tsaŋ³³ 叫
ia	bia⁴⁵（一）张	lia⁴⁵ 苎麻	phia⁴⁵ 剖
iau	biau³¹（一）阵	liau⁴⁵ 累	ɬiau⁴⁵ 和
iaŋ	qə³³tɕiaŋ³³ 弯	ə³³liaŋ³³ 加	ʔiaŋ³³ 铁
io	phio³³ 瓢	tɕi³³tɕio³¹ 你们	dʑio³¹dʑio³¹ 肚脐
ua	lua³¹ 放	kua³¹ 刮	lua³¹lua⁴⁵ 绵
uai	tsuai³³tau³¹qau⁴⁵ 打瞌睡	kuai⁴⁵ 怪	
uan	luan³¹ 杀	tshuan³¹ 船	tshuan³³ 挖（用铲挖）
uaŋ	tsuaŋ³³ 装	xuaŋ³¹ti⁴⁵ 皇帝	tsuaŋ⁴⁵ 碰撞
ei	ŋei³¹ 猫	ɬei³³ 老鼠	bei⁴⁵ 绝种
en	den³¹ 边儿	qen³¹ 姜	dzen⁴⁵ 宽
ue	qə³³lue³³ 转	qə³¹lue⁴⁵ 擀	
ie	phie³¹phie⁴⁵（掉）光	a³³tɕie⁴⁵ 姐姐	
iu	ma⁴⁵tɕiu³¹ 李子	ʔiu³³ 老（人）	ʔiu⁴⁵ 竹子
in	tin³¹ 树	ɕin³¹ 说	dzin⁴⁵ 劝
iŋ	phiŋ³¹ko³³ 苹果	jaŋ³¹tiŋ³³ 钉子	qə³¹liŋ⁴⁵ 讨厌
ui	lui³¹lui³¹ 天	xui³¹ 犟	lui³³ 长（线长）
uŋ	juŋ³¹ 藤	kuŋ³¹ 稻草	wuŋ³¹ 天

（三）韵母说明

1. ə只出现在词头和汉语借词中，如qə³³pu³³（云）、lə³¹ba³¹（丈夫）等。

2. 韵母ɚ、y、əu、uaŋ等只出现在汉语借词中。

3. 前高元音i与唇音p、b、m及舌面前鼻音ȵ相拼读时，实际读音为ɿ，带有摩擦成分，统一处理为i。例如pi³¹[pɿ³¹]（野兽）、ȵi³¹[ȵɿ³¹]（牛）。

4. 单元音ɿ只跟舌尖前塞擦音、擦音相拼，是i的变体。

5. 韵母ɛ只与小舌音q、qh相拼，实际读音为ɛⁱ，韵尾i读得很轻，不予标示。

三 声调

居都仡佬语有3个声调。

（一）声调调值及例词

表2-4 声调调值及例词

调型	调值	例词		
中降调	31	ta³¹ 三	mau³¹ 舌头	ko³¹ 腿
中平调	33	ta³³ 猴子	mau³³ 饭	ko³³ 快
高升调	45	ta⁴⁵ 箩筐	mau⁴⁵ 死	ko⁴⁵ 脚

（二）声调说明

1. 高升调45有时实际音值为35或55，但没有区别音位的作用，统一处理为45调。

2. 词头的声调读得较轻，特别是在语流中，但基本随词干。

四 音节

（一）音节结构类型

音节是居都仡佬语最容易被感知的自然语音单位，它可以分为声母、韵母和声调三个部分。声母主要由单辅音（C）充当，少数声母由复辅音（CC）充当，少数音节没有声母（零声母），还有两个半元音声母。韵母由元音（V）或者元音与辅音的组合（CV）构成，可分为韵头（V1）、韵腹（V2）和韵尾（V3）三个部分。韵尾中的辅音只限于鼻辅音，没有塞音韵尾。声调（T）作为超音段音位，贯穿于整个音节。一个音节可以没有声母、韵头、韵尾，但韵腹和声调却是一个音节中不可缺少的重要部分。根据声韵调的组合规律，可以把居都仡佬语的音节结构划分为以下12种类型：

表 2-5 音节结构类型

结构类型	例词			
V2+T	i³³ 我	ɯ³³ 水	u³³ 肉	e⁴⁵ 闭
V2+V3+T	au³¹ 是	au⁴⁵ 秧		
V2+C+T	aŋ³³ 妹妹	aŋ³¹ 有		
C+V2+T	ba³³ 父亲	ka³¹ 吃	pɯ³³ 活	ko⁴⁵ 脚
C+V1+V2+T	lua³¹ 放	ʔiu³³ 老	phio³³ 瓢	bia⁴⁵ （一）张
C+V2+V3+T	khai³³ 舀	bei³¹ 裂开	mau³³ 饭	lui³¹ 醒
C+V1+V2+V3+T	piau³¹ 溜走	liau⁴⁵ 够	ɬiau⁴⁵ 和	biau³¹ （一）群
C+V2+C+T	lan³³ 偷	zaŋ³³ 割	xuŋ⁴⁵ 化脓	min³¹ 手
C+V1+V2+C+T	luan³³ 礼物	suan³³ 双	-liaŋ³³ 添	
C+C+V2+T	bla⁴⁵ 坏	ble⁴⁵ 扛	plo³³ （一）丛	mlɯ³¹ 五
C+C+V2+V3+T	-plai³³ 问	plei³¹ 年	blei⁴⁵ 顿	
C+C+V2+C+T	plan³³ 烧	mlan³¹ 舍得	blaŋ³¹ 高兴	plaŋ³³ 席子

（二）音节结构特点

1. 居都仡佬语有两个半元音声母 w 和 j，由于在音节结构里，它们都处于声母的位置，充当声母的功能，因此我们把这类音节结构归入了辅音开头的类型。

2. 没有辅音自成音节现象。

3. 零声母音节不多，主要集中在元音开头音节，以元音开头的音节通常都带有轻微的前喉塞音，一般将其处理为零声母，与以喉塞音（声门塞音）ʔ- 为声母的音节有明显区别。

第二节

音 变

居都仡佬语的共时音变比较突出，主要有以下几方面。

一 变调

居都仡佬语的一些词、语素存在变调现象。仡佬语的词头发音又短又弱，调值可视作0，但依据后面词根的声调，词头调值会发生变化。另外，在句中为了突出某个信息，或为了引起听者注意，某些词在语流中也常产生变调。

（一）词头变调

居都仡佬语的词头主要有动词性词头、名词性词头、形容词性词头，其中 qə、vu、lə 是动词、名词、形容词共有的词头，这3个词头的调值常依据后面词根的调值发生变化。当词头后面的词根是升调或降调时，词头的调值为31；当词头后面的词根为平调时，则词头调值为33。例如：

qə^{31}tshu^{45} 人　　　qə^{31}sei^{45} 葱　　　qə^{33}tuŋ^{33} 折　　　qə^{33}ɕuŋ^{33} 裤子

vu^{31}a^{45} 暖和　　　vu^{31}n̻uŋ^{45} 乱　　　vu^{33}n̻uŋ^{33} 马　　　vu^{33}tai^{33} 豆

lə^{31}dʑi^{45} 鞭子　　　lə^{31}tsei^{45} 戒指　　　lə^{33}xau^{33} 叫　　　lə^{33}plo^{33} 疮

（二）句中变调

1. au^{31}（是）的变调

当 au^{31}（是）表强调时，au^{31} 变为升调。例如：

tɕhuŋ^{31}　sʅ^{45}　au$^{45(31)}$　blaŋ^{31}　di^{33}.
人们　　是　　是　　　高兴　　的
大家是高兴的。

i³³ au⁴⁵⁽³¹⁾ ɬiau⁴⁵ i³³ ɕin³¹ di³³ aŋ³¹ duŋ³¹ di³³.
我 是 和 你 说 的 有 话 的

我是和你说好了的。

2．动词的变调

当对某个动作进行强调时，动词原来的降调31变为超调位的曲折调315或313。这属于语调，超出声调系统。例如：

phai³¹ n̠i⁴⁵ mi⁴⁵ tsʅ⁴⁵ ɕin³¹⁵⁽³¹⁾: "lai³³ gi³³ a⁴⁵."
回 这 他 就 说 犁 好 了

这回他就说："犁好了。"

mɯ³¹ vu³³ xəu³¹, ə³¹qaŋ³¹³⁽³¹⁾ da⁴⁵vu³³n̠uŋ³³ vu³³ xəu³¹.
你 走 吧 拉 马 走 吧

你走吧，牵马走吧。

3．名词的变调

（1）当名词在句中处于逻辑停顿的位置，该名词原来调值为33的变为超调位的335，原来调值为31的变为315或313，均属语调。例如：

mi⁴⁵ tsʅ⁴⁵ pa³³ da⁴⁵la⁴⁵tsau³³⁵⁽³³⁾ ɬa³¹ ka³¹⁵.
她 就 把 小孩 拿 吃

她就把小孩吃了。

dɯ⁴⁵la⁴⁵ɬei³³⁵⁽³³⁾ ɕiaŋ³³taŋ³³ dzuŋ³¹.
老鼠 相当 大

那老鼠相当大。

mi⁴⁵ ɕin³¹⁵: "mɯ³¹ ɬa³¹ da⁴⁵m̥ɯ³¹⁵⁽³¹⁾ fei³¹ i³³ vu³³ lai³³."
他 说 你 拿 狗 给 我 去 犁

他说："你用狗给我犁地。"

（2）有少数名词的调值由降调31或平调33变为升调45。例如：

phai³¹ n̠i⁴⁵ dʐau³³vu³¹ɯ⁴⁵⁽³¹⁾ ʔluŋ³¹ ɕin³¹ duŋ³¹.
回 这 石头 会 说 话

这回石头会说话了。

mi⁴⁵ ji³¹ vu³³ ə³¹li³¹, paŋ⁴⁵ʔlaŋ⁴⁵⁽³³⁾ tɕhin³¹pu⁴⁵ au³¹ phlɯ⁴⁵.
他 一 去 摸 里面 全部 是 银子

他去摸，里面全是银子。

4．代词的变调

（1）疑问代词调值变为45。例如：

tɑ³¹　nɑ⁴⁵⁽³³⁾　vu³³⁵⁽³³⁾？
到　　哪　　　去

到哪里去？

muɯ³¹ ɑ³¹ nɑ⁴⁵⁽³³⁾ kɑ³¹ ne⁴⁵ i³³ ɑ³¹ nɑ⁴⁵⁽³³⁾ kɑ³¹.
你　 在　 哪　　 吃　 呢　我　在　 哪　　 吃

你在哪里吃我也在哪里吃。

（2）人称代词在原来调值的基础上变为曲折调315或335。例如：

di³³　muɯ³¹⁵⁽³¹⁾　le³¹liɑ³³，di³³　i³³⁵⁽³³⁾　tshei³¹　jau⁴⁵　tsʅ³³　xaŋ³³　ne⁴⁵.
家　　你　　　　多　　　　家　　我　　　才　　　长　　一　　窝　　呢

你家多，我家才长一窝呢。

muɯ³¹ ɬɑ³¹ duɯ⁴⁵ suɯ³¹ muɯ³¹⁵⁽³¹⁾ qə³³liaŋ³³ dɑ⁴⁵ m̩uɯ³¹⁵ fei³¹ i³³.
你　　拿　 条　　布　　 你　　　　　和　　　　只　狗　 给　 我

你把你的布和狗给我。

5．形容词的变调

（1）程度副词 do³¹（甚、很）前面的形容词为升调或降调时，该形容词变为曲折调或升调。例如：

be³¹ŋei³¹ʔiu³³ ɕiau³³tɕhi⁴⁵³⁽⁴⁵⁾ do³¹.
老人　　　　 小气　　　　　 甚

老人很小气。

mi⁴⁵　kɑ³¹　duɯ⁴⁵gu³³　kɑ³¹　zan³¹³⁽³¹⁾　do³¹.
他　　吃　　东西　　　吃　　厉害　　　　甚

他吃东西很厉害。

mɑ³³ɕie⁴⁵buɯ⁴⁵ khɑ⁴⁵dzaŋ³¹ thai⁴⁵ le⁴⁵⁽³¹⁾ do³¹.
过去　　　　 土匪　　　　 太　 多　　 甚

过去土匪太多了。

（2）少数没有进入 do³¹ 结构的形容词也变为曲折调。例如：

mi⁴⁵ tsʅ⁴⁵ blaŋ³¹⁵⁽³¹⁾ tsʅ⁴⁵ ɬɑ³¹ do³¹mau³³qə³¹dzei³¹.
他　 就　 高兴　　　　 就　 拿　 回家

他就高兴地拿回家了。

（3）当 do³¹ 前面的形容词是平调时，则不变调。例如：

di³³ mi⁴⁵ taŋ³³ dzi³¹ xaŋ³³ jau⁴⁵ thai⁴⁵ gi³³ do³¹.
家　他　种　每　窝　长　太　好　甚
他家种的每窝都长得非常好。

（三）句末变调

句末变调指位于句末的音节发生变调。句末音节由平调或降调变为曲折调，蕴含陈述的语气。例如：

pa³³ da⁴⁵ vu³³ȵuŋ³³ ə³¹qaŋ³¹ fei³¹ ma³³pa⁴⁵ʔlei³¹ mi⁴⁵ vu³³⁵⁽³³⁾.
把　匹　马　拉　给　妻子　他　走
让他妻子把马带走了。

lin³¹ ma³³ɕie⁴⁵ȵi⁴⁵ i³³ tsʅ³³ vu³³ gɯ⁴⁵ mau³³ ka³¹⁵⁽³¹⁾.
连　现在　我　都　去　讨　饭　吃
现在连我都去讨饭吃了。

二　合音

居都仡佬语在语流中有合音的现象，通常表现为音节的合并。当句末有表否定的语气助词 wo³³ 与其他语气助词 o⁴⁵ 或 a⁴⁵ 相连时，两个音节往往可以合并成一个音节。例如：

mɯ³¹ ma³³ nai³³ i³³ wo⁴⁵.
你　不　要　我　不（合音词）
你不要我了。

wai³³jau³³ pi³¹ gɯ⁴⁵, bia⁴⁵dzen³¹³ aŋ³¹aŋ³³ wo⁴⁵.
兄弟　散　完　钱　没有　不（合音词）
兄弟们都散了，钱也没有了。

上述句子的 wo⁴⁵ 是由表否定的语气助词 wo³³ 和语气助词 o⁴⁵ 合并而成。

u³³ tɯ³³ aŋ³³ wa⁴⁵.
肉　都　没有　不（合音词）
肉都没有了。

a³¹ i³³ ma³³ da³¹ ke⁴⁵su³¹ wa⁴⁵.
发语词　我　不　做　先生　不（合音词）
我不做老师了。

上述句子的 wa⁴⁵ 是表否定的语气助词 wo³³ 和语气助词 a⁴⁵ 的合并。

三 增音

当形容某种性质或状态时,有时候会在进入 thai⁴⁵…do³¹ 格式的形容词和 do³¹ 之间增添一个表示声音延长的 e³³,从语气上再次加强对形容词所表性状的强调。例如:

ti³³to³¹ sɿ³¹tsai⁴⁵ thai⁴⁵ dʑau³¹ ə³¹ɬuɯ³¹ e³³ do³¹.
我们   实在   太   想   看   增音 很

我们实在太想看了。

pan⁴⁵lan³³⁵, ai³³ja³³, ma³³xɯ³¹ wai³³jau³³ thai⁴⁵ ŋu⁴⁵ e³³ do³¹.
后来   哎呀   些   兄弟   太   亲密 增音 很

后来呀,这些兄弟的关系太亲密了。

四 词的变读

居都仡佬语有部分词存在变读现象,即一个词的某个音节发生一些语音变化,但是不改变词义的表达。词的变读现象是语言的普遍现象,它的出现有多种复杂的原因,有的是由于语音演变引起,有的是由于语言接触而引起,等等。

(一) 词头的变读

1. 词头 qə³³、qə³¹ 的变读

词头中的小舌音声母 q 在语流中常常被省略,但并不影响意义的理解与交流。例如 qə³¹ 常常发成 ə³¹,qə³¹ 与 ə³¹ 常常混读。例如:

和 qə³³liaŋ³³——ə³³liaŋ³³   上面 qə³³dzuŋ³³——ə³³dzuŋ³³   药 qə³¹tsɿ³¹——ə³¹tsɿ³¹

2. 词头 vu³¹ 的变读

有一些名词和动词的词头 vu³¹ 常常变成 ə³¹。在这些词中,词头 vu³¹ 和 ə³¹ 是自由变体。例如:

伸 vu³¹ja⁴⁵——ə³¹ja⁴⁵   借(钱) vu³¹qε³¹——ə³¹qε³¹   头发 vu³¹suŋ³¹——ə³¹suŋ³¹

(二) en 和 ei 的变读

居都仡佬语的韵母 en 经常容易变读为 ei,发音人经常在 n 和 i 两个韵尾间摇摆不定,发生互读的现象。例如:

螺蛳 tsen³¹tsen³¹—— tsei³¹tsei³¹   十 tshen³³—— tshei³³

尿 sen⁴⁵ —— sei⁴⁵   撕 lə³¹zen⁴⁵ —— lə³¹zei⁴⁵

过(河) gen³¹gen³¹——gei³¹gei³¹   蚂蟥 ŋen³¹ta⁴⁵ —— ŋei³¹ta⁴⁵

(三) 鼻音韵尾 -n、-ŋ 的变读

有些词的鼻韵尾有时可以省读(这些鼻韵尾其实是后起,亲属语言的同源词中没有鼻

韵尾）。例如：

母亲 min³³——mi³³　　　　火 pin³¹——pi³¹　　　　哪 nan³³——na³³

花 xuŋ³³o³¹——xu³³o³¹　　（开）会 m̥uŋ⁴⁵——m̥u⁴⁵　　你 muŋ³¹——mu³¹

（四）数词"十"的变读

1. 当"十"单独用的时候，读音为 tshen³³。例如：

vu³¹dʑi³¹tshen³³ 十月　　　　tshen³³kan³¹ə³¹tshu⁴⁵ 十个人

月份　十　　　　　　　　　十　个　人

2. 当"十"与其他数词合用，并位于其他数词之后时，读音为 tshen⁴⁵。例如：

ta³¹tshen⁴⁵ 三十　　　　pu³¹tshen⁴⁵ 四十　　　　mlu³¹tshen⁴⁵tɕhiu³¹ 五十六

3. 当"十"与"二"结合，当"二"位于十位上时，不仅"十"要变读，而且"二"也可发生变读。例如：

ŋu³¹tsen⁴⁵ 二十　　　　ŋu³¹tsen⁴⁵su³¹ 二十二

"二十"及以上也可以说成：su³¹tshen⁴⁵（二十）、su³¹tshen⁴⁵su³¹（二十二），即十位上的"二"的变读不是必需的。

（五）叠音词的变读

居都仡佬语的名词、动词、形容词都有音节的重叠形式，即叠音词。叠音词分为完全重叠和变形重叠两种。完全重叠的两个音节声母、韵母、声调完全相同，例如 lui³¹lui³¹（天）、du³¹du³¹（筒子）、dʑi³¹dʑi³¹（叶子）、kuŋ³¹kuŋ³¹（重）等。变形重叠的两个音节声母、韵母相同，但声调不同，例如 dzuŋ⁴⁵dzuŋ³¹（每）、bu³¹bu³³（被子）、san⁴⁵san³³（碗）、au³¹au⁴⁵（颠簸）等。不论完全重叠还是变形重叠，有些叠音词的前一个音节可以变读为词头 qə³¹ 或 ə³¹。能发生变读的叠音词，一般是动词比较多，名词和形容词比较少。例如：

扶 tha³¹tha⁴⁵ —— ə³¹tha⁴⁵　　　　啄 tɕi³¹tɕi⁴⁵ —— ə³¹tɕi⁴⁵

增加 liaŋ³³liaŋ³³ —— qə³³liaŋ³³　　扫 ɕie³¹ɕie⁴⁵ —— ə³¹ɕie⁴⁵

翅膀 lui³¹lui³¹ —— ə³¹lui³¹　　　　紧 kai³¹kai⁴⁵ —— ə³¹kai⁴⁵

但并不是所有的叠音词都能变读，如 san⁴⁵san³³（碗）、lui³¹lui³¹（天）、dʑi³¹dʑi³¹（叶子）等就不能变读。

第三节

拼写符号

说明：仡佬族没有书写母语的文字，为了便于记录居都仡佬语，特编制此拼音符号，可用于记录、书写居都仡佬语，记录民歌、故事传说、生产生活经验，可用于编写民族语言教材，促进双语教学。同一方言的其他地区仡佬语也可参照使用。

一 字母表

表2-6 居都仡佬语拼音字母表

A a	B b	C c	D d	E e	F f	G g
H h	I i	J j	K k	L l	M m	N n
O o	P p	Q q	R r	S s	T t	U u
V v	W w	X x	Y y	Z z		

字母的名称依照《汉语拼音方案》的读音。字母的手写字体依照拉丁字母的一般书写习惯。

二 声母表

表2-7 居都仡佬语拼音声母表

声母	拼音	汉语		国际音标
b	ebɑ	挨着	p	ə^{31}pa^{31}
p	puuq	舅舅	ph	phɯ^{33}

(续表)

声母	拼音	汉语	国际音标	
mb	mba	官	b	ba³¹
bl	blar	血	pl	pla⁴⁵
pl	pler	变	phl	phle⁴⁵
mbl	mblar	坏	bl	bla⁴⁵
m	maq	女的	m	ma³³
hm	hmer	（一）把（菜）	m̥	m̥e⁴⁵
ml	ggemler	钻（洞）	ml	qə³¹mle⁴⁵
w	wa	（一）石（米）	w	wa³¹
f	far	（一）辈	f	fa⁴⁵
v	vei	耳朵	v	vei³¹
d	daq	猴子	t	ta³³
t	tar	（一）件（衣服）	th	tha⁴⁵
nd	nda	做	d	da³¹
n	na	给	n	na³¹
hn	hneir	（射）中	n̥	n̥ei⁴⁵
l	lar	小孩	l	la⁴⁵
gnl	gnler	潮湿	ʔl	ʔle⁴⁵
hl	hla	拿	ɬ	ɬa³¹
z	zar	（碗）破	ts	tsa⁴⁵
c	ca	缎子	tsh	tsha³¹
nz	nzar	量（布）	dz	dza⁴⁵
s	sa	几	s	sa³¹
sz	szar	掏	z	za⁴⁵
j	jiq	瞎	tɕ	tɕi³³
q	qi	锋利	tɕh	tɕhi³¹
nj	nji	每（个）	dʑ	dʑi³¹
nn	nnur	草	ɲ̥	ɲ̥u⁴⁵

(续表)

声母	拼音	汉语	国际音标	
hnn	hnniahnniar	乱	n̥	n̥ia^{31}n̥ia^{45}
x	xieq	锄（地）	ɕ	ɕie^{33}
y	aqyaq	奶奶	j	a^{33}ja^{33}
g	ga	吃	k	ka^{31}
k	ker	锅	kh	khe^{45}
ngg	nggafer	骗	g	ga^{31}fe^{45}
ng	ngar	（一）次	ŋ	ŋa^{45}
hng	hngar	（姓）沙	ŋ̥	ŋ̥a^{45}
h	vuha	开	x	vu^{31}xa^{31}
gk	gka	见	q	qa^{31}
gkh	gkhar	客人	qh	qha^{45}
hh	hhe	八	χ	χe^{31}
hhg	hhgar	（一）户（人家）	ʁ	ʁa^{45}
gg	ggiar	万	ʔ	ʔia^{45}

三 韵母表

表2-8 居都仡佬语拼音韵母表

韵母	拼音	汉语	国际音标	
ɑ	aqmbaq	爸爸	a	a^{33}ba^{33}
o	hmo	猪	o	m̥o^{31}
e	mble	鸭	e	ble^{31}
e	gge	鸡	ɛ	qɛ^{31}
ee	ggeeqzuq	窝	ə	qə^{33}tsu^{33}
i	ziq	一	ɿ	tsɿ^{33}
i	nni	牛	i	n̠i^{31}
u	pu	四	u	pu^{31}
u	juziq	橘子	y	tɕy^{31}tsɿ^{33}

(续表)

韵母	拼音	汉语	国际音标	
uu	puuq	活的	ɯ	pɯ³³
er	baerq	八哥	ɚ	pa³¹ɚ³³
ai	zarbaiq	一点儿	ai	tsa⁴⁵pai³³
ao	baoq	公的	au	pau³³
eu	deur	斗（嘴）	əu	təu⁴⁵
an	anqanq	妹妹	an	an³³an³³
ang	mbangq	田	aŋ	baŋ³³
ia	mbiar	（一）块	ia	bia⁴⁵
iao	mbiao	（一）阵	iau	biau³¹
iang	gniangq	铁	iaŋ	ʔiaŋ³³
io	pioq	瓢	io	phio³³
ua	lua	放	ua	lua³¹
uai	zuaiqdaoggaor	打瞌睡	uai	tsuai³³tau³¹qau⁴⁵
uan	luan	杀	uan	luan³¹
uang	zuangq	装	uaŋ	tsuaŋ³³
ei	bei	种子	ei	pei³¹
en	nden	边儿	en	den³¹
ue	luequeq	旋转	ue	lue³³lue³³
ie	ggeeqndieq	追赶	ie	qə³³die³³
iu	vuliu	鱼	iu	vu³¹liu³¹
in	din	树	in	tin³¹
ing	pinggoq	苹果	iŋ	phiŋ³¹ko³³
ui	luiq	长	ui	lui³³
ong	nggongq	蚂蚁	uŋ	guŋ³³

（1）元音 i 起头音节写成 yi，如 yiq（我），避免与前面的音节相混。

（2）元音 u 起头音节写成 wu，如 wuq（肉）、wur（蒸），避免与前面的音节相混。

四 声调表

表2-9 居都仡佬语拼音声调表

声调名称	声调符号	拼音	汉语	调值	国际音标
第一调	不标调	da	三	31	ta^{31}
第二调	q	daq	猴子	33	ta^{33}
第三调	r	dar	箩筐	45	ta^{45}

（1）第一调采用零形式，不标调号。

（2）第二调用字母q表示。字母q做声母时表示tɕh的音，而tɕh只跟元音i、u及其起头的韵母相拼。当元音i、u及其起头的韵母构成词出现时，在拼写的时候要在前面加上字母y和w，这样就不会把表声调的字母q当作它们的声母。

（3）第三调用字母r表示。字母r不做声母或韵母，仅用做声调符号。

五 标点符号

表2-10 居都仡佬语拼音标点符号

仡佬语标点符号	汉语标点符号	汉语名称
.	。	句号
,	,	逗号
、	、	顿号
;	;	分号
:	:	冒号
!	!	感叹号
/	/	间隔号
" "	" "	引号

六 拼写规则

仡佬语的书写，以词为单位拼写，相互间隔。人名地名拼写规则、大写规则、移行规则等，依照《汉语拼音正词法基本规则》。

七 拼写符号样品

guiqdunqgoq
猫头鹰

arxermbuur	lar	larmaqguiqtunqgoq	hluur	lar	larmaqqirnnaq	ziq	gker	yo	gor
过去	小	猫头鹰崽	和	小	喜鹊崽	一	对	约	互相

vuq	nggengger	gkalanghneiq,	mbaor	gkasuur.	ner	lar	larmaqqirnnaq	hnnongrhnnar
去	挖	鱼腥草	采	苦蒜	发语词	小	喜鹊崽	胡乱

mbaor,	hnnongqhnnar	ngger,	lar	larmaqguiqtunqgor	gorxirgorxir	hluuhluur,	beqlur	xeq
采	乱	捡	小	猫头鹰崽	仔细	选	边	挖

beqlur	hluuhluur	kurgkhar.	lar	larmaqqirnnaq	ner	maq	hluuhluur	woq,	njaoqdar
边	挑选	干净	小	喜鹊崽	呢	不	选	不	背篓

mir	zir	jir	ar.	lar	larmaqguiqtunqgor	ner	hluuhluur	kurgkhar,	mir	xin	njaoqdar
它	就	满	了	小	猫头鹰崽	呢	挑选	干净	它	说	背篓

mir	gkaq	jir	woq.	ndomaoq	gkaszen	ner	maq	mir	xinr,	mir	angq	cong	xin
它	没	满	不	回	家	呢	妈	它	说	它	没有	能	说

woq.	mir	na/hla	larlar	mir	neir	blan	ar.	da	banrlanq	ndo,	na	lar
不	它	拿	小孩	它	打	死	了	到	后来	来	拿	小

larmaqguiqtunqgor	nggengger	ndiq	gkalanghneiq,	gkasuur	ndo	hluuhluur	ner,	ndiq
猫头鹰崽	挖	的	鱼腥草	苦蒜	来	选	呢	的

lar	larmaqguiqtunqgor	gkaqszongr	ndir	lar	larmaqqirnnaq	ler	ar.	banrlanq	ndo	hla
小	猫头鹰崽	比	的	小	喜鹊崽	多	呢	后来	来	拿

larlar	neir	blan	ar,	mir	congq	tuu	ngguur	woq	ar,	mir	zir	nar	ar	puu	din
小孩	打	死	了	它	不能	想	完	不	啦	它	就	到	啊	棵	树

vuq	lir	larlar	mir	ar,	"nggur…nggur…"
去	哭	小孩	它	啊	咕 咕

猫头鹰

　　从前小猫头鹰和小喜鹊相邀一起去挖鱼腥草、采苦蒜。小喜鹊胡采乱捡，小猫头鹰仔细挑拣，边挖边挑干净。小喜鹊不挑拣，它的背篓很快就满了。小猫头鹰挑拣得干干净净，它说它的背篓没满。回家以后它妈指责它，它没有为自己辩解。猫头鹰妈妈把小猫头鹰打死了。后来它妈妈拿小猫头鹰挖的鱼腥草、苦蒜来挑拣以后，发现小猫头鹰的比小喜鹊的多，可是已经把自己孩子打死了，它想不通，就到树下去哭它孩子："咕……咕……"

附录：同音语素表

为更进一步认识居都仡佬语的音韵结构特征和规律，特编制本同音语素表。本表先按照韵母相同排列，然后再依次按照声母、声调排列。尽量用汉字表达声韵调配合各音节的意义，不同的意义用"；"隔开，括号中的汉字或音标是为避免歧义理解而列出。有的音节只在双音节或多音节词中出现，则把整个词都列出，并带汉字解释。语素意义无法用汉字表达的用"□"表示，随后解释，少数音节意义举例子作说明，例子中的"～"代替被注释的对象。汉语借词在后面用括号标注"（借）"。

韵母的顺序：

a、o、e、ə、ɛ、i、ɿ、u、ɯ、ɚ、y、ai、au、əu、an、aŋ、ia、iau、iaŋ、io、ua、uai、uan、uaŋ、ei、en、ue、ie、iu、in、iŋ、ui、uŋ

声母的顺序：

∅、p、ph、b、pl、phl、bl、m、m̥、ml、w、f、v、t、th、d、n、n̥、l、ʔl、ɬ、ts、tsh、dz、s、z、tɕ、tɕh、dʑ、ȵ、ȵ̥、ɕ、j、k、kh、g、ŋ、ŋ̥、x、q、qh、χ、ʁ、ʔ

声调的顺序：

降调31、平调33、升调45

a	31	在（这）；a³¹bɯ⁴⁵ 这里
	33	a³³wai³³ 哥哥
	45	vu³¹a⁴⁵ 利索；vu³¹a⁴⁵ 便宜；vu³¹a⁴⁵ 暖和
pa	31	ə³¹pa³¹ 挨（着）
	33	把（借）
	45	（一）只（手、筷子、唢呐、桶）；（一）支（歌）；pa⁴⁵ʔlei³¹ 家里；pa⁴⁵dʑi³³ 外面；pa⁴⁵dʑio³³ 下边；pa⁴⁵ȵi⁴⁵ 这里；pa⁴⁵qɛ³³ 前面
ba	31	官；lə³¹ba³¹ 丈夫
	33	父亲；(tsɿ³³) ba³³ (m̥e⁴⁵)（一）大（把）
	45	lə³¹ba⁴⁵ (duŋ³¹) 谈（话）
pla	31	（绳子）脱落；ə³¹pla³¹ 抽穗；pla³¹die⁴⁵ 红色
	45	血
bla	33	□：稻田里的一种杂草
	45	坏；破
ma	33	女的；名词词头；（一）把（扫把）
	45	果子

mla	31	神
	45	□：小孩缠人取乐
wa	31	（一）石（粮食）；（一）挑（水）
	33	wa³³（ɯ³³）游（泳）
	45	□：用手扫拢
fa	31	□：玉米饭蒸第一遍的时候放水（～ pe⁴⁵tɕia³¹）；发（工资）（借）；罚（款）（借）
	45	（一）季（庄稼）；（一）辈
ta	31	三；到；够（够得着）；搭（棚子）（借）
	33	猴子；la⁴⁵ta³³（一）角（钱）
	45	箩筐；（一）筐（菜）；ta⁴⁵qɛ³³ 面前；qə³¹ta⁴⁵ 呕吐
tha	31	tha³¹tha⁴⁵ 扶
	45	（一）件（衣服）；tha³¹tha⁴⁵、qə³¹tha⁴⁵ 扶；qə³¹tha⁴⁵ 管（掌管）
da	31	做
	33	屯堡、营盘
	45	（一）个；qə³¹da⁴⁵ 痒
na	31	跟（他借）；给（他帮忙）；na³¹na³¹ 肉（儿语）；na³¹u³³ 瘦肉；拿（借）
	33	ka⁴⁵na³³ 谁；khe³³na³³ 多少；哪
	45	给、被；让（我去）；na⁴⁵le⁴⁵ 打架；na⁴⁵mau³³ 吃饭、na⁴⁵plɯ³¹ 喝酒（生气的时候用）
la	45	小孩（指自己的）；la⁴⁵ta³³（一）角钱
ʔla	45	ə³¹ʔla⁴⁵ 剥（用手剥皮、壳）
ɬa	31	拿（给自己拿或者给别人拿）；ɬa³¹ze³¹ 漆（动词）
	45	（土山）崩；qə³¹ɬa⁴⁵ 沾上（泥巴）；ʔlei³¹ɬa⁴⁵ 年轻
tsa	31	（一）段；（用油）炸（借）
	33	tsa³³pa³³ 假装（逗着玩儿）
	45	ə³¹tsa⁴⁵ 连接（绳子）；（碗、盆）破；tsu³¹tsa⁴⁵ 毛藤的根；tsa⁴⁵pai³³ 一点儿；ə³¹tsa⁴⁵tau³³ 杵
tsha	33	缎子；差（很多）（借）
	45	（一）捆；（一）背
dza	31	挤

	33	老变婆 ma³³dza³³
	45	奇怪；ə³¹dza⁴⁵ 量（布）；ə³¹dza⁴⁵ 比（一下）；ə³¹dza⁴⁵ 瞄准；放下（孩子）；lə³¹plaŋ³¹dza⁴⁵ 梦魇；mu⁴⁵dza⁴⁵ 臭
sa	31	几（个）
	45	汉族；绳子；（一）只；洒（水）（借）
za	31	la³¹za³¹le³³ze³³ 花花绿绿
	45	拿（给自己拿）；掏；tin³¹ə³¹za⁴⁵ 椰树；ə³¹ze⁴⁵ə³¹za⁴⁵ 冷冰冰
ja	31	ja³¹nai³³ 姑妈；ma³³ja³¹ 老太婆
	33	a³³ja³³ 奶奶
	45	错；vu³¹ja⁴⁵ 线；vu³¹ja⁴⁵ 信；vu³¹ja⁴⁵ 伸（手、脚）；vu³¹ja⁴⁵ 举
ka	31	吃
	45	（一）拃；□：lə³¹ka⁴⁵ 一种农具；谁 ka⁴⁵na³³；夹（菜）（借）
kha	31	□：kha³¹kha³¹ 被荷麻粘着
	33	卡（脖子）（借）
	45	kha⁴⁵lai³³ 荷麻（虎尾草）；kha³¹kha⁴⁵ 树丫
ga	31	ga³¹khai⁴⁵ 赶集；ga³¹ɬɯ⁴⁵ 岩丫口（地名）；ga³¹fe⁴⁵ 吆（牛）、赶（赶牛使之快）、叫（母鸡叫小鸡）
	45	弱
ŋa	45	（一）次；（一）件（事）
ŋa	31	la⁴⁵ŋa³¹ 婴儿；（姓）沙
	45	上腭；ə³¹ŋa⁴⁵tɕi³¹ 稻谷上的毛；qo³¹ŋa⁴⁵（饭）焦
xa	31	吧（商量语气）；vu³¹xa³¹ 开
	33	别
	45	找；vu³¹xa⁴⁵ 剥（玉米粒）
qa	31	见
	33	qa³³ 未曾、没有
	45	ə³¹laŋ³¹qa⁴⁵ 青菜；lə³¹qa⁴⁵ 薅（地）
qha	45	客人、亲戚；da³¹qha⁴⁵ 感谢；da³¹qha⁴⁵ 结婚
χa	31	哈气（借）
ʁa	45	（一）户（人家）；（味道）鲜美；ʔlei³¹ʁa⁴⁵ 伴侣
o	31	xuŋ³³o³¹ 花

	33	po⁴⁵o³³ 上面；do³³o³³ 别人
	45	泥鳅；ŋɯ³¹ma³³o⁴⁵ 四脚蛇；po⁴⁵o⁴⁵ 上面
po	33	po³³tshai⁴⁵ 菠菜（借）
	45	po⁴⁵o³³ 上面
pho	31	泼（借）
	45	pho⁴⁵wan³³tsua³¹ 牵牛花
bo	31	bo³¹thu³³ 地方
plo	33	（一）丛；qə³³plo³³ 柴刀；lə³³plo³³ 疮
blo	31	blo³¹blo⁴⁵ə³¹lua⁴⁵ 软趴趴
	45	blo³¹blo⁴⁵ə³¹lua⁴⁵ 软趴趴
mo	45	lə³¹mo⁴⁵ 柴
m̥o	31	猪
wo	33	表否定的语气助词
to	33	（一）朵（借）
	45	掉、落；跌价
tho	33	拖（账）（借）
do	31	来；很
	33	do³³o³³ 别人
	45	懒豆（做米粉用）、ə³¹do⁴⁵（自然的）痒
no	31	节约
	33	石灰
	45	vu³¹no⁴⁵ 麻雀；qə³¹no⁴⁵（打）粉碎；qə³¹no⁴⁵（粥）稠
lo	31	lo³¹ko³¹ 罗圈腿；lo³¹zo³¹ 魔芋；lo³¹zo³¹ 写；lo³¹so⁴⁵ 酥麻
	45	起（来）；建；涨价；lo⁴⁵dʑi³³ 出门；lo⁴⁵dʑi̠³¹ 站立；（一）叠（钱）
ʔlo	33	同志；pau³³ʔlo³³ 男人；ma³³ʔlo³³ 女人；to³¹ʔlo³³ 仡佬族
ɬo	45	多
tso	31	（一）撮（毛）；vu³¹tso³¹ 木柱子
	33	交换
	45	vu³¹tso⁴⁵ 嘴巴；（一）口（饭）
dzo	31	ə³¹dzo³¹ 山坡
so	31	so³¹baŋ³³ 海碗；so³¹zo⁴⁵ 扫把；so³¹pi³¹ 烤火

	45	lo³¹so⁴⁵ 酥麻
zo	31	晚饭；lo³¹zo³¹ 写；lo³¹zo³¹ 魔芋；zo³¹ma³¹ 聊天；（身体）弱
	45	扫把 so³¹zo⁴⁵
jo	31	□：把直的东西弄弯用；相约（借）；tɕie³¹jo³¹ 节约（借）
ko	31	大腿；（一）瓣（橘子）；（一）条（裤子）；各、每（借）
	33	快；phu³¹ko³³ 鸽子；ə³³ko³³ 轻
	45	小腿；（走一）步；相互；blaŋ³¹ko⁴⁵ 桶；角（借）
kho	31	kho³¹kho⁴⁵ə³¹sa⁴⁵ 很粗；放（东西）（借）
go	45	lo³¹go⁴⁵ 磨蹭
ŋo	31	凶恶（借）
	33	ŋo³³tshai³¹ 胡子；鹅（借）
	45	喝
xo	31	lo³¹xo³¹（被烫的）火辣感
	45	lo³¹xo⁴⁵ 吼
qo	31	ə³¹qo³¹ 戴（帽子、首饰）
e	33	瘪（不饱满）；e³³ɬei³³ 恶心；
	45	闭上；e³¹e⁴⁵ə³¹bia⁴⁵ 很扁；e⁴⁵（ə³¹vei³¹）围（菜园子）
pe	33	pe³³tu⁴⁵ 灰
	45	pe⁴⁵m̥uŋ⁴⁵ 灰尘；ə³¹pe⁴⁵ 小；pe⁴⁵tɕia³¹ 用磨子磨出的麦子粉、面条
be	31	老头儿；be³¹vei³³ 姑父；（一）份
ple	31	一瞬间（跪下）
	45	（米）碎；拍；抽打；扇（一耳光）；qə³¹ple⁴⁵ 妥当
phle	45	变；劈（一只手挥刀用力砍）
ble	31	鸭子
	33	过滤；qə³³ble³³ 眨（眼）
	45	挑、扛、担；（一）抱
me	33	me³³me³³ 羊
	45	瓜
m̥e	45	（一）把（火、菜）；ma³³m̥e⁴⁵ 跳蚤
mle	45	qə³¹mle⁴⁵ 钻（桌子）
fe	45	吹；ga³¹fe⁴⁵ 骗；ga³¹fe⁴⁵ 叫（母鸡叫小鸡）

ve	45	qə³¹ve⁴⁵ 炖、熬（药）
te	31	te³¹ŋe⁴⁵ 鼻子
	45	肝；waŋ³³pla³¹te⁴⁵ 红薯；te⁴⁵tɕhi³¹ 大家；ə³¹te⁴⁵ 压价；vu³¹te⁴⁵ 折（纸）、叠（被子）
the	31	the³¹the⁴⁵/ə³¹the⁴⁵ 围
	45	the³¹the⁴⁵/ə³¹the⁴⁵ 围
ne	33	要：～ma³³ ～要不要
	45	qə³¹ne⁴⁵ 拌（拌煤）
le	31	多；le³¹ɕie³¹ 发旋；le³¹ke⁴⁵ 师傅；tshu³³le³¹ 强盗；qə³¹le³¹ 远
	33	ə³³le³³ 裹、绕（线）、卷（席子）
	45	拳头；qə³¹le⁴⁵ 脏；qə³¹le⁴⁵ 丑；ɕie⁴⁵le⁴⁵（打一）拳；na⁴⁵le⁴⁵ 打架
ʔle	45	潮湿
ɬe	45	留
tse	31	quŋ³³tse³¹ 茄子；tse³¹jaŋ³³ 家畜
	45	ma³³vu³¹tse⁴⁵ 蚱蜢；砌（砖）、服侍（照顾）qə³¹tse⁴⁵
tshe	31	tshe⁴⁵tshe³¹ 抱
	45	tshe⁴⁵tshe³¹ 抱
dze	31	摘（摘除菜中的老叶）；（锄头把）脱落；（手）破；刮（毛）；脱（皮）；剥（动物皮）；tei³¹ʔlei⁴⁵dze³¹ 癫头；慢慢 dze³¹dze⁴⁵
	45	慢慢 dze³¹dze⁴⁵
se	31	涩（借）
	45	煤烟子 ə³¹se⁴⁵；射（借）
ze	31	马蜂；漆（名词）；tu³³ze³¹ 蓑衣
	33	薅（地）；传染；（一）排；（一）串；（一）缕（炊烟）；qə³³ze³³ 病、痛；花花绿绿 la³¹za³¹le³³ze³³；ze³³pi³¹ 引火
	45	掉（谷粒、头发自己脱落）；ə³¹ze⁴⁵ 安静；ə³¹ze⁴⁵（饭）凉
je	31	ta⁴⁵liaŋ⁴⁵je³¹ 紫苏；dzi³¹se³³je³¹ 竹笋壳（借）
	33	a³³je³³ 父亲（借）；也（借）
ke	33	ke³³ke³³ 硬
	45	脱（衣服、鞋）；改；解开；le³¹ke⁴⁵ 师傅；ke⁴⁵su³¹ 老师
khe	31	刻（字）（借）

	33	khe⁴⁵khe³³ 少；khe³³na³³ 多少
	31	ŋe³¹ʔiu³³ 老人
ŋe	45	鼻涕；te³¹ŋe⁴⁵ 鼻子；ŋe⁴⁵luŋ³¹ 蒿子；ə³¹ŋe⁴⁵ 密；ŋe⁴⁵laŋ³³ 地方；ŋe⁴⁵lan³¹ 随着
χe	31	八
ə	31	ə³¹tsɿ³¹ 教
	33	qə³³tsu³³ 窝；qə³³ɕuŋ³³ 裤子
lə	31	lə³¹ba³¹ 丈夫；lə³¹sɿ³¹ 歪；lə³¹phau⁴⁵ 翻
	33	lə³³min³³ 妻子；lə³³gaŋ³³ 颈圈
qə	31	qə³¹tsɿ³¹ 教
	33	qə³³tsu³³ 窝；qə³³ɕuŋ³³ 裤子
qɛ	31	qɛ³¹ 鸡；qɛ³¹qɯ⁴⁵ 慈姑；ə³¹qɛ³¹ 借（钱）
	33	qɛ³³ 屎；ko⁴⁵qɛ³³ 瘸脚；pa⁴⁵qɛ³³ 前面
	45	（一）对；（一）首（歌）；lə³¹qɛ⁴⁵ 嚼；lə³¹qɛ⁴⁵ 抱；den³¹xɯ³³qɛ⁴⁵ 过瓦（地名）；ma³¹qɛ⁴⁵ 麻子
qhɛ	31	qhɛ³¹（一）间；qhɛ³¹lan³³ 堂屋
	45	缺（碗缺一个口子）；（嗓子）哑
i	33	我
pi	31	走；火；野兽；从；滗（借）；pi³¹pi³¹ 散（开）；qə³¹pi³¹ 躲避
	33	姐姐 a³³pi³³
	45	tɯ³¹pi⁴⁵ 眼屎
phi	31	phi³¹phi³¹mu⁴⁵dza⁴⁵ 臭烘烘
bi	31	da³¹bi³¹ 羞
	45	ə³¹bi⁴⁵ 荷包
mi	31	新；新鲜
	33	母亲；lə³³mi³³ 妻子
	45	他；lɯ³¹mi⁴⁵ 底下
ti	31	ti³¹i⁴⁵ 特意（借）；ti³¹(da³¹tsa⁴⁵pai³³) 只（做一点点）
	33	ti³³ɲi³³ 黄色；ti³³to³¹ 我们
	45	记性；qə³¹ti⁴⁵ 记得
thi	33	剔（借）

		45	替（借）
di		31	老虎；vu³¹di³¹ 胆
		33	的（借）
li		31	凹；ə³¹li³¹ 摸；ə³¹li³¹ 害羞
		33	ə³³li³³/li³³li³³ 递
		45	哭；（鸟）叫；过滤；qə³¹li⁴⁵ 滑
tɕi		31	谷子；穿（衣服）；dzaŋ³¹tɕi³¹ 大麦；da³¹tɕi³¹da³¹wuŋ³¹ 经常；tɕi³¹tɕi⁴⁵ 啄（鸡啄米）
		33	瞎；ə³³tɕi³³ 蛔虫；tɕi³³tɕio³¹ 你们
		45	（装）满；vu³¹tɕi⁴⁵ 花椒；tɕi³¹tɕi⁴⁵ 啄（鸡啄米）；ə³¹tɕi⁴⁵ 掐
tɕhi		31	（刀）快；tei⁴⁵tɕhi³¹ 大家；tɕhi³¹ȵi⁴⁵ 鞋子
		33	da³¹tɕhi³³kan³³ 自己
		45	tɕhi⁴⁵lia³³ 喜鹊
dʑi		31	（一）张（纸）；叶子 dʑi³¹dʑi³¹；整齐；每一；vu³¹dʑi³¹ 月；dʑi³¹luŋ⁴⁵ 秤上的戥子
		33	pa⁴⁵dʑi³³ 外面；ə³³dʑi³³ 推；ə³³dʑi³³ 掀；dau⁴⁵dʑi³³ 出名
		45	dʑi⁴⁵ko⁴⁵ 丧偶；lə³¹dʑi⁴⁵ 鞭子；vu³¹dʑi⁴⁵mau³³ 瓢底
ȵi		31	牛；vu³¹ȵi³¹ 瓢子；vu³¹ȵi³¹qɛ³¹ 鸡冠
		33	竹笋；ə³³ȵi³³ 刺儿；ti³³ȵi³³ 黄色；ȵi³³le³³ 女孩儿
		45	这；塞（塞住洞口）；糊（泥墙）；a³¹ȵi⁴⁵ 这里；wuŋ³¹ȵi⁴⁵ 今天；qə³¹ȵi⁴⁵ 荠菜；vu³¹ȵi⁴⁵ 虫子
ji		31	歌；剩下；停；休息 ji³¹khen³¹；duɯ³¹ŋa³³ji³¹ 蜻蜓；dzau³³ji³¹ 柜子
		45	溶化；冷 ə³¹ji⁴⁵；炼（铁、油）vu³¹ji³⁴；亿（借）
khi		33	肯（吃、做）；khi³³na³³ 多少
gi		33	好
		45	gi⁴⁵gi³³ 好好（做）
ʔi		31	qə³¹ʔi³¹ 细（面粉细）、（菜）嫩；la⁴⁵ʔi³¹ 孙子
		33	ma³³ʔi³³ 嫂子
		45	ə³¹ʔi⁴⁵ 稀（泥）；ə³¹ʔi⁴⁵ 舔
tsɿ		31	ə³¹tsɿ³¹ 教；ə³¹tsɿ³¹ 管（管教）；ə³¹tsɿ³¹ 药；ə³¹tsɿ³¹ 指（一下）；ə³¹tsɿ³¹ə³¹tsa⁴⁵ 脏兮兮

	33	一；撑
	45	饱；醉；就；ə³¹tsʅ⁴⁵ 吸（奶、烟）；ɯ³³tsʅ⁴⁵ 酸汤（做豆腐用）
tshʅ	31	tshʅ³¹tshʅ³¹ə³¹ze⁴⁵ 冷冷清清
	45	qə³¹tshʅ⁴⁵ 卷（卷衣袖）
dzʅ	31	借（工具）；增产；涨；qə³¹dzʅ³¹ 竖、翘（起来）；du⁴⁵qə³¹dzʅ³¹ 楔子；lo⁴⁵dzʅ³¹ 站立
	45	吸（气）；账；扯（几尺布）；ʔlɯ⁴⁵dzʅ⁴⁵ 打仗
sʅ	31	lə³¹sʅ³¹ 拧、揪（肉）；lə³¹sʅ³¹（脚）瘸；lə³¹sʅ³¹ 歪；sʅ³¹pai⁴⁵ 失败（借）
	45	金子；尝、试（借）
u	33	肉
	45	蒸
pu	31	四；理睬
	33	背（东西）；qə³³pu³³ 云；qə³³pu³³ 口袋
phu	31	溅；phu³¹ko³³ 鸽子（借）
	33	（一）副（牌）
bu	33	bu³³bu³³ 鸡；bu³³bu³³ 蛾子；tsʅ³³bu³³ 一半
mu	33	mu³³la⁴⁵ 儿女
	45	闻；理睬
fu	31	服气（借）
vu	31	疯；名词、动词、形容词词头
	33	去；lə³³vu³³ 薄
	45	肿；脾脏；戊（借）
tu	31	喂养；tu³¹tu⁴⁵ 敲（门）；tu³¹tu⁴⁵ 跺（脚）；毒（借）
	33	tu⁴⁵tu³³ 踢；tu⁴⁵tu³³ 提；赌（借）；都（借）；堵（借）
	45	pe³³tu⁴⁵ 灰；ə³¹tu⁴⁵ 拍打（灰尘）；tu⁴⁵tu³³ 踢；tu⁴⁵tu³³ 提；tu³¹tu⁴⁵ 敲（门）
thu	33	bau³¹thu³³ 地方；床（借）；thu³³kai³³ 土改（借）
	45	thu³¹thu⁴⁵/ə³¹thu⁴⁵ 吐（果核）（借）
du	31	养（牲口）；ma³³du³¹ 锄头
	33	算、数（数）；读（借）
	45	倒；qə³¹du⁴⁵（连根的）桩；qə³¹du⁴⁵ 灵柩
nu	33	ma³³nu³³ 弓箭（借）

lu	31	lu³¹tsu³¹ 办法；dʑau³³lu³¹ 风箱
	33	lu³³zu³³ 苗族
	45	（土）地；lua³¹lu⁴⁵（东西）放倒（了）
ʔlu	31	la⁴⁵ʔlu³¹ 太阳；ə³¹laŋ³¹ʔlu³¹ 蕨菜；ə³¹laŋ³¹ʔlu³¹ne⁴⁵ 粘草籽
	45	lui³¹ʔlu⁴⁵ 傍晚
ɬu	31	补；喂（鸡）
tsu	31	tsu³¹tsu³¹ 根；tsu³¹tsu³¹ 塞子；tsu³¹tsu³¹ 痰盂；ə³¹tsu³¹ 皱；ma³³tsu³¹tsu³¹ 青蛙
	33	（ma³³）tsu³³（wo³³）（不）低于（别人）；ə³³tsu³³ 窝；ə³³tsu³³ə³³tɕiaŋ³³ 弯弯曲曲；租（借）
tshu	31	lu³¹tshu³¹ 磨子；除（以）（借）
	33	拄（拐棍）；la⁴⁵tshu³³ 伙伴；tshu³³le³¹ 强盗
tshu	45	切；ə³¹tshu⁴⁵ 矮；ə³¹tshu⁴⁵ 人
dzu	31	ə³¹dzu³¹ 男性生殖器；（一）块（肉）；（一）床（被子）
	33	估计；霸占
	45	qə³¹dzu⁴⁵ 跪；lə³¹dzu⁴⁵ 棍子
su	31	ke⁴⁵su³¹ 老师；书（借）
	45	抖（灰）
zu	31	高；吊（颈）；ə³¹zu³¹（把脸）拉（下来）；ə³¹zu³¹ 赊
	33	ə³³zu³³ 高粱；lu³³zu³³ 苗族（隐语）
	45	lə³¹zu⁴⁵ 跑
tɕhu	45	tɕhu⁴⁵su³¹ 处暑（借）
dʑu	31	ma³³dʑu³¹wuŋ³¹ 大白天
	33	估计
	45	成交；知道
ɲu	33	vei³¹ɲu³³vei³¹ɲiaŋ³³ 耳背
	45	草；抓（用几个指尖抓）
ku	31	蹲
	33	鼓（眼睛）（借）；鼓（借）；凸（借）
khu	31	khu³³khu³³（桶）箍（借）
	45	干净

gɯ	31	gɯ³¹gɯ³¹ko⁴⁵ 脚后跟
	33	dɯ⁴⁵gɯ³³ 东西
ŋɯ	45	睡；横（线）
qɯ	33	下巴
	45	旧；tu³¹qɯ⁴⁵ 膝关节；sa³¹qɯ⁴⁵ 旧寨（寨名）；vu³¹qɯ⁴⁵ 皮
qhɯ	31	qhɯ³¹ 铺（床）
	33	ma³³lu³³qhɯ³³ 枷（打豆子、玉米用）
ɯ	31	vu³¹ɯ³¹ 石头
	33	水；(一)堆；蜷缩；ɯ³³phei⁴⁵ 萝卜；dɯŋ³¹ɯ³³ 背带
	45	修理；快（要）；ɯ⁴⁵nai³³ 要；ɯ⁴⁵tai³³ 菜（下饭的）；ɯ⁴⁵jiu³³ 眼泪；ɯ⁴⁵plei³³ 酒糟
pɯ	31	赚（钱）；ə³¹pɯ³¹ 找；pɯ³¹pɯ³¹ 雇（～短工）
	33	活；qɛ⁴⁵pɯ³³ 秋千
	45	得；爆炸；lə³¹pɯ⁴⁵ 糠；pɯ⁴⁵（xau³¹）算（了吧）
phɯ	31	(一)棵
	33	舅舅
bɯ	31	绸子；(一)块（布）；lə³¹bɯ³¹ 扭动
	33	bɯ³¹bɯ³³ 棉絮；lɯ³³bɯ³³ 衣服
	45	那
plɯ	31	酒；(一)颗（牙齿）；plɯ³¹plɯ³¹ 瓣
	45	劈；边（对称的一边）；(两)面
phlɯ	45	银子
mɯ	31	你
m̥ɯ	31	狗
	45	(开)会
mlɯ	31	鬼；五；ə³¹mlɯ³¹ 爬行
	33	(干)活儿；天花
tɯ	31	vu³¹tɯ³¹ 眼睛；vu³¹tɯ³¹su³¹ 字；ə³¹tɯ³¹ 接（水）、节（疙瘩）、接生；qə³¹tɯ³¹ (一)寸
	33	暴躁；陡（借）
	45	(木匠)打（器具）（借）；凑（钱）（借）

thɯ	45	浸湿；dzi³¹tsaŋ³³dzi³¹thɯ⁴⁵ 每种
dɯ	31	想念；（一）块（田）；（一）筒（米）
	33	ə³³dɯ³³ 肥、强壮；dɯ³³ŋɯ⁴⁵ 真正
	45	馋；（一）根；（一）堵（墙）；dɯ⁴⁵gu³³ 东西
nɯ	31	ə³¹nɯ³¹ 厚、爬（树）、上（山）、缴（公粮）
	33	nɯ³³nɯ³³ 姨妈（比母亲年长的）
	45	死；sa⁴⁵nɯ⁴⁵ 汉族
lɯ	31	底；lɯ³¹ŋɯ³¹ 魂；qə³¹lɯ³¹ 翻（～猪肠）；lɯ³¹xɯ³¹ 等；lɯ³¹mi⁴⁵ 底下；lɯ³¹xɯ⁴⁵ 漏；vu³¹lɯ³¹ 怕
	33	lɯ³³bɯ³³ 衣服；mei⁴⁵lɯ³³ 样子；da³¹mei⁴⁵lɯ³³ 臭美
	45	lɯ⁴⁵pi³¹ 捅火灰；qə³¹lɯ⁴⁵ 帽子、冒（火）；qə³¹lɯ⁴⁵pi³¹ 火炭（还着火的）
ʔlɯ	31	蘑菇；（水）浑；qə³¹ʔlɯ³¹ 壳儿；tɯ³¹ʔlɯ³¹ 不正经；ʔlɯ³¹ko⁴⁵ 脚板；to⁴⁵ʔlɯ³¹ 落底
	45	打
ɬɯ	31	炒（菜）
	45	岩石；ə³¹ɬɯ⁴⁵ 看、靠（依靠）
tsɯ	31	da³¹tsɯ³¹ 供；（手脚）残
	33	ə³³tsɯ³³ 饿
	45	倒；ə³¹tsɯ⁴⁵zɯ³¹ 玩耍；铸（锅）（借）
tshɯ	31	dɯ⁴⁵tshɯ³¹ 水沟
	45	趁（趁热）
dzɯ	31	（一）缕（线）
	33	乳房；ə³³dzɯ³³ 跳；dzɯ³³ŋɯ⁴⁵ 确实
	45	（一）副（碗，十个）
sɯ	31	布；知道；二；ə³¹sɯ³¹ 笑、收（回来）；ŋɯ³¹sɯ³¹ 可怜
	45	青（色）；看守；（天）晴；mlei³³sɯ⁴⁵ 舒服；ə³³sɯ⁴⁵ 糖
zɯ	31	磨石；磨（墨、刀）；锉（用锉子锉）；荒；qə³¹zɯ³¹（布织得）稀
	45	腐烂；tɯ³¹zɯ⁴⁵ 豆豉
kɯ	31	九；荞麦；（一）匹（马）；（一）片（竹林）；彝族（隐语）
	33	（饭、汤）瓢
	45	（衣服）干；渴；ma³³kɯ⁴⁵ 筛子；kɯ⁴⁵le⁴⁵（牛）斗角；ȵi³¹kɯ⁴⁵ 垂着脑袋

khɯ	31	lə³¹khɯ³¹ 小砂锅
	33	剔（牙）
	45	扣（衣服）（借）；锁（门）（借）
gɯ	31	栋梁；（逗人）喜欢；驼（背）；ka³¹gɯ³¹ 当兵；da³¹gɯ³¹ 上交粮食
	45	要（东西）；摘（花）；拾得；讨；（吃、喝）完；捡（东西）；gɯ⁴⁵pɯ⁴⁵ 娶
ŋɯ	31	蛇；be³¹ŋɯ³¹ 曾祖父；lɯ³¹ŋɯ³¹ 魂；da³¹ŋɯ³¹dzo⁴⁵ 吵架；ŋɯ³¹sɯ³¹ 可怜；ŋɯ³¹tsei⁴⁵ 二十
	33	lɯ³³ŋɯ³³ 青色；tsu³¹ŋɯ³³ 一种蛙；藕（借）
	45	亲（指关系）；dɯ³³ŋɯ⁴⁵ 真
xɯ	31	ə³¹xɯ³¹ 浇；lɯ³¹xɯ³¹ 等；（篾席织得）稀；da³¹xɯ³¹ 大家
	33	河（借）
	45	lɯ³¹xɯ⁴⁵ 漏；ma³³xɯ⁴⁵ 他们
qɯ	31	茅草；早；久；ə³¹qɯ³¹ 狡猾、锋利、尖；ɯ³³qɯ³¹ 口水；tshei³¹qɯ³¹ 前年
	33	lɯ³³qɯ³³ 盆
	45	划得来、值；qɛ³¹qɯ⁴⁵ 慈姑；lie³¹lie³¹qɯ⁴⁵ 笛子；lə³¹qɯ⁴⁵ 冰凉
qhɯ	31	qhɯ³¹qha⁴⁵ 亲戚；lɯ³¹qhɯ³¹ 砂锅；掺
ɚ	33	pa³¹ɚ³³ 八哥（借）
	45	ɚ⁴⁵fu³¹ 二胡（借）；ti⁴⁵ɚ⁴⁵ 第二（借）
tɕy	31	tɕy³¹tʂʅ³³ 橘子（借）
ai	33	do³¹ai³³ 过来；vai³³ai³³ 过去；pai⁴⁵ai³³ 那里
	45	a³¹ai⁴⁵ 那里（稍远的）
pai	33	骗；讲（故事）；tsa⁴⁵pai³³ 一点儿
	45	pai⁴⁵ai³³ 那边
phai	33	ə³³phai³³ 拨（开）、挑（开）；qə³³phai³³ 戽（水）
	45	（一）堵（篱笆）；（一）本（书）；（一）匹（布）
bai	33	pa⁴⁵bai³³ 对面；qə³³bai³³（猪用嘴巴）拱（土）
	45	庙
plai	33	qə³³plai³³ 问、访
	45	（一）庹（伸展手臂）
wai	33	哥哥；lia⁴⁵wai³³ 苎麻
tai	33	砍；切（猪菜）；vu³³tai³³ 豆子；ɯ⁴⁵tai³³ 菜（熟的）

		45	tai⁴⁵piau³³ 代表（借）；phi³¹tai⁴⁵ 皮带（借）
thai	31	抬（借）	
		45	太（借）
dai	33	a³³dai³³ 叔叔；dai⁴⁵dai³³ 小	
		45	dai⁴⁵dai³³ 小
nai	31	nai³¹nai⁴⁵ 奶汁	
	33	ɯ⁴⁵nai³³ 要；	
		45	nai³¹nai⁴⁵ 奶汁
lai	33	犁、耕（田）；用（钱）；戴（首饰）	
		45	qə³¹lai⁴⁵ 痕迹；qə³¹lai⁴⁵ 念叨
ʔlai	33	懒；叫、喊；la⁴⁵ʔlai³³ 小孩	
		45	蜂刺
tsai	33	女性生殖器	
		45	ma⁴⁵tsai⁴⁵ 柿子；正在（借）；再（借）
tshai	31	小米；ŋo³³tshai³¹ 胡须	
	33	（用篦子）梳（头）	
		45	剪；（老鼠）咬（衣服）；（一）代、辈（人）；辈分；tshai⁴⁵tshai³¹ 抱
dzai	45	切（猪菜）、剁；dzai⁴⁵vu³¹tso⁴⁵ 吵嘴	
sai	33	sai³³ai³³ 好看；dzau³³qə³³sai³³ 砂锅	
		45	晒（谷子）（借）
kai	31	kai³¹kai⁴⁵ 紧、急	
	33	ma³³kai³³ 耙；kai³³kai³³ 抓（痒）、（鸡用脚在地上）刨；tuŋ³¹kai³³ 牛牵绳；kai³³jau⁴⁵ 活该	
		45	秤；斤；ə³¹kai⁴⁵ 紧、急
khai	33	舀；盛（饭）	
		45	集市
ŋai	31	ŋai³¹ŋai⁴⁵ 火捻子草	
		45	ŋai³¹ŋai⁴⁵ 火捻子草
xai	33	pha³¹xai³³ 螃蟹（借）	
		45	亥（借）；害（人）
ʁai	45	密（仅限指织篾席）	

au	31	是；da³¹au³¹ 答应；au³¹au⁴⁵ 簸（米）
	33	au³³ 不是
	45	秧、芽；了（陈述语气）；vu³¹au⁴⁵ 小簸箕；au³¹au⁴⁵ 扬（谷子）、簸（米）；au³¹au⁴⁵ 颠簸；ja³¹au⁴⁵ 外婆；dʑau³³au⁴⁵ 脑髓；pau³¹au⁴⁵ 白色
pau	31	pau³¹au⁴⁵ 白色；pau³¹au⁴⁵ 白（吃）
	33	公的、雄性的；pau³³tɕi³¹ 秕子；pau³³waŋ³¹ 犁弯
	45	ə³¹pau⁴⁵ 骂、诅咒
phau	33	（土很）松；浪费 phau³³sa³¹（借）
	45	qə³¹phau⁴⁵ 飞；lə³¹phau⁴⁵ 翻
bau	31	bau³¹thu³³ 地方；(tsɿ³³) bau³¹（一）处
	45	扯、拔（鸡毛）；(一)扇（门）
mau	31	舌头；mau³¹ka⁴⁵ 仆人
	33	饭
	45	死
tau	33	拴；点（灯）；（看）着；dʑau³³tau³³ 碓；ə³¹tsa⁴⁵tau³³ 杵
	45	dʑau³³ə³¹tau⁴⁵ 筲箕；ə³¹tau⁴⁵ 兜兜；ə³¹tau⁴⁵ 包（东西）；ə³¹tau⁴⁵ 拥护、保护；tau⁴⁵tɕhin⁴⁵ 道歉（借）
thau	31	淘（米）（借）；逃（借）
	33	waŋ³³thau³³ 完（到头了）
	45	碍（手脚）；九层皮（植物名）；（一）套（衣服）（借）
dau	33	慌张；qə³³dau³³ 恐吓
	45	出（天花）；出（血）；倒（字写倒了）（借）
nau	45	精子
lau	31	lau³¹xau⁴⁵ 斗篷、伞
ʔlau	31	da³¹ʔlau³¹ 打嗝
	45	qə³¹ʔlau⁴⁵ 搅拌（猪食）
ɬau	45	放（牛、羊）；（谷粒）饱满
tsau	33	la⁴⁵tsau³³ 姑娘；qə³³tsau³³ 打扮；qə³³tsau³³ 医治
	45	湿
tshau	31	tshau³¹tshau³¹ 到处；tshau³¹ 朝（借）
dzau	33	筷子

		45	ə³¹dzau⁴⁵ 踩
sau	33		sau³³tɕi³³ 箕（指纹）
		45	肺；tin³¹vu³¹sau⁴⁵ 梧桐树
zau	45		绕；侄子；直（棍子）；ə³¹zau⁴⁵ 咳嗽
dzau	31		爱、喜欢；愿意；想（要）
	33		（一）个；点钟；（一）滴（水）；（一）座（庙）；税
	45		（一）丈
jau	33		弟弟；下（山）lə³³jau³³；幺（叔叔、姑妈等）（借）
kau	33		kau³³ȵi⁴⁵ 这么（做）
khau	31		khau³¹khau⁴⁵ 削；khau³¹khau⁴⁵ 学习
	45		khau³¹khau⁴⁵ 削；khau³¹khau⁴⁵ 学习
gau	33		瘦弱；da³¹gau³³ 烤（衣服）
ŋau	45		撬；挖（用尖木挖）
xau	33		lə³³xau³³ 叫（母鸡下蛋）、（人）喊
	45		拉（肚子）；lau³¹xau⁴⁵ 斗篷、伞
qau	31		da⁴⁵qau³¹ 稍等
	33		坐；在（这里）；nan³¹qau³³ 发愁；xau³³qau³³ 痛快
	45		（喝一）口；tau³¹qau⁴⁵ 瞌睡；min³¹qau⁴⁵ 衣袖
qhau	33		la³¹qhau³³ 头
təu	45		斗（借）
kəu	33		钩（借）；lin⁴⁵kəu³³ 冰柱（借）
khəu	33		khəu³³tɕhin³¹ 口琴（借）
xəu	31		xəu³¹ 吧（催促语气）
	45		xəu⁴⁵xui³³ 后悔
an	33		妹妹；la⁴⁵an³³ 酒药子；than³³an³³ 刚才
pan	45		pan⁴⁵lan³³ 后面
ban	31		（羊）圈；牢房；（一）筒；（一）叠（钱）
plan	31		死；qə³¹plan³¹ 翘（起腿来）
	33		烧；烤（酒）
man	31		雨

	33	man³³muŋ³¹ 如此：man³³muŋ³¹ka³¹！（吃这么多！）（责怪之意，意思是叫人别吃了）
m̥an	31	ə³¹m̥an³¹ 看
m̥lan	31	舍得
	33	舍不得
wan	31	转身；回
fan	31	（一）分（钱）
	33	比
tan	33	遇到；春；tan⁴⁵tan³³ 甜
	45	tan⁴⁵tan³³ 甜；淡（不咸）（借）
than	31	弹（琴）（借）
	33	贪（吃）（借）；瘫（借）
	45	说闲话；than³³an³³ 刚才；炭（借）
dan	33	qə³³dan³³ 结（果子）；（一）块（玉米地）
nan	31	nan³¹qau³³ 发愁；难（吃）（借）；南（借）
	33	qə³³nan³³ 轧、压住、印、榨（榨油）；tan⁴⁵nan³³ 哪里
	45	a³¹nan⁴⁵ 哪里
lan	31	（很）晚；ŋe⁴⁵lan³¹ 以后；wuŋ³¹lan³¹ 明天；qə³¹lan³¹（天）黑
	33	偷；pan⁴⁵lan³³ 后面；qhe³¹lan³³ 堂屋；qə³³lan³³ 打滚
ʔlan	31	空闲；ə³¹ʔlan³¹ 路；ʔlan³¹ɲi⁴⁵ 这么（大）
tsan	33	移植；瓶子；（一）瓶（油）
tshan	31	tshan³¹（语气词）；（一）钱
dzan	33	黄鳝；呻吟；qə³³dzan³³ 屁股
	45	慢
san	33	san⁴⁵san³³ 碗；ə³³san³³ 看
	45	san⁴⁵san³³ 碗、lɯ³¹san⁴⁵ 居都；阉割（借）
zan	31	厉害
	33	喝；抽（烟）；磨（米）、qə³³zan³³ 剃
kan	31	乖；（两）个（人以上）；kan³¹vu³¹dʑi⁴⁵ 甑桥
	33	（一）个（人）；kan³³kan³³ 杆子（借）
	45	间隔（开）（借）

gan	31	吆（牛）、赶（赶牛使之快）；gan³¹khai⁴⁵ 赶集；gan³¹fe⁴⁵ 骗
ŋan	31	ŋan⁴⁵ŋan³¹ 暗自、偷偷地；ŋan⁴⁵ŋan³¹da³¹（劝小孩）别哭
	33	淹；ŋan³³ŋan³³ 水牛；ŋan³³（vu³¹no⁴⁵）捕（鸟）
	45	ŋan⁴⁵ŋan³¹ 暗自、偷偷地；ŋan⁴⁵ŋan³¹da³¹（劝小孩）别哭
xan	31	能；ta⁴⁵xan³¹ 大寒（借）；还（借）
	33	不能；别
	45	phu³¹xan⁴⁵ 打鼾；陷（借）；焊（洋铁壶）（借）
qan	31	tsa⁴⁵qan³¹qan³¹（水、酒）一点点
aŋ	31	有；ɕiaŋ⁴⁵aŋ³¹ 那么（远）；vu³¹aŋ³¹ 额头；pu³¹aŋ³¹ 碑
	33	没有
paŋ	33	qə³³paŋ³³ 插（把刀插在地上）
	45	paŋ⁴⁵ʔlaŋ³³ 里面
baŋ	31	洞；ɯ³³baŋ³¹ 洞房（名词）；qə³¹laŋ³¹baŋ³¹ 芹菜
	33	田；瓮；dʑau³³baŋ³³ 坛子；so³¹baŋ³³ 海碗
	45	qə³¹baŋ⁴⁵ 胖
plaŋ	31	牙齿；lə³¹plaŋ³¹ 梦；qə³¹plaŋ³¹ 搓
	33	席子；（一）苑；qə³³plaŋ³³ 办法；plaŋ³³plaŋ³³ə³¹sei⁴⁵ 蒜薹
blaŋ	31	高兴；桶
	33	寡的、单的；（一）泡（尿）
maŋ	31	着急；杂草；lə³¹maŋ³¹（昆虫名）；匆忙（借）
mlaŋ	31	油；mlaŋ³¹mlaŋ³¹ 塘
	45	（脚）麻
waŋ	31	窄；lə³¹waŋ³¹ 犁
	33	红薯；waŋ³³liaŋ³³ 诬赖；网（借）；jin³³waŋ³³ 冤枉（借）
faŋ	33	棉絮
taŋ	31	傻子
	33	种（田）；坟墓；qə³³taŋ³³ 凿
	45	taŋ⁴⁵laŋ³¹ 煤；taŋ⁴⁵kaŋ³³ 背后；当（东西）（借）
thaŋ	31	坝（小的）
	45	thaŋ⁴⁵ɬei⁴⁵ 受骗；烫（借）；（一）趟（借）
daŋ	31	laŋ³¹daŋ³¹（鸡）距

	33	枪；杀；挺（直）；vu³³daŋ³³ 硌（背）
ŋ̊aŋ	31	ŋ̊aŋ³¹ŋ̊aŋ⁴⁵ 自顾自（吃）
	33	（用水）泡；烫（用开水烫）
	45	ŋ̊aŋ³¹ŋ̊aŋ⁴⁵ 自顾自（吃）
laŋ	31	qə³¹laŋ³¹ 青菜
	33	qə³³laŋ³³ 蘸（辣椒）、涮（衣服）；ŋe⁴⁵laŋ³³n̪i⁴⁵ 本地
	45	晾（衣服）
ʔlaŋ	31	taŋ³¹ʔlaŋ³¹ 喉咙；da³¹ʔlaŋ³¹qaŋ³³ 做窝
	33	盖（住）；埋（东西）；掩；paŋ⁴⁵ʔlaŋ³³ 里面
ɬaŋ	31	vu³¹ɬaŋ³¹ 肚子
tsaŋ	31	灶（烧柴用）；烧（火）；放（油盐）、播种；施（肥）
	33	咬
	45	（肚子）胀（借）
dzaŋ	31	麦子；龙；桌子、（一）桌（菜）lə³¹dzaŋ³¹
	33	（抓）着（了）
	45	dzaŋ⁴⁵tsu³¹ 落枕
saŋ	31	尝（一尝）（借）
	33	（一）点（东西）；下（饭）
	45	（世）上（借）；绱（鞋）（借）
zaŋ	31	虚弱；tin³¹ə³¹zaŋ³¹ 牛材树；ʔiu⁴⁵zaŋ³¹ 金竹
	33	割（肉）；锯；ə³³zaŋ³³ 声音；ə³³zaŋ³³ 啃
	45	让（路）（借）
dʑaŋ	33	把儿
ȵaŋ	31	扇（用风车扇谷子）；dɯ⁴⁵ȵaŋ³¹piau³³ 矛；ȵaŋ³¹tiŋ³³ 钉子（借）
	33	减产；跌价；赔（本）；la⁴⁵ȵaŋ³³ 幺儿
kaŋ	31	lə³¹kaŋ³¹ 桥
	33	像；缝；对；合（八字）；kaŋ³³ɬei³³ 称心；灵验；mei⁴⁵tu³¹mei⁴⁵kaŋ³³ 雾沉沉
khaŋ	33	还（东西）；赔
gaŋ	31	lə³¹gaŋ³¹ 手镯、圆圈
	33	dʐau³³lə³³gaŋ³³ 项圈

ŋaŋ	33	呆；糊涂；(声音)洪亮；me⁴⁵ŋaŋ³³ 野苦瓜；ŋaŋ³³tau³³ 估计
xaŋ	31	xaŋ³¹aŋ³¹ 还有
	33	(一)窝；涂；染（衣服）；漆（桌子）；xaŋ³³qε³³ 厕所；(qε³³) xaŋ³³（屎急肚）胀；xaŋ³³xaŋ³³ 坑
qaŋ	31	根；qaŋ³¹qaŋ³¹/ə³¹qaŋ³¹ 拉；qaŋ³¹qaŋ³¹ 刨（刨萝卜丝）
	33	孵（蛋）；(一)包；(一)盒；(ma³³) qaŋ³³ 森林；lə³³qaŋ³³ 翻（把锅翻过来放）
qhaŋ	33	穷
χaŋ	31	大马蜂
phia	33	phia³³ko⁴⁵ 叉开腿（借）
	45	剖（开）（借）
bia	45	(一)块（石头）；(一)片；bia⁴⁵dzen³¹ 钱；qə³¹bia⁴⁵ 扁
lia	45	苎麻；lia⁴⁵ti³³ɲi³³ 黄麻
ɬia	31	ɬia³¹ɲi³¹ 未生犊的母牛
	45	(一)层（皮、楼）
tɕia	31	粮食；夹（把书夹在腋下）（借）
	33	抓（一把豆子）
	45	踢（一脚）；套（套牛轭）；(一)里（路）；蜂蜡；pe⁴⁵m̥uŋ⁴⁵pe⁴⁵tɕia⁴⁵ 灰头土脸
tɕhia	31	ə³¹ɬɯ⁴⁵tɕhia³¹ 看一下
	45	树林；ma³¹tɕhia⁴⁵ 骂恰（寨名）
dʑia	33	挠痒
	45	vu³¹dʑia⁴⁵ 抹平；vu³¹dʑia⁴⁵ 扒开（草）
ɲia	31	ə³¹ɲia³¹ 粑粑、粘（着衣服）、（用糨糊）粘
	33	撒娇
	45	ə³¹ɲia⁴⁵ 踩；ti³³ɲia⁴⁵ 黄泥（和煤用）
ɲ̥ia	31	ɲ̥ia³¹ɲia⁴⁵ 胡乱（做）
	45	ɲ̥ia³¹ɲia⁴⁵ 胡乱（做）
ʔia	45	万；ə³¹ʔia⁴⁵ 洗、淘（米）
piau	31	溜走
	33	dɯ⁴⁵jaŋ³¹piau³³ 矛；tai⁴⁵piau³³ 代表

phiau	33	浮
biau	31	（一）群；（一）阵（雨）；biau³¹biau³¹ 燕子
liau	45	累；困；够（了）；liau⁴⁵ɬei³³ 过瘾
ɬiau	45	和、跟
tɕhiau	33	巧（借）
ɕiau	45	闩（闩上门）
ʔiau	31	扔、甩；存（钱）
	45	被、受
lian	31	凉快（借）
	33	ə³³lian³³ 添；qə³³lian³³ 培（土）、同、和
tɕian	31	qə³¹tɕian³¹ 苗族
	33	qə³³tɕian³³ 弯
	45	suan³³tɕian⁴⁵ 霜降
tɕhian	31	墙（借）
	45	呛（借）
nian	31	ə³¹nian³¹（嚼碎）喂
	33	聋；qə³³nian³³ 赌（赌钱）、nian³³ 摇
	45	腻
ȵian	31	记得
	33	忘记
ɕian	45	ɕian⁴⁵an³¹ 那么（远）
ʔian	33	铁；tsei³¹ʔian³³ 牲畜
phio	33	瓢（借）
tɕio	31	tɕi³³tɕio³¹ 你们
dʑio	31	dʑio³¹dʑio³¹ 肚脐
	33	pa⁴⁵dʑio³³ 下面；pei³¹dʑio³³ 河尾巴（寨名）；so³³dʑio³³ 碗柜
	45	ə³¹dʑio⁴⁵（动物）交配
lua	31	放；lua³¹lua⁴⁵ 绵软；饶（命）
	45	qə³¹lua⁴⁵/ lua³¹lua⁴⁵ 绵软
tsua	31	pho⁴⁵wan³³tsua³¹ 牵牛花
sua	33	摔跤（借）

	45	扫拢
zua	31	搓（衣服）、捻（用手指捻虫）
kua	31	刮（借）
	45	挂（借）；卦（借）
xua	45	划；画（借）
tsuai	33	tsuai³³tau³¹qau⁴⁵ 打瞌睡
kuai	45	kuai⁴⁵ 怪
tuan	31	围圈（动物）
luan	31	杀
	33	qə³³luan³³ 道理；礼物；祭祀
tsuan	33	ma³³tsuan³³tsuan³³ 发髻
	45	钻（借）；轮流（借）
tshuan	31	船（借）
	33	挖（用铲子挖）、铲（借）
suan	45	特意
kuan	33	tsua³¹mu³¹kuan³³ 啄木鸟（啄木官，借）；管（闲事）（借）
	45	kuan⁴⁵kuan⁴⁵tsha³¹ 钹；习惯（借）；kuan⁴⁵sʅ⁴⁵ 惯（坏）（借）；灌（借）
suaŋ	33	双（借）
kuaŋ	31	□：买东西没有买到
	45	逛（借）
pei	31	种子；pei³¹（n̥ei⁴⁵）沾（着）
	45	pei⁴⁵tɕia⁴⁵ 背架（借）
phei	31	phei³¹jaŋ³³ 培养（借）
	33	披（衣服）
	45	qə³¹phei⁴⁵ 辣；ɯ³³phei⁴⁵ 萝卜
bei	31	裂开；搬（走）
	45	绝种；bei⁴⁵ɯ³³ 井
plei	31	属相；神职人员（巫婆、巫公）；ə³¹plei³¹ 缝儿
	33	ə³³plei³³ 酸；tsʅ⁴⁵plei³³ 稻米
	45	（一）庹（伸直手臂）；qə³¹plei⁴⁵ 跑，漂亮、俊，痛快；pu³³plei⁴⁵ 摆（生气时用力甩手）；ə³¹plei⁴⁵ 陡

blei	31	（tsʅ³³）blei³¹（一）眼
	45	（一）顿（饭）；（打一）顿
mei	45	样子 mei⁴⁵lɯ³³；（空气）闷（借）
mlei	31	ɯ³³qə³¹mlei³¹ 露水；qə³¹mlei³¹ 霜；（睡一）觉
	33	mlei³³sɯ⁴⁵ 舒服
wei	31	qə³¹wei³¹ 收；dzu³¹wei³¹ 晚上
	33	tɯ⁴⁵wei³³ 半夜
	45	红稗；lə³¹wei⁴⁵ 摆动
fei	31	分、送；吩咐；空的
	45	（一）份（文件）（借）
vei	31	耳朵；卖；ma⁴⁵vei³¹ 樱桃（野的）；ma³³qə³¹vei³¹ 菜园子
	33	la⁴⁵vei³³ 耳环；be³¹vei³³ 妹夫
	45	lə³¹vei⁴⁵ 担子
tei	31	tei³¹ʔlei⁴⁵ 头
nei	45	打；vu³¹nei⁴⁵ 捻（用手指～线）
n̩ei	33	顶住；抵押；n̩ei⁴⁵n̩ei³³ 短
	45	着（药）；中（射中）；挨（打）；n̩ei⁴⁵n̩ei³³ 短
lei	45	（水）深；vu³¹lei⁴⁵ 针；ma³³gei³¹lei⁴⁵ 碓
ʔlei	31	房子；（一）家（人）
	45	min³¹ʔlei⁴⁵ 指甲；sei³¹ʔlei⁴⁵ 输；ŋei³¹ʔlei⁴⁵ 枕头
ɬei	31	ə³¹ɬei³¹ 流、溢
	33	老鼠；dei³¹ɬei³³ 心
	45	（指甲）裂开；树枝断（但连着树皮）；qə³¹ɬei⁴⁵ 选
tsei	31	买；dɯ⁴⁵tsei³¹ 山脊；pa⁴⁵ə³¹tsei³¹ 楼下、下面；qə³¹tsei³¹ 逗（着玩）；tsei³¹ʔiaŋ³³ 牲畜；tsei³¹tsei³¹ 长脚蜂，手表，螺蛳
	33	ma³³vu³³tsei³³ 背带
	45	dɯ⁴⁵ə³¹tsei⁴⁵ 尾巴；qə³¹tsei⁴⁵ 捏，握，美丽；vu³¹tsei⁴⁵ 嘴唇；taŋ³³taŋ³³tsei⁴⁵ 牛鼻环；lə³¹tsei⁴⁵ 戒指
tshei	31	稀泥；攒（钱）（借）；才（借）
	33	十
	45	托（托着两腮）；叉（腰）；ə³¹tshei⁴⁵ 运气，打喷嚏；mlɯ³¹tshei⁴⁵ 五十

dzei	31	退（货）；qə³¹dzei³¹ 出嫁
	33	相信
sei	31	梳（头）；sei³¹ʔlei⁴⁵ 输
	33	sei³³ɲi⁴⁵ 这么（做）
	45	尿；ə³¹sei⁴⁵ 野蒜、葱
gei	31	ma³³gei³¹lei⁴⁵ 碓
ŋei	31	猫；ŋei³¹tsuŋ³³ 灶（公）；ŋei³¹ta⁴⁵ 蚂蟥；ŋei³¹ʔlei⁴⁵ 枕头
ten	33	跺脚
	45	沉淀；ma⁴⁵qə³¹ten⁴⁵ 板栗；（刀）钝（借）
then	31	腾（地方）
	45	拆开；剔（肉）；剥（核桃、板栗的外壳）
den	31	（田）坎、边；城；ə³¹den³¹ 热（饭），（很）热
	33	ə³³den³³ 浅
	45	ɲia⁴⁵den⁴⁵ 把翻好的土踩紧；lu⁴⁵den⁴⁵ 平地
nen	31	qə³¹nen³¹ 雪；dzau³³ə³¹nen³¹ 名字；qə³¹nen³¹ 筛
len	31	侧（着身子）
	45	深（水深）；qə³¹len⁴⁵ 顽皮
tsen	45	正（借）
tshen	31	vu³¹tshen³¹ 撑开、摊（开）；tshen³¹dzuŋ³³ 生意；乘（借）
dzen	45	宽；dzen⁴⁵duŋ³¹ 商量
sen	31	dzau³³sen³¹ 升子；编（竹器）
	33	干燥（专指粮食）；ə³³sen³³ 大（指年纪）
	45	qə³¹sen⁴⁵ 勒、捆
zen	31	qə³¹zen³¹ 蜜蜂；khai⁴⁵qə³¹zen³¹ 六枝
	45	lə³¹zen⁴⁵ 撕；zen⁴⁵ja⁴⁵ 认错
ken	31	敢；ken³¹ken⁴⁵ 挖（洞）；ken³¹ken⁴⁵tin³¹ 树枝丫
	33	不敢
	45	ken³¹ken⁴⁵/ə³¹ken⁴⁵ 挖（洞）；ken³¹ken⁴⁵tin³¹ 树枝丫
khen	31	肥料；khen³¹（ko⁴⁵）跨（一小步）；ji³¹khen³¹ 休息
	45	香
gen	31	移动；gen³¹gen³¹/ə³¹gen³¹ 过（河），下（田）；

	33	lei³³gen³³ 人死后外家送的一种东西（夹在死人腋窝下的）
xen	31	恨（借）；（一）句（话）
qen	31	姜；有盐味；恨；ma³³qen³¹qen³¹ 斑鸠
	33	la³¹qen³³ 狗
	45	（软的东西）断；截
qhen	31	lə³¹qhen³¹ 贪心
χen	31	七；气体；ka³¹χen³¹ 过年；tin³¹vu³¹χen³¹ 楸树
lue	33	lue³³lue³³ 旋转
	45	qə³¹lue⁴⁵（用脚）捻，揉，熬（熬粥）、炖（肉）；（da³¹）qə³¹lue⁴⁵（做）主；qə³¹lue⁴⁵ʔlei³¹ 主人
xue	31	xue³¹tse³³ 或者（借）
phie	31	phie³¹phie⁴⁵（掉）光
	45	挥刀用力割；phie³¹phie⁴⁵（掉）光
die	33	ə³³die³³ 朋友，追、撵；qə³³die³³ 碾，准许，浅（水浅）
	45	装（进袋里）；灭；插（把刀插入鞘）；卦；qə³¹die⁴⁵ 争（争着要去）；pla³¹die⁴⁵ 红色；tsu³¹die⁴⁵ 青蛙、田鸡；ə³¹die⁴⁵ 骨头，抢；ə³¹die⁴⁵ 生（肉）；qə³¹die⁴⁵ 女阴；dan³³die⁴⁵ 平原
tɕie	33	tɕie³³faŋ⁴⁵ 解放（借）
	45	a³³tɕie⁴⁵ 姐（借）
ɕie	31	ɕie³¹ɕie⁴⁵ 扫；tin³¹lɯ³¹ɕie³¹ 椿菜树；dzau³³lə³¹ɕie³¹ 发旋
	33	挖（土）；锄（地）；ə³³ɕie³³ 肠子；ə³³ɕie³³（菜）心
	45	tsa⁴⁵ɕie⁴⁵ 一下子；ɕie³¹ɕie⁴⁵/ə³¹ɕie⁴⁵ 扫；ta⁴⁵ɕie⁴⁵ 从前；tsʅ³³ɕie⁴⁵（打、等）一下；ɕie⁴⁵le⁴⁵（打一）拳
liu	31	vu³¹liu³¹ 鱼
	45	vu³¹liu⁴⁵ 脸
ɬiu	31	干竹片（生火用）
tɕiu	31	ma⁴⁵tɕiu³¹ 李子
	33	矮
	45	救（借）；就（来）（借）
tɕhiu	31	六
	33	li³¹tɕhiu³³ 立秋（借）；熏、烤

ɲiu	31	ə³¹ɲiu³¹ 盐；ə³¹ɲiu³¹ 赢
jiu	31	ə³¹jiu³¹ 粗糙
	33	ɯ⁴⁵jiu³³ 眼泪；酉（借）
	45	又（借）
ʔiu	31	ʔiu³¹dzai³¹ 亲家
	33	老；老实；（一）尺；沉默；dɯ⁴⁵ʔiu³³ 小棍子；ʔiu³³phia³³ 箭
	45	竹子；ə³¹laŋ³¹la⁴⁵ʔiu⁴⁵ 野兰花
pin	45	编（辫子）（借）
phin	33	（一）元（钱）
min	31	手；韧
tin	31	树
	45	接（人）；打（打桩）；钉（借）；（蜜蜂）螫人
thin	31	lui³¹thin³¹ 天亮
lin	31	tui⁴⁵lin³¹ 对联（借）；连（饭也不吃）（借）
tɕin	33	vu³¹tɕin³³ 什么；煎（鱼）（借）；减（借）
	45	ji⁴⁵tɕin⁴⁵ 意见（借）
tɕhin	31	勤（借）；全（借）；mau³¹tɕhin³¹ 铜钱；khəu³³tɕhin³¹ 口琴（借）
	45	tɕhin⁴⁵pla⁴⁵ 淤血；tɕhin⁴⁵lu⁴⁵ 刨地；浸（借）；tau⁴⁵tɕhin⁴⁵ 道歉（借）
dʑin	45	（水）澄清；请；欠；劝；醒（酒）
ɕin	31	说
	33	先（借）
jin	31	jin³¹tshai⁴⁵ 咸菜（借）
	33	jin³³waŋ³³ 冤枉（借）
phiŋ	31	phiŋ³¹ko³³ 苹果（借）
tiŋ	33	jaŋ³¹tiŋ³³ 钉子（借）
	45	ji³¹tiŋ⁴⁵ 一定（借）
niŋ	45	niŋ⁴⁵khe³³ 宁可（借）
liŋ	45	qə³¹liŋ⁴⁵ 讨厌
lui	31	醒
	33	长；远
	45	（擦）亮

tsui	45	最（借）
tshui	45	脆（借）
sui	31	（酒）淡；随便（借）
	45	顺（路）（借）
kui	33	kui³³kui³³ 轮子
xui	31	犟
uŋ	45	luŋ³¹uŋ⁴⁵ 发酵；煨；壅火（埋火种）；腌（腌菜）
puŋ	33	puŋ³³mau³³（玉米饭蒸第二遍的时候）放水
puŋ	45	爆炸
phuŋ	33	（一）捧（米）（借）
	45	撞（借）
buŋ	31	lə³¹buŋ³¹ 震动
	33	a³³ja³³a³³buŋ³³ 姨祖父；be³¹buŋ³³ 祖父
	45	pa⁴⁵buŋ⁴⁵ 手臂和肩膀连接处；ma⁴⁵buŋ⁴⁵ 野地瓜
muŋ	31	（用手）捂
	33	亩
	45	稳；结实
m̥uŋ	45	pe⁴⁵m̥uŋ⁴⁵ 灰尘
wuŋ	31	日子
	33	围拢（看）；蒙（头睡）
fuŋ	33	封（把信封口）（借）；（一）封（信）（借）
	45	缝儿（借）
tuŋ	31	qə³¹tuŋ³¹ 蛋；qə³¹tuŋ³¹ 头虱；挑拨离间；tuŋ³¹kai³³ 牛缰绳；la⁴⁵qə³¹tuŋ³¹ 小家伙
	33	（硬的东西）断；拉（屎）；qə³³tuŋ³³ 扳（树枝）、截断（用手）
	45	煮；tuŋ⁴⁵jin³¹ 动员（借）
thuŋ	31	关；套（把笔套上）（借）；thuŋ³¹wuŋ³¹ 前天；qə³¹thuŋ³¹ 盖（盖板子）
	33	thuŋ³³wuŋ³³ 昨天
duŋ	31	（说）话；啼；（一）粒；ə³¹duŋ³¹/duŋ³¹duŋ³¹ 戳；ə³¹duŋ³¹ 吵闹
	45	咸；（用针）扎；纳（鞋底）
nuŋ	31	事情；ja⁴⁵nuŋ³¹ 犯法、犯罪

luŋ	31	裹脚布；ŋe⁴⁵luŋ³¹ 蒿；mi³³ə³¹luŋ³¹ 芭茅；luŋ³¹juŋ³¹ 响声；ma³³luŋ³¹khuŋ³¹ 撮箕；luŋ³¹uŋ⁴⁵ 酿（酒），捂（热），发酵；luŋ³¹uŋ⁴⁵ 煨，壅火（埋火种），腌（菜）；ə³¹luŋ³¹ 腰子（肾）
	33	luŋ³³ 糯（米）；luŋ³³zuŋ³³ 芋头；tsei⁴⁵luŋ³³ 黑乎乎；qə³³luŋ³³ 贵，近
	45	汗；ə³¹luŋ⁴⁵ 圆、揉（用两只手）；dʑi³¹luŋ⁴⁵ 戥子；（一）两
ʔluŋ	31	ʔluŋ³¹ 会；vu³¹tɯ³¹ʔluŋ³¹ 眼花
	33	ʔluŋ³³ 不会
	45	lui³¹ʔluŋ⁴⁵ 薄暮；tshei³¹ʔluŋ⁴⁵qɯ³¹ 大前年
ɬuŋ	33	腰
tsuŋ	33	a³³tsuŋ³³ 舅母
tshuŋ	31	能
	33	tshuŋ³³ 不能；ə³³tshuŋ³³ 偷看；tu⁴⁵tshuŋ³³ 山谷；tshuŋ³³（qhɯ⁴⁵）舂（辣子）
	45	告状；tshuŋ³¹tshuŋ⁴⁵/ə³¹tshuŋ⁴⁵ 擦（手、脸）、涂（油漆）；冲（借）
dzuŋ	31	粗大
	33	蠢、笨；tshen³¹dzuŋ³³ 生意
	45	ə³¹dzuŋ⁴⁵ 刀；粮仓；撮（粮食）；挑拨离间
suŋ	31	ə³¹suŋ³¹ 头发；vu³¹suŋ³¹ 身体；（两）只（用于数二后面的数）
	33	埋（人）；唆（使狗咬人）；qə³³suŋ³³ 藏（东西）；（绑得）松（借）
zuŋ	31	tin³¹ə³¹zuŋ³¹ 枫香树
	33	假的；野的（不纯）；luŋ³³zuŋ³³ 芋头；pa⁴⁵qə³³zuŋ³³ 楼上
	45	垮；vu³¹zuŋ⁴⁵ 拆
tɕhuŋ	31	群众、大家；（水缸、坛子、膝）盖
dʑuŋ	45	dʑuŋ⁴⁵dʑuŋ³¹ 每（天）
n̻uŋ	33	vu³³n̻uŋ³³ 马
	45	捉；n̻uŋ⁴⁵xuŋ³¹ 听见
ŋ̻uŋ	33	骑；穿（鞋）；荡（秋千）
	45	vu³¹ŋ̻uŋ⁴⁵ 乱
ɕuŋ	33	qə³³ɕuŋ³³ 裤子
juŋ	31	藤；vu³¹juŋ³¹ 风，力气；luŋ³¹juŋ³¹ 响声；sʅ³¹juŋ³¹ 筋脉；χen³¹juŋ³¹ 命
	45	拔（刀）、抽（出来）；剥（篾条）；juŋ⁴⁵vu³¹tso⁴⁵ 吵嘴
kuŋ	31	稻谷秆；ə³¹kuŋ³¹ 重

khuŋ	45	ə³¹khuŋ⁴⁵ 蹭（痒）
guŋ	33	蚂蚁；lu³³guŋ³³m̥o³¹ 小公猪；qɛ³¹luŋ³³guŋ³³ 鸡进圈的时辰；guŋ³³sa⁴⁵ 镰刀；tɕi³¹guŋ³³ 早稻谷
	45	称（秤）；量（米）
xuŋ	33	带（小孩儿）；送（回家）；生（小牛）；xuŋ³³o³¹ 花；tin³¹xuŋ³³ 樟树
	45	熟；脓
quŋ	31	苦；含；ɯ³³quŋ³¹ 米汤
	33	野猫；quŋ³³vu³¹tso⁴⁵ 嘴角、quŋ³³vu³¹tɯ³¹ 眼角；quŋ³³blaŋ³¹ 肩膀；quŋ³³mau³³ 剩饭；quŋ³³dzi³¹ 背篓；quŋ³³χen³¹ 名声
qhuŋ	31	luŋ³¹qhuŋ³¹ 撮箕

第三章 词汇

第一节

词汇特点

六枝居都仡佬语的词汇中，多音节词多于单音节词，其中双音节词占的比例最大，这与许多词带词头有关。其次，由这些双音节词复合构成的多音节词也比较多。结构上，基本词以单纯词为主，复合词次之，重叠构词比较少。复合词中，多数词由"前缀语素＋词根语素"构成，前缀语素主要为 qə^{31} 和 vu^{31}，这两个前缀也是居都仡佬语词汇中能产性最强的前缀。复合法分并列、偏正、支配、补充、陈述五种类型。有的复合词具有比较强的描写性和解释性，一个词的长度与短语的长度相当，结构比较复杂，但由于它们表示的是一个特定的概念，而且其成分的结合具有固定性，已经词汇化，在功能上等同于词。例如：pluɯ^{45}a^{45}la^{45}ʔlu^{31}dau^{45} 东边（太阳出的地方）、la^{45}ʔlu^{31}qə^{31}lau^{31}xau^{45} 日晕（太阳戴斗篷）。

第二节

构词法

一 构词单位

(一) 词根语素

词根语素有比较实在的意义，又称为实语素。单独使用时是词，在合成词中作为构词成分时是语素。

1. 单音节

ɯ³³ 水　　　tin³¹ 树　　　man³¹ 雨　　　baŋ³¹ 洞　　　baŋ³³ 田

juŋ³¹ 藤　　pei³¹ 种子　　qu³¹ 茅草　　ʔlɯ³¹ 菌子　　mlɯ³¹ 活儿

2. 双音节

lui³¹lui³¹ 天　　duŋ³¹dai³³ 星星　　ŋei³¹lo⁴⁵ 明天　　xaŋ³³xaŋ³³ 坑

lo³¹zo³¹ 写　　taŋ⁴⁵kaŋ³³ 背　　dɯ³³ŋɯ⁴⁵ 真正　　lo³¹mo⁴⁵ 柴

(二) 词缀语素

词缀语素一般不能单独成词，分为前缀语素、后缀语素和状态词缀语素。

1. 前缀①

(1) qə³³ 没有具体的词汇意义，可作为名词、动词、形容词的词头，是居都仡佬语里出现频率最高的词头。调值常随词根。例如：

qə³³pu³³ 云　　　qə³¹dzo³¹ 山　　　qə³¹lan³¹ 黑　　　qə³¹zɯ³¹ 稀疏

---

① 此处的"前缀"也称"词头"。在侗台语族语言中，词头一般由实词演变而来，语义虚化往往不彻底，还起到别类的作用，与印欧语等中的词缀有一定的区别，因此多数学者称其为"词头"。为了与前人的研究衔接，文中的"前缀"和"词头"同时使用，都指词根语素的前加成分，在标注上两者混用，没有实质区别。

qə³¹mei⁴⁵ 毛　　　qə³³n̠i³³ 刺儿　　　qə³³nan³³ 压　　　qə³³zaŋ³³ 啃

（2）vu³¹ 没有具体的词汇意义，可作为名词、动词、形容词的词头，在居都仡佬语里出现的频率仅次于qə³³。例如：

vu³¹ɯ³¹ 石头　　　vu³¹qo³¹ 角落　　　vu³¹dzi³¹ 月份　　　vu³¹no⁴⁵ 鸟
vu³¹a⁴⁵ 暖和　　　vu³¹n̥uŋ⁴⁵ 麻烦　　　vu³¹xa³¹ 张开　　　vu³¹ja⁴⁵ 伸

（3）lə³¹ 没有具体的词汇意义，也可用于名词、动词、形容词。例如：

lə³¹maŋ³¹ 狐狸　　　lə³¹mlaŋ⁴⁵ 麻木　　　lə³¹tsei⁴⁵ 戒指　　　lə³¹gaŋ³¹ 手镯
lə³¹qu⁴⁵ 冷　　　lə³¹qhen³¹ 贪　　　lə³¹phau⁴⁵ 翻转　　　lə³¹sɿ³¹ 扭

（4）pa⁴⁵ 没有具体的词汇意义，主要表示方位，黏附性比较强。例如：

pa⁴⁵ə³¹tsei³¹ 下面　　　pa⁴⁵qə³³zuŋ³³ 上面　　　pa⁴⁵dzi³³ 外面　　　pa⁴⁵qɛ³³ 前面
pa⁴⁵ʔlei³¹ 家里　　　pa⁴⁵bai⁴⁵ 对面　　　pa⁴⁵n̠i⁴⁵ 这边　　　pa⁴⁵ai³³ 那边

当指称人的某些身体部位时，pa⁴⁵ 也常加在这些身体名词的前面，实际上也含有指示方位的作用：

pa⁴⁵vei³¹ 耳朵　　　pa⁴⁵min³¹ 前臂　　　pa⁴⁵buɯ⁴⁵ 胳膊　　　pa⁴⁵ko³¹ 大腿
pa⁴⁵ko⁴⁵ 脚（自膝盖以下）　　　pa⁴⁵buŋ⁴⁵ 上臂

（5）ma³³ 从mi³³（母亲）一词演变而来，只用于名词。由ma³³构成的合成词中，有的ma³³还保留"女性、雌性"义。例如：

ma³³ʔlo³³ 女人　　　ma³³dza³³ 变婆　　　ma³³mi³³ 妈妈　　　ma³³ji³³ 嫂子
ma³³blaŋ³³ 寡妇　　　ma³³n̠i³¹ 母牛（已生育的）　　　ma³³qɛ³¹ 母鸡（已生蛋的）

一部分ma³³已完全失去词汇意义，仅作部分动植物词甚至非生物词的词头，不表性别。例如：

ma³³a⁴⁵ 乌鸦　　　ma³³guŋ³³ 蚂蚁　　　ma³³qaŋ³³ 森林
ma³³ji³¹mi³³ 甘蔗　　　ma³³phio³³ 瓢儿　　　ma³³kai⁴⁵ 秤

（6）pau³³ 的基本义是"雄性"，它只用于名词，在词语中的位置比较固定，只出现在词首。它的性质跟ma³³ 类似，如表示人或动物的性别：

pau³³ʔlo³³ 男人　　　pau³³blaŋ³³ 鳏夫　　　pau³³n̠i³¹ 公牛　　　pau³³qɛ³¹ 公鸡

pau³³ 也可用于植物名词或其他名词前。例如：

pau³³tɕi³¹ 秕子　　　pau³³waŋ³¹ 犁辕　　　pau³³gei³¹lei⁴⁵ 碓杵

2. 后缀

居都仡佬语仅有一个附加在名词后面表示复数的后缀语素ə³³tsɿ³³（们）。例如：

la⁴⁵ə³¹pe⁴⁵ʔlai³³ə³³tsɿ³³ 娃娃们　　　ma³³ʔlo³³ə³³tsɿ³³ 妇女们　　　ke⁴⁵su³¹ə³³tsɿ³³ 老师们
小孩子　　 们　　　　　　　　　　妇女　们　　　　　　　　　老师　们

3. 状态词缀

居都仡佬语中有一些单音节、双音节成分或者叠音成分附加在形容词及个别动词之后或之前。这些词缀从构词位置上说，有的属于前缀，有的属于后缀。但这一类词缀在性质上比较特别，因此单独当作一类。这些附加成分的主要特点是：附加成分与原形容词或动词结合不紧密，没有实在意义也没有独立性，只是描摹某种状态，起到突出某种形象、情态、色彩，并增强程度的作用。并且状态词缀跟所附的形容词是一对一的关系，即同类的状态词缀对于其所附着的词来说具有唯一性。例如：

ko³³ 快—ka³³ko³³ 快快状　　gi³³ 好—ga³¹gi³³ 好好状　　duŋ⁴⁵ 咸—duŋ⁴⁵da⁴⁵ 咸咸状

fei³¹ 空—kho³¹kho³¹fei³¹ 空落落　　tsau⁴⁵ 湿—phe³¹phe⁴⁵tsau⁴⁵ 湿答答

（三）复合语素

多音节复合词中可以分析出复合语素。有一些多音节复合词是由单词根语素加双音、多音节复合语素构成的。例如：

vu³¹ɯ³¹tuŋ³¹ŋo³³ 鹅卵石　　　　　　　ma³³qə³¹tshu⁴⁵mi³¹ 新娘

石头　蛋　鹅　　　　　　　　　　　女性人　　新

tin³¹lə³³qɯ³³m̥o³¹ 木槽　　　　　　　ȵu⁴⁵tu³¹qu⁴⁵ȵi³¹ 牛克膝草

木　盆子　猪　　　　　　　　　　　草　膝盖　牛

这些合成词的构成并不是一个个单词根语素的简单相加，而是由"单词根语素＋合成词的复合语素"构成，vu³¹ɯ³¹（石头）＋tuŋ³¹ŋo³³（鹅蛋）、ma³³（女性的）＋qə³¹tshu⁴⁵mi³¹（新人）、tin³¹（木）＋lə³³qɯ³³m̥o³¹（猪槽）、ȵu⁴⁵（草）＋tu³¹qu⁴⁵ȵi³¹（牛膝盖）。像tuŋ³¹ŋo³³（鹅蛋）、qə³¹tshu⁴⁵mi³¹（新人）、lə³³qɯ³³m̥o³¹（猪槽）、tu³¹qu⁴⁵ȵi³¹（牛膝盖）等这样一些复合语素，它们还能进行内部切分，切分出来的成分也可以独立作为词或词组使用，但是在合成词内部，它们只是一个构词成分。

二　构词类型

（一）单纯词

居都仡佬语的单纯词有单音节单纯词、双音节单纯词、叠音词、联绵词四类。其中单音节单纯词和双音节单纯词单独使用时是词，其又可做合成词的构词语素，上文已做说明并举例，此处不再赘述。下面主要列举叠音词和联绵词。

1. 叠音词

叠音词是由同一个音节重叠构成的词，有的音节改变了声调再重叠。例如：

ɯ³³ɯ³³ 镜子　　tsei³¹tsei³¹ 螺蛳　　dʑi³¹dʑi³¹ 叶子　　tu⁴⁵tu³³ 提

kai³¹kai⁴⁵ 紧　　khe³³khe³³ 少　　tan⁴⁵tan³³ 甜　　qaŋ³¹qaŋ³¹ 拉

2. 联绵词

联绵词多为双声或叠韵词。例如：

tse³¹tsu³³ 蜘蛛　　taŋ⁴⁵laŋ³¹ 煤　　lei³³zei³³ 裙子　　lo³¹zo³¹ 写

bei³¹sei³¹ 皲裂　　luŋ³³zuŋ³³ 芋头　　tei³¹ʔlei⁴⁵ 头

（二）合成词

合成词是由两个或者两个以上的语素构成的词，由派生、复合、重叠等构词方法构成。

三　构词方法

（一）派生法

派生法是词根加词缀的构词方法，也称附加法。居都仡佬语有大量附加前缀的派生词。例如：

qə³³lan³³ 滚　　ma³³guŋ³³ 蚂蚁　　qə³¹li⁴⁵ 滑　　vu³¹ȵi⁴⁵ 虫

lə³¹dzaŋ³¹ 凳子　　vu³¹ja⁴⁵ 伸　　ma³³qaŋ³³ 森林　　pa⁴⁵ʔlei³¹ 家里

另外，居都仡佬语的形容词要表达程度的加深或者强调某些特征时，多采用附加状态词缀的方法来表现。即在形容词原形的前面或后面附加一个与其具有双声特点的单音节，或者附加两个重叠的音节，附加的状态词缀没有词汇意义，只是使形容词的表达变得更加生动。

1. 附加单音节状态词缀。若形容词原形为A，状态词缀为B，则有AB和BA两种类型。例如：

khu⁴⁵ 干净—khu⁴⁵kha⁴⁵ 干干净净　　duŋ⁴⁵ 咸—duŋ⁴⁵da⁴⁵ 咸咸状

khen⁴⁵ 香—khen⁴⁵kha⁴⁵ 香喷喷　　dzuŋ³¹ 大—dzuŋ³¹dza⁴⁵ 大大状

muŋ⁴⁵ 稳—ma³¹muŋ⁴⁵ 稳稳状　　gi³³ 好—ga³¹gi³³ 好好状

ko³³ 快—ka³¹ko³³ 快快状　　lan³¹ 晚—lo⁴⁵lan³¹ 晚状

2. 附加双音节状态词缀。若原形容词为A，状态词缀为BB，则有ABB和BBA两种类型。例如：

phin³¹ 平—phin³¹laŋ³³laŋ³³ 平展展　　ȵia³³ 娇—ȵia³³se³³se³³ 娇滴滴

zau⁴⁵ 直—ti³¹ti⁴⁵zau⁴⁵ 直条条　　tɕi⁴⁵ 满—mau³¹mau⁴⁵tɕi⁴⁵ 满满状

（二）复合法

复合法是词根加词根的构词方法。复合法是仡佬语的主要构词方法，在仡佬语构词法中有很重要的地位。其表现为以下几种方式：

1. 并列式

并列式又称联合式，指一个词由两个意义相对或相反、相关或相近的词根语素并列构成。在这一结构类型里的语素和语素之间地位平等，性质基本相同。由并列式构成的词大多为名词。例如：

ba³¹mi³³ 夫妇　　　ʔlei³¹ʁa⁴⁵ 伴侣　　　mi³¹ko⁴⁵ 手艺
丈夫 妻子　　　　家　户　　　　　手　脚

2. 修饰式

修饰式指由一个中心语素和一个修饰语素构成合成词的构词方式。修饰式是居都仡佬语非常活跃的一种构词方式。从修饰成分和被修饰成分的语序来看，可以分为"中心成分＋修饰成分"和"修饰成分＋中心成分"两种，即通常所说的"正偏式"和"偏正式"。"正偏式"是居都仡佬语的固有构词方式，"偏正式"应该是受汉语影响而产生的。例如：

（1）正偏式

tɕia³¹m̥o³¹ 猪食　　　pei³¹tɕia³¹ 种子　　　m̥ɯ³¹vu³¹ 疯狗
粮食 猪　　　　　　种子 粮食　　　　　狗　疯

man³¹pau³¹au⁴⁵ 冰雹　　ma⁴⁵khen⁴⁵ 香蕉　　ma⁴⁵taŋ³³baŋ³³ 插秧莓（插秧时节成熟）
雨　白色　　　　　　果　香　　　　　　果　插秧

（2）偏正式

ʔiu⁴⁵plaŋ³³ 竹席　　　m̥ɯ³¹dza³³ 狗熊　　　kai⁴⁵sa⁴⁵ 秤索
竹子 席　　　　　　狗　熊　　　　　　秤　绳子

（3）"偏正式"和"正偏式"两可式

qe³¹tɯ⁴⁵min³¹ 手心　　min³¹qe³¹tɯ⁴⁵ 手心
中间　手　　　　　　手　中间

3. 陈述式

陈述式指前一个语素表示被陈述的对象，后一个语素对前者进行陈述的构词方式。两者相当于主语和谓语的关系。陈述式可构成名词、动词或形容词。例如：

lui³¹ə³¹duŋ³¹ 雷　　　ɯ³³qə³³bai³³ 波浪　　la⁴⁵ʔlu³¹to⁴⁵baŋ³¹ 日落
天　吵闹　　　　　　水　拱　　　　　　太阳 落 洞

lui³¹lui³¹ple⁴⁵ 雷击　　n̠i³¹na⁴⁵le⁴⁵ 牛抵角　au⁴⁵lɯ³¹bɯ³¹ 聪明
天　拍打　　　　　　牛　打架　　　　　脑髓　动

dei³¹ɬei³³qə³¹plei⁴⁵ 甘心　　vu³¹tso⁴⁵le³¹ 饶舌　　vu³¹tɯ³¹ʔluŋ³¹ 眼花
心　痛快　　　　　　　嘴　多　　　　　　眼睛　浑

4. 支配式

支配式指前一个表示某种动作行为的语素支配后一个表被支配对象语素的构词方式。两者相当于述语和宾语的关系。支配式可构成名词、动词或形容词。例如：

qə³¹the⁴⁵ɯ³³ 水坝　　ɬei³¹ɬei³¹u³³ 泉　　　jau⁴⁵la⁴⁵ 利息
围　水　　　　　流　水　　　　　生 孩子

aŋ³¹la⁴⁵ 怀孕　　ȵiaŋ³³ȵei⁴⁵qə³¹ʔlan³¹ 迷路　　lua³¹ə³³zaŋ³³ 咆哮
有 孩子　　　　　忘记　路　　　　　　　放 声音

5. 补充式

补充式指后一个表示动作行为结果的语素补充说明前一个表示某种动作行为的语素的构词方式。例如：

luan³¹gɯ⁴⁵ 消灭　　tu⁴⁵tu³³zu³¹ 提高　　ɕin³¹gi³³ 约定
杀　完　　　　　　提　高　　　　　　说　好

dau⁴⁵dʑi³³ 出名　　jau⁴⁵ə³¹plei⁴⁵ 漂亮　　vu³³ʔlaŋ³³ 进去
出 外面　　　　　　生　俊　　　　　　　去 里面

（三）重叠法

复合式的重叠构词法与单纯词的叠音不同，两者形式上都是相同音节的重叠，而本质却完全不同。单纯词是音节的重叠，两个音节合成一个语素，不能分开，或部分能分开，但不表示原词义。复合词的重叠构词法是语素的重叠，一个重叠词包含两个语素，并且每个语素又各自可以单说，单说的意义仍和复合词整体意义相近。由重叠法构成的重叠词很少。例如：

au³¹au³¹ 是　　　aŋ³¹aŋ³¹ 有　　　baŋ³¹baŋ³¹ 洞　　　xaŋ³³xaŋ³³ 坑
是　是　　　　　有　有　　　　　洞　洞　　　　　　　坑　坑

（四）拟声法

居都仡佬语中的拟声构词法表现为两种情况。一种是模拟自然界的事物发出的声音造词，另一种是根据事物或人发出的声音造词，用以描写该事物的性状。如：

ma³³a⁴⁵ 乌鸦　　　me³³me³³ 羊　　　　　　tɕhi⁴⁵lia³³ 喜鹊
le³¹le³¹ 唢呐　　　taŋ³³taŋ³³ 铃（学校用）　　puŋ⁴⁵ 爆炸

（五）变调法

居都仡佬语可通过声调的变化来构成新词。这种构词法主要用在具有肯定意义和否定意义相对立的能愿动词和判断动词等词类。具体表现为降调31表示肯定意义，变换为平调33即表示否定意义，词性和句法功能都不变。例如：

au³¹ 是—au³³ 不是　　　aŋ³¹ 有—aŋ³³ 没有　　　tshuŋ³¹ 能—tshuŋ³³ 不能
ken³¹ 敢—ken³³ 不敢　　xan³¹ 该—xan³³ 不该　　luŋ³¹ 会—luŋ³³ 不会

还有的词重叠表示肯定，改变第二个音节的声调即表示否定。例如：

au³¹au³¹ 是—au³¹au³³ 不是　　　　　aŋ³¹aŋ³¹ 有—aŋ³¹aŋ³³ 没有

（六）同音借译法

所谓"同音借译"就是被借语言中某一个词或字，借入语不直接音译，也不直接意译，而是先把它音译成另一个音同或音近但不同义的词或字，再把它译成借入语词。这在西南地区民族语中常见，"例如汉语的'结婚'在贵州毕节大南山一带，'结'与'接'同音，'婚'与'浑'音近，大南山苗语就先把'结婚'音译成'接浑'，再把'接浑'意译成苗语 tsua³³（接）ȵto⁵⁵（浑）"①。居都仡佬语中较多的词由这种方式构成。"同音借译"法构词有以下类型：

1. 整体"同音借译"

整个词都由"同音借译"的方式构成，有单音节的也有多音节的。居都仡佬族的姓氏基本采用这种方式。例如：

ŋa³¹ 沙（姓）	m̥o³¹ 朱（姓）	n̥i³¹ 牛（姓）	xau⁴⁵ 谢（姓）
沙	猪	牛	泄
ma⁴⁵tɕiu³¹ 李（姓）	vu³¹liu³¹ 余（姓）	qə³¹ɬei³¹ 刘（姓）	ta⁴⁵qɛ³¹ 赵（姓）
李子	鱼	流	鸡笼（鸡罩子）

也有非姓氏的词：

khau³¹khau⁴⁵ 学	qə³¹ȵiu³¹ 赢	qə³¹lu⁴⁵ 冒（气）
削	盐	帽子
vu³¹tu³¹su³¹ 字	qə³¹zau⁴⁵χen³¹ 客气	tsa⁴⁵di³¹ 姐夫
痣	咳 气	接 虎

2. 部分"同音借译"

一个词由仡佬语固有语素和"同音借译"式语素合成。例如：

vu³¹dzi³¹vu³¹lei⁴⁵ 正月	den³¹sɿ⁴⁵ 京城	vu³³tai³³qə³³tɕiaŋ³³ 豌豆
月 针	城 金	豆 弯
ə³¹sei⁴⁵kɯ³¹ 韭菜	la⁴⁵ʔlu³¹pla⁴⁵ 太阳穴	bau³¹thu³³pau³¹au⁴⁵ 北京
葱 九	太阳 血	地方 白

一些"同音借译"语素具有了一定的能产性，可以跟其他不同的语素构成不同的新词。例如：

qɛ³¹ 鸡	qɛ³¹tu⁴⁵lui³¹ 飞机	ma³³qɛ³¹pi³¹ 火车	ma³³qɛ³¹χen³¹ 汽车
	鸡 天上	鸡 火	鸡 气
qə³¹phei⁴⁵ 辣	vu³¹dzi³¹ə³¹phei⁴⁵ 腊月	u³³qə³¹phei⁴⁵ 腊肉
	月 辣	肉 辣

---

① 见陈其光（2013:161）。

qə³¹ji⁴⁵ 稀　　　　　me⁴⁵qə³¹ji⁴⁵ 西瓜　　　　ə³¹tsʅ³¹qə³¹ji⁴⁵ 西药
　　　　　　　　　　　瓜　稀　　　　　　　　　药　稀

以上的 qɛ³¹（鸡）、qə³¹phei⁴⁵（辣）、qə³¹ji⁴⁵（稀）分别产生了"机器、腊、西"的"同音借译"语素义，并表现出一定的能产性，使得这些"同音借译"语素义在词汇系统中巩固下来。这些语素与固有语素一起，按照仡佬语的构词方法组合出了生动的词汇来丰富仡佬语的词汇系统。

四　四音格词

居都仡佬语词汇中有丰富的四音格形式，其语音韵律结构丰富多样，追求平衡整齐、声韵和谐的语音美。结构可分为构词和构形，结构层次以整体结构居多，构词方式以复合式为主，结构关系以并列关系占绝对优势。意义具有整体性，有的是其组成成分意义程度的加深，有的是其组成成分意义的引申。

（一）语音特征

根据音节的重叠情况，居都仡佬语的四音格形式可以分为 ABAC、ABCD、AABC、AABB、ABAB、ABCB 六种结构模式，其中 ABAC 型数量最多，为居都仡佬语四音格的优势结构。分别举例如下：

1. ABAC 型

vu³¹n̻ia³¹vu³¹n̻uŋ⁴⁵ 心情很乱　　　　bu³³pla⁴⁵bu³³n̻ia⁴⁵ 破破烂烂
a⁴⁵ʔiu³¹a⁴⁵ɬa⁴⁵ 男女老少　　　　　qɛ⁴⁵min³¹qɛ⁴⁵ko⁴⁵ 抱手抱脚

2. ABCD 型

lo³¹xo³¹lə³¹xe⁴⁵ 火辣辣　　　　　la³¹za³¹le³³ze³³ 花里胡哨
te³³ʔle⁴⁵tɯ³¹ʔlɯ³¹ 语无伦次　　　dzau³¹ka³¹ʔlai³³da³¹ 好吃懒做
mɯ³¹plan³¹i³³pɯ³³ 你死我活　　　vu³³qɯ³¹do³¹lan³¹ 起早贪黑

3. AABC 型

vu³³vu³¹thu³³thai³³ 疯疯癫癫　　　phie³¹phie⁴⁵ə³¹lɯ⁴⁵ 光溜溜
tiau³¹tiau⁴⁵ə³³dzɯ³³ 兴高采烈　　se³¹se⁴⁵lɯ³³ŋɯ³³ 葱葱郁郁

4. AABB 型

vu³³vu³³do³¹do³¹ 来往密切　　　　tsʅ³¹tsʅ³¹tsa⁴⁵tsa⁴⁵ 模模糊糊

5. ABAB 型

khu⁴⁵kha³¹khu⁴⁵kha⁴⁵ 干干净净　　khen⁴⁵kha³¹khen⁴⁵kha⁴⁵ 香甜可口

6. ABCB 型

puŋ³¹da³¹tɕhia³¹da³¹ 责怪　　　　ka³¹liau⁴⁵zan³³liau⁴⁵ 吃饱喝足

为了表达特定的附加意义，一些双音节词会进行重叠而形成一个四音格。但是在重叠的过程中，原有词语的一个或两个音节会发生一定程度的语音变化。音变的形式虽多种多样，但变化的范围仅限于韵母和声调。

这种情况主要出现在以带词头的双音节词的基础上形成的四音格中，以ABAC型居多。其中A是词头的重叠，B或C是发生音变的音节，它们的声母保持一致，只是韵母和声调发生变化。居都仡佬语的词头往往读降调，但是其调值不稳定，易在语流中发生变调，可以把它记为零声调。如果词头后面音节的声调是降调或者升调，词头的调值为31，如果词头后面音节的声调是平调，词头就被同化为平调33。例如：

ə³¹ɬei³¹ 流→ə³³ɬu³³ə³¹ɬei³¹ 流鼻涕状　　　　ə³¹tha⁴⁵ 扶→ə³³thu³³ə³¹tha⁴⁵ 勾肩搭背
qə³¹le³¹ 远→qə³¹le³¹qə³³lia³³ 路途遥远　　　qə³¹ɬa⁴⁵ 沾泥→qə³³ɬu³³qə³¹ɬa⁴⁵ 沾满泥巴

同时，音变的结果还使得ABAC格式的第二和第四音节具有元音和谐的特点，即要么前一个音节的元音舌位高于后一个音节的元音舌位，要么这两个音节的元音相同或者舌位高低相当。例如：

u/a　　dze³³dzuŋ³³dze³³ŋaŋ³³ 呆头呆脑　　　u/e　　ə³³tsu³³ə³¹tsei⁴⁵ 掐掐捏捏
　　　 ə³³phu³³ə³³phai³³ 多嘴多舌　　　　　　　　 phu³³lu³³phe³¹le⁴⁵ 乱七八糟
e/a　　qə³¹le³¹qə³³lia³³ 路途遥远　　　　　a/a　　ŋei⁴⁵ʔlaŋ³¹ŋei⁴⁵ŋa⁴⁵ 卡喉卡颈
　　　 tsɿ³³ɕie⁴⁵tsɿ³³tsaŋ³³ 变化多端　　　　　　 ə³¹kai⁴⁵ə³¹ka⁴⁵ 紧绷绷

可见，居都仡佬语相当多的四音格中，有一些音节本身没有意义，只是作为配音存在。而这些配音大多是其他音节所产生的音变，与四音格的其他音节保持着韵律的关联，使整个四音格具有顺畅自然、悦耳动听的效果，表现出居都仡佬语的四音格词追求平衡整齐、声韵和谐的语音美。

（二）结构特征

四音格在形式上表现为四个音节，在功能上相当于词，是一个独立的整体，而其内部结构却丰富多样。

1. 构成方式

从构成方式看，可以分为连绵、复合、重叠和附加等几种方式。

（1）连绵式

各个音节单独没有意义，只有四个音节连在一起才能表达一个完整的意义。这样的四音格不多，主要是拟声词。例如：

xe³¹le³¹xo³¹lo³¹ 狼吞虎咽　　　　　　la³¹za³¹le³³ze³³ 花里胡哨

（2）复合式

由词或词组复合构成，例如：

ȵian³³wei³¹ȵian³³wuŋ³¹ 没日没夜　　　　man³¹dzuŋ³¹man³¹ŋaŋ³³ 瓢泼大雨
忘　夜　忘　日　　　　　　　　　雨　大　雨　呆

（3）重叠式

由单音节词重叠构成。这种构成方式不多，例如：

vu³³vu³³do³¹do³¹ 人来人往　　　khu⁴⁵kha³¹khu⁴⁵kha⁴⁵ 干干净净
去　去　来　来　　　　　　　　　干净

（4）附加式

由词或词组附加无意义的配音音缀构成。有的是叠音的配音，有的是非叠音的配音。例如：

ɬei³³ga³¹ɬei³³gi³³ 菩萨心肠　　　phi³¹phi³¹mu⁴⁵dza⁴⁵ 臭烘烘
心　　心　好　　　　　　　　　　臭

2. 结构层次关系

（1）整体结构

整体结构指四音格的各个组成成分在结构上不构成任何关系。各个音节没有意义，或者即使有的音节有意义，却不能代表四音格的整体意义。因此，在意义上必须把四个音节连成一个整体，拆开后将丧失意义或者改变意义。整体结构是居都仡佬语四音格最普遍的结构。这可能跟居都仡佬语词头构词活跃有关。例如：

xe³¹le³¹xo³¹lo³¹ 狼吞虎咽　　　la³¹za³¹le³³ze³³ 花里胡哨
ə³¹qhɯ³¹ə³¹qha⁴⁵ 亲戚朋友　　　tse³¹la³¹tse³¹quŋ³³ 花猫脸
客人　　　　　　　　　　　　　　野猫

（2）单层结构

单层结构指四音格内部只有一个层次，把它从中间两两分开后，各直接组成成分内不能再划分出层次。例如：

la⁴⁵ʔi³¹la⁴⁵lan³¹ 子孙后代　　　qə³¹do⁴⁵qə³¹da⁴⁵ 很痒
孙子　曾孙　　　　　　　　　　　痒　　痒

vu⁴⁵qə³¹dzei³¹dzuŋ³¹ 浮肿　　　duɯ³¹pi⁴⁵duɯ³¹ȵia³¹ 眼屎糊状
肿　　大　　　　　　　　　　　　眼屎　　黏

（3）双层结构

双层结构指四音格内部不止一个层次，从四音格的中间两两分开形成第一个层次，而第一层的两个直接成分至少有一个可以进行再划分，形成第二个层次。双层结构的第一层次以并列关系为主，第二层次的关系比较复杂，偏正、主谓、述宾、述补都有。例如：

偏正关系：

sa³¹tshai⁴⁵sa³¹fa⁴⁵ 世世代代 tsho⁴⁵vu³³tsho⁴⁵do³¹ 马上回来
几　辈分　几　世代 马上　去　马上　来

主谓关系：

bau³¹khen³³bau³¹wa⁴⁵ 坑坑洼洼 mu³¹plan³¹i³³pu³³ 你死我活
处　坑　处　洼 你　死　我　活

述宾关系：

tshau³³vei³¹tshau³³au⁴⁵ 啰里啰唆 tan³³den³¹tan³³łu⁴⁵ 走投无路
吵　耳朵　吵　脑髓 遇　坎　遇　悬崖

述补关系：

ŋu⁴⁵plan³¹ŋu⁴⁵mau⁴⁵ 沉睡 dzu³³vu³³dzu³³do³¹ 跳去跳来
睡　死　睡　死 跳　去　跳　来

此外，居都仡佬语有一些固定的模式，它们具有相同的结构关系和相同的提示成分，使得这一类四音格具有格式化特征。例如：

ma³³ka³¹ma³³zan³³ 不吃不喝 ma³³duŋ⁴⁵ma³³qen³¹ 不咸不淡
不　吃　不　喝 不　咸　不　盐

ɕie⁴⁵tɕhi³¹ɕie⁴⁵die⁴⁵ 时燃时灭 ɕie⁴⁵ko³³ɕie⁴⁵dzan⁴⁵ 时快时慢
时　燃　时　灭 时　快　时　慢

qhaŋ³³plan³¹qhaŋ³³nu⁴⁵ 一穷二白 ʔlai⁴⁵plan³¹ʔlai³³mau⁴⁵ 非常懒惰
穷　死　穷　死 懒　死　懒　死

ŋei⁴⁵ŋei³³ la⁴⁵ʔia³³ 短状 ə³¹pe⁴⁵la⁴⁵ʔia³³ 细揪揪
短 小

（三）语义特征

1. 四音格中含有大量表意不明确的配音

从语义构成来看，居都仡佬语的四音格大致分为两类。一类是由有意义的实语素通过并列的方式构成，另一类是由有意义的实语素加上没有意义的配音音节构成。用于配音的音节虽然没有意义，但是却能起辅助表义的作用，使词义表达更加确切。因此，它们不仅起配音作用，也起一定的配义作用。这类四音格在居都仡佬语中占了相当大的比例。例如：

tshη³¹tshη³¹ə³¹ze⁴⁵ 冰凉 le³³xe³³lo³¹xo⁴⁵ 凶巴巴
（配）　冷 （配）　吼

qə³¹le³¹ qə³³lia³³ 路途遥远 mei⁴⁵tu³¹mei⁴⁵kaŋ³³ 雾沉沉
远　（配） 雾　（配）

dze³³dzuŋ³³dze³³ŋaŋ³³ 呆头呆脑　　　ko⁴⁵ dɯ³¹ ko⁴⁵χen³¹ 角角落落
（配）憨（配）蠢　　　　　　　　脚　墙　脚（配）

2. 表意形象生动

居都仡佬语的四音格注重对状态的主观描写，形容词性的四音格毋庸置疑，即便是动词性质的四音格表意也不在于注重动作本身，而在于动作所表现出来的状态，有较强的描述性，使动作或者状态的形象感更强。例如：

tshau³³vei³¹tshau³³au⁴⁵ 啰里啰唆　　ə³³thu³³ə³¹tha⁴⁵ 勾肩搭背
吵　耳朵　吵　脑髓　　　　　　　扶

ə³¹phei⁴⁵ə³¹pha⁴⁵ 辣乎乎　　　　　ŋe³³se³³ŋɯ³¹su³¹ 可怜兮兮
辣　　　　　　　　　　　　　　　可怜

3. 成分意义与整体意义有关系

属于构词的四音格虽然由实语素复合而成，但其意义凝固，整体意义跟其组成成分的意义不完全相同，有自己的独立性，整体意义跟成分意义总有着或多或少的联系。例如：

n̥ei⁴⁵ʔlaŋ³¹n̥ei⁴⁵ŋa⁴⁵ 卡喉卡颈　　ə³¹qhu³¹ə³¹qha⁴⁵ 亲戚朋友
噎　喉咙　噎　上腭　　　　　　　客人

sa³¹tshai⁴⁵sa³¹fa⁴⁵ 世世代代　　　ko⁴⁵ tin³¹ ko⁴⁵ma⁴⁵ 边边角角
几　辈分　几　世代　　　　　　　脚　树　脚　果

第三节

词汇的构成

居都仡佬语的常用词大多与仡佬语其他方言同源，大部分的基本词也与同语族语言同源，有一部分独有词。借词也比较常见，主要是汉语借词和彝语借词。这些借词融入居都仡佬语的词汇系统后受仡佬语自身特点的制约而发生一定的变化。

仡佬族跟汉族的接触最多，受汉语的影响最深，所以汉语借词的数量最多。有的词在借入之后要遵循居都仡佬语的构词方式。如名词或动词前加词头，使这类借词更具有居都仡佬语的色彩。例如：

ma^{33}thaŋ^{31}laŋ^{33} 螳螂　　ma^{33}thu^{33} 床　　ma^{33}tshuan^{31} 船

ma^{33}tshuan^{33}tshuan^{33} 锅铲　　dʑau^{33}kaŋ^{33} 缸　　ma^{33}sui^{33}ȵi^{33} 水车

一　汉语借词

仡佬语里的汉语借词可大致分为老借词和新借词两大类。老借词借入的时间比较久，是仡佬语跟汉语接触的早期进入仡佬语的，反映的是中古或更早的汉语语音特征。新借词是仡佬语跟近现代汉语接触后大量进入仡佬语的，语音上跟西南官话比较接近。

（一）老借词

从现代仡佬语的语音来看，声调简单，没有塞音韵尾，不容易找到与古汉语的对应关系。我们认为，跟其他侗台语不同，并在仡央语甚至仡佬语内部各方言不一致，而跟古代汉语语音相近的词有可能为老借词。另外，由于汉语对仡央语的影响深远长久，也可能存在仡央语各语言或方言整体从汉语借入的情况。这种即便在仡央语内部比较一致，但跟其他侗台语不同，却与古汉语接近的词也有可能为老借词。老借词借入的时间比较长，有的借入后接受了改造，在构词方式上与居都仡佬语固有词接近。例如"筷子"，居都仡佬语是 qə³³dʐau³³，qə³³ 是词头，dʐau³³ 是借自古汉语"箸"的读音；"绸子"，居都仡佬语是 phai⁴⁵buŋ³³（也可以是 buŋ³¹），phai⁴⁵ 是量词词头，表示"（一）匹（布）"，buŋ³³ 有可能借自古汉语"帛"的音，因为"帛"和"绸"是同类丝织品。其他老借词例如：①

客人：居都仡佬语 kha⁴⁵，其他仡佬语：大方红丰 khən¹³、大狗场 qhei¹³、三冲 ɬau³¹、镇宁比工 qha¹³；布央语：郎架 puo⁰hɛk¹¹、巴哈 pa³³ kha:k³³、雅郎 khiə⁵³；拉基语：pe³³khe³⁵、qhɛ²³（越南）；木佬语 qai⁵⁵；布依语 xe⁵；壮语 hek⁷。该词在仡央语言内部比较一致，但与其他侗台语不同，可能系整体借自古汉语的"客"：中古汉语 *khak（蒲立本）、*khœk（王力）。

床：居都仡佬语 ma³³thu³³，其他仡佬语：大方红丰 pa⁴³hai⁴²、大狗场 thɔ⁵⁵、三冲 tha³¹ŋau³¹、镇宁比工 xei³¹；布央语：郎架 ɕoŋ¹¹u⁷¹、巴哈 ɕwa:ŋ⁴⁵、雅郎 ta:i³¹a³³；拉基语：tɕu³⁵、ɕũ²²（越南）；木佬语 li²⁴tu³³；布依语 ʔdan¹ten⁶；壮语 ɕo:ŋ²。该词居都、大狗场、三冲等应借自古汉语的"榻"：中古汉语 *thʌp（蒲立本）、*thʌp（王力）。

筷子：居都仡佬语 qə³³dʐau³³，其他仡佬语：大方红丰 ʔa⁴³dzo⁴³、大狗场 tsəu²¹、三冲 m³¹dʐiu¹³、镇宁比工 xei³¹；布央语：郎架 thu⁵⁴、巴哈 daau³³；拉基语：a³³tio²⁴、tho²²（越南）；木佬语 ti³³to²⁴；布依语 tu⁶；壮语 tau³³。该词居都、红丰、大狗场、三冲等仡佬语及其他所列侗台语应借自古汉语的"箸"：上古汉语 *tia（王力）、tio（高本汉）；中古汉语 *ẙio（蒲立本）、*ẙji（潘悟云）。

姜：居都仡佬语 qen³¹，其他仡佬语：大方红丰 so³⁵hai⁴²、大狗场 qhei³³、三冲 ʂ̩³¹kei³⁵、镇宁比工 ma⁵⁵xei³¹；布央语：巴哈 qɛŋ³²²、雅郎 kiə⁵³；拉基语：qui⁵⁵、la²qe⁴⁵（越南）；木佬语 xə³¹；布依语 jiŋ¹；壮语 hiŋ¹。该词仡佬语、布央语、拉基语等应借自古汉语的"姜"：上古汉语 *kiaŋ（王力）、*kjaŋ（李方桂）；中古汉语 *kiaɴ（李荣）、*kiaɴ（高本汉）。

扁：居都仡佬语 ə³¹bia⁴⁵，其他仡佬语：大方红丰 pia¹³、大狗场 plei¹³、三冲 dau³¹pli³³pli³¹；布央语：郎架 pa:m²⁴、巴哈 bɕɛ⁴⁵；拉基语：ta³³la²³pe³³、nu²³pɛ²²（越南）；木佬语 vo²⁴；布依语 ʔbep⁷；壮语 ʔbup⁷。该词居都、红丰等应借自古汉语的"扁"：上古汉语 *phian（王力）、*phen（潘悟云）；中古汉语 *pien（王力）、*pen（潘悟云）。

僵：居都仡佬语 ke³³ke³³，其他仡佬语：大方红丰 ɕa¹³、三冲 ka³⁵kəu⁵³；布央语：郎架 ka:ŋ¹¹；木佬语 ɬy²⁴；布依语 ʔdoŋ⁴；壮语 ka:ŋ⁴。该词居都应借自古汉语的"僵"：上古汉语 *kiaŋ（王力）、*kaŋ（潘悟云）；中古汉语 *kiaɴ（李荣）、*kjœɴ（潘悟云）。

瘸：居都仡佬语 qɛ³³，其他仡佬语：大方红丰 ʔia¹³、比工 lai⁵⁵、三冲 pzi³¹；拉基语：ko¹¹pɛ¹¹、qhɛ²²（越南）；布央语：郎架 qɛŋ²⁴、巴哈 gwɛ³²²、雅郎 qia³³；布依语 pa:t⁸；壮语

_____

① 以下古汉语语音构拟引自东方语言学网：http://www.eastling.org/

kwe²。该词居都仡佬语如壮语等应借自古汉语的"瘸"：上古汉语 *giuai（王力）、*gʷal（潘悟云）；中古汉语 *giuɑ（李荣）、*gwjʌ（潘悟云）。

斤：居都仡佬语 kai⁴⁵，其他仡佬语：大方红丰 qhəu⁴³、大狗场 tsɿ¹³、三冲 gən³³、镇宁比工 tɕe³¹；布央语：郎架 kan²⁴、巴哈 da³²²；拉基语：li³³kua³³、kã⁴³（越南）；木佬语 keŋ²⁴；布依语 kan¹；壮语 kan¹。该词居都、三冲仡佬语、郎架布央语、拉基语、木佬语等应借自古汉语的"斤"：上古汉语 *kiən（王力）、*kɯn（潘悟云）。

缺：居都仡佬语 qhɛ⁴⁵，其他仡佬语：大方红丰 qha¹³、大狗场 qhe³³、三冲 tɕhau³¹、镇宁比工 tshei¹³；布央语：郎架 veu³¹²、巴哈 ɢɦua:i³³；拉基语：khua¹¹、na⁴⁵（越南）；木佬语 lo³³pe²⁴；布依语 niəm⁶；壮语 wa:u⁶。该词居都、红丰、大狗场等仡佬语应借自古汉语的"缺"：上古汉语 *khiua（王力）、*khʷed（潘悟云），中古音 *khjwet（蒲立本）、*khiuɛt（李荣）。

绸子：居都仡佬语 phai⁴⁵buŋ³³，其他仡佬语：大狗场 plu¹³、三冲 həu³⁵zi³¹；布央语：巴哈 tɕu³¹；布依语 ʔa:u⁴；壮语 hoŋ¹。该词居都仡佬语词根 buŋ³³ 应借自古汉语的"帛"：中古音 *bak（蒲立本）、*bœk（王力）。

呕吐：居都仡佬语 qə³¹ta⁴⁵，其他仡佬语：大方红丰 ɬiau⁵⁵waŋ³¹、大狗场 tsau³¹、三冲 di⁵³、镇宁比工 khei¹³ta¹³；布央语：郎架 ta:u³¹²、巴哈 ta:k³³、雅郎 kuə⁵³；拉基语：ni²⁴a³³tie³⁵、nji³qɑ²tji²³（越南）；布依语 ʔɔk⁸、ðuə⁶；壮语 ɣuk⁸。该词居都、比工仡佬语和布央语应借自古汉语的"吐"：上古汉语 *tha（王力）、*thagx（李方桂），中古音 *thu（王力）、*tho（李荣）。

钱：居都仡佬语 bia⁴⁵dzen³¹，其他仡佬语：大方红丰 ŋo¹³zai³¹、大狗场 tshei⁵⁵、三冲 bin³⁵、镇宁比工 zi³¹；布央语：郎架 ma⁰ɕen¹¹；拉基语：ti³³、thji²³（越南）；布依语 ʔɔk⁸、ðuə⁶；壮语 ŋan²。该词居都、红丰、大狗场等应借自古汉语的"钱"：上古汉语 *tsian（王力）、*tsjanx（李方桂），中古音 *tsjen（蒲立本）、*tsiɛn（李荣）。

（二）新借词

仡佬语所在的贵州、广西、云南等省区是汉语方言西南官话分布的主要区域，随着社会的发展，居都仡佬语从当地的西南官话借入的词越来越多。西南官话是汉语比较晚的一个层次，大约形成于明代。借自西南官话的词为新借词。新借词的语音和当地西南官话相近，多为双音节形式。（当地西南官话为六枝方言。六枝方言跟贵阳方言的声母、韵母相差无几，声调方面只是上声调值稍有区别，贵阳方言为高降调53，六枝方言为中降调31。）新借词例如：[①]

[①] 贵阳话语音引自汪平（1994）。

词义	仡佬语	西南官话
水碾	ma³³sui³³ɲi³³	suei⁵³lian⁵³
批	phei³³	phei⁵⁵
棚子	phin³³sua³¹	phian⁵⁵sua⁵³（偏厦）
潭	luŋ³¹than³³	luŋ³¹than³¹（龙潭）
南	nan³¹	lan³¹
北	pe³¹	pe³¹
热闹	nau⁴⁵ze³¹	lau³⁵ze³¹（闹热）
蚕	tshan³¹	tshan³¹
藕	ŋɯ³³	ŋou⁵³
双生子	suaŋ³³pa³³	suaŋ⁵⁵pa⁵⁵（双巴）
三脚架	san³³tɕio³¹	san⁵⁵tɕio³¹tɕia²⁴
背心	kua⁴⁵kua⁴⁵	kua²⁴kua²⁴（褂褂）
簪子	pe³¹tsan³³	tsan⁵⁵tsʅ⁵³
锅铲	ma³³tshuan³³tshuan³³	tshuan⁵³tshuan⁵³（铲子）
粗孔筛子	laŋ³³sai³³	laŋ⁵³sai⁵⁵（朗筛）
姐夫	tɕie³³fu³³	tɕie⁵³fu⁵⁵
墨斗	me³¹təu³³	me³¹tou⁵³
疟疾	da³¹pai⁴⁵	ta⁵³pai⁵³tsʅ⁵³（打摆子）
把脉	xau⁴⁵me³¹	xau²⁴me³¹（号脉）

新中国成立后借入的新名词（如文化类、教育类、卫生类等的一些词）语音上和西南官话基本一致，例如 kaŋ³³（钢）、tɕhin³³（铅）、liu³¹xuaŋ³¹（硫黄）、tshuan³³san³³tɕia³¹（穿山甲）、tsen⁴⁵fu³³（政府）、ke³¹min⁴⁵（革命）、tsen⁴⁵tshai³¹（政策）、tɕi⁴⁵su³¹（技术）、kun⁴⁵nan³¹（困难）、tshen³¹fen⁴⁵（成分）、kue³¹tɕhin⁴⁵tɕie³¹（国庆节）、sʅ⁴⁵ɲi⁴⁵thin³¹（试验田）、kho³³ɕio³¹（科学）等。这样的词范围很广，数量较多。

二　彝语借词

彝族很早就自西向东发展，从今滇东北一带进入今黔境，凭借人口优势在今黔西地区建立地方政权直至明清。彝族进入贵州高原后与更早从岭南迁来的仡央民族交错杂居，两个族群互动密切，于是出现了所谓"仡佬彝"（仡佬变彝）、"彝仡佬"（彝族变仡佬族）的现象。彝文文献和明嘉靖《贵州图经》卷十一等记载彝族、仡佬族"互争为长"，从黔西南迁至广西隆林的"多罗"支系的仡佬族就有民谚称：pu³¹tse³⁵a³³au³³u⁵⁵， ka⁰mu³¹sa³⁵a³³au³³tshu⁵⁵（蚂蚱不成肉，彝族、汉族不是朋友）。居都仡佬语也用pau³³ mu³¹ pau³³sa⁴⁵（非彝即汉）来指外族人。今天彝族、仡佬族、汉族各民族和睦相处，史料和民谚都反映了历史上彝族和仡佬族的密切接触。从目前的研究来看，可以说彝语是仅次于汉语的居都仡佬语第二大借源语言（李锦芳2011）。彝语借词例如：

蚱蜢：居都仡佬语ma³³vu³¹tse⁴⁵，大方彝语pha²¹mbi²¹（no³³tse³⁵）。仡央：仡佬（大方红丰lei⁵⁵tia¹³、大狗场zo⁴⁴zei⁴⁴sei³³、三冲m³¹dzi³¹ʂaŋ³¹），拉基mɯi⁵⁵，布央（巴哈dak⁵⁵ti³¹then⁴⁵、雅郎lat³¹tak¹¹）。彝语：南华tʂA³³pu³³、弥勒tʂA³³po³³（蝗虫）、墨江pA³³tsA³³。

稻谷：居都仡佬语tɕi³¹，大方彝语tʃʅ²¹。仡央：仡佬（大方红丰laŋ³¹sau¹³、大狗场mpə²¹tsau³³、三冲sʅ³³muŋ³¹），拉基tɕi⁵⁵se⁴⁴，布央（郎架paːi⁵⁴、雅郎pa⁵³）。彝语：喜德tʂhɯ³³、南涧tɕhi⁵⁵、南华tɕhi³³、弥勒tɕhi³³tsɛ³³、tso³³bi³³tsɛ³³、墨江tɕhe²¹。侗台语民族很早种植水稻，"水稻"一词在侗台语内部比较一致，而居都仡佬语和拉基语则比较特别，可能借自彝语。

高粱：居都仡佬语qə³³zu³³，大方彝语zu³¹（粮食）。仡央：（大方红丰hai⁴²、大狗场xi³¹、比工ma⁵⁵ha³¹、三冲m³¹tɕhi³⁵pla³¹），拉基qaŋ⁵⁵tei⁵⁵、qã⁵⁵liu³⁵（越南），布央（郎架ɛt¹¹），木佬语me⁵³xu²⁴。彝语：喜德tʂhɯ³³、南涧tɕhi⁵⁵、南华tɕhi³³、弥勒tɕhi³³tsɛ³³、tso³³bi³³tsɛ³³、墨江tɕhe²¹。该词居都仡佬语与仡佬语其他方言差别比较大，但与大方彝语的"粮食"一词语音接近，可能借用大方彝语的"粮食"一词来表示"高粱"。而大方彝语的"粮食"又与其他彝语方言中"大麦"的读音相近：喜德zu²¹、南涧zʅ³³、南华zu³³、弥勒zo³³。

金子：居都仡佬语sʅ⁴⁵，大方彝语sə³³。仡央：仡佬（大方红丰xuŋ⁴³、大狗场xen³³、三冲haŋ³⁵），拉基ha²⁴。彝语：喜德sʅ³³、南涧ɕe⁵⁵、南华ʂe³³、弥勒ʂA³³、墨江sɛ⁵⁵。

舀：居都仡佬语khai³³，大方彝语khɯ⁵⁵。仡央：仡佬（大方红丰m̥a¹³、大狗场tai³³、三冲baŋ³³），拉基tia¹¹，布央（郎架ʔbi³¹、巴哈ʁu⁴⁵）。原始侗台语：*tuei。彝语：喜德khi⁵⁵、南涧kho²¹、南华khɯ⁵⁵、墨江khɯ²¹。

炒：居都仡佬语ɬɯ³¹，大方彝语ɬu³³。仡央：仡佬（大方红丰ha⁴²、大狗场tsu⁵⁵、三冲ki³⁵），拉基khe⁵⁵、ɕɔ²³（越南），布央（郎架ɕaːu²⁴）。原始侗台语：*xkue。彝语：喜德ɬu³³、南涧lu⁵⁵、南华lu³³、弥勒lo³³。

卖：居都仡佬语vei³¹，大方彝语vu⁵⁵。仡央：仡佬（大方红丰hue⁴²、大狗场sai⁵⁵、三冲fai³⁵），拉基ve³⁵、wɑ²³（越南），布央（郎架paːn³³、巴哈θi³²²、雅郎peŋ³³）。彝语：喜德vu²¹、南华vu²¹、弥勒vu²¹。

辣：居都仡佬语qə³¹phei⁴⁵，大方彝语phie²¹。仡央：仡佬（大方红丰dzuai¹³、大狗场

naŋ¹³、三冲ʂu³³），拉基a³³tio¹¹、thɑ³thɑ²²（越南），布央（郎架ɕat¹¹、巴哈ha⁴⁵）。彝语：南涧phi⁵⁵、南华phɛ³³、弥勒phɛ³³。

六：居都仡佬语tɕhiu³¹，大方彝语tɕhɔ¹³。仡央：仡佬（大方红丰mian³¹、大狗场naŋ³³、三冲ȵaŋ³¹），拉基ȵia¹¹、nɑ²³（越南），布央（郎架nam⁵⁴、巴哈nam³¹、雅郎na:m⁵³）。彝语：弥勒tʂhu̠²¹、墨江tʂhu̠²¹。

八：居都仡佬语χe³¹，大方彝语he¹³。仡央：仡佬（大方红丰ɣe³¹、大狗场zua⁵⁵、三冲z̪au³¹），拉基ŋue¹¹、bə²³（越南）。布央（郎架maºðu³¹²、巴哈mu³¹、雅郎hrauɯ³¹）。彝语：喜德hi⁵⁵、南涧hi̠²¹、南华he⁵⁵、弥勒xi̠²¹、墨江he̠²¹。

九：居都仡佬语kɯ³¹，大方彝语kɯ³³。仡央：仡佬（大方红丰sau¹³、大狗场səɯ¹³、三冲ɕo³¹），拉基liu²⁴、lju²²（越南）。布央（郎架va¹¹、巴哈dɦa³³、雅郎wo³³）。彝语：喜德gu³³、南涧kɯ̠³³、kɯ̠⁵⁵、南华kɯ³³、弥勒kɯ³³、墨江kɯ³³。

十：居都仡佬语tshen³³，大方彝语tshuɯ²¹。仡央：仡佬（大方红丰ɕye¹³、大狗场pan¹³、三冲ʂʅ³¹pe⁵³），拉基pɛ¹¹、pɛ⁴⁵（越南）。布央（郎架put⁵⁴、巴哈wat⁵⁵、雅郎pɔt³³）。

第四节

民俗文化词

一 民俗文化词

（一）住房

ʔlei³¹（房子）：居都仡佬语把房子统称为ʔlei³¹。居都仡佬族大都选择半山腰处建房。早期的住房结构有木房草顶、木房瓦顶、石墙瓦顶等，又叫ʔlei³¹qɯ³¹（茅草房）、ʔlei³¹tin³¹（木房）、ʔlei³¹vu³¹ɯ³¹（石房）等。现代建的房子多分上下两层，上层住人，下层关养牲畜，结构和功用明显地承袭了"干栏"建筑的风格，被视为"新干栏"。建房材料不再是木、竹等，而是用混凝土砖，房顶也改为平顶。

图1　旧茅草顶房　六枝特区居都村/2007.8.3/韦名应 摄

图2　石墙瓦顶房　六枝特区居都村/2012.8.9/曾宝芬 摄

图3　新干栏房　六枝特区居都村 /2007.8.3/ 韦名应　摄

图4　腊肉

六枝特区居都村 /2007.8.3/ 韦名应　摄

图5　烘着的辣椒

六枝特区居都村 /2007.8.3/ 韦名应　摄

（二）饮食

u^{33}qə^{31}phei^{45}（腊肉）：每年饲养年猪，岁末宰杀，除过春节食用，多用于腌制腊肉。

qhɯ^{45}（辣椒）：仡佬族多居住在高山半坡，地形复杂，气候潮湿，为了祛潮取暖，每餐都少不了一锅辣椒汤。炕上、灶头终年炕着辣椒。

（三）运输

quŋ^{33}dʑi^{31}（夹箩）：居都仡佬族大多住半山腰、石旮旯，出行以步行为主，以往运输东西多靠背。居都仡佬人擅长用竹篾编制器具，夹箩便是比较常用的器具。

pei^{33}tɕia^{31}（背架）：居都村地多田少，地里主要种玉米、菜蔬，有的水田距离较远，甚至远在别的村寨。每年种一季水稻。水稻收割后，或种上麦子，或种油菜。水稻用镰刀收割，把稻苑割下，挑着或用背架背回家脱粒。

图 6　夹箩

六枝特区居都村 /2007.8.3/ 韦名应　摄

图 7　背架

六枝特区居都村 /2007.8.3/ 韦名应　摄

图 8　犁　六枝特区居都村

2007.8.3/ 韦名应　摄

图 9　编制晒席　六枝特区居都村

2007.8.3/ 韦名应　摄

（四）生产

ma³³lə³¹waŋ³¹（犁）：犁是居都仡佬族田地耕作的重要农具，包括ə³¹tsei⁴⁵lə³¹waŋ³¹（犁把）、waŋ³¹khe⁴⁵（犁镜）、pau³³waŋ³¹（犁弯）、tei³¹ʔlei⁴⁵lə³¹waŋ³¹（犁头）、pan³³pan³³lə³¹waŋ³¹（犁盘）、waŋ³¹khe⁴⁵（犁铜）、pau³³waŋ³¹（犁辕）、le³¹khe³¹（铧口）等组成部分，通常用牛拉动翻田。

（五）编制

sen³¹（编制）：主要是竹编。以绵竹等为材料。产品有晒席、背篼、夹箩、簸箕、筲箕等。

ta⁴⁵san⁴⁵san³³（碗筐）、ta⁴⁵dzau³³（筷箩）、ma³³vu³¹a⁴⁵dzuŋ³¹（大簸箕）、ma³³a⁴⁵ble³³mau³³（筲箕）、ə³¹tau⁴⁵mau³³（饭箱）：这些是居都仡佬族用竹篾编制的日常生

活器具，碗筐和筷筒分别用来装碗筷（现在已基本不用），大簸箕用来簸米、晒粮食等，筲箕用来洗菜、蒸饭等，饭箱用来装饭菜带去田间地头干活。

（六）纺织、刺绣

qe³¹a⁴⁵da³¹suɯ³¹di³³（织布机）：旧时居都仡佬族织布的工具，一头绑在腰间，一头绑在固定的桩子上，织布的人站着或坐着操作。织布技术现在已经几近失传。

图10 饭箱 六枝特区居都村
2012.8.11 曾宝芬 摄

图11 织布机 六枝特区居都村/2012.8.11/曾宝芬 摄

图12 刺绣 六枝特区居都村
2007.8.3/韦名应 摄

图13 腰带上刺绣的花
六枝特区居都村/2007.8.3/韦名应 摄

（七）婚俗

da³¹lə³³ʔiu³³（做媒）：男孩到了适婚年龄，父母就请媒人出面做媒。旧时，男女双方及家长都不相互见面，仅通过媒人进行沟通。

zen⁴⁵qha⁴⁵（认亲）：指由媒人说媒成功后，男方家送上宰杀好的一只公鸡和一只母鸡到女方家认亲。剁鸡的时候，公鸡的鸡翅膀和鸡腿部分不能完全切断，得和

图 14　结婚用的小壶
六枝特区居都村 /2012.8.11/ 曾宝芬 摄

鸡身相连，代表两家联姻。剁母鸡则没有此要求。所以这个习俗又叫 luan³¹qɛ³¹（杀鸡）。过去由双方父母订的娃娃亲，在小孩儿几岁时就可以上门认亲。

kaŋ³³χen³¹juŋ³¹（合八字）：旧时合八字必须在男女双方满了 16 岁以后进行。男方委托媒人带八个男方家的亲戚去女方家要女孩的八字，并送上布匹、肉、酒、蜡烛、鞭炮、香和纸（须为双数）。到了女方家后，由女方的舅妈、姑妈等收礼物，然后就点蜡烛、放鞭炮、入席开餐，并在女方家住一宿。第二天早上，男方回去就找算命先生合八字，同时请算命先生看好结婚吉日。

qə³¹tɯ³¹qha⁴⁵（接亲）、xuŋ³³qha⁴⁵（送亲）：结婚当日，新郎带两块猪肉、两瓶酒、一套新衣服（在合八字的时候，女方就提好了新衣服的要求），骑马带 12 个人去女方家接亲，新娘的舅舅家必须做一个柜子给新娘陪嫁，同时女方家要请两位福寿双全的老妇人和两个童男去送亲。

da³¹qha⁴⁵（结婚）：新郎接亲回来以后，男方在家门前设一个台，用一个斗装些粮食，用一个升装些玉米放在台上，并在台上放一个上铺一床新被褥的木马，让新娘坐在木马上，再由两位送亲的老妇人把新娘连被褥一块儿抱进洞房。新娘头上戴着红盖头，进洞房后新郎用秤杆把红盖头挑开，并说上几句吉利的话。然后，大家便入席用餐。

qə³¹ȵia⁴⁵pi³³xɯ³¹（回门）：结婚三天后，一对新人到新娘娘家回门，之前送亲的老妇人和童男也才跟着回去。回门时，这对新人给新娘的每位长辈送一双布鞋，收到鞋的长辈则要拿红包给新郎新娘表祝福。回门当天，新郎家也要送几斤肉、几斤酒和一双布鞋给媒人以表谢意。

la⁴⁵tsan³³（小壶）：旧时居都仡佬族结婚用的一对儿小壶，在婚礼上装酒给新郎和新娘喝。

（八）医药

me⁴⁵ɬa³³ʔlei³³（耗子瓜）：居都仡佬族本地药材，认为可治伤寒、小儿腹泻。

lia⁴⁵qə³¹de⁴⁵（生麻）：居都仡佬族本地药材，认为可治麻疹。

图15　耗子瓜　六枝特区居都村/2007.8.3/韦名应 摄　　　图17　生麻　六枝特区居都村/2007.8.3/韦名应 摄

图16　制作泡木筒"牛角"
六枝特区居都村/2007.8.3/韦名应 摄

图17　泡木筒"牛角"
六枝特区居都村/2007.8.3/韦名应 摄

（九）娱乐

pu³¹qa³¹ɲi³¹（泡木筒"牛角"）：居都仡佬族使用的乐器。取一泡木筒，长约一丈，按螺旋方向环切其皮，皮的宽度大概两厘米；将皮剥下；卷成牛角状；取一竹管，长约10厘米，在竹管外壁凿两孔，将竹管一端插入"牛角"细端，吹起来呜呜作响。

ʔlɯ⁴⁵dɯ⁴⁵qe³¹（打"鸡儿棒"）：居都仡佬族玩的游戏。取一直径约2厘米，长约一尺七八的木棍或竹棍修理好，当作"鸡娘"；另修较短、较小者当作"鸡儿"。挖一长方小坑。把"鸡儿"横放其上。第一步，叼棒：甲站在几米开外，乙用"鸡娘"一端挑"鸡儿"，"鸡儿"向甲飞出去，若甲能接住，则乙就没有"本钱"了，接着轮到甲用"鸡娘"一端挑"鸡儿"。若甲未能接住，则进行下一步：打棒：乙仍保留主动权，把"鸡儿"拿在手中，落下，在半空用"鸡娘"一端挑"鸡儿"，"鸡儿"向甲飞出去，若甲能接住，则乙就没有"本钱"了。若甲未能接住，则进行下一步：kho³¹dei⁴⁵（敲碓）：乙仍保留主动权，把"鸡儿"与坑放平行，一头触底，另一头露在地面上方，乙用"鸡娘"敲击这一头，"鸡儿"旋上半空，乙看准了再用"鸡娘"把"鸡儿"打向甲。若乙未能击中半空的"鸡儿"，或者击中了，但飞出去的"鸡儿"被甲接住，则乙就没有"本钱"了。如甲未能接住，则看准"鸡儿"落下的位置，用"鸡娘"测算从坑到"鸡儿"的位置，看有几杆（即几个"鸡娘"的长度）。如果事先约定是20杆定输赢，而现在还差几杆，那么继续下一轮。在接下来的一轮中，如果某一个环节乙出现了失误，则主动权转移到甲手中。谁先冲过事先约定的杆数谁就赢。比赛双方的人数也可以是多人，但必须是双数，且一方每次只能由一人代表，任何一环失误都会丧失己方的主动权。

ʔluɯ⁴⁵ti³³mau³¹（踢鸡毛毽）：一般春节期间玩。用一根长约5厘米的小竹筒，塞几根鸡毛，做成毽子。然后找一块平地，在中间划定横线。把数人分成两方，你来我往，对踢鸡毛毽，脚起毽飞，有的踢得比房子还高。

二 隐语

在历史发展过程中，仡佬族由于人口少，经济落后，曾经长期处于被其他群体歧视甚至欺压的地位。在居都仡佬族流传的故事中，就有不少讲述因受他人的欺压而奋起反抗的事迹。各地仡佬族为了维护本身利益，通常会约定俗成一些词语，只有群体内部的人才知晓其意，目的是避免在与外人的交往中泄露资财、行为目的、个人私事等信息。我们把这类词语称为"隐语"。居都仡佬族一首"通风报信歌"就具有这样的特点：

lui³¹lui³¹	ə³¹laŋ³¹	ga³¹	ɲi³¹	do³¹,	pu³¹	du⁴⁵	ə³¹ʔlan³¹	aŋ³¹	tshu⁴⁵	the⁴⁵,
天	黑	赶	牛	来	四	条	路	有	人	围
ko³¹ze³¹	ə³¹puɯ³¹	la⁴⁵	ə³¹ʔlan³¹	pi³¹,	ɲi³¹	ti³¹to³¹	ma³³	do⁴⁵	du⁴⁵min³¹	o³³.
各人	找	小	路	走	牛	我们	不	落	手	别人

"黑来娃娃赶牛回，四条路子有人围，宁可绕条小路走，好汉不吃眼前亏。"

这首歌的用途，居都人说是为了"防匪"。把"报信歌"伪装在一般的山歌中是比较有效的，对外隐藏一些不能外传或者不好外传的东西，便能起到自我保护的作用。在语言中使用隐语，是历史上阶级压迫和民族歧视的结果。其他地方如我们调查过的贵州镇宁比工的仡佬族、广西那坡荣屯和云南广南央连屯的布央人也创造了不少隐语。

仡佬族创造的这些隐语只在有外族人的交际场合中使用，其产生年代应该在中华人民共和国成立之前，至于确切的时间已无法考证。新中国成立后，国家实行了民族平等政策，这些隐语也就失去了其特殊作用，作为残迹保留在仡佬语的词汇之中。现在，居都仡佬族只是年纪稍微大的人还能回忆起一部分，年轻一代几乎不掌握。

隐语是针对某些通用的词人为地创造另一种说法，相当于"别名"。这就与原来表示相同事物或行为的词语形成了同义或等义关系。隐语通常涉及人的身体部位、身份、财产和某些行为。有的语言的隐语有字面意义，如云南广南布央语用"嘴扁""嘴尖"作为鸭子、鸡的隐语，有的则已不知字面意义。居都仡佬语的隐语仅知用"角弯"隐指"羊"，其他均不知字面意义。例如：

词义	常用语	隐语
鸡	$qɛ^{31}$	$bu^{33}bu^{33}$
牛	$ɲi^{31}$	$ŋe^{45}zu^{45}$
水牛	$ɲi^{31}ɯ^{33}$	$ŋan^{33}ŋan^{33}$
羊	$me^{33}me^{33}$	$vu^{31}qo^{31}lə^{31}sɿ^{31}$
马	$vu^{33}n̥uŋ^{33}$	$ja^{31}guŋ^{33}$
狗	$m̥u^{31}$	$la^{31}qen^{33}$
酒	$plɯ^{31}$	kau^{33}
走	pi^{31}	$lo^{45}ko^{45}$、$qə^{31}tɕia^{45}$
打	$ʔlɯ^{45}$	$qə^{31}tu^{45}$、$qə^{31}su^{45}$
躲	$qə^{31}pi^{31}$	$ə^{33}suŋ^{33}$
怕	$vu^{31}lu^{31}$	$vu^{33}dzau^{33}$
知道	$sɯ^{31}$	$dʐu^{45}$
头	$tei^{31}ʔlei^{45}$	$la^{31}qhau^{33}$
汉族	sa^{45}	$gaŋ^{33}$
彝族	$qə^{31}mu^{31}$	$kɯ^{31}$
布依族	$sa^{45}tshɯ^{33}$	$ə^{31}lai^{31}$
苗族	$ə^{31}tɕiaŋ^{31}$	$lu^{33}zu^{33}$
饿	$qə^{33}tsɯ^{33}$	$guŋ^{33}vu^{31}nɯ^{31}tin^{31}$
看	$qə^{31}ɬɯ^{45}$	$qə^{31}m̥an^{31}$、$ə^{33}san^{33}$
矮	$ə^{31}tshu^{45}$	$tɕiu^{33}$

第四章 分类词表

说　明

1. 本章收录《中国语言资源调查手册·民族语言（侗台语族、南亚语系）》"调查表"中"叁　词汇"部分条目，第一节为通用词，是语保工程调查中汉语方言与少数民族语言共有的调查词表。第二节为扩展词，是专家学者根据各个语族的实际情况制定的调查词表。这两节皆分为如下22类：

一　天文	九　饮食	十七　动作、行为
二　地理	十　身体	十八　性质、状态
三　时间	十一　疾病、医疗	十九　数量
四　方位	十二　婚丧、信仰	二十　代词
五　植物	十三　人品、称谓	二十一　副词
六　动物	十四　农业	二十二　介词、连词
七　房舍、器具	十五　工商业	
八　服饰	十六　文化、娱乐	

2. 除《中国语言资源调查手册·民族语言（侗台语族、南亚语系）》之外调查到的居都仡佬语的其他词收录在第三节其他词部分。

第一节

《中国语言资源调查手册·民族语言（侗台语族、南亚语系）》通用词

一 天文

太阳~下山了 la⁴⁵ʔlu³¹
　　lə³³vu³³
月亮~出来了 ɯ³³dʑi³¹
星星 duŋ³¹dai³³
云 qə³³pu³³
风 vu³¹juŋ³¹
闪电名词 la⁴⁵pe⁴⁵dau⁴⁵
雷 lui³¹qə³¹duŋ³¹
雨 man³¹
下雨 do³¹man³¹
　　man³¹do³¹
淋衣服被雨~湿了 tsau⁴⁵
晒~粮食 sai⁴⁵
雪 qə³¹nei³¹
冰 bia⁴⁵qə³¹nei³¹
冰雹 man³¹pau³¹au⁴⁵

霜 qə³¹mlei³¹
雾 mei⁴⁵tɯ³¹kaŋ³³
露 ɯ³³qə³¹mlei³¹
虹统称 tuŋ³³ble³³
日食 m̥ɯ³¹tɯ⁴⁵lui³¹ka³¹la⁴⁵ʔlu³¹
月食 m̥ɯ³¹tɯ⁴⁵lui³¹ka³¹ɯ³³dʑi³¹
天气 lui³¹lui³¹
晴天~ sɯ⁴⁵
阴天~ jin³³
旱天~ kɯ⁴⁵
天亮 lui³¹thin³¹

二 地理

水田 baŋ³³
旱地浇不上水的耕地 lu⁴⁵
田埂 den³¹baŋ³³
路野外的 qə³¹ʔlan³¹
山 qə³¹dzo³¹

山谷 dɯ⁴⁵tshuŋ³³tshuŋ³³
溪小的河 la⁴⁵tshɯ³¹
水沟儿较小的水道 tshɯ³¹ɯ³³
湖 fu³¹
池塘 mlaŋ³¹mlaŋ³¹ɯ³³
水坑儿地面上有积水的小洼儿
　　la⁴⁵mlaŋ³¹mlaŋ³¹ɯ³³
淹被水~了 ŋan³³
河岸 den³¹xɯ³³
坝拦河修筑拦水的 qə³¹the⁴⁵ɯ³³di³³den³¹
窟窿小的 baŋ³¹
缝儿统称 fuŋ⁴⁵fuŋ⁴⁵
石头统称 vu³¹ɯ³¹
土统称 vu³¹tau⁴⁵
泥湿的 tshei³¹
沙子 sa³³tsɿ³³
砖整块的 tsuan³³
瓦整块的 bia⁴⁵wa³³
煤 taŋ⁴⁵laŋ³¹
煤油 mlaŋ³¹taŋ⁴⁵laŋ³¹
炭木炭 qə³¹lɯ⁴⁵pi³¹lo³¹mo⁴⁵
灰烧成的 pe³³tu⁴⁵
灰尘桌面上的 pe⁴⁵m̥uŋ⁴⁵
火 pi³¹
烟烧火形成的 quŋ³³χen³¹pi³¹
失火 ʔiau⁴⁵pi³¹
水 ɯ³³
凉水 ɯ³³qə³¹ze⁴⁵
热水如洗脸的热水，不是指喝的开水 ɯ³³qə³¹den³¹

三　时间

时候吃饭的~ ɕie⁴⁵

什么时候 ɕie⁴⁵na³³
现在 ɕie⁴⁵ni⁴⁵
以前十年~ ɕie⁴⁵bɯ⁴⁵
以后十年~ pan⁴⁵lan³³
一辈子 tsɿ³³tshai⁴⁵
今年 plei³¹ni⁴⁵
明年 plei³¹lan³¹
后年 plei³¹ʔluŋ⁴⁵lan³¹
去年 tshei³¹nen³¹
前年 tshei³¹qɯ³¹
往年过去的年份 sa³¹plei³¹bɯ⁴⁵
今天 wuŋ³¹ni⁴⁵
明天 ŋei³¹lo⁴⁵
后天 sei³¹ni⁴⁵
大后天 ʔluŋ⁴⁵ni⁴⁵
昨天 thuŋ³³wuŋ³³
前天 thuŋ³¹wuŋ³¹
大前天 thuŋ³¹ʔluŋ⁴⁵wuŋ³¹
整天 tsɿ³³wuŋ³¹
每天 dʑuŋ⁴⁵dʑuŋ³¹wuŋ³¹
早晨 dʑi³¹nɯ³¹
上午 dʑi³¹nɯ³¹
中午 ka³¹mi⁴⁵
下午 tuŋ⁴⁵wuŋ³³
傍晚 qə³¹lan³¹
白天 ma³³dʑuŋ³¹wuŋ³¹
夜晚与白天相对，统称 dʑuŋ³¹wei³¹
半夜 tɯ⁴⁵tɕi³³
正月农历 vu³¹dzi³¹vu³¹lei⁴⁵
大年初一农历 ka³¹χen³¹di³³wuŋ³¹tsɿ³³
清明 tɕhin³³min³¹
端午 tuan³³vu³³

七月十五 农历，节日名 je³¹pan⁴⁵

冬至 tuŋ³³tsʅ⁴⁵

腊月 农历十二月 vu³¹dʑi³¹qə³¹phei⁴⁵

历书 li³¹su³³

阴历 jin³³li³¹

阳历 jaŋ³¹li³¹

星期天 wuŋ³¹ɕin³³tɕhi³³

四　方位

地方 bau³¹thu³³

什么地方 bau³¹thu³³a⁴⁵nan³³

家里 pa⁴⁵ʔlei³¹

城里 den³¹

上面 从~滚下来 pa⁴⁵qə³³zuŋ³³

下面 从~爬上去 pa⁴⁵qə³¹tsen³¹

左边 pai⁴⁵ai³³

右边 pa⁴⁵ɲi⁴⁵

中间 排队排在~ qɛ³¹tɯ⁴⁵

前面 排队排在~ pa⁴⁵qɛ³³

后面 排队排在~ pan⁴⁵lan³³

末尾 排队排在~ pan⁴⁵lan³³

对面 pa⁴⁵bai³³

面前 ta⁴⁵qɛ³³

背后 taŋ⁴⁵kaŋ³³

里面 躲在~ paŋ⁴⁵ʔlaŋ³³

外面 衣服晒在~ pa⁴⁵dʑi³³

旁边 tsʅ³³plɯ⁴⁵

上 碗在桌子~ pa⁴⁵qə³³zuŋ³³

下 凳子在桌子~ pa⁴⁵qə³¹tsen³¹

边儿 桌子的~ den³¹

角儿 桌子的~ vu³¹qo³¹

上去 他~了 vu³³o³³

下来 他~了 do³¹dʑio³³

进去 他~了 vu³³ʔlaŋ³³

出来 他~了 do³¹dʑi³³

出去 他~了 vu³³dʑi³³

回来 他~了 wan³¹do³¹

起来 天冷~了 lo⁴⁵do³¹

五　植物

树 tin³¹

木头 tsa³¹tin³¹

松树 统称 tin³¹suŋ³³su⁴⁵

柏树 统称 tin³¹pau³¹au⁴⁵

杉树 tin³¹ŋa³¹

柳树 tin³¹jaŋ³¹liu³³

竹子 统称 ʔiu⁴⁵

笋 ɲi³³

叶子 dʑi³¹dʑi³¹

花 xuŋ³³o³¹

花蕾 花骨朵 ku³³tu³³xuŋ³³o³¹

梅花 mei³¹xua³³

荷花 xuŋ³³o³¹xɯ³³

草 n̩u⁴⁵

藤 juŋ³¹

刺 名词 qə³³ɲi³³

水果 ma⁴⁵

苹果 phiŋ³¹ko³³

桃子 ma⁴⁵plaŋ³¹

梨 ma⁴⁵dau⁴⁵

李子 ma⁴⁵tɕiu³¹

杏 ma⁴⁵fuŋ³³

橘子 tɕy³¹tsʅ³³

柚子 jiu⁴⁵tsʅ³³

柿子 ma⁴⁵tsai⁴⁵

石榴 sʅ³¹liu³³

枣 ma⁴⁵dɯ³¹

栗子 ma⁴⁵qə³¹ten⁴⁵

核桃 ma⁴⁵mi³³

甘蔗 ma³³ji³¹mi³³

木耳 vei³¹tin³¹

蘑菇 野生的 ʔlɯ³¹

稻 指植物 tɕi³¹

稻谷 指籽实（脱粒后是大米）tɕi³¹

稻草 脱粒后的 kuŋ³¹

大麦 指植物 dzaŋ³¹tɕi³¹

小麦 指植物 dzaŋ³¹

麦秸 脱粒后的 mi³³dzaŋ³¹

谷子 指植物（籽实脱粒后是小米）tshai³¹

高粱 指植物 qə³³zu³³

玉米 指成株的植物 ji³¹mi³³

棉花 指植物 min³¹xua³³

油菜 油料作物，不是蔬菜 mlaŋ³¹ə³¹laŋ³¹
　　ə³¹laŋ³¹mlaŋ³¹

芝麻 tsʅ³³ma³¹

向日葵 指植物 qə³¹ʔlɯ³¹lə³³vu³³

蚕豆 tshan³¹təu⁴⁵

豌豆 vu³³tai³³qə³³tɕiaŋ³³

花生 指果实 xua³³sen³³

黄豆 vu³³tai³³ti³³ȵi³³

豇豆 长条形的 vu³³tai³³dzau³³

大白菜 东北~ ə³¹laŋ³¹pau³¹au⁴⁵

菠菜 po³³tshai⁴⁵

芹菜 ə³¹laŋ³¹baŋ³¹

莴笋 wo³³sen³³

韭菜 tɕiu³³tshai⁴⁵

葱 qə³¹sei⁴⁵

蒜 qə³¹sei⁴⁵daŋ³³

姜 qen³¹

洋葱 jaŋ³¹tshuŋ³³

辣椒 统称 qhɯ⁴⁵

茄子 统称 quŋ³³tse³¹

西红柿 suan³³tɕhie³¹tsʅ³³

萝卜 统称 ɯ³³phei⁴⁵

胡萝卜 ɯ³³phei⁴⁵pla³¹die⁴⁵

黄瓜 me⁴⁵ti³³ȵi³³

丝瓜 无棱的 sʅ³³kua³³

南瓜 扁圆形或梨形，成熟时赤褐色 me⁴⁵

红薯 统称 waŋ³³

马铃薯 ma⁴⁵me³³me³³

芋头 luŋ³³zuŋ³³

山药 圆柱形的 waŋ³³ble³¹
　　waŋ³³luŋ³³
　　waŋ³³sen³³

藕 ŋɯ³³

六　动物

老虎 di³¹

猴子 ta³³

蛇 统称 ŋɯ³¹

老鼠 家里的 ɬei³³

蝙蝠 la⁴⁵biau³¹biau³¹

鸟儿 飞鸟，统称 vu³¹no⁴⁵

麻雀 no⁴⁵dzu⁴⁵

喜鹊 tɕhi⁴⁵lia³³

乌鸦 a⁴⁵

鸽子 phu³¹ko³³

翅膀 鸟的，统称 lui³¹lui³¹

爪子 鸟的，统称 tsau³³tsau³³

尾巴 qə³¹tsei⁴⁵

窝 鸟的 qə³³tsu³³

虫子 统称 vu³¹n̩i⁴⁵

蝴蝶 统称 bu³³bu³³

蜻蜓 统称 tuɯ³¹ŋan³³ji³¹

蜜蜂 qə³¹zen³¹

蜂蜜 qə³¹suɯ⁴⁵qə³¹zen³¹

知了 统称 lan³³lan³³ji³¹

蚂蚁 guŋ³³

蚯蚓 ŋɯ³¹qə³³tɕi³³

蚕 tshan³¹

蜘蛛 会结网的 tse³¹tsu³³

蚊子 统称 qə³³zu³³

苍蝇 统称 pei³¹zo³¹

跳蚤 咬人的 m̩e⁴⁵

虱子 vu³¹dzuŋ³¹

鱼 vu³¹liu³¹

鳞 鱼的 qə³¹ʔlɯ³¹vu³¹liu³¹

虾 统称 la⁴⁵tsu³³xɯ³³

螃蟹 统称 phaŋ³¹xai³³

青蛙 统称 tsu³¹tsu³¹

癞蛤蟆 表皮多疙瘩 lai⁴⁵ke³¹pau³³

马 vu³³n̩uŋ³³

  ja³¹guŋ³³ 隐语

驴 lu³¹tsʅ³³

牛 n̩i³¹

  ŋe⁴⁵zu⁴⁵ 隐语

公牛 统称 pau³³n̩i³¹

母牛 统称 ma³³n̩i³¹

放牛 lua³¹n̩i³¹

羊 me³³me³³

  vu³¹qo³¹lə³¹sʅ³¹ 隐语

猪 m̩o³¹

  la³¹luŋ³¹ 隐语

种猪 配种用的公猪 pei³¹m̩o³¹

公猪 成年的，已阉的 pau³³luŋ³³gu³³m̩o³¹

母猪 成年的，未阉的 ma³³m̩o³¹

猪崽 la⁴⁵m̩o³¹

猪圈 ban³¹m̩o³¹

养猪 tu³¹m̩o³¹

猫 ŋei³¹

公猫 pau³³ŋei³¹

母猫 ma³³ŋei³¹

狗 统称 m̩ɯ³¹

  la³¹qen³³ 隐语

公狗 pau³³m̩ɯ³¹

母狗 ma³³m̩ɯ³¹

叫 狗~ tsaŋ³³

兔子 vei³¹lui³³

鸡 qɛ³¹

公鸡 成年的，未阉的 pau³³qɛ³¹

母鸡 已下过蛋的 ma³³qɛ³¹

叫 公鸡~（即打鸣儿）qə³¹duŋ³¹

下 鸡~蛋 ə³¹tuŋ³¹

孵 ~小鸡 qaŋ³³

鸭 ble³¹

鹅 ŋo³³

阉 ~公猪 zaŋ³³

阉 ~母猪 zaŋ³³

阉 ~鸡 san⁴⁵

喂 ~猪 ɬu³¹

杀猪 统称 luan³¹

杀~鱼 luan³¹

七 房舍、器具

村庄一个~ tɯ³¹lɯ⁴⁵
街道 khai⁴⁵
盖房子 ə³¹thuŋ³¹ʔlei³¹
房子整座的，不包括院子 ʔlei³¹
屋子房子里分隔而成的，统称 ʔlei³¹
卧室 ɯ³³baŋ³¹
茅屋茅草等盖的 ʔlei³¹qɯ³¹
厨房 su³¹tu⁴⁵
灶统称 ŋei³¹tsuŋ³³
锅统称 khe⁴⁵
饭锅煮饭的 khe⁴⁵mau³³
菜锅炒菜的 khe⁴⁵ɯ⁴⁵tai³³
厕所旧式的，统称 xaŋ³³qɛ³³
檩左右方向的 dzaŋ⁴⁵tsu³¹
柱子 vu³¹tso³¹
大门 pi³¹xɯ³¹a⁴⁵dzuŋ³¹
门槛儿 den³¹pi³³xɯ³¹
窗旧式的 baŋ³¹baŋ³¹vu³¹dɯ³¹
梯子可移动的 ma³³qə³¹ʔlei³¹
扫帚统称 so³¹zo⁴⁵
扫地 ə³¹ɕie⁴⁵ʔlei³¹
垃圾 tsa³³tsa³³
东西我的~ dɯ⁴⁵gu³³
床木制的，睡觉用 thu³³
枕头 ŋei³¹ʔlei⁴⁵
被子 bɯ³¹bɯ³³
席子 plaŋ³³
蚊帐 tsaŋ⁴⁵tsʅ³³
桌子统称 lə³¹dzaŋ³¹

柜子统称 dzau³³ji³¹
凳子统称 lə³¹dzaŋ³¹
菜刀 qə³¹dzuŋ⁴⁵
瓢舀水的 phio³³
缸 kaŋ³³
坛子装酒的~ baŋ³³
瓶子装酒的~ tsan³³
盖子杯子的~ kai⁴⁵kai⁴⁵
碗统称 san⁴⁵san³³
筷子 dzau³³
汤匙 ma³³jau⁴⁵
柴火统称 lo³¹mo⁴⁵
火柴 jaŋ³¹xo³³
锁 so⁴⁵
钥匙 jo³¹sʅ³³
脸盆 lə³³qɯ³³a⁴⁵ə³¹ʔia⁴⁵tɯ³¹
洗脸水 ɯ³³a⁴⁵ə³¹ʔia⁴⁵tɯ³¹
毛巾洗脸用 pha⁴⁵tsʅ³³
肥皂洗衣服用 fei³¹tsau⁴⁵
梳子旧式的，不是篦子 sei³¹ʔlei⁴⁵
缝衣针 vu³¹lei⁴⁵
剪子 khai³³sɯ³¹
蜡烛 la³¹tsu³¹
雨伞挡雨的，统称 lau³¹xau⁴⁵sa⁴⁵
自行车 tan³³tshe³³

八 服饰

衣服统称 lɯ³³bɯ³³
穿~衣服 tɕi³¹
脱~衣服 ke⁴⁵
系~鞋带 ə³¹sei⁴⁵
背心带两条杠的，内衣 ma⁴⁵kua⁴⁵

袖子 min³¹qau⁴⁵

口袋衣服上的 ə³¹bi⁴⁵

裤子 qə³³ɕuŋ³³

短裤外穿的 qə³³ɕuŋ³³n̥ei⁴⁵n̥ei³³

裤腿 ko⁴⁵qə³³ɕuŋ³³

帽子统称 qə³¹lɯ⁴⁵

鞋子 tɕhi³¹n̥i⁴⁵

袜子 wa³¹tsɿ³³

围裙 ma³³tɯ³¹pei⁴⁵

扣子 duŋ³¹xɯ³¹

扣~扣子 khəu⁴⁵

戒指 lə³¹tsei⁴⁵

手镯 lə³¹gaŋ³¹

理发 tshai⁴⁵ə³¹suŋ³¹

梳头 sei³¹tei³¹ʔlei⁴⁵

九　饮食

米饭 mau³³tsɿ⁴⁵plei³³

稀饭用米熬的，统称 mau³³tuŋ⁴⁵

面粉麦子磨的，统称 pe⁴⁵tɕia³¹dzaŋ³¹

面条统称 pe⁴⁵tɕia³¹

面儿玉米~，辣椒~ pe⁴⁵tɕia³¹

元宵食品 ə³¹luŋ⁴⁵ʔiaŋ³³

粽子 tsuŋ⁴⁵pa³³

年糕用黏性大的米或米粉做的 ə³¹n̥ia³¹

菜吃饭时吃的，统称 ɯ⁴⁵tai³³

干菜统称 ɯ⁴⁵tai³³a⁴⁵kɯ⁴⁵

豆腐 vu³³tai³³pau³¹au⁴⁵

猪血当菜的 pla⁴⁵m̥o³¹

猪蹄当菜的 ko⁴⁵m̥o³¹

猪舌头当菜的 mau³¹m̥o³¹

猪肝当菜的 te⁴⁵m̥o³¹

下水猪牛羊的内脏 ɕia⁴⁵sui³³

鸡蛋 qə³¹tuŋ³¹qɛ³¹

猪油 mlaŋ³¹m̥o³¹

酱油 tɕiaŋ⁴⁵jiu³¹

盐名词 ə³¹n̥iu³¹

醋 tshu⁴⁵

香烟 mei⁴⁵tɯ³¹

旱烟 mei⁴⁵tɯ³¹dʑi³¹dʑi³¹

白酒 plɯ³¹

　　kau³³隐语

江米酒酒酿，醪糟 plɯ³¹au⁴⁵

茶叶 dʑi³¹tin³¹

沏~茶 n̥aŋ³³

做饭统称 da³¹mau³³

炒菜统称，和做饭相对 ɬɯ³¹ɯ⁴⁵tai³³

煮~带壳的鸡蛋 tuŋ⁴⁵

煎~鸡蛋 tɕin³³

炸~油条 tsa³¹

蒸~鱼 u⁴⁵

揉~面做馒头等 qə³¹luŋ⁴⁵

擀~面，~皮儿 qə³¹lue⁴⁵

吃早饭 ka³¹mau³³tuŋ⁴⁵

吃午饭 ka³¹mi⁴⁵

吃晚饭 ka³¹zo³¹

吃~饭 ka³¹

喝~酒 zan³³

喝~茶 zan³³

抽~烟 zan³³

盛~饭 khai³³

夹用筷子~菜 ka⁴⁵

斟~酒 tsɯ⁴⁵

渴 口~ kɯ⁴⁵

饿 肚子~ ə³³tsɯ³³

噎 吃饭~着了 ṉei⁴⁵

十　身体

头 人的，统称 tei³¹ʔlei⁴⁵
　　la³¹qhau³³

头发 qə³¹suŋ³¹
　　vu³¹suŋ³¹

辫子 ple³¹qə³¹suŋ³¹

旋 le³¹ɕie³¹

额头 vu³¹aŋ³¹

相貌 mei⁴⁵lɯ³³

脸 洗~ vu³¹liu⁴⁵

眼睛 vu³¹tɯ³¹

眼珠 统称 mei⁴⁵mei⁴⁵vu³¹tɯ³¹

眼泪 哭的时候流出来的 ɯ⁴⁵jiu³³

眉毛 mi³³tɯ³¹

耳朵 vei³¹

鼻子 te³¹ŋe⁴⁵

鼻涕 统称 ŋe⁴⁵

擤~鼻涕 ɕie⁴⁵

嘴巴 人的，统称 vu³¹tso⁴⁵

嘴唇 vu³¹tsei⁴⁵

口水~流出来 ɯ³³qu³¹

舌头 mau³¹

牙齿 plaŋ³¹

下巴 qu³³

胡子 嘴周围的 ŋo³³tshai³¹

脖子 taŋ³¹ʔlaŋ³¹

喉咙 taŋ³¹ʔlaŋ³¹dɯ³¹

肩膀 quŋ³³plaŋ³¹

胳膊 pa⁴⁵bɯ⁴⁵

手 plaŋ³³min³¹

左手 min³¹dzɯ³¹

右手 min³¹tsua³³

拳头 dʑau³³le⁴⁵

手指 ki³¹min³¹

大拇指 ba³³ki³¹min³¹

食指 ki³¹min³¹sɯ³¹

中指 ki³¹min³¹qɛ³¹tɯ⁴⁵

无名指 ki³¹min³¹pu³¹

小拇指 la⁴⁵jaŋ³³ki³¹tsen⁴⁵

指甲 min³¹ʔlei⁴⁵

腿 ko³¹

脚 只指脚 ko⁴⁵

膝盖 指部位 tu³¹qu⁴⁵

背 名词 taŋ⁴⁵kaŋ³³

肚子 腹部 vu³¹ɬaŋ³¹

肚脐 dʑio³¹dʑio³¹

乳房 女性的 dzɯ³³

屁股 ə³³dzan³³

肛门 baŋ³¹ə³³dzan³³

阴茎 成人的 ə³¹dzu³¹

女阴 成人的 ə³³tsai³³
　　　phe³¹
　　　ə³³te³³

肏 动词 ə³¹dzo⁴⁵

精液 nau⁴⁵

来月经 a⁴⁵ə³¹le⁴⁵

拉屎 tuŋ³³qɛ³³

撒尿 tuŋ³³sei⁴⁵

放屁 lua³¹qɛ³³

十一　疾病、医疗

病了 ə³³ze³³
着凉 liaŋ³¹tau³³
咳嗽 ə³¹zau⁴⁵
发烧 plan³³
　　thaŋ⁴⁵
发抖 qə³³n̠iaŋ³³
肚子疼 vu³¹ɫaŋ³¹qə³³ze³³
拉肚子 vu³¹ɫaŋ³¹xau⁴⁵
患疟疾 da³¹pai⁴⁵
肿 vu⁴⁵
化脓 xuŋ⁴⁵
疤好了的 ə³¹lai⁴⁵
癣 a⁴⁵lai³³
痣凸起的 vu³¹tɯ³¹su³¹
疙瘩蚊子咬后形成的 ke³¹ta³³
看病 qə³¹ɫɯ⁴⁵qə³³ze³³
诊脉 xau⁴⁵me³¹
针灸 tsa³¹vu³¹lei⁴⁵
打针 ʔlɯ⁴⁵vu³¹lei⁴⁵
吃药统称 ka³¹ə³¹tsʅ³¹
汤药 ɯ³³ə³¹tsʅ³¹
病轻了 ə³³ze³³ə³³ko³³

十二　婚丧、信仰

说媒 ɕin³¹vu³¹le³¹
媒人 lɯ³³ʔiu³³
订婚 ʔiau³¹pa³³phin³¹
结婚统称 da³¹qha⁴⁵
娶妻子男子~，动宾 gɯ⁴⁵
出嫁女子~ ə³¹dzei³¹

新郎 ə³¹tshu⁴⁵mi³¹
新娘子 ma³³ə³¹tshu⁴⁵mi³¹
怀孕 aŋ³¹la⁴⁵
分娩 jau⁴⁵la⁴⁵ʔlai³³
流产 la⁴⁵jaŋ³³vu³¹dʑi³¹
双胞胎 tsʅ³³qɛ⁴⁵ə³¹n̠ia³¹ko⁴⁵
坐月子 qau³³vu³¹dʑi³¹
吃奶 ka³¹dzu³³
断奶 qen⁴⁵dzu³³
满月 tin⁴⁵vu³¹dʑi³¹
生日统称 wuŋ³¹a⁴⁵jau⁴⁵
做寿 da³¹sei³³
死统称 plan³¹
　　mau⁴⁵
死婉称，指老人：他~了 plan³¹
　　mau⁴⁵
咽气 aŋ³³χen³¹wo⁴⁵
棺材 dzɯ³¹tin³¹
坟墓单个的，老人的 taŋ³³
上坟 ə³³liaŋ³³taŋ³³
纸钱 mlɯ³¹mlɯ³¹
老天爷 pau³³qə³¹lui³¹
灶神口头的叫法 be³¹ŋei³¹tsuŋ³³
寺庙 ʔlei³¹bai⁴⁵
道士 ke⁴⁵su³¹
算命统称 du³³χen³¹juŋ³¹
运气 ə³¹tshei⁴⁵
保佑 pau³³jiu⁴⁵

十三　人品、称谓

人一个~ ə³¹tshu⁴⁵
男人成年的，统称 pau³³ʔlo³³

女人 三四十岁已婚的，统称 ma³³ʔlo³³
单身汉 ə³¹tshu⁴⁵a⁴⁵aŋ³³lə³³mi³³
婴儿 la⁴⁵ŋa³¹
小孩 三四岁的，统称 la⁴⁵ə³¹pe⁴⁵ʔlai³³ la⁴⁵ʔlai³³
男孩 统称：外面有个～在哭 la⁴⁵sai³³
女孩 统称：外面有个～在哭 la⁴⁵tsau³³
老人 七八十岁的，统称 ŋe³¹ʔiu³³
亲戚 统称 qhɯ³¹qha⁴⁵
朋友 统称 ə³³die³³
邻居 统称 ə³³pu³³ə³¹pa³¹ko⁴⁵
客人 qha⁴⁵
农民 ə³¹du⁴⁵mlɯ³³
商人 ə³¹tshu⁴⁵a⁴⁵da³¹tshen³¹dzuŋ³³
手艺人 统称 le³¹ke⁴⁵
泥水匠 le³¹ke⁴⁵a⁴⁵ȵi⁴⁵ʔlei³¹
木匠 ke⁴⁵tin³¹
裁缝 tshai³¹fuŋ³³
厨师 le³¹ke⁴⁵ɯ⁴⁵tai³³
师傅 le³¹ke⁴⁵
徒弟 thu³¹ti⁴⁵
乞丐 sa⁴⁵nɯ⁴⁵
流氓 liu³¹maŋ³¹
贼 tshu³³le³¹
瞎子 vu³¹tɯ³¹tɕi³³
聋子 vei³¹ȵiaŋ³³
哑巴 ʔluŋ³³ɕin³¹duŋ³¹wo³³
驼子 ɬuŋ³³gɯ³¹
瘸子 ko⁴⁵qɛ³³
疯子 ə³¹tshu⁴⁵a⁴⁵vu³¹
傻子 tshu⁴⁵a⁴⁵dzuŋ³³
笨蛋 蠢的人 taŋ³¹

爷爷 呼称，最通用的 a³³buŋ³³
奶奶 呼称，最通用的 a³³ja³³
外祖父 叙称 be³¹au⁴⁵
外祖母 叙称 ja³¹au⁴⁵
父母 合称 ba³³mi³³
父亲 叙称 ba³³
母亲 叙称 mi³³
爸爸 呼称，最通用的 a³³ba³³
妈妈 呼称，最通用的 a³³mi³³
继父 叙称 ba³³lan³¹
继母 叙称 mi³³lan³¹
岳父 叙称 ba³³
岳母 叙称 mi³³
公公 叙称 be³¹
婆婆 叙称 ja³¹
伯父 呼称，统称 ba³³sen³³
伯母 呼称，统称 mi³³sen³³
叔父 呼称，统称 ba³³dai³³
a³³dai³³
dai³³
排行最小的叔父 呼称，如"幺叔" dai³³jau³³
叔母 呼称，统称 mi³³dai³³
姑 统称，呼称 ba³³
姑父 呼称，统称 a³³be³¹ be³¹vei³³
舅舅 呼称 phɯ³³ba³³ phɯ³³
舅妈 呼称 a³³tsuŋ³³ phɯ³³mi³³
姨 统称，呼称 mi³³nɯ³³
姨父 呼称，统称 ba³³nɯ³³
弟兄 合称 qə³³pi³³

姊妹合称zo³¹qə³³pi³³

哥哥呼称，统称wai³³

 a³³wai³³

嫂子呼称，统称ma³³ʔi³³

弟弟叙称jau³³

弟媳叙称mi³³dai³³

 vu³¹le³¹jau³³

姐姐呼称，统称qə³³pi³³

 a³³tɕie⁴⁵

姐夫呼称tɕie³³fu³³

 be³¹vei³³

 a³³be³¹

妹妹叙称an³³

 an³³an³³

妹夫叙称be³¹vei³³

 a³³be³¹

堂兄弟叙称，统称wai³³jau³³

表兄弟叙称，统称wai³³jau³³

妯娌弟兄妻子的合称sa³¹qə³³pi³³

连襟姊妹丈夫的关系，叙称zo³¹qə³³pi³³

儿子叙称：我的～ la⁴⁵sai³³

儿媳妇叙称：我的～ vu³¹le³¹

女儿叙称：我的～ la⁴⁵tsau³³

女婿叙称：我的～ la⁴⁵ŋo³³

孙子儿子之子la⁴⁵ʔi³¹la⁴⁵sai³³

重孙子儿子之孙la⁴⁵lan³¹

侄子弟兄之子la⁴⁵zau⁴⁵la⁴⁵sai³³

外甥姐妹之子la⁴⁵dɯ⁴⁵

 la⁴⁵zau⁴⁵

外孙女儿之子la⁴⁵ʔi³¹

夫妻合称ba³¹mi³³

丈夫叙称，最通用的，非贬称：她的～ lə³¹ba³¹

妻子叙称，最通用的，非贬称：他的～ lə³³mi³³

名字qə³¹nen³¹

绰号qə³¹nen³¹a⁴⁵tsʅ³¹plu⁴⁵

十四 农业

干活儿统称：在地里～ da³¹mlɯ³³

事情一件～ nuŋ³¹

插秧taŋ³³au⁴⁵

割稻zaŋ³³tɕi³¹

种菜taŋ³³qə³¹laŋ³¹

犁名词lə³¹waŋ³¹

锄头du³¹

镰刀guŋ³³sa⁴⁵

把儿刀～ dʐaŋ³³

扁担wa³¹dɯ³³

箩筐ta⁴⁵

筛子统称kɯ⁴⁵

簸箕农具，有梁的ma³³vu³¹

簸箕簸米用vu³¹au⁴⁵

轮子旧式的，如独轮车上的len³³tsʅ³³

碓整体ma³³gei³¹lei⁴⁵

臼baŋ³¹gei³¹lei⁴⁵

磨名词lə³¹tshu³¹

年成plei³¹qhɯ³¹

十五 工商业

走江湖统称ə³¹plei⁴⁵pa⁴⁵dʐi³³

打工ʔlɯ⁴⁵mlɯ³³

斧子lə³¹qen³¹

钳子tɕia³¹tɕhin³¹

锤子quŋ³³den³¹

钉子jaŋ³¹tiŋ³³

绳子 sa⁴⁵

棍子 lə³¹dzu⁴⁵

做买卖 da³¹tshen³¹dzuŋ³³

商店 saŋ³³tin⁴⁵

饭馆 fan³³kuan³³

旅馆 旧称 su³¹se⁴⁵

贵 ə³³luŋ³³

便宜 vu³¹a⁴⁵

合算 kaŋ³³
　　 qɯ⁴⁵

亏本 jaŋ³³qaŋ³¹

钱 统称 bia⁴⁵dzen³¹

零钱 lin³¹tɕhin³¹

本钱 qaŋ³¹

工钱 qɯ⁴⁵mlɯ³³

路费 vu³¹qɯ⁴⁵ə³¹ʔlan³¹

花 ~钱 lai³³

赚 卖一斤能~一毛钱 pɯ³¹pɯ³¹

挣 打工~了一千块钱 pɯ³¹pɯ³¹

欠 ~他十块钱 dzin⁴⁵

算盘 suan⁴⁵phan³¹

秤 统称 ma³³kai⁴⁵

称 用杆秤~ guŋ⁴⁵

赶集 gan³¹khai⁴⁵

集市 khai⁴⁵

十六　文化、娱乐

学校 ɕio³¹ɕiau⁴⁵

教室 tɕiau⁴⁵sɿ³¹

上学 vu³³du³³su³¹

放学 lua³¹ɕio³¹

考试 khau³³sɿ⁴⁵

书包 ə³¹bi⁴⁵su³¹

本子 pei³³tsɿ³³

铅笔 jin³³pi³¹

钢笔 kaŋ³³pi³¹

圆珠笔 jin³¹tsu³³pi³¹

毛笔 pi³¹qə³¹mei⁴⁵

墨 me³¹

信 一封~ vu³¹ja⁴⁵

连环画 thu³¹xua⁴⁵

捉迷藏 ma³³ŋei³¹tɕia³³la⁴⁵ɬei³³

跳绳 qə³³dzu³³sa⁴⁵

风筝 fuŋ³³tsen³³

鞭炮 统称 te⁴⁵vu³³ɳuŋ³³

唱歌 da³¹ji³¹

锣鼓 统称 maŋ³³ku³³

二胡 ɚ⁴⁵fu³¹

笛子 le³¹le³¹qɯ⁴⁵

划拳 vu³¹ja⁴⁵ki³¹min³¹

下棋 pi³¹tɕhi³¹

打扑克 ʔlɯ⁴⁵dʑi³¹dʑi³¹

打麻将 ʔlɯ⁴⁵ma³¹tɕiaŋ⁴⁵

讲故事 pai³³pe³¹

猜谜语 tshai³³mi⁴⁵mi⁴⁵

玩儿 游玩：到城里~ ə³¹tsɯ⁴⁵zu³¹

串门儿 zo³¹ma³¹

走亲戚 pi³¹qhɯ³¹qha⁴⁵
　　 pi³¹qha⁴⁵

十七　动作、行为

看 ~电视 ə³¹ɬɯ⁴⁵
　　 ə³¹m̥an³¹
　　 ə³³san³³

听用耳朵~ ȵuŋ⁴⁵xuŋ³¹
闻嗅：用鼻子~ mu⁴⁵
吸~气 dzɿ⁴⁵
睁~眼 xa³¹
闭~眼 e⁴⁵
眨~眼 ə³³ble³³
张~嘴 vu³¹xa³¹
闭~嘴 e⁴⁵
咬狗~人 tsaŋ³³
嚼把肉~碎 lə³¹qɛ⁴⁵
咽~下去 qə³¹li³¹
舔人用舌头~ ə³¹ʔi⁴⁵
含~在嘴里 ə³¹quŋ³¹
亲嘴 ə³¹tsɿ⁴⁵vu³¹tso⁴⁵
吮吸用嘴唇聚拢吸取液体，如吃奶时 tsɿ³¹tsɿ⁴⁵dzɯ³³
吐上声，从嘴里吐出来：把果核儿~掉 qə³¹thu⁴⁵
吐去声，呕吐：喝酒喝~了 qə³¹ta⁴⁵
打喷嚏 ə³¹tshei⁴⁵
拿用手把苹果~过来 ɬa³¹
给他~我一个苹果 fei³¹
摸~头 ə³¹li³¹
伸~手 vu³¹ja⁴⁵
挠~痒痒 kai³³kai³³
掐用拇指和食指的指甲~皮肉 ə³¹tɕi⁴⁵
拧~螺丝 lə³¹sɿ³¹
拧~毛巾 lə³¹sɿ³¹
捻用拇指和食指来回~碎 vu³¹ne⁴⁵
掰把橘子~开，把馒头~开 vu³¹tshen³¹
剥~花生 vu³¹ʔla⁴⁵
　　ə³¹ʔla⁴⁵
撕把纸~了 lə³¹zei⁴⁵
折把树枝~断 ə³³tuŋ³³

拔~萝卜 bau⁴⁵
摘~花 gɯ⁴⁵
站站立：~起来 lo⁴⁵dzɿ³¹
倚斜靠：~在墙上 khau⁴⁵
蹲~下 ku³¹
坐~下 qau³³
跳青蛙~起来 ə³³dzɯ³³
迈跨过高物：从门槛上~过去 qhen³¹
踩脚~在牛粪上 ə³¹ȵia⁴⁵
翘~腿 ə³¹plan³¹
弯~腰 ȵiu³¹qu⁴⁵
挺~胸 vu³³daŋ³³
趴~着睡 ə³¹pia⁴⁵
爬小孩在地上~ qə³¹mlɯ³¹
走慢慢儿~ pi³¹
跑慢慢儿走，别~ qə³¹plei⁴⁵
逃逃跑：小偷~走了 qə³¹pi³¹
　　qə³¹plei⁴⁵
追追赶~小偷 qə³³die³³
抓~小偷 tɕia³³
抱把小孩~在怀里 tshai⁴⁵tshai³¹
背~孩子 pu³³
搀~老人 ə³¹tha⁴⁵
推几个人一起~汽车 qə³³dzi³³
　　dʐi³³dzi³³
摔跌：小孩~倒了 du⁴⁵
撞人~到电线杆上 phuŋ⁴⁵
挡你~住我了，我看不见 ə³¹the⁴⁵
躲躲藏：他~在床底下 qə³¹pi³¹
　　qə³³suŋ³³
藏藏放，收藏：钱~在枕头下面 qə³¹pi³¹
　　qə³³suŋ³³

放 把碗~在桌子上 lua³¹
摞 把砖~起来 qə³¹lo⁴⁵
埋 ~在地下 ʔlaŋ³³
盖 把茶杯~上 ʔlaŋ³³
压 用石头~住 qə³³nan³³
摁 用手指按：~图钉 qə³³nan³³
捅 用棍子~鸟窝 ə³¹duŋ³¹
插 把香~到香炉里 ə³³paŋ³³
戳 ~个洞 ə³¹duŋ³¹
砍 ~树 tai³³
剁 把肉~碎做馅儿 dze⁴⁵
削 ~苹果 khau³¹khau⁴⁵
裂 木板~开了 bei³¹sei³¹
皱 皮~起来 qə³¹tsu³¹
腐烂 死鱼~了 zɯ⁴⁵
擦 用毛巾~手 ə³¹ɕie⁴⁵
倒 把碗里的剩饭~掉 tsɯ⁴⁵
扔 丢弃：这个东西坏了，~了它 ʔiau³¹
扔 投掷：比一比谁~得远 ʔiau³¹
掉 掉落，坠落：树上~下一个梨 to⁴⁵
滴 水~下来 dzei⁴⁵
丢 丢失：钥匙~了 to⁴⁵
找 寻找：钥匙~到 pɯ³¹pɯ³¹
捡 ~到十块钱 gɯ⁴⁵
提 用手把篮子~起来 tu⁴⁵tu³³
挑 ~担 ble⁴⁵
扛 káng，把锄头~在肩上 ble⁴⁵
抬 ~轿 thai³¹
举 ~旗子 vu³¹ja⁴⁵
撑 ~伞 dʑi³³dʑi³³
撬 把门~开 ŋau⁴⁵
挑 挑选，选择：你自己~一个 qə³¹ɬei⁴⁵

收拾 ~东西 ə³¹wei³¹
挽 ~袖子 ə³¹tʂʅ⁴⁵
涮 把杯子~一下 qə³³laŋ³³
洗 ~衣服 qə³¹ʔia⁴⁵
捞 ~鱼 lu⁴⁵
拴 ~牛 tau³³
捆 ~起来 qə³¹sen⁴⁵
解 ~绳子 ke⁴⁵
挪 ~桌子 lə³¹buŋ³¹
端 ~碗 tu⁴⁵tu³³
掺 ~水 qə³³liaŋ³³
烧 ~柴 plaŋ³³
拆 ~房子 vu³¹zuŋ⁴⁵
转 ~圈儿 qə³³lue³³
捶 用拳头~ ʔlɯ⁴⁵
打 统称：他~了我一下 ʔlɯ⁴⁵
打架 动手：两个人在~ na⁴⁵le⁴⁵
休息 ji³¹khen³¹
打哈欠 ʔlɯ⁴⁵xo³³ɕin⁴⁵
打瞌睡 tsuai³³tau³¹qau⁴⁵
睡 他已经~了 ŋu⁴⁵
打呼噜 dzʅ⁴⁵phu³¹xan⁴⁵
做梦 dau⁴⁵lə³¹plaŋ³¹
起床 lo⁴⁵do³¹
刷牙 ʔia⁴⁵plaŋ³¹
洗澡 ʔia⁴⁵vu³¹suŋ³¹
想 思索：让我~一下 dɯ³¹
想 想念：我很~他 dɯ³¹
打算 我~开个店 dɯ³¹
记得 qə³¹ti⁴⁵
忘记 n̠ iaŋ³³
怕 害怕：你别~ vu³¹lɯ³¹

相信我~你dzei³³

发愁 nan³¹di³³qau³³

小心过马路要~ ɬei³³dai³³

喜欢~看电视dzau³¹

讨厌~这个人qə³¹liŋ⁴⁵

舒服凉风吹来很~ xau³³qau³³ mlei³³sɯ⁴⁵

难过心理的mei³¹n̥uŋ⁴⁵

高兴blaŋ³¹

生气 da³¹ŋɯ³¹dzo⁴⁵

责怪 kuai⁴⁵

后悔 xəu⁴⁵xui³³

忌妒 vu³¹tu³¹pla⁴⁵die⁴⁵

害羞 qə³¹li³¹

丢脸 ʔiau³¹vu³¹liu⁴⁵

欺负 tɕhi³³fu³¹

装~病tsuaŋ³³

疼~小孩儿gɯ³¹

要我~这个nai³³

有我~一个孩子aŋ³¹

没有他~孩子aŋ³³wo³³

是我~老师au³¹

不是他~老师au³³wo³³

在他~家aŋ³¹

不在他~家aŋ³³wo³³

知道我~这件事sɯ³¹ dzu⁴⁵

不知道我~这件事qa³³sɯ³¹wo³³ qa³³dzu⁴⁵wo³³

懂我~英语sɯ³¹

不懂我~英语qa³³sɯ³¹wo³³ qa³³dzu⁴⁵wo³³

会我~开车ʔluŋ³¹

不会我~开车ʔluŋ³³wo³³

认识我~他sɯ³¹

不认识我~他qa³³sɯ³¹wo³³

行应答语kaŋ³³

不行应答语ma³³kaŋ³³wo³³

肯~来khen³³

应该~去jin⁴⁵kai³³

可以~去xan³¹

说~话ɕin³¹

话说~ duŋ³¹

聊天儿 fe⁴⁵n̠i³¹

叫~他一声儿ʔlai³³

吆喝大声喊ʔlai³³

哭小孩~ li⁴⁵

骂当面~人ə³¹pau⁴⁵

吵架动嘴：两个人在~ə³¹pau⁴⁵ko⁴⁵

骗~人dzaŋ³³

哄~小孩ga³¹fe⁴⁵

撒谎 pai³³

吹牛 fe⁴⁵n̠i³¹

拍马屁 ple⁴⁵qə³³dzan³³vu³³n̠uŋ³³

开玩笑 ɕin³¹ə³¹tsu⁴⁵zɯ³¹

告诉~他ɕin³¹

谢谢致谢语da³¹qha⁴⁵

对不起致歉语tui⁴⁵pu⁴⁵tɕhi³³

十八　性质、状态

大苹果~ dzuŋ³¹

小苹果~ dai⁴⁵dai³³ pe³¹pe⁴⁵ ə³¹pe⁴⁵

粗 绳子~ dzuŋ³¹
细 绳子~ dai⁴⁵dai³³
长 线~ luɯ³³
短 线~ n̥ei⁴⁵n̥ei³³
长 时间~ qɯ³¹
短 时间~ n̥ei⁴⁵n̥ei³³
宽 路~ dzen⁴⁵
宽敞 房子~ dzen⁴⁵
窄 路~ waŋ³¹
高 飞机飞得~ zu³¹
低 鸟飞得~ ə³¹tshu⁴⁵
高 他比我~ zu³¹
矮 他比我~ ə³¹tshu⁴⁵
远 路~ ə³¹le³¹
近 路~ ə³³luŋ³³
深 水~ len⁴⁵
浅 水~ qə³³die³³
清 水~ dzin⁴⁵
浑 水~ ʔluŋ³¹
圆 qə³¹luŋ⁴⁵
扁 qə³¹bia⁴⁵
尖 qɯ³¹qɯ³¹
平 den⁴⁵
肥 ~肉 qə³³dɯ³³
瘦 ~肉 gau³³
肥 形容猪等动物 qə³³dɯ³³
胖 形容人 qə³³dɯ³³
瘦 形容人、动物 gau³³
黑 黑板的颜色 tse⁴⁵luŋ³³
白 雪的颜色 pau³¹au⁴⁵
红 国旗的主颜色，统称 pla³¹die⁴⁵
黄 国旗上五星的颜色 ti³³n̥i³³

蓝 蓝天的颜色 suɯ⁴⁵
绿 绿叶的颜色 luɯ³³ŋɯ³³
灰 草木灰的颜色 xui³³
多 东西~ le³¹
少 东西~ khe⁴⁵khe³³
重 担子~ kuŋ³¹kuŋ³¹
轻 担子~ ko³³ko³³
直 线~ zau⁴⁵
陡 坡~，楼梯~ ə³¹blei⁴⁵
弯 弯曲：这条路是~的 qə³³tɕiaŋ³³
歪 帽子戴~了 lə³¹sʅ³¹
厚 木板~ nɯ³¹nɯ³¹
薄 木板~ lu³³vu³³
稠 稀饭~ qə³¹no⁴⁵
稀 稀饭~ ə³¹ʔi⁴⁵
密 菜种得~ ə³¹ŋe⁴⁵
稀 稀疏：菜种得~ qə³¹zɯ³¹
亮 指光线，明亮 qa³¹wuŋ³¹
黑 指光线，完全看不见 qə³¹lan³¹
热 天气 qə³¹den³¹
暖和 天气 vu³¹a⁴⁵
凉 天气 liaŋ³¹
冷 天气 qə³¹ji⁴⁵
热 水 qə³¹den³¹
凉 水 qə³¹ze⁴⁵
干 干燥：衣服晒~了 kɯ⁴⁵
湿 潮湿：衣服淋~了 tsau⁴⁵
干净 衣服~ khu⁴⁵
脏 肮脏，不干净，统称：衣服~ qə³¹le⁴⁵
快 锋利：刀子~ tɕhi³¹
钝 刀~ ten⁴⁵
快 坐车比走路~ ko³³

慢走路比坐车~ dzan⁴⁵

早来得~ qɯ³¹

晚来~了 lan³¹

晚天色~ lan³¹

松捆得~ suŋ³³

紧捆得~ kai³¹kai⁴⁵

容易这道题~ xau³³da³¹

难这道题~ nan³¹

新衣服~ mi³¹

旧衣服~ qu⁴⁵

老人~ ʔiu³³

年轻人~ ʔlei³¹ɬa⁴⁵

软糖~ qə³¹lua⁴⁵

硬骨头~ ke³³ke³³

烂肉煮得~ zɯ⁴⁵

糊饭烧~了 qo³¹ŋa⁴⁵

结实家具~ mɯ⁴⁵

破衣服~ bla⁴⁵

富他家很~ aŋ³¹

穷他家很~ qhaŋ³³

忙最近很~ maŋ³¹

闲最近比较~ pɯ⁴⁵ʔlan³¹

累走路走得很~ liau⁴⁵

疼摔~了 qə³³ze³³

痒皮肤~ qə³¹do⁴⁵

热闹看戏的地方很~ nau⁴⁵ze³¹

熟悉这个地方我很~ xuŋ⁴⁵

陌生这个地方我很~ qə³¹die⁴⁵

气味闻闻~ χen³¹

咸菜~ duŋ⁴⁵

淡菜~ tan⁴⁵

酸 qə³³plei³³

甜 tan⁴⁵tan³³

苦 ə³¹quŋ³¹

辣 qə³¹phei⁴⁵

鲜鱼汤~ ʁa⁴⁵

香 khen⁴⁵

臭 mu⁴⁵dza⁴⁵

馊饭~ mu⁴⁵aŋ³³

腥鱼~ mu⁴⁵dza⁴⁵

好人~ gi³³

坏人~ bla⁴⁵

差东西质量~ tsha³³

对账算~了 kaŋ³³

错账算~了 ja⁴⁵

漂亮形容年轻女性的长相：她很~ jau⁴⁵gi³³
　　　　jau⁴⁵qə³¹plei⁴⁵

丑形容人的长相：猪八戒很~ ə³¹le⁴⁵

勤快 tɕhin³¹khuai⁴⁵

懒 ʔlai³³

乖 qan³¹

顽皮 ə³¹len⁴⁵

老实 ʔiu³³

傻痴呆 dzuŋ³³

笨蠢 dzuŋ³³

大方不吝啬 ɬei³³gi³³

小气吝啬 ə³¹n̪i⁴⁵

直爽性格~ zau⁴⁵

犟脾气~ xui³¹

十九　数量

一~二三四五……，下同 tsɿ³³

二 sɯ³¹

三 ta³¹

四 pu³¹

五 mɯ³¹

六 tɕhiu³¹

七 χen³¹

八 χe³¹

九 kɯ³¹

十 tshei³³

二十 ŋɯ³¹tsei⁴⁵

三十 ta³¹tshei⁴⁵

一百 tsʅ³³ɬiu⁴⁵

一千 tsʅ³³ŋan³³

一万 tsʅ³³qə³¹ʔia⁴⁵

一百零五 tsʅ³³ɬiu⁴⁵lin³¹mɯ³¹

一百五十 tsʅ³³ɬiu⁴⁵mɯ³¹

二两重量 sɯ³¹luŋ⁴⁵

几个你有~孩子？khi³³na³³suŋ³¹

个把 da³¹suŋ³¹

个一~人 kan³³

匹一~马 kɯ³¹

头一~牛 saŋ³³

头一~猪 sa⁴⁵

只一~狗 sa⁴⁵

只一~鸡 sa⁴⁵

只一~蚊子 ma³³

条一~鱼 dɯ⁴⁵

条一~蛇 dɯ⁴⁵

张一~嘴 dzau³³ 一张；duŋ³¹ 两张以上

张一~桌子 ma³³

床一~被子 dzu³¹

领一~席子 tshe⁴⁵

双一~鞋 qɛ⁴⁵

把一~刀 ma³³

把一~锁 ma³³

根一~绳子 dɯ⁴⁵

支一~毛笔 dɯ⁴⁵

副一~眼镜 qɛ⁴⁵

面一~镜子 ma³³

块一~香皂 bia⁴⁵

辆一~车 ma³³

座一~房子 dʐau³³

座一~桥 ma³³

条一~河 ma³³

条一~路 dɯ⁴⁵

棵一~树 phɯ³¹

朵一~花 to³³

颗一~珠子 dʐau³³

粒一~米 dʐau³³

顿一~饭 blei⁴⁵

剂一~中药 tsaŋ³³

股一~香味 tsaŋ³³

行一~字 ze³³

块一~钱 phin³³

毛角：一~钱 sa⁴⁵

件一~事情 ŋa⁴⁵

点儿一~东西 tsa⁴⁵pai³³

ə³³saŋ³³

些一~东西 sa⁴⁵

下打一~，动量，不是时量 ɕie⁴⁵

会儿坐了一~ ɕie⁴⁵

顿打一~ blei⁴⁵

阵下了一~雨 biau³¹

趟去了一~ ŋa⁴⁵

二十 代词

我~姓王 i³³

你~也姓王 mɯ³¹

他~姓张 mi⁴⁵

我们不包括听话人：你们别去，~去 ti³³to³¹

咱们包括听话人：他们不去，~去吧 ti³³to³¹

你们~去 tɕi³³tɕio³¹

他们~去 ma³³xuɯ⁴⁵
大家~一起干 dzi³¹kan³¹
自己我~做的 au³¹i³³
别人这是~的 do³³o³³
我爸~今年八十岁 ba³³i³³
你爸~在家吗？ba³³muɯ³¹
他爸~去世了 ba³³mi⁴⁵
这个我要~，不要那个 a³³ȵi⁴⁵
那个我要这个，不要~ a³³buɯ⁴⁵
哪个你要~杯子？a³³na⁴⁵
谁你找~? ka⁴⁵na³³
这里在~，不在那里 a³³ȵi⁴⁵
那里在这里，不在~ a³³buɯ⁴⁵
哪里你到~去 bau³¹na³³
这样事情是~的，不是那样的 kaŋ³³a³³ȵi⁴⁵
那样事情是这样的，不是~的 kaŋ³³a³³buɯ⁴⁵
怎样什么样：你要~的？ɕiaŋ³³aŋ³¹
这么~贵啊 sei⁴⁵ȵi⁴⁵
　xaŋ⁴⁵aŋ³¹
怎么这个字~写？sa³³a³¹
什么这个是~字？vu³¹tɕin³³
什么你找~? vu³¹tɕin³³
为什么你~不去？da³¹vu³¹tɕin³³
干什么你在~? da³¹vu³¹tɕin³³
多少这个村有~人？khe³³na³³

二十一　副词

很今天~热 thai⁴⁵
非常比上条程度深：今天~热 thai⁴⁵
更今天比昨天~热 ken⁴⁵tɕhi³¹
太这个东西~贵，买不起 thai⁴⁵
最弟兄三个中他~高 tsui⁴⁵
都大家~来了 tu³³
一共~多少钱？ji³¹pan⁴⁵lan³¹
一起我和你~去 tsʅ³³qə³¹ʔlan³¹

只我~去过一趟 tsʅ³³
刚这双鞋我穿着~好 tɕhia³¹tɕhia³¹
刚我~到 tshen³¹
才你怎么~来啊？tshen³¹
就你吃了饭~去 tuɯ⁴⁵
经常我~去 tɕin³³tshaŋ³¹
又他~来了 jiu⁴⁵
还他~没回家 xa³¹
再你明天~来 tsai⁴⁵
也我~去 ji³³
没有昨天我~去 qa³³
不明天我~去 ma³³
别你~去 xa³³
甭不用，不必：你~客气 xa³³
快天~亮了 ɯ⁴⁵
差点儿~摔倒了 tsha³³tsa⁴⁵pai³³
故意~打破的 ti³¹ji⁴⁵
随便~弄一下 sui³¹pin⁴⁵
白~跑一趟 pau³¹au⁴⁵
可能~是他干的 kho³³nen³¹
一边~走，~说 pi³³

二十二　介词、连词

和我~他都姓王 qə³³liaŋ³³
　ɬiau⁴⁵
和我昨天~他去城里了 qə³³liaŋ³³
　ɬiau⁴⁵
对他~我很好 tui⁴⁵
往~东走 tshau³¹
向~他借一本书 tshau³¹
按~他的要求做 ŋan⁴⁵
替~他写信 thi⁴⁵
如果~忙你就别来了 zu³¹kho³³
不管~怎么劝他都不听 kuan³³muɯ³

第二节

《中国语言资源调查手册·民族语言（侗台语族、南亚语系）》扩展词

一 天文

天~空 lui³¹lui³¹

天河 银河 xɯ³³tɯ⁴⁵lui³¹

天上 tɯ⁴⁵lui³¹

霹雷 霹雳 lui³¹lui³¹ple⁴⁵

彗星 扫帚星 duŋ³¹dai³³tuŋ³³qɛ³³
　　qɛ³³duŋ³¹dai³³

乌云 qə³³pu³³tse⁴⁵luŋ³³

旋风 vu³¹juŋ³¹qə³³lue³³

毛毛雨 pe⁴⁵man³¹

打雷 lui³¹qə³¹tuŋ³¹

打闪 la⁴⁵pe⁴⁵dau⁴⁵

刮~风 fe⁴⁵

结冰 lin⁴⁵pan³³

日晕 la⁴⁵ʔlu³¹qo³¹lau³¹xau⁴⁵

月晕 ɯ³³dʑi³¹qo³¹lau³¹xau⁴⁵

涨~大水 dʐ̩³¹

消退 大水~ jaŋ³³

二 地理

地 总称 vu³¹tau⁴⁵

荒地 未开垦过的地 lu⁴⁵zɯ³¹

平坝子 den⁴⁵

平地 dan³³den⁴⁵

岭 qə³¹dzo³¹qə³¹ȵia³¹

山坳 qə³¹dzo³¹ga³¹tsha³³

山顶 tei³¹ʔlei⁴⁵qə³¹dzo³¹

山洞 baŋ³¹

山峰 a⁴⁵tsei³¹qə³¹dzo³¹

山脚 ko⁴⁵qə³¹dzo³¹

山下 ə³³ji³³qə³¹dzo³¹

山腰 ɬuŋ³³qə³¹dzo³¹

潭 mlaŋ³¹mlaŋ³¹

海 xɯ³³

悬崖 ɬɯ⁴⁵

鹅卵石 ə³¹tuŋ³¹ŋo³³

泥巴 vu³¹tau⁴⁵

土干~ vu³¹tau⁴⁵kɯ⁴⁵

石灰 no³³

金子 sʅ⁴⁵

铁 ʔiaŋ³³

铜 gen³¹

钢 kaŋ³³

锡 ɕi³¹

硝~石 ɕiau³³

汞水银 ɯ³³phlɯ⁴⁵

硫黄 liu³¹xuaŋ³¹

铅 tɕhin³³

光 qa³¹wuŋ³¹

火焰火苗 blaŋ³³blaŋ³³pi³¹

火花火星子 xuŋ³³o³¹pi³¹

火种 pei³¹pi³¹

溶洞 baŋ³¹

阴河溶洞下的河流 xɯ³³

煤烟子粘在厨房墙壁上的 qə³¹se⁴⁵

锅煤烟粘在锅底的 lo³¹mo⁴⁵khe⁴⁵

浪 ɯ³³qə³³bai³³

旋涡 ɯ³³lue³³lue³³

瀑布 ɯ³³to⁴⁵ɬɯ⁴⁵

泉~水 ɬei³¹ɬei³¹ɯ³³
　　qə³¹ɬei³¹ɯ³³

污垢 ke³¹n̠i⁴⁵

刨花 qɛ³³tin³¹

锯末 pe³³tu⁴⁵tin³¹

锈 ɕiu⁴⁵

渣滓 tsa³³tsa³³

痕迹 qə³¹lai⁴⁵

三　时间

时间 ɕie⁴⁵

从前 ɕie⁴⁵bɯ⁴⁵
　　a⁴⁵ɕie⁴⁵bɯ⁴⁵
　　ta⁴⁵ɕie⁴⁵bɯ⁴⁵

最后 pan⁴⁵lan³³

后来 pan⁴⁵lan³³

古代 qɯ³¹qu⁴⁵

平时 phin³¹tshaŋ³¹

子鼠 tsʅ³³

丑牛 tshɯ³³

寅虎 jin³¹

卯兔 mau³³

辰龙 sen³¹

巳蛇 tsʅ⁴⁵

午马 vu³³

未羊 wei⁴⁵

申猴 sen³³

酉鸡 jiu³³

戌狗 su³¹

亥猪 xai⁴⁵

春 lui³¹lui³¹a⁴⁵fe⁴⁵

夏 lui³¹lui³¹a⁴⁵do³¹man³¹

秋 lui³¹lui³¹a⁴⁵da³¹gau³³

冬 lui³¹lui³¹a⁴⁵ə³¹ji⁴⁵

一月 vu³¹dʑi³¹vu³¹lei⁴⁵

二月 vu³¹dʑi³¹sɯ³¹

三月 vu³¹dʑi³¹ta³¹

四月 vu³¹dʑi³¹pu³¹

五月 vu³¹dʑi³¹mlɯ³¹

六月 vu³¹dʑi³¹tɕhiu³¹

七月 vu³¹dʑi³¹χen³¹

八月 vu³¹dʑi³¹χe³¹

九月 vu³¹dʑi³¹kɯ³¹

十月 vu³¹dʑi³¹tshei³³

十一月 冬月 tshei³³tsʅ³³vu³¹dʑi³¹

十二月 vu³¹dʑi³¹ə³¹phei⁴⁵ tshei³³sɯ³¹vu³¹dʑi³¹

初一 wuŋ³¹tsʅ³³

初二 wuŋ³¹sɯ³¹

初三 wuŋ³¹ta³¹

初四 wuŋ³¹pu³¹

初五 wuŋ³¹mlɯ³¹

初十 wuŋ³¹tshei³³

十一 农历 wuŋ³¹tshei³³tsʅ³³

十五 农历 wuŋ³¹tshei³³mlɯ³¹

三十 农历 wuŋ³¹ta³¹tshei⁴⁵

黎明 lui³¹mau⁴⁵mau⁴⁵thin³¹

今晚 wei³¹ȵi⁴⁵

明晚 ŋei³¹lo⁴⁵dʑuŋ³¹wei³¹

昨晚 thuŋ³³wuŋ³³dʑuŋ³¹wei³¹

一昼夜 tsʅ³³wuŋ³¹tsʅ³³wei³¹

两天以后 sɯ³¹wuŋ³¹pan⁴⁵lan³³

三年以前 ta³¹plei³¹a⁴⁵ȵi⁴⁵qu³¹

工夫 空闲 ʔlan³¹

过~了两年 ko⁴⁵

重阳 tshuŋ³¹jaŋ³³

中元 农历七月十四 je³¹pan⁴⁵ χen³¹vu³¹dʑi³¹tsʅ³³bu³³

四 方位

方向 plɯ⁴⁵

东 plɯ⁴⁵a⁴⁵la⁴⁵ʔlu³¹dau⁴⁵

东方 plɯ⁴⁵a⁴⁵la⁴⁵ʔlu³¹dau⁴⁵

西 plɯ⁴⁵a⁴⁵la⁴⁵ʔlu³¹to⁴⁵

西方 plɯ⁴⁵a⁴⁵la⁴⁵ʔlu³¹to⁴⁵

南 plɯ⁴⁵min³¹dzɯ³¹

南方 plɯ⁴⁵min³¹dzɯ³¹

北 plɯ⁴⁵min³¹tsua³³

北方 plɯ⁴⁵min³¹tsua³³

当中 几个人~ qɛ³¹tɯ⁴⁵ȵi⁴⁵

中间 两棵树~ qɛ³¹tɯ⁴⁵

房子后 taŋ⁴⁵kaŋ³³ʔlei³¹

房子前 pa⁴⁵qɛ³³ʔlei³¹

房子外边 pa⁴⁵dʑi³³ʔlei³¹

门口 ko⁴⁵pi³³xɯ³¹

周围 tsəu³³wei³¹

附近 qə³¹pa³¹tau³³

隔壁 qə³¹pa³¹ko⁴⁵

树林里 tɕhia⁴⁵tin³¹

河边 den³¹xɯ³³

角落 vu³¹qo³¹

墙上 a⁴⁵den³¹

桶底 ʔlɯ³¹blan³¹ko⁴⁵

正面 布、纸等的~ lə³³qaŋ³³

背面 布、纸等的~ qə³¹lɯ³¹

半路 tsʅ³³bu³³tan⁴⁵ʔlan³¹

五 植物

树干 phɯ³¹phɯ³¹tin³¹

树根 tsu³¹tsu³¹tin³¹

树墩 砍伐后剩下的树桩 qə³¹du⁴⁵tin³¹

树皮 vu³¹qu⁴⁵tin³¹

树梢 tei³¹ʔlei⁴⁵tin³¹

树叶 dʑi³¹dʑi³¹tin³¹

树枝 ke³¹ke⁴⁵tin³¹
树林 kɯ³¹tin³¹
梨树 tin³¹ma⁴⁵dau⁴⁵
李树 tin³¹ma⁴⁵tɕiu³¹
桃树 tin³¹ma⁴⁵plaŋ³¹
枣树 tin³¹ma⁴⁵dɯ³¹
漆树 tin³¹ze³¹
青冈树 tin³¹qə³¹plei³¹
茶子树 dʑi³¹dʑi³¹tin³¹
枫树 tin³¹qə³¹zuŋ³¹
竹节 qə³¹tɯ³¹ʔiu⁴⁵
竹林 tsɿ³³bia⁴⁵ʔiu⁴⁵
竹膜 ŋa³¹ʔiu⁴⁵
笋壳 vu³¹qu⁴⁵n̩i³³
　　 kho³¹kho³¹n̩i³³
花瓣 plɯ³¹plɯ³¹xuŋ³³o³¹
花蒂 kan³³kan³³xuŋ³³o³¹
茅草 qɯ³¹
艾草 ŋai³¹ŋai⁴⁵
车前草 khe³¹ma³³tɯ³³
巴芒草 mi³³qə³¹luŋ³¹
狗尾草莠 n̩u⁴⁵qə³¹tsei⁴⁵m̩ɯ³¹
鱼腥草 qə³¹laŋ³¹n̩ei³³
蕨草 ə³¹laŋ³¹ʔlu³¹
茴香 ma³³wei³³su³³
八角大料 pa³¹ko³¹
莲子 lin³¹tsɿ³³
芭蕉 pa³³tɕiau³³
杨梅 jaŋ³¹mei³¹
菠萝 po³³lo³¹
草莓 tshau³³mei³¹
葡萄 ma⁴⁵pla⁴⁵

枇杷 ma⁴⁵vu³¹qu⁴⁵
　　 ma⁴⁵ə³¹lua⁴⁵
西瓜 ma⁴⁵qə³¹ʔi⁴⁵
橙子 ma⁴⁵ti³³n̩i³³
核果~ pei³¹pei³¹ma⁴⁵
仁儿 pei³¹pei³¹ma⁴⁵
籽棉 pei³¹pei³¹xuŋ³³o³¹
浮萍 fu³¹phiau³³
芦苇 mi³³qə³¹wei³¹
黄麻 lia⁴⁵ti³³n̩i³³
苎麻 lia⁴⁵wai³³
青苔 tɕhin³³thai³³
菖蒲 tshaŋ³³phuŋ³¹
水稻 tɕi³¹
旱稻泛指旱地上种的稻子 qo³¹dzɯ⁴⁵
早稻 tɕi³¹a⁴⁵qɯ³¹
晚稻 tɕi³¹a⁴⁵lan³¹
糯稻 tɕi³¹luŋ³³
籼稻 tɕi³¹guŋ³³
穗儿 qo³¹tɕi³¹
米 tsɿ⁴⁵plei³³
粳米 tsɿ⁴⁵plei³³
细糠 lə³¹pɯ⁴⁵qə³¹ʔi³¹
粗糠 lə³¹pɯ⁴⁵qə³¹jiu³¹
米糠 lə³¹pɯ⁴⁵tɕi³¹
秕子 pau³³tɕi³¹
稗子 wei⁴⁵dɯ³³
稻糯草芯 qə³³ɕie³³tɕi³¹
荞麦 kɯ³¹
麦子 dzaŋ³¹
玉米秸包谷秆 ma³³ji³¹mi³³
玉米芯 qə³¹die⁴⁵ji³¹mi³³

蓖麻 pi³¹ma³¹tsɿ³³

豆子 vu³³tai³³

豆夹 qə³¹ʔluɯ³¹vu³³tai³³

豆秸 juŋ³¹vu³³tai³³

豆芽 təu⁴⁵ja³¹

豆芽菜 ə³¹laŋ³¹vu³³tai³³

扁豆_{青扁豆} vu³³tai³³qə³¹bia⁴⁵

黑豆_{乌豆} vu³³tai³³tse⁴⁵luŋ³³

青菜 qə³¹laŋ³¹qa⁴⁵

白菜 ə³¹laŋ³¹pau³¹au⁴⁵

茼蒿菜 ə³¹laŋ³¹ŋe⁴⁵luŋ³¹

空心菜_{蕹菜} khuŋ³³ɕin³³tshai⁴⁵

蒜薹 blaŋ³³blaŋ³³ə³¹sei⁴⁵

瓜 me⁴⁵

瓜蔓儿 juŋ³¹me⁴⁵

瓜皮 vu³¹qu⁴⁵me⁴⁵

瓜子 pluɯ³¹me⁴⁵

瓜瓢 zuŋ³¹zuŋ³³me⁴⁵

葫芦 me⁴⁵ŋaŋ³³

冬瓜 tuŋ³³kua³³

苦瓜 me⁴⁵quŋ³¹quŋ³¹

红薯秧 au⁴⁵waŋ³³

花椒 vu³¹tɕi⁴⁵

桑树 ma⁴⁵tshan³¹saŋ³³

桑叶 dʑi³¹dʑi³¹tshan³¹saŋ³³

烟叶 dʑi³¹dʑi³¹mei⁴⁵tuɯ³¹

六 动物

野兽 pi³¹

象_{大~} ɕiaŋ⁴⁵

狮子 sɿ³³tsɿ³³

豹子 di³¹

熊 ma³³dza³³

麂_{黄猄} qɛ³¹ti³¹n̩i³³

鹿 lu³¹

豪猪 ko³¹ze⁴⁵

狼 laŋ³¹

狐狸 lə³¹maŋ³¹

黄鼠狼 xuan³¹su³³laŋ³¹

松鼠 la⁴⁵ze⁴⁵

穿山甲 tshuan³³san³³tɕia³¹

野猪_{山猪} m̩o³¹a⁴⁵zuŋ³³
　　m̩o³¹a⁴⁵qə³¹dzo³¹

野鸡_雉 qɛ³¹a⁴⁵qə³¹dzo³¹

野鸭 ble³¹a⁴⁵qə³¹dzo³¹

野猫 quŋ³³

水蛇 ŋɯ³¹ɯ³³

四脚蛇_{蜥蜴} ŋɯ³¹ma⁴⁵o⁴⁵

蟒蚺蛇 ŋɯ³¹a⁴⁵dzuŋ³¹

老鹰 ə³³lu³³

猫头鹰 ma³³xu³³xu³³
　　ma³³xu³³liu³¹

白鹤 ŋan⁴⁵wo³¹

大雁 ma³³ŋo³³tuɯ⁴⁵lui³¹

布谷鸟 vu³¹no⁴⁵ji³¹mi³³

斑鸠 ma³³qen³¹qen³¹

秧鸡 jaŋ³³tɕi³³

八哥 pa³¹ɚ³³

燕子 ma³³biau³¹biau³¹

啄木鸟 tsa³¹mu³¹kuan³³

鸟蛋 qə³¹tuŋ³¹vu³¹no⁴⁵

鸟窝 qə³³tsu³³vu³¹no⁴⁵

羽毛 qə³¹mei⁴⁵

萤火虫 ma³³vu³¹ȵi⁴⁵pi³¹

蚱蜢蝗虫、蚂蚱 vu³¹tse⁴⁵

蟑螂 vu³¹ȵi⁴⁵mlaŋ³¹

蜘蛛网 tse³¹tsu³³waŋ³³

蛀虫啃蚀木头衣服等的小虫 vu³¹ȵi⁴⁵ti³¹

瓢虫半球形，背上有花纹 vu³¹ȵi⁴⁵phio³³

蜈蚣 ma³³ko⁴⁵dzau³³

蟋蟀 tɕiau⁴⁵tɕi³³tɕi³³

螳螂 thaŋ³¹laŋ³³

臭虫 m̥e⁴⁵pla³¹die⁴⁵

牛虻 pei³¹zo³¹ȵi³¹

臭大姐臭屁虫 vu³¹ȵi⁴⁵a⁴⁵mu⁴⁵dza⁴⁵

蜣螂屎壳郎 qə³³lan³³qɛ³³

蛔虫 qə³³tɕi³³

蝼蛄m̥ɯ³¹vu³¹tau⁴⁵

虱子衣服上的 vu³¹dzuŋ³¹

头虱头上的 qə³¹tuŋ³¹

虮子虱子的卵 la⁴⁵ʔi³¹qə³¹tuŋ³¹

鸡虱鸡身上的 vu³¹dzuŋ³¹qɛ³¹

牛虱牛身上的 vu³¹dzuŋ³¹ȵi³¹

蛆蝇类的幼虫 vu³¹ȵi⁴⁵

蛹 la⁴⁵xaŋ³¹

蜗牛 tsei³¹tsei³¹pau³¹au⁴⁵

白蚁 guŋ³³pau³¹au⁴⁵

蛾子 ma³³bu³³bu³³

蚂蚁洞 qə³³tsu³³guŋ³³

黄蜂黄色细腰 ze³¹

刺蜜蜂的 ʔle⁴⁵

蜂王 tei³¹ʔlei⁴⁵ze³¹

鱼刺 qə³¹die⁴⁵vu³¹liu³¹

鱼泡 phau³³phau³³vu³¹liu³¹

鱼鳍 lui³¹lui³¹vu³¹liu³¹

鱼子鱼卵 qə³¹tuŋ³¹vu³¹liu³¹

鳃 ji³¹sai³³

鳝鱼黄鳝 dzan³³

泥鳅 o⁴⁵

乌龟 vu³³kui³³

螺蛳 tsei³¹tsei³¹

蚌 ji³¹pan⁴⁵kho³¹

壳蚌的~ ji³¹pan⁴⁵kho³¹

水蚂蟥 ŋei³¹ta⁴⁵

旱蚂蟥 ŋei³¹ta⁴⁵kɯ⁴⁵

田鸡蛙类 tsu³¹die⁴⁵

青蛙长腿的 ma³³de⁴⁵lu³¹ŋɯ³³

蝌蚪 la⁴⁵tsu³³

畜生 tsei³¹ʔiaŋ³³

公马 pau³³vu³³ȵuŋ³³

母马未下子的 ma³³vu³³ȵuŋ³³

马驹 la⁴⁵vu³¹ȵuŋ³³

马鬃 tsuŋ³³kaŋ³³vu³³ȵuŋ³³

公牛阉过的 pau³³ȵi³¹

水牛 ȵi³¹ɯ³³

牛角 vu³¹qo³¹ȵi³¹

牛皮 vu³¹qu⁴⁵ȵi³¹

公水牛 lə³¹phɯ³¹

母水牛未下子的 ma³³ȵi³¹ɯ³³

水牛犊 la⁴⁵ȵi³¹ɯ³³

水牛角 vu³¹qo³¹ȵi³¹ɯ³³

水牛皮 vu³¹qu⁴⁵ȵi³¹ɯ³³

水牛蹄 ko⁴⁵ȵi³¹ɯ³³

水牛绳 sa⁴⁵ȵi³¹ɯ³³

黄牛 ȵi³¹ti³³ȵi³³

公黄牛 pau³³ȵi³¹ti³³ȵi³³

母黄牛未下子的 ma³³n̺i³¹ti³³n̺i³³

黄牛犊 la⁴⁵n̺i³¹ti³³n̺i³³

山羊 me³³me³³ɬɯ⁴⁵

羔羊 la⁴⁵me³³me³³

母猪未下子的 la⁴⁵tshu⁴⁵m̥o³¹

猪食 tɕia³¹m̥o³¹

下母猪～小猪 xuŋ³³

母狗未下子的 la⁴⁵tshu⁴⁵m̥ɯ³¹

猎狗 m̥ɯ³¹a⁴⁵qə³³die³³pi³¹

疯狗 m̥ɯ³¹vu³¹

母鸡未下蛋的 phiau³¹qɛ³¹

小鸡 la⁴⁵qɛ³¹

骟鸡 阉鸡 qɛ³¹a⁴⁵zaŋ³³

鸡冠 vu³¹n̺i³¹qɛ³¹

鸡嗉子 qen³¹qen³¹qɛ³¹

鸡尾 qə³³dzan³³qɛ³¹

寡蛋 孵不出小鸡的蛋 tuŋ³¹qɛ³¹ʔluŋ³³

鸡窝 qə³³tsu³³qɛ³¹

七 房舍、器具

寨子 lɯ⁴⁵

寨门 pi³³xɯ³¹lɯ⁴⁵

城 den³¹

城市 paŋ⁴⁵ʔlaŋ³³den³¹

椽子 dzaŋ⁴⁵tsu³¹

房顶 liaŋ³¹ʔlei³¹

房檐 ɬia⁴⁵ʔlei³¹

井 bei⁴⁵ɯ³³

牢监狱 ban³¹

篱笆 vu³¹dɯ³¹

梁 gɯ³¹

楼 ji³³tsu³¹

门 pi³³xɯ³¹

门扣门上上锁用的扣 ŋen³¹ta⁴⁵ʔiaŋ³³

门框 kho³¹kho³¹pi³³xɯ³¹

门闩 tsu³¹xɯ³¹

门板 bau⁴⁵pi³³xɯ³¹

门斗门前过渡带 pi³³xɯ³¹lue³³lue³³

墙壁 vu³¹dɯ³¹

人家住家 ʁa⁴⁵qə³¹tshu⁴⁵

水牛圈水牛栏 ban³¹n̺i³¹ɯ³³

烟囱 jin³³tshuŋ³³

走廊 qə³³ji³³ɬia⁴⁵ʔlei³¹

楼梯 ma³³qə³¹ʔlei³¹

堡坎石头砌的坎子 dɯ⁴⁵dei³¹

桥 ma³³lɯ³¹kaŋ³¹

被面 qə³¹ʔlɯ³¹faŋ³³

毯子 sɯ³¹a⁴⁵khu³¹

箱子 ɕiaŋ³³tsʅ³³

皮箱 vu³¹qu⁴⁵ɕiaŋ³³tsʅ³³

灯 pi³¹mlaŋ³¹

灯芯 ten³³n̺i⁴⁵

灯罩 ten³³tsau⁴⁵

电灯 tin⁴⁵ten³³

工具 dɯ⁴⁵gu³³

匕首 la⁴⁵qə³¹dzuŋ⁴⁵

刀 qə³¹dzuŋ⁴⁵

刀把儿 dʑaŋ³³qə³¹dzuŋ⁴⁵

刀背 taŋ⁴⁵kaŋ³³qə³¹dzuŋ⁴⁵

刀鞘 qə³¹bi⁴⁵qə³¹dzuŋ⁴⁵

刀刃 vu³¹tso⁴⁵qə³¹dzuŋ⁴⁵

尖刀 qə³¹dzuŋ⁴⁵a⁴⁵luan³¹m̥o³¹

柴刀 qə³¹dzuŋ⁴⁵lo³¹mo⁴⁵

剃头刀 qə³¹dzuŋ⁴⁵a⁴⁵qə³³zan³³tei³¹ʔlei⁴⁵

桶水~ blaŋ³¹ko⁴⁵

木桶 blaŋ³¹ko⁴⁵tin³¹

铁桶 blaŋ³¹ko⁴⁵ʔiaŋ³³

箍儿 lə³³kaŋ³³blaŋ³¹

水缸 kaŋ³³ɯ³³

叉子 tsha³³tsʅ³³

铲子 tshuan³³tshuan³³

罐子 baŋ³³

杯子 pei³³pei³³

茶杯 pei³³pei³³dʑi³¹tin³¹

酒杯 pei³³pei³³plɯ³¹

壶 tsan³³

茶壶 khe⁴⁵dʑi³¹tin³¹

酒壶 tsan³³plɯ³¹

塞子瓶~ tsu³¹tsu³¹tsan³³

铁锅 khe⁴⁵ʔiaŋ³³

炒菜锅 khe⁴⁵a⁴⁵ɬɯ³¹ɯ⁴⁵tai³³

锅铲 tshuan³³tshuan³³

锅耳 lɯ³¹khɯ³¹

锅盖 kai⁴⁵kai⁴⁵

盒子 xo³¹xo³³

蒸笼 tsen³³luŋ³¹

饭碗 san⁴⁵san³³

饭甑 vu³¹n̠i³¹

盘子 phan³¹tsʅ³³

碟子 phan³¹tsʅ³³

勺子 ma³³kɯ³³

笊篱 lu⁴⁵tɕi³³

漏斗 vu³¹qo³¹n̠i³¹

筲箕洗菜盛物用 ma³³a⁴⁵ble³³mau³³

筛子细孔的 ma³³kɯ⁴⁵qə³¹ʔi³¹

筛子大孔的 ma³³kɯ⁴⁵ə³¹jiu³¹

箩斗筛米粉用的 quŋ³³dʑi³¹

晒席晒谷子用的 tshai⁴⁵plaŋ³³

木槽喂牲口用 tin³¹lə³³qɯ³³m̥o³¹

石槽喂牲口用 vu³¹ɯ³¹lə³³qɯ³³m̥o³¹

洗锅刷丝瓜瓤 so³¹zo⁴⁵mau³³

抹布 sɯ³¹a⁴⁵ə³¹ɕie⁴⁵lə³¹dzaŋ³¹

筷筒 ta⁴⁵dzau³³

盆 lə³³qɯ³³

木盆 lə³³qɯ³³tin³¹ tin³¹lə³³qɯ³³

炉子 lu³¹tsʅ³³

风箱 dzau³³lu³¹

吹火筒 dɯ³¹dɯ³¹a⁴⁵fe⁴⁵pi³¹

火石 vu³¹ɯ³¹pi³¹

火把 m̥e⁴⁵pi³¹

灯笼 ten³³luŋ³¹

火笼烤火用 ta⁴⁵pi³¹

火盆 khe⁴⁵pi³¹

火钳 ma³³ka⁴⁵pi³¹

火塘 bo³¹a⁴⁵tsaŋ³¹pi³¹

三脚架 ta³¹pa⁴⁵ko⁴⁵

篮子 qə³¹tau⁴⁵

杆子 kan³³kan³³

竹竿 dɯ⁴⁵ʔiu⁴⁵

竹筒 dɯ³¹dɯ³¹ʔiu⁴⁵

鼓槌 lə³¹dzu⁴⁵ku³³

桩子钉在地上的木棍或石柱 tsuaŋ³³tsuaŋ³³

钩子 ma³³lɯ⁴⁵pi³¹

草绳 sa⁴⁵kuŋ³¹

麻绳 sa⁴⁵lia⁴⁵

缰绳 sa⁴⁵vu³³n̠uŋ³³

链子 sa⁴⁵ʔiaŋ³³

杵舂~ qə^{31}tsa^{45}tau^{33}

麻袋 ə^{31}bi^{45}lia^{45}

钟 tsuŋ^{33}

玻璃 po^{33}li^{31}

镜子 ma^{33}ɯ^{33}ɯ^{33}qə^{31}tshu^{45}

笸子 ȵi^{33}tuŋ^{31}

扇子 san^{45}tsɿ^{33}

楔子 dɯ^{45}qə^{31}dzɿ^{31}

木板板子 bia^{45}tin^{31}

漆 xaŋ^{33}

斗名词 tɯ^{45}大的；sei^{31}小的

尺子 ma^{33}qə^{31}dza^{45}

曲尺 phi^{31}tshɿ^{31}

钓竿 dɯ^{45}ʔiu^{33}a^{45}ə^{31}zu^{31}vu^{31}liu^{31}

网 ma^{33}waŋ^{33}

拦河网 ma^{33}waŋ^{33}a^{45}qə^{31}the^{45}

鱼叉 ʔiu^{33}phia^{33}vu^{31}liu^{31}

腰鱼篓 ta^{45}vu^{31}liu^{31}

鱼篓捕鱼具 ta^{45}vu^{31}liu^{31}

熨斗 jin^{45}təu^{33}

锯工具 lə^{31}kɯ^{31}

凿子 ə^{31}dzaŋ^{31}

锉 ʔiaŋ^{33}a^{45}zu^{31}lə^{31}kɯ^{31}

锥子 tsui^{33}tsɿ^{33}

钻子 jau^{31}tsuan^{45}

刨子 thui^{33}pau^{45}

墨斗 me^{31}təu^{33}

铡刀 ə^{31}dzuŋ^{45}a^{45}tshu^{45}maŋ^{31}

弓 ma^{33}nu^{33}

弩 ma^{33}nu^{33}

箭 ʔiu^{33}phia^{33}

剑 qə^{31}dzuŋ^{45}a^{45}lui^{33}

枪 daŋ^{33}

炮 daŋ^{33}a^{45}dzuŋ^{31}

子弹 pei^{31}pei^{31}

火药 qə^{31}tsɿ^{31}phau^{45}

铁砂 pei^{31}pei^{31}ʔiaŋ^{33}

织布机 ma^{33}a^{45}da^{31}sɯ^{31}

梭子 ma^{33}ȵi^{33}tuŋ^{31}

轿子 tɯ^{31}

车 qɛ^{31}

牛车 qɛ^{31}ȵi^{31}

船 tshuan^{31}

船桨 ma^{33}zu^{31}phiŋ^{33}

木筏 tshuan^{31}ʔiu^{45}

飞机 qɛ^{31}tɯ^{45}lui^{31}

烟斗旱~ daŋ^{33}mei^{45}tɯ^{31}

拐杖 lə^{31}dzu^{45}a^{45}tshu^{33}

八　服饰

布 sɯ^{31}

丝 sɿ^{33}ɕin^{45}

线 vu^{31}ja^{45}

衣上~ lɯ^{33}bɯ^{33}

衣袋 ə^{31}pi^{45}gɯ^{31}

衣襟 tɕhiau^{45}lɯ^{33}bɯ^{33}

衣领 qə^{31}zu^{31}lɯ^{33}bɯ^{33}

腰带 qhɛ^{45}ɬuŋ^{33}

裤裆 tshɯ^{31}qə^{33}ɕuŋ^{33}

裙子 lei^{33}zei^{33}

花边 den^{31}xuŋ^{33}o^{31}

夹袄 kua^{45}kua^{45}

纽子布~ duŋ^{31}xɯ^{31}

扣眼儿 ma³³duŋ³¹xɯ³¹

内衣 lɯ³³bɯ³³a⁴⁵paŋ⁴⁵ʔlaŋ³³

内裤 ə³¹pe⁴⁵qə³³ɕuŋ³³

头巾 女的用 pha⁴⁵tsʅ³³

帕子 男的用 pha⁴⁵tsʅ³³

围腰帕 一种服饰，多有绣花图案 tɯ³¹pei⁴⁵

手套 səu³³thau⁴⁵

裹腿 luŋ³¹

鞋样 jaŋ⁴⁵jaŋ⁴⁵tɕhi³¹n̠i⁴⁵

鞋楦子 做鞋用的木模型 jaŋ⁴⁵jaŋ⁴⁵tɕhi³¹n̠i⁴⁵

鞋帮 ta⁴⁵qɛ³³tɕhi³¹n̠i⁴⁵

鞋底 lɯ³¹tɕhi³¹n̠i⁴⁵

鞋后跟 gu³¹gu³¹tɕhi³¹n̠i⁴⁵

草鞋 tɕhi³¹n̠i⁴⁵kuŋ³¹

胶鞋 tɕiau³³xai³¹

木拖鞋 tɕhi³¹n̠i⁴⁵tin³¹

布鞋 tɕhi³¹n̠i⁴⁵sɯ³¹

皮鞋 tɕhi³¹n̠i⁴⁵vu³¹qu⁴⁵

　　vu³¹qu⁴⁵tɕhi³¹n̠i⁴⁵

背带 ma³³vu³³tsei³³

斗笠 lau³¹xau⁴⁵

蓑衣 tuŋ³³ze³¹

簪子 pe³¹tsan³³

耳环 la⁴⁵vei³³

项圈 lə³¹gaŋ³¹

手表 tsei³¹tsei³¹

眼镜儿 jin³³tɕin⁴⁵

九　饮食

白米 tsʅ⁴⁵plei³³

　　tsʅ⁴⁵plei³³guŋ³³

夹生饭 mau³³plai³³

米汤 uŋ³³quŋ³¹

酸汤 ɯ³³tsʅ⁴⁵

锅巴 mau³³a⁴⁵qə³¹n̠ia³¹khe⁴⁵

米粉 mi³³fen³³

糍粑 qə³¹n̠ia³¹

米花糖 mi³³xua³³thaŋ³¹

糕 年~ ə³¹n̠ia³¹a⁴⁵ka³¹χen³¹

糖 ɯ³³sɯ⁴⁵

红糖 ɯ³³sɯ⁴⁵pla³¹die⁴⁵

白糖 ɯ³³sɯ⁴⁵pau³¹au⁴⁵

红薯干儿 waŋ³³a⁴⁵kɯ⁴⁵

酸菜 qə³¹laŋ³¹tsʅ⁴⁵

臭豆腐 vu³³tai³³pau³¹au⁴⁵mu⁴⁵dza⁴⁵

豆腐干 vu³³tai³³pau³¹au⁴⁵kɯ⁴⁵

豆豉 tɯ³¹zɯ⁴⁵

肉 食用 u³³

猪肉 u³³m̥o³¹

羊肉 u³³me³³me³³

鸡肉 u³³qɛ³¹

腊肉 u³³qə³¹phei⁴⁵

黄牛蹄 tsau³³tsau³³n̠i³¹ti³³n̠i³³

鸡爪子 tsau³³tsau³³qɛ³¹

鸡肫 胃 vu³¹tɯ³¹qɛ³¹

鲜鱼 vu³¹liu³¹

干鱼 vu³¹liu³¹a⁴⁵kɯ⁴⁵

蛋 qə³¹tuŋ³¹

蛋黄 qə³¹tuŋ³¹a⁴⁵ti³³n̠i³³

蛋壳 qə³¹ʔlɯ³¹qə³¹tuŋ³¹

蛋清 qə³¹tuŋ³¹a⁴⁵pau³¹au⁴⁵

臭蛋 qə³¹tuŋ³¹a⁴⁵mu⁴⁵dza⁴⁵

鸭蛋 qə³¹tuŋ³¹ble³¹

鹅蛋 qə³¹tuŋ³¹ŋo³³

油 mlaŋ³¹

油渣 vu³¹ɯ⁴⁵mlaŋ³¹

菜油 mlaŋ³¹qə³¹laŋ³¹

豆油 mlaŋ³¹vu³³tai³³

玉米油 mlaŋ³¹ji³¹mi³³

鸡油 mlaŋ³¹qɛ³¹

牛油 mlaŋ³¹ȵi³¹

酱 tɕiaŋ⁴⁵

碱水 ɯ³³tɕin³³
　　ɯ³³tsʅ⁴⁵

烟卷儿 qə³³le³³mei⁴⁵tɯ³¹

烟丝 sʅ³³sʅ³³mei⁴⁵tɯ³¹

酒 plɯ³¹
　　kau³³

红薯酒 plɯ³¹waŋ³³

酒曲 qə³¹tsʅ³¹pan³³

牛奶 dzɯ³³ȵi³¹

早饭 mau³³tuŋ⁴⁵

午饭 mi⁴⁵

晚饭 zo³¹

熏~肉 da³¹

腌~鱼 lə³¹uŋ⁴⁵

煮~肉 tuŋ⁴⁵

十　身体

身体 ban³¹vu³¹suŋ³¹
　　tsʅ³³vu³¹suŋ³¹

花瓣 ple³¹qə³¹suŋ³¹

脑髓 au⁴⁵

太阳穴 la⁴⁵ʔlu³¹pla⁴⁵

瞳仁 mei⁴⁵mei⁴⁵vu³¹tɯ³¹

睫毛 ə³¹mei⁴⁵vu³¹tɯ³¹

眼屎 tɯ³¹pi⁴⁵
　　qɛ³³vu³¹tɯ³¹

耳屎 qɛ³³vei³¹

耳垂 la⁴⁵ə³¹pe⁴⁵vei³¹

鼻孔 baŋ³¹te³¹ŋe⁴⁵

鼻梁 dɯ⁴⁵tsei³¹te³¹ŋe⁴⁵

人中 tshɯ³¹te³¹ŋe⁴⁵

颧骨 tɯ³³tɯ³³vu³¹liu⁴⁵

腮 vu³¹liu⁴⁵qu³³

上颚 ŋa⁴⁵

酒窝儿 xaŋ³³xaŋ³³vu³¹liu⁴⁵

小舌 la⁴⁵mau³¹

牙龈 ko⁴⁵plaŋ³¹

门齿 plaŋ³¹pi³³xɯ³¹

臼齿 plaŋ³¹a⁴⁵lə³¹qɛ⁴⁵

犬齿 plaŋ³¹ə³¹qu³¹

虎牙暴牙 plaŋ³¹di³¹

喉结 taŋ³¹ʔlaŋ³¹dɯ³¹

后颈窝 xaŋ³³xaŋ³³taŋ³¹ʔlaŋ³¹

胳肢窝 qɛ³³tɕia³³

手掌 pa⁴⁵qɛ³³min³¹

手心 qɛ³¹tɯ⁴⁵min³¹
　　min³¹qɛ³¹tɯ⁴⁵

手背 taŋ⁴⁵kaŋ³³min³¹

手茧 min³¹vu³¹qu⁴⁵ə³¹jiu³¹

手腕子 tɕiaŋ³³tɕiaŋ³³min³¹

手脉 sʅ³¹juŋ³¹

六指 ki³¹min³¹tɕhiu³¹
　　tɕhiu³¹dɯ⁴⁵

指纹 vu³¹ja⁴⁵ki³¹min³¹

斗圆形指纹 lo³¹

箕长形指纹 sau³³tɕi³³

虎口 大拇指、食指间的手叉 ga³¹tsha³³min³¹
肘 tu³¹qu⁴⁵min³¹
奶头 vu³¹tso⁴⁵dzɯ³³
奶汁 dzɯ³³
胸脯 pa⁴⁵qɛ³³dei³¹ɬei³³
心脏心 dei³¹ɬei³³
肺 sau⁴⁵
胃肚（dǔ）子 vu³¹ɬaŋ³¹
腰 ɬuŋ³³
肝 te⁴⁵
胆苦胆 vu³¹di³¹
脾 lin³¹the³¹
肾腰子 qə³¹luŋ³¹
肠子 qə³³ɕie³³
盲肠盆肠 fei³¹qə³³ɕie³³
　　la⁴⁵ə³¹pe⁴⁵qə³³ɕie³³
膀胱尿泡 phau³³phau³³sei⁴⁵
大腿 pa⁴⁵ko³¹
小腿 pa⁴⁵ko⁴⁵
腿肚子 vu³¹ɬaŋ³¹ko⁴⁵
脚趾 dɯ⁴⁵ki³¹ko⁴⁵
脚后跟 gu³¹gu³¹ko⁴⁵
脚踝脚上两旁突起的骨头 qə³¹tɯ³¹ko⁴⁵
脚背 taŋ⁴⁵kaŋ³³ko⁴⁵
脚心 ʔlɯ³¹ko⁴⁵qɛ³¹tu⁴⁵
茧 vu³¹qu⁴⁵ə³¹jiu³¹
脚印 qə³¹lai⁴⁵ko⁴⁵
睾丸 ma³¹ma⁴⁵
骨头 qə³¹die⁴⁵
骨节关节 qə³¹dɯ³¹qə³¹die⁴⁵
脊椎骨 qə³¹die⁴⁵ɬuŋ³³
肋骨 qə³¹die⁴⁵n̥i⁴⁵

软骨 qə³¹die⁴⁵vu³¹a⁴⁵
筋 sʅ³¹juŋ³¹
脉搏 sʅ³¹juŋ³¹qə³³dzɯ³³
血 pla⁴⁵
肉人体 u³³
肌肉 la⁴⁵m̥o³¹
皮肤 vu³¹qu⁴⁵
毛 ə³¹mei⁴⁵
寒毛汗毛 mei⁴⁵zuŋ³³qɛ³¹
汗 luŋ⁴⁵
鸡皮疙瘩人寒冷时皮肤上起的疙瘩
　　mei⁴⁵zuŋ³³qɛ³¹
雀斑皮肤上的黑色细点 xei³¹tɕho³¹pan³³
尿 sei⁴⁵
屎 qɛ³³
屁 qɛ³³
洋子淋巴结 tɕiu³³tsʅ³³jaŋ³¹
皱纹 qə³¹tsu³¹
力气 vu³¹juŋ³¹

十一　疾病、医疗

晕头～ qə³¹lui³¹
酸腿～ qə³¹plan³¹
花眼～了 ʔluŋ³¹
瞎～眼睛 tɕi³³
出～水痘 dau⁴⁵
泻～肚子 xau⁴⁵
抽筋 juŋ⁴⁵sʅ³¹juŋ³¹
瘸～了 ko⁴⁵qɛ³³
传染 ze³³
疮 lo³³plo³³
痱子 ze³¹fei⁴⁵tsʅ³³

痰 ɯ³³qɯ³¹qə³¹no⁴⁵
　　khəu³³tshan³¹
脓 xuŋ⁴⁵
水泡皮肤因摩擦而起的泡 phau⁴⁵phau⁴⁵ɯ³³
结巴 qə³¹lai⁴⁵
治~病 qə³³tsau³³
抹~药 ə³¹tshuŋ⁴⁵
药 qə³¹tsʅ³¹
草药 ə³¹tsʅ³¹ȵu⁴⁵
毒药 ə³¹tsʅ³¹a⁴⁵tɯ³¹dɯ⁴⁵gu³³
药丸 duŋ³¹duŋ³¹qə³¹tsʅ³¹
药末 mi⁴⁵mi⁴⁵qə³¹tsʅ³¹
药片 bia³¹bia⁴⁵qə³¹tsʅ³¹

十二　婚丧、信仰

抢婚 qə³¹die⁴⁵lə³³mi³³
　　qə³¹die⁴⁵ʔlei³¹ʁa⁴⁵
离婚 lai³³pe³³tu⁴⁵
回门出嫁女子第一次回娘家 qə³¹ȵia⁴⁵pi³³xɯ³¹
招赘招女婿 qə³¹pɯ³¹la⁴⁵ŋo³³
入赘 vu³¹nɯ³¹pi³³xɯ³¹
爱人 ʔlei³¹ʁa⁴⁵
胞衣胎盘 la⁴⁵tshu³³
　　lɯ³³bɯ³³
脐带 tuŋ³¹dʑio³¹dʑio³¹
生~孩子 jau⁴⁵
喂~奶 ti⁴⁵
摇篮 ta⁴⁵a⁴⁵qə³³ȵiaŋ³³
敬香 plan³³dɯ⁴⁵khen⁴⁵
祖坟 taŋ³³
扫墓 qə³¹zu³¹mlɯ³¹mlɯ³¹
墓碑 pei³³

祭日 wuŋ³¹a⁴⁵plan³¹
祭拜 qə³¹dzu⁴⁵tei³¹ʔlei⁴⁵
拜~菩萨 qə³¹dzu⁴⁵tei³¹ʔlei⁴⁵
鬼 mlɯ³¹
魂魄 lɯ³¹ŋɯ³¹
神仙 pau³³ə³¹tshu⁴⁵tɯ⁴⁵lui³¹
龙 dzaŋ³¹
龙王 tei³¹ʔlei⁴⁵dzaŋ³¹
土地爷 la⁴⁵bai⁴⁵
　　bai⁴⁵vu³¹tau⁴⁵
巫师鬼师 le³¹ke⁴⁵a⁴⁵xuŋ³³mlɯ³¹
巫婆 ma³³ja³¹a⁴⁵ə³³dzu³³mlɯ³¹
算命先生 le³¹ke⁴⁵a⁴⁵du³³ɕen³¹juŋ³¹
命 ɕen³¹juŋ³¹
念经 nin⁴⁵tɕin³³
八字生辰~ ɕen³¹juŋ³¹
合~八字 kaŋ³³
供神 qə³³luan³³ŋen³¹tsuŋ³³
驱鬼 qə³³die³³mlɯ³¹
放蛊 lua³¹qə³¹tsʅ³¹

十三　人品、称谓

本事 dau⁴⁵die⁴⁵
名声 quŋ³³ɕen³¹
好人 qə³¹tshu⁴⁵a⁴⁵gi³³
坏人 qə³¹tshu⁴⁵a⁴⁵bla⁴⁵
大人 qə³¹tshu⁴⁵qə³³sen³³
老太太 ja³¹ŋe³¹ʔiu³³
　　ma³³ja³¹ŋe³¹ʔiu³³
老头儿 be³¹ŋe³¹ʔiu³³
　　pau³³be³¹ŋe³¹ʔiu³³
妇女女人 ma³³ʔlo³³

青年男子 小伙子 la⁴⁵sai³³
青年女子 姑娘 la⁴⁵tsau³³
子孙 la⁴⁵ʔi³¹la⁴⁵lan³¹
独子 tsɿ³³saŋ³³
孤儿 la⁴⁵blaŋ³³
寡妇 ma³³blaŋ³³
鳏夫 老而无妻的人 pau³³blaŋ³³
皇帝 xuaŋ³¹ti⁴⁵
官 ba³¹
兵 ko⁴⁵qə³³tɕiaŋ³³
头人 寨老 tei³¹ʔlei⁴⁵tɯ³¹lɯ⁴⁵
　　tɯ³¹lɯ⁴⁵tei³¹ʔlei⁴⁵
　　ba³¹tɯ³¹lɯ⁴⁵
牧童 la⁴⁵ʔlai³³a⁴⁵ɬau⁴⁵tse³¹jaŋ³³
医生 le³¹ke⁴⁵a⁴⁵ə³³tsau³³ə³¹tshu⁴⁵
　　ji³³sen³³
老师 ke⁴⁵su³¹
学生 du³³su³¹di³³ə³¹tshu⁴⁵
猎人 le³¹ke⁴⁵a⁴⁵ə³³die³³pi³¹
船夫 ke⁴⁵tshuan³¹
　　le³¹ke⁴⁵tshuan³¹
篾匠 le³¹ke⁴⁵lo³¹to⁴⁵
石匠 ke⁴⁵ɯ³¹
铁匠 ke⁴⁵ʔiaŋ³³
渔夫 ke⁴⁵vu³¹liu³¹
骗子 ga³¹fe⁴⁵ə³¹tshu⁴⁵li³³
强盗 tshu³³le³¹
土匪 qha⁴⁵dzaŋ³¹
生人 qə³¹tshu⁴⁵qə³¹die⁴⁵
熟人 qə³¹tshu⁴⁵a⁴⁵xuŋ⁴⁵
同伴 tsɿ³³qə³³ʔlan³¹
老乡 tsɿ³³bau³¹bau³¹thu³³

异乡人 pa⁴⁵dʑi³³di³³qə³¹tshu⁴⁵
矮子 qə³¹tshu⁴⁵la⁴⁵ja³³
　　qə³¹tshu⁴⁵qə³¹tɕhia⁴⁵
麻子 ma³¹qɛ⁴⁵
秃子 tei³¹ʔlei⁴⁵dze³¹
斜眼子 vu³¹tɯ³¹lə³¹sɿ³¹
独眼龙 tsɿ³³pa⁴⁵vu³¹tɯ³¹
歪嘴子 vu³¹tso⁴⁵lə³¹sɿ³¹
豁嘴子 vu³¹tsei⁴⁵qhɛ⁴⁵
瘫子 than³³tsɿ³³
祖宗 ŋe³¹ʔiu³³a⁴⁵qɯ³¹qu⁴⁵
曾外祖父 be³¹au⁴⁵ŋɯ³¹
曾外祖母 ja³¹au⁴⁵ŋɯ³¹
曾祖父 be³¹ŋɯ³¹
曾祖母 ja³¹ŋɯ³¹
大伯子 夫之兄 wai³³
小叔子 夫之弟 jau³³
　　jau³³jau³³
小姑子 夫之妹 an³³
　　an³³an³³
姐妹 zo³¹qə³³pi³³
兄弟 wai³³jau³³
　　zo³¹qə³³pi³³
内兄 妻之兄 wai³³
　　zo³¹qə³³pi³³
内弟 妻之弟 jau³³
　　zo³¹qə³³pi³³
堂哥 wai³³
堂弟 jau³³
堂姐 pi³³
堂妹 an³³
表哥 wai³³

表弟 jau³³

表姐 pi³³

表妹 an³³

大儿子﹤长子﹥la⁴⁵sai³³a⁴⁵dzuŋ³¹

小儿子 la⁴⁵jaŋ³³

大女儿 la⁴⁵tsau³³a⁴⁵dzuŋ³¹

小女儿 la⁴⁵tsau³³a⁴⁵pe³¹pe⁴⁵
　　　 la⁴⁵tsau³³a⁴⁵dai⁴⁵dai³³

私生子 la⁴⁵a⁴⁵zuŋ³³

侄女儿 la⁴⁵zau⁴⁵la⁴⁵tsau³³

孙女儿 la⁴⁵ʔi³¹la⁴⁵tsau³³

前妻 lə³³mi³³a⁴⁵ȵi⁴⁵qɯ³¹
　　 ʔlei³¹ʁa⁴⁵a⁴⁵ȵi⁴⁵qɯ³¹

后妻 lə³³mi³³a⁴⁵lan³¹
　　 ʔlei³¹ʁa⁴⁵a⁴⁵lan³¹

大老婆 lə³³mi³³a⁴⁵dzuŋ³¹
　　　 ʔlei³¹ʁa⁴⁵a⁴⁵dzuŋ³¹

小老婆 lə³³mi³³a⁴⁵dai⁴⁵dai³³
　　　 ʔlei³¹ʁa⁴⁵a⁴⁵dai⁴⁵dai³³

亲家 jiu³³dzai³³

亲家公 jiu³³dzai³³

亲家母 jiu³³dzai³³

干爹 ba³³kɯ⁴⁵

干妈 mi³³kɯ⁴⁵

十四　农业

旱田 lu⁴⁵

园子﹤菜地﹥ma³³qə³¹vei³¹
　　　　 qə³¹vei³¹

庄稼 tɕia³¹

种子 pei³¹

芽儿 au⁴⁵

秧 au⁴⁵

禾苗 au⁴⁵tɕia³¹

粮食 tɕia³¹

谷仓 dzau³³qə³¹dzuŋ⁴⁵

蜜蜂房 ʔlei³¹qə³¹ze³¹

蜂箱 blaŋ³¹qə³¹ze³¹

耙 kai³³

耙齿 ken³¹ken⁴⁵kai³³
　　 kai³³﹤只有一排齿﹥
　　 ma³³lə³¹ka³¹﹤两排齿﹥

木耙 tin³¹kai³³

铁耙 kai³³ʔiaŋ³³

木犁 ma³³lə³¹waŋ³¹

铁犁 ma³³lə³¹waŋ³¹ʔiaŋ³³

铁锹 jaŋ³¹tshuan³³

牛轭 ma³³le⁴⁵guŋ³³

牛鼻环 tsei⁴⁵ȵi³¹

鞭子 lə³¹dʑi⁴⁵

粪箕 luŋ³¹khuŋ³¹

风车﹤扬谷糠用﹥ma³³fuŋ³³po³¹

棚子﹤瓜棚﹥phin³³sua³¹

水碾 ma³³sui³³ȵi³³

竹笕﹤引水工具﹥tɕin³³tshau³¹

肥料 khen³¹

选~种子 qə³¹ɬei⁴⁵

耙~田 ʔlɯ⁴⁵

耕~田 lai³³

撒~种子 sa⁴⁵

保~苗 qə³¹tau⁴⁵

守~庄稼 sɯ⁴⁵

收~稻子 qə³¹sɯ³¹

扬~麦子 au³¹au⁴⁵

结~果子 qə³³dan³³
出这儿~水果 dau⁴⁵
碾~米 qə³³die³³
筛~米 qə³¹nen³¹

十五　工商业

货 duɯ⁴⁵gu³³
价钱 vu³¹quɯ⁴⁵
生意 tshen³¹dʑuŋ³³
债务 dʐʅ⁴⁵
借钱 vu³¹qɛ³¹bia⁴⁵dzen³¹
还债 khaŋ³³dʐʅ⁴⁵
赊~账 qə³¹zu³¹
交~钱 ɬa³¹
利息 jau⁴⁵la⁴⁵
税 dʐau³³
买~菜 tsei³¹
卖~菜 vei³¹
赔偿 khaŋ³³
银圆 bia⁴⁵dzen³¹phlɯ⁴⁵
银子 phlɯ⁴⁵
铜钱 thuŋ³¹tɕhin³¹
铁丝 juŋ³¹ʔiaŋ³³
秤杆 kan³³kan³³kai⁴⁵
秤纽 kai⁴⁵sa⁴⁵
秤砣 duɯ⁴⁵gu³³a⁴⁵ə³³nan³³kai⁴⁵
秤星 qə³¹tɯ³¹kai⁴⁵

十六　文化、娱乐

教~书 qə³¹tsʅ³¹
考~学校 khau³³
黑板 bia⁴⁵tin³¹tse⁴⁵luŋ³³

字 vu³¹tu³¹su³¹
书本 su³¹
笔 pi³¹
糨糊 waŋ³³luŋ³³
公章 dʐau³³qə³³ze³³ 印
私章 dʐau³³qə³³ze³³
风俗 qə³³luan³³
歌 ji³¹
山歌 ji³¹
鼓 ku³³
铜鼓 gen³¹ku³³
锣 lo³¹
钹 kuan⁴⁵kuan⁴⁵tsha³¹
芦笙 lu³¹su³³
唢呐 le³¹le³¹
喇叭 la³³pa³³
箫 le³¹le³¹quɯ⁴⁵
哨子 dʐau³³jin³¹tɕi³³
球 tɕhiu³¹
陀螺 te³¹lo³³
相片 ɯ³³ɯ³³ə³¹tshu⁴⁵
对联 tui⁴⁵lin³¹
棋盘 tɕhi³¹phan³¹
棋子 tɕhi³¹
谜语 mi⁴⁵mi⁴⁵
打~球 ʔlɯ⁴⁵
踢~球 tu⁴⁵tu³³
弹~琴 than³¹
跳~舞 qə³³dʐuɯ³³
贴~标语 qə³¹pi⁴⁵
投~球 qə³³sen³³
写 lo³¹zo³¹

学 qə³¹khau⁴⁵
　　khau³¹khau⁴⁵
游泳 wa³³ɯ³³
蘸~墨水 pin³¹
传说名词 ɬe⁴⁵do³¹qə³¹tsei³¹di³³duŋ³¹
国家 kue³¹tɕia³³
省 qə³¹die⁴⁵
场集墟 khai⁴⁵

十七　动作、行为

竖~起来 qə³¹dzɿ³¹
开水~了 qə³¹lɯ⁴⁵
褪~色 dzen³¹
靠拢 khau⁴⁵
着~火了 n̥ei⁴⁵
　　ʔiau⁴⁵
冒~烟 dau⁴⁵
破~篾 plɯ⁴⁵
漂~在水面上 phiau³³
浮~在水上 phiau³³
鼓~起肚子 ku³³
盘把辫子~在头上 qə³³le³³
焙把谷子~干 da³¹gau³³炕干
接把两根绳子~起来 qə³¹tsa⁴⁵
放把鸟~了 lua³¹
摆桌上~着许多东西 tsaŋ³¹
封把信~好 fuŋ³³
翻把衣服~过来穿 qə³¹lɯ³¹
漏房子~雨 lɯ³¹xɯ⁴⁵
把给婴儿~屎 qə³¹zu³¹
跟孩子~着妈妈 ŋe⁴⁵lan³¹
飘红旗~ phiau³³

晒人~太阳 sai⁴⁵
散人都~了 pi³¹pi³¹
崩山~了 ɬa⁴⁵
缠蛇~树 qə³³le³³
蜕蛇~皮 dze³¹
下太阳~山 to⁴⁵
砸碗~破了 ʔiau³¹扔
叮蚊子~人 tsaŋ³³
用我~铅笔 lai³³
闹小孩~ qə³¹duŋ³¹
游鸭子在河里~ wa³³
夹腋下~着一本书 tɕia³¹
砸用锤~石头 ʔlɯ⁴⁵
照用灯~ tsau³³
剜用尖刀~ kei³¹kei⁴⁵
　　ə³¹kei⁴⁵
撑用木头~住 tsɿ³³
按用手~住 qə³³nan³³
捧用手~起来 phuŋ³³
冲用水~ tshuŋ⁴⁵
兜用衣服~着 qə³¹tau⁴⁵
钻用钻子~洞 tsuan⁴⁵
拱猪~土 qə³³bai³³
塞~老鼠洞 n̥i⁴⁵
开走~ ai³³
挨~打 ʔiau⁴⁵
　　n̥ei⁴⁵
　　dzaŋ³³
挨~近 ə³¹pa³¹
安~抽水机 ə³¹tsuŋ⁴⁵
熬~粥 ə³¹ve⁴⁵
拔~火罐 juŋ⁴⁵

bau⁴⁵

dzɿ⁴⁵

霸占 dzu³³

摆~动 lə³¹wei⁴⁵

　　lə³¹ɯ⁴⁵

搬~凳子 gen³¹

搬~家 bei³¹

拌~农药 qə³¹lau⁴⁵

帮助 paŋ³³

绑 qə³¹sen⁴⁵

　　qə³³paŋ³³

包~药 qə³¹tau⁴⁵

背~诗 pei⁴⁵

逼~他交出来 pi³¹

编~辫子 pin⁴⁵

编~篮子 sen³¹

变 phle⁴⁵

剥~牛皮 dze³¹

剥~甘蔗皮 vu³¹ʔla⁴⁵

　　qə³¹ʔla⁴⁵

剥~红薯皮 vu³¹ʔla⁴⁵

　　qə³¹ʔla⁴⁵

补~锅 ɬu³¹

补~衣服 ɬu³¹

缺~了一大块 qhɛ⁴⁵

缺~了一小口子 qhɛ⁴⁵

裁~纸 zaŋ³³

　　tshai⁴⁵

查~账 ə³¹ɬɯ⁴⁵

尝~味道 sɿ⁴⁵

炒~菜 ɬɯ³¹

车~水 qaŋ³¹qaŋ³¹

沉 to⁴⁵

冲~在前边 tshuŋ⁴⁵

舂~米 tan³³

抽~出刀来 juŋ⁴⁵

出~汗 do³¹

　　dau⁴⁵

锄~草 ɕie³³

穿~鞋 n̥uŋ³³

穿~针 tshuan³³

吹~喇叭 fe⁴⁵

捶~衣服 ʔlɯ⁴⁵

凑~钱买书 tɯ⁴⁵

搓~绳子 qə³¹plaŋ³¹

搭~车 ta³¹

搭~棚子 ta³¹

箍~木桶 khu³³

打~枪 ʔlɯ⁴⁵

打~人 ʔlɯ⁴⁵

打扮 qə³³tsau³³

打倒 ʔlɯ⁴⁵du⁴⁵

打赌 tu³³

打仗 ʔlɯ⁴⁵dzɿ⁴⁵

带~孩子 xuŋ³³

带~领红军 xuŋ³³

带~路 xuŋ³³

带~钱 ɬa³¹

待~一会儿 qau³³

戴~帽子 ə³¹qo³¹

　　qo³¹qo³¹

戴~手镯 lai³³

戴~项圈 lai³³

弹棉花 than³¹

当~兵 ka³¹guɯ³¹
挡~风 qə³¹the⁴⁵
倒~过来 wan³¹
到~了家 ta³¹
等~人 luɯ³¹xuɯ³¹
低~头 ȵiu³¹kɯ⁴⁵
垫~桌子 tsɿ³³
叼~烟卷儿 tɕhiau⁴⁵
吊~在梁上 qə³¹zu³¹
钓~鱼 qə³¹zu³¹
跌倒 du⁴⁵
叠~被子 vu³¹te⁴⁵
钉~钉子 tin⁴⁵
动 lə³¹buŋ³¹
动身 lə³¹buŋ³¹
震动 lə³¹buŋ³¹
读~书 du³³
堵~漏洞 ȵi⁴⁵
赌~钱 qə³³ȵiaŋ³³
渡~河 ə³¹gei³¹
　　gei³¹gei³¹
断~气 qen⁴⁵
断线~了 qen⁴⁵
断棍子~了 tuŋ³³
堆~稻草 vu³¹lo⁴⁵
对~笔迹 qə³¹dza⁴⁵
炖~鸡 qə³¹ve⁴⁵
　　qə³¹lue⁴⁵
夺 qə³¹die⁴⁵
跺~脚 qə³¹tu⁴⁵
　　tu³¹tu⁴⁵
发~信 fa³¹

发芽 jau⁴⁵au⁴⁵
罚款 fa³¹khuan³³
翻~身 lə³¹phau⁴⁵
防~野猪 tsau³³fu³³tau³³
放~手 lua³¹
放~田水 lua³¹把鸟放了
放~盐 tsaŋ³¹
飞 qə³¹phau⁴⁵
分~粮食 fei³¹
缝~衣服 kaŋ³³
敷~药 qə³¹pi⁴⁵
伏~在桌子上 phu³¹
扶~起来 qə³¹tha⁴⁵
　　tha³¹tha⁴⁵
扶~着栏杆走 qə³¹tha⁴⁵
　　tha³¹tha⁴⁵
赶~鸟 qə³³die³³
搁~在桌子上 tsaŋ³¹
割~肉 zaŋ³³
给~钱 na⁴⁵
　　fei³¹
钩 kəu³³
刮~掉毛 kua³¹
挂~在墙上 kua⁴⁵
关~门 thuŋ³¹
关~牛 thuŋ³¹
灌~水 kuan⁴⁵
跪 qə³¹dzu⁴⁵
滚 qə³³lan³³
过~河 ə³¹gei³¹
　　gei³¹gei³¹ 经过
过~桥 pi³¹

还~钢笔 khaŋ³³
还~账 khaŋ³³
喊~人开会 ʔlai³³
焊~管子 qə³¹tsa⁴⁵
　　xan⁴⁵
和~泥 qə³¹lau⁴⁵
　　qə³¹ne⁴⁵
烘~衣服 da³¹gau³³
哄~骗 ga³¹fe⁴⁵
划~船 xua³¹
画~图 xua⁴⁵
换~东西 tso³³
回~家 do³¹
回~头 wan³¹
回去 wan³¹vu³³
挤~过去 dza³¹
挤~奶 vu³¹tsei⁴⁵
加 qə³³liaŋ³³
　　liaŋ³³liaŋ³³
酿酒 luŋ³¹uŋ⁴⁵plɯ³¹
剪 tshai⁴⁵
浇~水 sa⁴⁵
搅 qə³¹lau⁴⁵ 搅液体
　　qə³¹ne⁴⁵
揭~锅盖 vu³¹xa³¹
盖~被子 qə³¹thuŋ³¹
解~疙瘩 ke⁴⁵
解~衣扣 ke⁴⁵
借~钢笔写字 vu³¹qɛ³¹
借~钱 vu³¹qɛ³¹
进~屋 do³¹
敬~酒 dzin⁴⁵

揪~住 tɕia³³
　　n̠uŋ⁴⁵
卷~布 qə³³le³³
掘~树根 ə³¹ken⁴⁵
　　ken³¹ken⁴⁵
　　ɕie³³
开~车 vu³¹xa³¹
开~门 vu³¹xa³¹
揩 qə³¹ɕie⁴⁵
　　ɕie³¹ɕie⁴⁵
看见 qa³¹ŋei⁴⁵
　　qə³¹m̠an³¹ŋei⁴⁵
烤~干衣服 da³¹gau³³
烤~火 so³¹
靠~墙 khau⁴⁵
磕~头 qə³¹dzu⁴⁵
刻用刀~ khe³¹
啃~骨头 qə³³zaŋ³³
抠用手指挖 kai³³kai³³
　　khəu³³
跨~一步 qhen³¹
拉~犁 ə³¹qaŋ³¹
　　qaŋ³¹qaŋ³¹ 向前拉
拉~绳子 ə³¹qaŋ³¹
　　qaŋ³¹qaŋ³¹ 拉长
来 do³¹
拦~住 qə³¹the⁴⁵
粘~住了 qə³¹n̠ia³¹ 粘
勒~死 qə³¹sei⁴⁵
离开 fei³¹ko⁴⁵
量~布 qə³¹dza⁴⁵
晾~衣服 laŋ⁴⁵

留~饭 ɬe⁴⁵
流~水 qə³¹ɬei³¹
搂~在怀里 ə³¹qɛ⁴⁵
落~下来 to⁴⁵
买~鱼 tsei³¹
眯~眼 e⁴⁵tsɿ³³bu³³vu³¹tɯ³¹
瞄~准 qə³¹dza⁴⁵
抿~着嘴笑 e⁴⁵vu³¹tsei⁴⁵
摸~东西 qə³¹li³¹
摸~鱼 qə³¹li³¹
摸瞎~ qə³¹n̥ia⁴⁵qə³¹li³¹
磨~刀 zɯ³¹
磨~面 qə³³zan³³
拈~一块糖 tɕia³³
捏~手 vu³¹tsei⁴⁵
沤~烂了 luŋ³¹uŋ⁴⁵
爬~山 qə³¹nɯ³¹
爬~树 qə³¹nɯ³¹
拍~桌子 ple⁴⁵
排~队 lo⁴⁵tsɿ³¹
刨~光一点 thui³³
泡~茶 n̥aŋ³³
泡~衣服 n̥aŋ³³
陪~客人 da³¹tshu³³
喷~水 phei⁴⁵
碰~桌子 tsuaŋ⁴⁵
披~衣 phei³³
劈~柴 plɯ⁴⁵
漂~布 phiau⁴⁵
泼~水 sa⁴⁵
破~肚子 phia⁴⁵
铺~被子 khu³¹

骑~马 qə³³n̥uŋ³³
起来 lo⁴⁵do³¹
　　　 lo⁴⁵
牵~牛 ə³¹qaŋ³¹
　　　 qaŋ³¹qaŋ³¹
前进 vu³³n̥iu⁴⁵qɯ³¹
抢 qə³¹die⁴⁵
敲~门 tu³¹tu⁴⁵
切~菜 tshu⁴⁵
亲~小孩 qə³¹tsɿ⁴⁵
取~款 vu³¹lo⁴⁵
去 vu³³
劝 dzin⁴⁵
染~布 xaŋ³³
绕~弯儿 zau⁴⁵
热~一下再吃 qə³¹den³¹
洒~水 sa⁴⁵
杀~人 luan³¹
　　　 vu³³daŋ³³
　　　 qə³³sen³³
晒衣服 sai⁴⁵
扇~风 san³³
骟~牛 san⁴⁵
上~楼 qə³¹nɯ³¹
烧~茶 plan³³ 烧火
烧~山 plan³³
射~箭 se⁴⁵
伸~懒腰 vu³¹ja⁴⁵
生~疮 jau⁴⁵
收~信 qə³¹sɯ³¹
收拾~房子 qə³¹wei³¹
数~数目 du³³

漱~口 qə³¹ʔia⁴⁵
甩~手榴弹 ʔiau³¹
闩~门 ɕiau⁴⁵
睡着 ŋu⁴⁵n̩ei⁴⁵
松土 phau³³
送~你一支笔 fei³¹
送~他回去 xuŋ³³
搜~山 pɯ³¹pɯ³¹
锁~箱子 so³³
　　khəu⁴⁵
塌~下去 li³¹
踏~上一只脚 n̩a³¹
淌~眼泪 qə³¹ɬei³¹
躺~在床上 ə³¹ja⁴⁵ə³³ɕie⁴⁵ɬuŋ³³ 伸腰
掏~出来 za⁴⁵
淘~米 qə³¹ʔia⁴⁵
套~上一件衣服 thau⁴⁵
剃~头 qə³³zan³³
填~坑 thin³¹
停 ji³¹
通 qə³¹duŋ³¹
偷 lan³³
涂~油 xaŋ³³
退 dzen³¹
吞 qə³¹li³¹
拖~木头 ə³¹qaŋ³¹
　　qaŋ³¹qaŋ³¹
　　tho³³
脱~鞋 ke⁴⁵
脱落 to⁴⁵ 树叶落
挖~地 ə³¹ken⁴⁵
　　ken³¹ken⁴⁵

煨~红薯 luŋ³¹uŋ⁴⁵
围~敌人 qə³¹the⁴⁵
问 qə³³plai³³
握~手 qə³¹tsei⁴⁵
抓住 tɕia³³
捂~着嘴 muŋ³¹
熄~灯 die⁴⁵
洗~碗 qə³¹ʔia⁴⁵
洗~手 qə³¹ʔia⁴⁵
洗~伤口 qə³¹ʔia⁴⁵
漂洗 phiau⁴⁵
下~楼 lə³³jau³³
吓唬 qə³³dau³³
掀~开帘子 qə³³dzi³³
陷~下去 li³¹
醒 lui³¹
笑 qə³¹sɯ³¹
微笑 n̩i⁴⁵qə³¹sɯ³¹
修~机器 ɯ⁴⁵
修~路 ɯ⁴⁵
绣~花 da³¹
淹~死 ŋan³³
养~鱼 du³¹
摇~木桩 qə³³n̩iaŋ³³
摇~头 qə³³n̩iaŋ³³
摇摇晃晃 qə³³n̩u³³qə³³n̩iaŋ³³
移 gen³¹
栽~树 taŋ³³ 种菜
攒~钱 tshen³¹
糟蹋~粮食 phau³³sa³¹
凿 qə³³taŋ³³
扎用针~ duŋ⁴⁵

扎~猛子 ta³³mi⁴⁵thɯ³¹
轧~棉花 qə³³nan³³
炸~开石头 puŋ⁴⁵
榨~油 qə³³nan³³
摘~下帽子 dze³¹ 摘叶子
招~手 lə³¹wei⁴⁵
找~零钱 dzen³¹
照~镜子 tsau⁴⁵
争~地盘 qə³¹die⁴⁵
织~布 sen³¹
指~方向 qə³¹tsɿ³¹
拄~拐棍 tshu³³
转~动 qə³³lue³³
转~身 wan³¹
装~粮食 die⁴⁵
捉~鸡 ɲuŋ⁴⁵
挖~洞 ə³¹ken⁴⁵
灭火~了 die⁴⁵
燃火~了 tɕhi³¹
啄鸡~米 ə³¹tɕi⁴⁵
扑老虎~羊 tshei³³
钻老鼠~洞 qə³¹mle⁴⁵
驮马~货 tho³¹
蜇马蜂~人 tin⁴⁵
接你扔，我~ qə³¹tɯ³¹
蹭牛在树上~ qə³¹tshuŋ⁴⁵
倒墙~了 zuŋ⁴⁵
熏烟~眼 tɕhiu³³
呛辣椒味儿~鼻子 tɕhiaŋ⁴⁵
扭脚~了 lə³¹sɿ³¹
嗑~瓜子 qə³³taŋ³³
吹~口哨 fe⁴⁵

打嗝 da³¹ʔlau³¹
避~雨 qə³¹pi³¹
戒~烟 ke⁴⁵
叉~腰 tshei⁴⁵
抚摸~孩子的头 qə³¹li³¹
甩把蔬菜上的水~掉 ʔiau³¹
消肿~了 jaŋ³³
上来 do³¹o³³
下去 vu³³dʑio³³
气别~我 aŋ³¹qhaŋ³³
该不~讲 jin⁴⁵kai³³
松放~ suŋ³³
想我~进城 dʑau³¹
要我~去北京 ɯ⁴⁵
传一代~一代 ɬe⁴⁵
爱~她 dʑau³¹
败 sei³¹ʔlei⁴⁵
    ʔlei³³
悲哀 aŋ³¹qhaŋ³³
迸~出来了 dza³¹
比 qə³¹dza⁴⁵
馋~嘴 dɯ⁴⁵
催~促 qə³³die³³
代替 thi⁴⁵
耽误 taŋ³³ko³¹
当然~可以 dzɯ³³ŋɯ⁴⁵
    taŋ³³zan³¹
得到 pɯ⁴⁵
懂~事 sɯ³¹
犯~法 ja⁴⁵
放~心 lua³¹
分~家 fei³¹

分开 fei³¹ko⁴⁵
改 ke⁴⁵
估计 ŋaŋ³³
　　dzu³³
怪~他 kuai⁴⁵
管~事情 qə³¹tha⁴⁵
恨 qen³¹
回忆 dɯ³¹
会~客 tan³³
会~来 ʔluŋ³¹
继续 qə³¹tsa⁴⁵tau³³
减 khe⁴⁵khe³³
禁止 ma³³na⁴⁵da³¹wo³³
救~命 tɕiu⁴⁵
开~会 vu³¹xa³¹
开始 khai³³sʅ³³
赖~我 qə³³dʑi³³
理睬 mu⁴⁵
蒙~住 wuŋ³³
　　laŋ³³
明白~你的意思 sɯ³¹
　　dzu⁴⁵
能~做 tshuŋ³¹
弄~坏了 da³¹
派~人 qə³³die³³
拼~命 phin⁴⁵
请 dʑin⁴⁵
求~人帮忙 tɕhiu³¹
让~我去 na⁴⁵
认~字 sɯ³¹
认得 sɯ³¹
赏~给他一些东西 ɬa³¹

舍~不得 mlan³³
省~钱 qə³¹ɲi⁴⁵
剩~下 ji³¹
试试 sʅ⁴⁵
算~账 du³³
缩~小 so³¹
讨饭 gɯ⁴⁵mau³³
挑拨 qə³¹dzuŋ⁴⁵
听见 ȵuŋ⁴⁵xuŋ³¹ŋei⁴⁵
托~人办事 dʑin⁴⁵
望 qə³¹ɬɯ⁴⁵
希望 dɯ³¹
信相~ dzei³³
要~下雨了 ɯ⁴⁵
隐瞒 qə³³suŋ³³
　　qə³¹pi³¹
迎接 qə³¹tɯ³¹
赢 qə³¹ȵiu³¹
遇见 tan³³ko⁴⁵
约~时间 jo³¹
允许 na⁴⁵给
长~大 jau⁴⁵
值得 qɯ⁴⁵
住~在哪儿 qau³³
准备 tsui³³pi⁴⁵
做~事情 da³¹
反悔 lə³¹phau⁴⁵ɬei³³
敢 ken³¹
辩论 ɕin³¹ko⁴⁵
隔~一条河 ke³¹
答应 da³¹au³¹
哼呻吟 dzan³³

第四章　分类词表

143

吼 lo³¹xo⁴⁵
唤~狗 ga³¹fe⁴⁵
唠叨 qə³¹lai⁴⁵
回声 qə³³zaŋ³³
笑话 duŋ³¹a⁴⁵qə³¹sɯ³¹
谎话 duŋ³¹pau³¹au⁴⁵
道理 qə³³luan³³

十八 性质、状态

秃光头 tei³¹ʔlei⁴⁵luŋ³³zuŋ³³
凹 li³¹
凸 ku³³
美风景~ jau⁴⁵qə³¹plei⁴⁵
　　　jau⁴⁵qə³¹tsei⁴⁵
　　　jau⁴⁵gi³³
漂亮形容男性 jau⁴⁵qə³¹plei⁴⁵
　　　jau⁴⁵qə³¹tsei⁴⁵
　　　jau⁴⁵gi³³
正不歪 tsen⁴⁵
反 lə³¹phau⁴⁵
偏 wai³³
斜 lə³¹sɿ³¹
横 ŋu⁴⁵
壮 qə³³dɯ³³
强 qə³³dɯ³³
弱 gau³³
粘 qə³¹n̩ia³¹
僵冻~了 ə³³ke³³
烫~手 thaŋ⁴⁵
胀肚子~ tsaŋ⁴⁵
涩 se³¹
生瓜~的 qə³¹die⁴⁵

生~肉 qə³¹die⁴⁵
生~面人 qə³¹die⁴⁵
夹生~饭 tɕia³¹sen³³
熟~饭 xuŋ⁴⁵
熟~肉 xuŋ⁴⁵
熟果子~了 xuŋ⁴⁵
熟~人 xuŋ⁴⁵
老菜~ ʔiu³³
肥地~ qə³³dɯ³³
瘦地~ gau³³
干河水~了 kɯ⁴⁵
干枯树木~了 kɯ⁴⁵
蔫晒~了 gau³³
粗糙米很~ qə³¹sa⁴⁵
粗糙桌面很~ qə³¹jiu³¹
粗布很~ qə³¹jiu³¹
细~小 pe³¹pe⁴⁵
细面粉很~ qə³¹ʔi³¹
稀布织得很~ qə³¹zɯ³¹
密布织得很~ ə³¹ŋe⁴⁵
土~布 lia⁴⁵
新鲜 mi³¹
活 pɯ³³
麻手发~ lə³¹mlaŋ⁴⁵
木脚~了 mu³¹
松~软 phau³³
暗 qə³¹lan³¹
明亮 tsa³¹tsa⁴⁵lui⁴⁵
清楚 tɕhin³³tshu³³
模糊 mo³³fu³¹
花~衣服 la³¹za³¹le³³ze³³
嫩菜很~ qə³¹ʔi³¹

饥饿 qə³³tsɯ³³
　　guŋ³³vu³¹nɯ³¹tin³¹
饱 tsʅ⁴⁵
脆形容词 tshui⁴⁵
浓~茶 ʔluŋ³¹
淡~茶 tan⁴⁵
臊 mu⁴⁵dza⁴⁵
膻羊~ mu⁴⁵χen³¹
够 liau⁴⁵
破竹竿~了 plɯ⁴⁵
　　tsa⁴⁵
霉衣服~ qə³¹mei⁴⁵ŋei³¹
糟衣服太旧而变得不结实了 ɕiu³³
腐朽 zɯ⁴⁵
困倦 liau⁴⁵
空箱子是~的 fei³¹
空手 min³¹fei³¹
空心树~了 khuŋ³³
糠心萝卜~了 khuŋ³³
满 tɕi⁴⁵
闷烦~ mei⁴⁵
绵 lua³¹lua⁴⁵
齐 dʑi³¹
　　dʑi³¹dʑi³¹
乱东西~ phe³³le³³phe³¹le⁴⁵
乱头发~ qə³³tsu³³a⁴⁵
顺 qə³¹ple⁴⁵qə³¹pla⁴⁵
滑~溜 qə³¹li⁴⁵
慌 dau³³
真 du³³ŋɯ⁴⁵
　　dzɯ³³ŋɯ⁴⁵
假 zuŋ³³

输 sei³¹ʔlei⁴⁵
褶衣服~ qə³¹tsu³¹
醉~酒 tsʅ⁴⁵
合衣服~身 kaŋ³³
好吃 xau³³ka³¹
好看 xau³³qə³¹ɬɯ⁴⁵
好听 xau³³n̠uŋ⁴⁵xuŋ³¹
好闻 xau³³mu⁴⁵
难吃 ma³³xau³³ka³¹wo³³
难看 ma³³xau³³ə³¹ɬɯ⁴⁵wo³³
难听 ma³³xau³³n̠uŋ⁴⁵xuŋ³¹wo³³
难闻 ma³³xau³³mu⁴⁵wo³³
灵验 kaŋ³³
响 luŋ³¹juŋ³¹
安静 qə³¹ze⁴⁵
平安 aŋ³³nuŋ³¹wo³³
太平 aŋ³³nuŋ³¹wo³³
平等 tsʅ³³tsaŋ³³
幸福 gi³³
像~他哥哥 kaŋ³³
成做~了 dzu⁴⁵
尽好话说~ gɯ⁴⁵
紧急 kai³¹kai⁴⁵
经验 tɕin³³n̠in⁴⁵
可怜 qə³³ze³³ɬei³³
可怕 vu³¹lɯ³¹
可惜 kho³³ɕi³¹
亲热 gi³³
忍耐 ŋei³³tau³³
痛苦 dei³¹ɬei³³qhaŋ³³
痛快 qə³¹plei⁴⁵
　　xau³³qau³³

第四章　分类词表

145

危险 wei³¹ɕin³³

辛苦 liau⁴⁵lia⁴⁵

快~来，动词词干（A）后表示催促、加快的后缀，形成AB式结构。ko³³

干脆~回答，动词词干（A）后表示动作迅速完成、干脆利落的后缀，形成AB式结构。kan³³tshui⁴⁵

胡乱地~写，动词词干（A）后表示动作胡乱进行、不守规矩的后缀，形成ABBCC式结构。ȵia³³ȵia⁴⁵

随便地~洗，动词词干（A）后表示随便地完成某一动作行为的后缀，形成ABAC式结构。ȵia³³ȵia⁴⁵

蠢 dzuŋ³³

聪明 au⁴⁵lɯ³¹bɯ³¹

恶 qə³¹phei⁴⁵

凶恶 qə³¹phei⁴⁵

和气 kaŋ³³ɬei³³

狠毒 qə³³lan³³

糊涂 dzuŋ³³

机灵 ə³¹qɯ³¹

急 maŋ³¹

狡猾 ə³¹qɯ³¹ə³¹qɛ⁴⁵

贪心 lə³¹qhen³¹

客气 qə³¹zau⁴⁵χen³¹

啰唆 tshau³³vei³¹tshau³³au⁴⁵

马虎 ma³³fu³³

细心 ko⁴⁵ɕi⁴⁵

能干 tshuŋ³¹da³¹

勇敢 ma³³vu³¹lɯ³¹plan³¹wo³³

公正 ma³³qə³³phai³³plɯ⁴⁵nan³³wo³³

节俭 tɕie³¹jo³¹

努力 gi⁴⁵gi³³ə³¹da³¹

巧 tɕhiau³³

淘气 ə³¹len⁴⁵

习惯 ɕi³¹kuan⁴⁵

有名 quŋ³³χen³¹

脾气 phi³¹wei⁴⁵

胆量 ɬei³³sen³³

古怪 ku³³kuai⁴⁵

十九　数量

十一 tshei³³tsʅ³³

十二 tshei³³sɯ³¹

十三 tshei³³ta³¹

十四 tshei³³pu³¹

十五 tshei³³mlɯ³¹

十六 tshei³³tɕhiu³¹

十七 tshei³³χen³¹

十八 tshei³³χe³¹

十九 tshei³³kɯ³¹

四十 pu³¹tshei⁴⁵

五十 mlɯ³¹tshei⁴⁵

六十 tɕhiu³¹tshei⁴⁵

七十 χen³¹tshei⁴⁵

八十 χe³¹tshei⁴⁵

九十 kɯ³¹tshei⁴⁵

千 ŋan³³

万 ʔia⁴⁵

亿 ji⁴⁵

零 qə³¹tuŋ³¹qɛ³¹

　lin³¹

一百零一 tsʅ³³ɬiu⁴⁵lin³¹tsʅ³³

三千零五十 ta³¹ŋan³³lin³¹mlɯ³¹tshei⁴⁵

第二 ti⁴⁵ɚ⁴⁵

第三 ti⁴⁵san³³

第十 ti⁴⁵sʅ³¹

第十一 ti⁴⁵sʅ³¹ji³¹

甲 天干第一 tɕia³¹

乙 天干第二 ji³¹

丙 天干第三 pin³³

丁 天干第四 tin³³

戊 天干第五 vu⁴⁵

己 天干第六 tɕi³³

庚 天干第七 ken³³

辛 天干第八 ɕin³³

壬 天干第九 zen³¹

癸 天干第十 kui⁴⁵

以上十个～ vu³³qə³³zuŋ³³

以下十个～ do³¹qə³¹tsei³¹

第末 pan⁴⁵lan³³

单 不成双 tan³³

双 成～成对 qɛ⁴⁵

大半 ～个 tsʅ³³bu³³a⁴⁵le³¹

半斤 tsʅ³³bu³³kai⁴⁵

个 一～鸡蛋 dʑau³³

位 一～客 kan³³

只 一～鸟 sa⁴⁵

　　saŋ³³ 用于计数

把 一～韭菜 m̥e⁴⁵

把 一～米 m̥e⁴⁵

把 一～扫帚 ma³³

包 一～东西 qaŋ³³

秤 一～花生 tshei³³kai⁴⁵

串 一～辣椒 ze³³

代 一～人 tshai⁴⁵

担 一～行李 wa³¹

滴 一～油 dʑau³³

点 一～钟 dʑau³³

苑 一～禾 plaŋ³³

　　plo³³

段 一～路 tsa³¹

堆 一～粪 ɯ³³

对 一～兔子 qɛ⁴⁵

封 一～信 fuŋ³³

根 一～扁担 dɯ⁴⁵

行 一～麦子 ze³³

盒 一～药 qaŋ³³

间 一～房 qhɛ³¹

件 一～上衣 tha⁴⁵

丈 一～ dzau⁴⁵

尺 一～ ʔiu³³

寸 一～ qə³¹tɯ³¹

分 一～钱 fan³¹

庹 成人两臂左右平伸时两臂之间的距离 plei⁴⁵

拃 张开的大拇指和中指（或小指）两端间的距离 ka⁴⁵

里 一～ tɕia⁴⁵

斤 一～酒 kai⁴⁵

两 一～酒 luŋ⁴⁵

钱 一～银子 tshan³¹

句 一～话 xei⁴⁵

张 一～纸 dʑi³¹

片 一～树叶 dʑi³¹

块 一～地 dan³³

块 一～石头 bia⁴⁵

面 一～旗 ma³³

年 一～ plei³¹

岁 一～ plei³¹

天 一～ wuŋ³¹

夜 一～ wei³¹

群 一～羊 biau³¹

筒一~米 dɯ³¹

升一~米 sen³¹

斗一~米 təu⁴⁵

石一~谷子 wa³¹

桶一~水 blaŋ³¹

碗一~饭 san³³

瓶一~酒 tsan³³

个个 指人 dʑi³¹kan³¹

天天 dzuŋ⁴⁵dzuŋ³¹wuŋ³¹

本一~书 phai⁴⁵

层一~楼 ɬia⁴⁵

盏一~灯 ma³³

泡一~尿 blaŋ³³

样一~东西 tsaŋ³³

遍 说一~ ŋa⁴⁵

回 来一~ ŋa⁴⁵

次 去一~ ŋa⁴⁵

脚踢一~ ko⁴⁵

口咬一~ tso⁴⁵

二十　代词

我俩 ti³³to³¹sɯ³¹kan³¹

你俩 mɯ³¹sɯ³¹kan³¹

他俩 mi⁴⁵sɯ³¹kan³¹

它 代称植物或无生命物件 mi⁴⁵

这 n̠i⁴⁵

这边 plɯ⁴⁵n̠i⁴⁵

这些 ma³³xɯ³¹n̠i⁴⁵

　　　tsɯ³³xɯ³¹n̠i⁴⁵

那 较远指 a³¹bɯ⁴⁵

那 最远指 a⁴⁵pai⁴⁵ai³³bɯ⁴⁵

那边 plɯ⁴⁵bɯ⁴⁵

那些 ma³³xɯ³¹bɯ⁴⁵

　　　tsɯ³³xɯ³¹bɯ⁴⁵

二十一　副词

常常 他~来 da³¹wuŋ³¹

大概 ~是这样 ta⁴⁵khai⁴⁵

到底 ~是怎么回事 tau⁴⁵ti³³

的确 ~冷 dɯ³³ŋɯ⁴⁵

　　　dzɯ³³ŋɯ⁴⁵

赶快 ~去 ko³³tsʅ³³

　　　ka³³tsʅ³³

必须 pi³¹ɕi³³

根本 ~不对 ken³³pen³³

光 ~说不行 tsʅ³³

还 ~有很多 xaŋ⁴⁵aŋ³¹

好像 ~是他 sei⁴⁵sei³¹

忽然 ~来了一个人 tsʅ³³thɯ³¹tsʅ³³

轮流 tsuan⁴⁵

马上 ~走 ma³³saŋ⁴⁵

慢慢 ~说 dze³¹dze⁴⁵

亲自 ~去 tɕhin³³tsʅ⁴⁵

全 ~是我们的 tɕhin³¹

太 ~大 thai⁴⁵

一……就…… ~看~懂 ji³³...tɯ⁴⁵

一定 ~去 ji³¹tin³³

已经 ~晚了 ji³³tɕin³³

永远 ~是这样 juŋ³³jin³³

原来 ~是你 jin³¹lai³¹

越……越…… ~走~远 ji³¹...ji³¹... 越来越多，借词

真 ~好 dɯ³³ŋɯ⁴⁵

　　　dzɯ³³ŋɯ⁴⁵

先 你~走 ɕin³³

二十二　介词、连词

或者 三天~四天 xue³¹tse³³
把 ~猪卖了 ɬa³¹
　　 pa³³
被 ~同志们挡住了 ʔiau⁴⁵
　　 n̥ei⁴⁵
　　 dzaŋ³³
比 ~月亮大 fan³³
朝 ~南开 tshau³¹
从……到…… ~去年~现在
　　 tshuŋ³¹...ta³¹
给 ~他写信 na³¹
同 ~他去 qə³³liaŋ³³
为了 ~祖国 wei⁴⁵liau³³
向 ~上爬 tshau³¹
沿 ~河走 kan³³tau³³
因为……所以…… jin³³wei⁴⁵...so³³ji³³...
在 a³¹
趁 ~热吃 tshu⁴⁵
归 ~你管 suan⁴⁵
由 ~我负责 au³¹

第三节

其他词

一 天文

瓢泼大雨 man³¹dzuŋ³¹man³¹ŋaŋ³³

日出 la⁴⁵ʔlu³¹do³¹
　　lə³³vu³³dau⁴⁵

日落 lə³³vu³³to⁴⁵den³¹
　　la⁴⁵ʔlu³¹to⁴⁵baŋ³¹

雾沉沉 mei⁴⁵tu³¹mei⁴⁵kaŋ³³

小雨 pe⁴⁵man³¹

大雨 ma³³man³¹

雷击 lui³¹lui³¹ple⁴⁵

二 地理

大路 ma³³ə³¹ʔlan³¹

天涯海角 ko⁴⁵lui³¹ko⁴⁵thau³³

田口〜水田进出水口 vu³¹tso⁴⁵baŋ³³

铁路 qə³¹ʔlan³¹ʔiaŋ³³

公路 ma³³ji³³qə³¹ʔlan³¹

山坳口 ga³¹qɛ⁴⁵

山弄〜群山中的平地 lu⁴⁵den⁴⁵

坑 xaŋ³³xaŋ³³

牛滚塘 mlaŋ³¹mlaŋ³¹ɯ³³

山脊 dɯ⁴⁵tsei³¹

树荫 ŋe⁴⁵laŋ³³

三 时间

初六 wuŋ³¹tɕhiu³¹

初七 wuŋ³¹χen³¹

初八 wuŋ³¹χe³¹

初九 wuŋ³¹kɯ³¹

大后天的后一天 wan⁴⁵ȵi⁴⁵

大前天的前一天 a⁴⁵thuŋ³¹ʔlu⁴⁵wuŋ³¹

大后年 a⁴⁵plei³¹ʔlu⁴⁵lan³¹

大前年 tshei³¹ʔlu⁴⁵qɯ³¹

春节 ka³¹χen³¹

闰年 zui⁴⁵plei³¹

闰月 zui⁴⁵vu³¹dʑi³¹

近来〜雨多 sa³¹wuŋ³¹ȵi⁴⁵

立刻 li³¹ma³³

刚才 than³³an³³
破晓 lui³¹mau⁴⁵mau⁴⁵thin³¹
深更半夜 tɯ⁴⁵tɕi³³tɯ⁴⁵wei³³
良辰吉日 wuŋ³¹gi³³wuŋ³¹dzɯ³¹
小寒 ɕiau³³xan³¹
大寒 ta⁴⁵xan³¹
立春 li³¹tɕhui³³
雨水 ji³³sui³³
惊蛰 tɕin³³tsʅ⁴⁵
春分 tɕhui³³fen³³
谷雨 ku³¹ji³³
立夏 li³¹ɕia⁴⁵
小满 ɕiau³³man³³
芒种 maŋ³¹tsuŋ⁴⁵
夏至 ɕia⁴⁵tsʅ⁴⁵
小暑 ɕiau³³su³¹
大暑 ta⁴⁵su³¹
立秋 li³¹tɕhiu³³
处暑 tɕhu⁴⁵su³¹
秋分 tɕhiu³³fen³³
寒露 xan³¹lu⁴⁵
霜降 suaŋ³³tɕiaŋ⁴⁵
立冬 li³¹tuŋ³³
小雪 ɕiau³³ɕie³¹
大雪 ta⁴⁵ɕie³¹

四　植物

樟树 tin³¹xuŋ³³
构树 tin³¹juŋ³¹le³¹
花梨木 ga³¹baŋ³¹
　　xua³³li³³mu³¹
花汤榔 xua³³thaŋ³³laŋ³³

桦高树 xua⁴⁵kau³³
化香树 落叶小乔木 tin³¹se³³
棕树 phu³¹tsuŋ³³
棕皮 vu³¹qu⁴⁵tsuŋ³³
龙爪树 tin³¹ma⁴⁵dzaŋ³¹
马杉树 tin³¹ma⁴⁵quŋ³³den³¹
牛材树 落叶乔木，用做木板 tin³¹qə³¹zaŋ³¹
泡木树 漆树科，盐肤木属 tin³¹qə³¹plei⁴⁵
泡桐 phau⁴⁵thuŋ³³
梧桐树 tin³¹vu³¹sau⁴⁵
香椿树 tin³¹le³¹ɕie³¹
线楸 tin³¹vu³¹xei³¹
三角枫 三角槭 san⁴⁵ko³¹fuŋ³³
樱桃树 tin³¹ma⁴⁵vei³¹
核桃树 tin³¹ma⁴⁵mi³³
油桐树 tin³¹thuŋ³¹tsʅ³³
倒皮树 落叶乔木 tin³¹qɛ³¹mei⁴⁵luŋ³¹
冬青树 tuŋ⁴⁵tɕhin³³
杜仲 tu⁴⁵tsuŋ⁴⁵
岩桑树 桑属植物 tin³¹la⁴⁵ti³³
菟菟柴 灌木，一米高，花红 sʅ³¹tɯ³¹
根 土里的部分 tsu³¹tsu³¹
根 接近土的部分 qaŋ³¹
叶脉 sʅ³¹juŋ³¹dʑi³¹dʑi³¹
杉树皮 vu³¹qu⁴⁵tin³¹ŋa³¹
树疙瘩 节眼 qə³¹tɯ³¹tin³¹
树浆 nai³¹nai⁴⁵tin³¹
桐油 mlaŋ³¹thuŋ³¹tsʅ³³
松香 mlaŋ³¹qə³¹tsei⁴⁵vu³³ȵuŋ³³
松针 dʑi³¹dʑi³¹qə³¹tsei⁴⁵vu³³ȵuŋ³³
树心 ə³³ɕie³³tin³¹
金竹 ʔiu⁴⁵zaŋ³¹

金竹笋 ȵi³³ʔiu⁴⁵zaŋ³¹   芦荟 mau³¹ȵi³¹
花竹 箣竹属 ʔiu⁴⁵le³³ze³³   夏枯草 ɕia⁴⁵phu³¹tshau³³
滑竹 桦竹 ʔiu⁴⁵ə³¹li⁴⁵   香虫草 虫草类 sŋ̍³¹tɯ³¹
龙竹 牡竹属 ʔiu⁴⁵dzaŋ³¹   酸浆草 酢浆草科 ə³¹laŋ³¹a⁴⁵ə³³plei³³
明竹 金明竹 ʔiu⁴⁵vu³¹liu³¹   万年青 天门冬科多年生常绿植物 phɯ³¹tin³¹lɯ³³ŋɯ³³
刺竹 ʔiu⁴⁵qə³³ȵi³³   野兰 猪草 ə³¹laŋ³¹la⁴⁵ʔiu⁴⁵
苦竹 大明竹属 ʔiu⁴⁵quŋ³¹   粘草籽 针状，易粘衣服 ə³¹laŋ³¹lu³¹ʔle⁴⁵
苦竹笋 ȵi³³ʔiu⁴⁵quŋ³¹   猪草 laŋ³¹m̥o³¹
竹壳 竹皮 vu³¹qu⁴⁵ʔiu⁴⁵   猪草 灰菜 qə³¹laŋ³¹pe³³tu⁴⁵
竹片 tshaŋ³¹me³¹   竹叶草 禾本科 n̻u⁴⁵dʑi³¹ʔiu⁴⁵
杂草 maŋ³¹   大麻 lia⁴⁵a⁴⁵dzuŋ³¹
稻蔸 割后的余根 qə³¹du⁴⁵tɕi³¹   荷麻 虎尾草 kha⁴⁵lai³³
草墩 稻草编织为凳 ten³³ten³³kuŋ³¹   马鞭梢 ma³³pin³³sau³³
谷壳 ə³¹ʔlɯ³¹tɕi³¹   水葫芦 me⁴⁵vu³¹liu³¹
谷芒 比芒刺长、粗 qə³¹mei⁴⁵tɕi³¹   天麻 lui³¹lui³¹lə³¹mlaŋ⁴⁵
谷种 pei³¹tɕi³¹   何首乌 juŋ³¹te⁴⁵m̥ɯ³¹pla³¹die⁴⁵
红稗 稗类，贵州特有 wei⁴⁵   饭箱藤 青藤，用于编制饭箱 juŋ³¹ə³¹tau⁴⁵mau³³
天仙米 禾本，红色植株 qə³¹laŋ³¹ə³³nuŋ³³   葛藤 juŋ³¹zaŋ³³
野棉花 xuŋ³³o³¹a⁴⁵ə³¹dzo³¹   老母猪藤 狗肝藤 juŋ³¹ə³¹laŋ³¹ma³³m̥o³¹
抽穗 qə³¹pla³¹   　　juŋ³¹te⁴⁵m̥ɯ³¹
天花 玉米雄花 xuŋ³³o³¹ji³¹mi³³   毛藤 juŋ³¹tsu³¹tsa⁴⁵
　　xua³³xua³³ji³¹mi³³   奶姜藤 小种 ma⁴⁵baŋ³³min³¹a⁴⁵tsaŋ³³dai³³
玉米轴 qə³¹die⁴⁵ji³¹mi³³   葡萄藤 juŋ³¹ma⁴⁵pla⁴⁵
棉桃 plɯ³¹plɯ³¹xuŋ³³o³¹   青皮藤 扭肚藤 juŋ³¹zaŋ³³
结果 qə³³dan³³ma⁴⁵   秋千藤 qə³¹juŋ³¹
灯草 灯芯草科 tin³³ȵi⁴⁵   趴地黄 红藤绿叶，草药 ə³¹ȵia³¹vu³¹tau⁴⁵ti³¹ȵi³³
肥猪苗 菊科植物草药 ə³¹laŋ³¹phio³³pei³¹   鸡冠花 xuŋ³³o³¹vu³¹ȵi³¹qe³¹
红肥猪苗 ə³¹laŋ³¹phio³³pei³¹a⁴⁵tsaŋ³³dai³³   葵花 xuŋ³³o³¹ə³¹ʔlɯ³¹lə³³vu³³
牛克膝草 牛膝，草药 n̻u⁴⁵tu³¹qu⁴⁵ȵi³¹   喇叭花 xuŋ³³o³¹le³¹le³¹
老胖刺 灌木，茎有刺，叶心形 ə³³ȵi³³sa⁴⁵tshɯ³³   　　je³¹jaŋ³¹xo³³
芒刺 ə³¹ŋa⁴⁵tɕi³¹   老蛇花 草药，红花，治蛇伤 xuŋ³³o³¹ŋɯ³¹
老鼠耳朵草 鼠李科 ə³¹laŋ³¹vei³¹la⁴⁵ɬei³³   毛椒花 草本，调味菜 ma³³pla⁴⁵zuŋ³³

鱼腥草花 xuŋ³³o³¹qə³¹laŋ³¹ṇei³³
野草莓 ma³¹ma⁴⁵ŋɯ³¹
黄莓 ma⁴⁵tɕia⁴⁵ɲi³³
插秧莓 栽秧时节成熟 ma⁴⁵taŋ³³baŋ³³
樱桃 ma⁴⁵vei³¹
苦李 ma⁴⁵tɕiu³¹
毛栗 ma⁴⁵qə³¹ten⁴⁵m̥ɯ³¹
沙梨 ma⁴⁵dau⁴⁵
糖梨 ma⁴⁵pe⁴⁵dau⁴⁵
刺梨 ma⁴⁵qə³³ɲi³³
冬梨 ma⁴⁵dau⁴⁵ə³³plei³³
酸梅 ma⁴⁵qə³³plei³³
酸枣 ma⁴⁵dɯ³¹
九层皮 thau⁴⁵
五倍子 vu³³pei⁴⁵tsʅ³³
刺茄 thin³³tɕhie³¹tsʅ³³
刺五加 tshʅ⁴⁵vu³³tɕia³¹
野葡萄 ma⁴⁵pla⁴⁵a⁴⁵ə³¹dzo³¹
桑葚 ma⁴⁵tshan³¹saŋ³³
鸡屎檬 野果，莓类 ma⁴⁵qɛ³³qɛ³¹
马蹄菜 半边莲 ə³¹laŋ³¹ko⁴⁵vu³³ɲuŋ³³
酸姜菜 草本，可食 ə³¹laŋ³¹ɯ⁴⁵plei³³
妹妹菜 野菜，禾本，心形阔叶 ə³¹laŋ³¹an³³an³³
野蜂菜 藤状，叶尖，可食 qə³¹laŋ³¹tse³¹tse³¹
野苦瓜 me⁴⁵ŋaŋ³³
葵花籽 pl kɯ⁴⁵ɯ³¹plɯ³¹ə³¹ʔlɯ³¹lə³³vu³³
　　　pei³¹pei³¹ə³¹ʔlɯ³¹lə³³vu³³
铁蒿 铁杆蒿 ŋe⁴⁵luŋ³¹ʔiaŋ³³
剪刀菜 慈姑变种，多年生草本植物 ə³¹laŋ³¹khai³³sɯ³¹
苦菜 苦麻菜 qə³¹laŋ³¹quŋ³¹quŋ³¹
苦蒿 ŋe⁴⁵luŋ³¹ə³¹quŋ³¹
紫苏 ta⁴⁵liaŋ⁴⁵je³¹

菜心 ə³³ɕie³³qə³¹laŋ³¹
芋头秆 blaŋ³³blaŋ³³luŋ³³zuŋ³³
灯笼椒 qhu⁴⁵ə³³laŋ³³
蒜粒 duŋ³³duŋ³¹
魔芋 lo³¹zo³¹
红芋 lu³³zuŋ³³
凉薯 ɯ³³phei⁴⁵vu³¹tau⁴⁵
野地瓜 ma⁴⁵buŋ⁴⁵
瓜蒂 vu³¹tso⁴⁵me⁴⁵
饭豆 眉豆 vu³³tai³³
四季豆 vu³³tai³³le³¹be⁴⁵
小豆 vu³³tai³³do⁴⁵
懒豆 似绿豆 vu³³tai³³do⁴⁵
刀豆 vu³³tai³³ə³¹dzuŋ³³
豆荚 qə³¹ʔlɯ³¹vu³³tai³³
豆渣 təu⁴⁵tsa³³
胡椒 vu³¹tɕi⁴⁵qo³¹ŋa⁴⁵
菌柄 kan³³kan³³ʔlɯ³¹
菌伞 to³³to³³ʔlɯ³¹

五　动物

骡子 vu³³ṇuŋ³³dzuŋ³¹
黄牯牛 la⁴⁵lɯ³¹be⁴⁵
水牯牛 lɯ³¹phɯ³¹
　　　la⁴⁵lɯ³¹phɯ³¹
犏牛 xui³¹
牛背峰 bu³³bu³³ɲi³¹
牛筋 sʅ³¹juŋ³¹ɲi³¹
蹄 tsau³³tsau³³
　　thi³¹tsha³³
野羊 me³³me³³a⁴⁵qə³¹dzo³¹
豺狗 m̥ɯ³¹a⁴⁵zuŋ³³

豪猪箭猪 ko³¹ze⁴⁵
野狗 mɯ³¹a⁴⁵qə³¹dzo³¹
獐子 tsaŋ³³tsʅ³³
麝 tsaŋ³³tsʅ³³
果子狸 lə³¹maŋ³¹
青竹蛇竹叶青 tɕhin³¹tsu³¹piau³³
岩板蛇常见于岩石上 ŋe³¹pan³³se³¹
眼镜蛇 jin³³tɕin⁴⁵se³¹
黑蛇 ŋɯ³¹tse⁴⁵luŋ³³
金环蛇黄黑相间 ŋɯ³¹xuŋ³³o³¹
小公鸡刚会啼的 la⁴⁵pau³³qɛ³¹
雁 qə³³lu³³
画眉鸟 ma³³vu³¹no⁴⁵mi³³tɯ³¹ xua⁴⁵mi³¹
猪鬃 tsuŋ³³kaŋ³³m̥o³¹
鸡距老公鸡腿内尖趾 laŋ³¹daŋ³¹qɛ³¹
鸡翎翅、尾上的长羽毛 tsei⁴⁵qɛ³¹
鸟嘴 vu³¹tso⁴⁵vu³¹no⁴⁵
草鱼 vu³¹liu³¹n̥u⁴⁵
红尾鱼 vu³¹liu³¹ə³¹tsei³¹pla³¹die⁴⁵
鱼鳔 phau³³phau³³vu³¹liu³¹
鱼鳞 qə³¹ʔlɯ³¹vu³¹liu³¹
马蜂 χaŋ³¹
蜂刺 ʔle⁴⁵
蜂巢 qə³³tsu³³ze³¹
蜂蜡 tɕia⁴⁵
屎壳郎 vu³¹n̥i⁴⁵a⁴⁵qə³¹laŋ³¹qɛ³³
天牛 lan³³lan³³ji³¹
触角昆虫的 vu³¹qo³¹vu³¹n̥i⁴⁵
水蜘蛛 ɯ³¹tse³¹tsu³³
蚜虫 vu³¹n̥i⁴⁵qə³¹laŋ³¹
拱走虫 ma³³ka⁴⁵vu³¹n̥i⁴⁵

毛虫 lai⁴⁵mau³¹tshuŋ³³
蚕茧 qə³³tsu³³tshan³¹
蚕蛹 la⁴⁵tshan³¹tsʅ³³
蚕丝 vu³¹ja⁴⁵tshan³¹
蜘蛛丝 vu³¹ja⁴⁵tse³¹tsu³³
凤凰 qɛ³¹qaŋ³³
野鸭子 ble³¹a⁴⁵qə³¹dzo³¹

六 房舍、器具

监狱 ban³¹
房屋 dzau³³ʔlei³¹
堂屋 qhɛ³¹lan³³
地基屋基 thu³³dan³³ʔlei³¹
屋背 dzaŋ⁴⁵qu³¹
屋脊 liaŋ³¹ʔlei³¹
侧门 pi³³xɯ³¹a⁴⁵tsʅ³³plɯ⁴⁵
菜园 ma³³qə³¹vei³¹
木柱子 vu³¹tso³¹
楼板 ji³³tsu³¹bia⁴⁵tin³¹
门缝 fuŋ⁴⁵fuŋ⁴⁵pi³³xɯ³¹
榫头 sun³³thəu³¹
船篷 ʔlei³¹tshuan³¹
饭刷 so³¹zo⁴⁵mau³³
饭箱 ə³¹tau⁴⁵mau³³
饭甑盖子 tɕhuŋ³¹n̥i³¹mau³³
浮子 fu³¹phiau³³
鼓棒 lə³¹dzu⁴⁵ku³³
锅架子 lə³¹dzaŋ³¹khe⁴⁵
锅圈 lə³³gaŋ³³khe⁴⁵
灰斗铁的 ma³³luŋ³¹qhuŋ³¹ʔiaŋ³³
火笼烤火用的 ta⁴⁵pi³¹
火帽 tsua³¹tsua³¹daŋ³³

火苗 blaŋ³³blaŋ³³pi³¹
火炭还着火的 qə³¹lɯ⁴⁵pi³¹
荚篓 quŋ³³dʑi³¹
酒提子 dɯ³¹dɯ³¹plɯ³¹
老秤称银子用的小秤 ma³³dʑi³¹luŋ⁴⁵
升子量米用 dʑau³³sen³¹
煤灰 pe³³tu⁴⁵taŋ⁴⁵laŋ³¹
煤烟 χen³¹taŋ⁴⁵laŋ³¹
门帘 bɯ³¹sɯ³¹a⁴⁵ə³¹the⁴⁵pi³³xɯ³¹di³³
米筒 dɯ³¹dɯ³¹tsʅ⁴⁵plei³³
棉胎 ə³³ɕie³³bɯ³¹bɯ³³
　　ə³³ɕie³³faŋ³³
磨刀石 dʑau³³zu³¹
磨子石 vu³¹ɯ³¹lə³¹tshu³¹
木杵 qə³¹tsa⁴⁵tau³³
木马 vu³³n̠uŋ³³tin³¹
木屑 qɛ³³tin³¹
三脚灶 san³³tɕio³¹
鸡笼 ta⁴⁵qɛ³¹
鸟笼 ta⁴⁵vu³¹no⁴⁵
猪槽 lə³³qɯ³³m̥o³¹
猪笼 ta⁴⁵m̥o³¹
纱布 sɯ³¹ŋa³¹
　　ŋa³¹sɯ³¹
砂锅装汤用 lə³¹khɯ³¹
时钟 dʑau³³tsuŋ³³
水缸盖 tɕhuŋ³¹kaŋ³³
调羹用于供祖先献饭 ma³³jau⁴⁵
铁链 sa⁴⁵ʔiaŋ³³
大碗 vu³¹so³¹
碗底 lɯ³¹san⁴⁵san³³
碗柜 so³³dʑio³³

碗筐 ta⁴⁵san⁴⁵san³³
蚊香 mu⁴⁵khen⁴⁵
瓮 dʑau³³baŋ³³
香炉 khe⁴⁵mu⁴⁵khen⁴⁵
烟袋 qə³¹bi⁴⁵mei⁴⁵tɯ³¹
烟屎 qɛ³³jin³³
灶口 vu³¹tso⁴⁵ŋen³¹tsuŋ³³
　　vu³¹tso⁴⁵tsaŋ³¹
灶膛母灶的 ə³³ɕie³³tsaŋ³¹
灶芯公灶的，常用来煮饭 ə³³ɕie³³ŋen³¹tsuŋ³³
灶眼 baŋ³¹ŋen³¹tsuŋ³³
甑桥 kan³¹vu³¹dʑi⁴⁵
砧板 bia⁴⁵tin³¹a⁴⁵tshu⁴⁵ɯ⁴⁵tai³³
竹扫帚金竹做的 so³¹zo⁴⁵zaŋ³¹
棕绳 sa⁴⁵tsuŋ³³
茶罐嘴 dʑio³¹dʑio³¹
粗孔筛子 laŋ³³sai³³
灯筒 dɯ³¹dɯ³¹pi³¹
灯油 mlaŋ³¹taŋ⁴⁵laŋ³¹
底儿 lɯ³¹mi⁴⁵
　　lɯ³¹
打火机 qɛi³¹pi³¹
　　pi³¹qɛ³¹
机器 qai³¹
电话 vu³¹ja⁴⁵

七　服饰

单衣（tsʅ³³）ɬia⁴⁵lɯ³³bɯ³³
皮衣 lɯ³³bɯ³³vu³¹qu⁴⁵
衣角 vu³¹qo³¹lɯ³³bɯ³³
衣缝儿 qə³¹plei³¹lɯ³³bɯ³³
开裆裤 qə³³ɕuŋ³³vu³¹tshen³¹

裤衩 la⁴⁵pe⁴⁵qə³³ɕuŋ³³

棉裤 ə³³ɕuŋ³³xuŋ³³o³¹

裤头 tei³¹ʔlei⁴⁵ə³³ɕuŋ³³

裤带 qhɛ⁴⁵ɬuŋ³³ə³³ɕuŋ³³

皮带 phi³¹tai⁴⁵

襁褓 phin⁴⁵

木板鞋 tɕhi³¹ȵi⁴⁵bia⁴⁵tin³¹

鞋面 ta⁴⁵qɛ³³tɕhi³¹ȵi⁴⁵

绸缎 bɯ³¹

绸子 buŋ³¹

棉布 sɯ³¹vu³¹ja⁴⁵

花布 sɯ³¹le³³ze³³

麻布 sɯ³¹lia⁴⁵

麻线 vu³¹ja⁴⁵lia⁴⁵

颈圈 dʑau³³lə³³gaŋ³³

项链 lə³³qaŋ³³taŋ³¹ʔlaŋ³¹

珠子 tsu³³tsu³³

胭脂粉 fei³³

八 饮食

牛肉 u³³ȵi³¹

牛脯 u³³ȵi³¹gau³³

腱子肉 pa⁴⁵ko³¹qɛ³¹

肥肉 u³³a⁴⁵ə³³dɯ³³
    ml̥aŋ³¹u³³

瘦肉 na³¹u³³

五花肉 u³³a⁴⁵la³¹za³¹le³³ze³³di³³

猪头肉 u³³tei³¹ʔlei⁴⁵m̥o³¹

网油 ko⁴⁵ml̥aŋ³¹

香肠 ȵian⁴⁵tshaŋ³¹

咸菜 jin³¹tshai⁴⁵

辣椒粉 pe⁴⁵qhɯ⁴⁵

霉豆腐 mei³¹təu⁴⁵fu³³

汤圆 qə³¹luŋ⁴⁵ʔian³³

甜酒 plɯ³¹tan⁴⁵tan³³

酒糟 ɯ⁴⁵plei³³

苦丁茶 dʑi³¹dʑi³¹ə³¹quŋ³¹

浆 qə³¹no⁴⁵

粉末 ə³¹ʔi³¹ə³¹e⁴⁵

剩饭 quŋ³³mau³³

慈姑 qɛ³¹qu⁴⁵

九 身体

头顶 ə³³zuŋ³³tei³¹ʔlei⁴⁵

发旋 le³¹ɕie³¹

髻 ma³³tsuan³³tsuan³³

眼白 ɬei³³vu³¹tɯ³¹

眼角 vu³¹ko³¹vu³¹tɯ³¹

眼皮 vu³¹qu⁴⁵vu³¹tɯ³¹

眼屎沾眼 dɯ³¹pi⁴⁵dɯ³¹ȵia⁴⁵

耳根 qaŋ³¹vei³¹

肱二头肌 vu³³la⁴⁵m̥o³¹

骨髓 qə³¹die⁴⁵ml̥aŋ³¹

汗垢 ke³¹ȵi⁴⁵

胎发髻 未剃发的小孩的胎毛髻 qə³¹suŋ³¹dzaŋ³¹

胎发 刚生下的婴儿头发 qə³¹suŋ³¹ŋa³¹
    ŋa³¹qə³¹suŋ³¹

脚 自脚踝以下 plaŋ³³ko⁴⁵

脚 自膝关节以下 pa⁴⁵ko⁴⁵

脚板 ʔlɯ³¹ko⁴⁵

脚步 qə³³zaŋ³³ko⁴⁵

皲裂 bei³¹sei³¹

口臭 lua³¹χen³¹mu⁴⁵dʑa⁴⁵

癫痫头 tei³¹ʔlei⁴⁵dze³¹

门牙 plaŋ³¹pi³³xɯ³¹
眯眼 e⁴⁵tsʅ³³pu³³vu³¹tɯ³¹
眯眼天生的 vu³¹tɯ³¹tɕhiu³³
拇指 ba³³ken³¹min³¹
脑门心 qɛ³¹tɯ⁴⁵vu³¹aŋ³¹
脾脏 vu⁴⁵
前臂 pa⁴⁵min³¹
蜷缩 ɯ³³
犬牙 plaŋ³¹ə³¹qɯ³¹
腮颊 vu³¹liu⁴⁵qu³³
舌苔 vu³¹qu⁴⁵mau³¹
伸懒腰 vu³¹ja⁴⁵ɬuŋ³³
身材魁梧 qə³¹dzen³¹pau³³dzuŋ³¹
　　　　qə³¹dzen³¹ma³³dzuŋ³¹
屎急 qɛ³³xaŋ³³
手上臂 pa⁴⁵buŋ⁴⁵
手纹 vu³¹ja⁴⁵min³¹
手指节 qə³¹tɯ³¹ken³¹min³¹
肩胛骨 phio³³pei³¹
兔唇 vu³¹tsei⁴⁵qhɛ⁴⁵
驼背 ɬuŋ³³gɯ³¹
膝盖骨 tɕhuŋ³¹tu³¹qu⁴⁵
小肠 qə³³ɕie³³a⁴⁵pe³¹pe⁴⁵
　　　qə³³ɕe³³dai⁴⁵dai³³
小指 la⁴⁵jaŋ³³ken³¹min³¹
影子 ɯ³³ɯ³³

十　疾病、医疗

传染病 ʔluŋ³¹ze³³ə³¹tshu⁴⁵
癫痫 than³³me³³me³³
　　　qə³³ze³³a⁴⁵ŋaŋ³³
冻疮 tuŋ⁴⁵plo³³

感染 ze³³n̥ei⁴⁵
膏药 jo³¹kau³³
结痂 qə³¹ʔlɯ³¹lə³³plo³³
　　　ko³¹ko³¹lə³³plo³³
疥疮 da³¹qə³¹ze⁴⁵
九子痒淋巴结核 jiu³³tsʅ³³jaŋ³¹
痨病 mlɯ³¹gau³³
瘤子 dzau³³u³³
麻风 lə³¹mlaŋ⁴⁵vu³¹juŋ³¹qə³³ze³³
偏瘫 tsʅ³³plɯ⁴⁵than³³
气喘 χen³¹qhaŋ³³
弱病后虚弱 zaŋ³¹
痧症 fa³¹sa³³
伤风 liaŋ³¹tau³³
伤口 vu³¹tso⁴⁵lə³³plo³³
麝香 se⁴⁵tsaŋ³³tsʅ³³
呻吟 dzan³³
尸体 qə³¹tshu⁴⁵a⁴⁵plan³¹
水痘 vu³³tai³³dau⁴⁵
瘫痪 than³³
脱臼 min³¹dze³¹
脱皮 dze³¹vu³¹qu⁴⁵
泻肚 vu³¹ɬaŋ³¹xau⁴⁵
血迹 ə³¹lai⁴⁵pla⁴⁵
血泡 phau⁴⁵phau⁴⁵pla⁴⁵
翳子 vu³¹tɯ³¹au⁴⁵
淤血 tɕhin⁴⁵pla⁴⁵
止血 tsʅ⁴⁵pla⁴⁵
耳背~听不清 pei⁴⁵
擦药 ə³¹tshuŋ⁴⁵ə³¹tsʅ³¹
耳聋 vei³¹dzɯ⁴⁵vei³¹n̥iaŋ³³
耳鸣 vei³¹luŋ³¹juŋ³¹

第四章　分类词表

157

十一　婚丧、信仰

洞房 入~ $ɯ^{33}$baŋ^{31}

接生 qə^{31}tɯ^{31}

发丧 ble^{45}qə^{31}du^{45}

守灵 sɯ^{45}qə^{31}du^{45}

寿被 faŋ^{33}a^{45}ŋe^{31}ʔiu^{33}plan^{31}lai^{33}di^{33}
　　faŋ^{33}ŋe^{31}ʔiu^{33}

寿衣 lɯ^{33}bɯ^{33}ʔiu^{33}

吃斋 ka^{31}su^{45}

招魂 qə^{31}pɯ^{31}lɯ^{31}ŋɯ^{31}

符 fu^{31}

庙 bai^{45}

神 bai^{45}
　　mla^{31}
　　plei^{31}

神龛 bau^{31}thu^{33}a^{45}qə^{31}tin^{45}bai^{45}

祭祀 qə^{33}luan^{33}

祭天 qə^{31}tin^{45}lui^{31}lui^{31}

祭树节 da^{31}ko^{45}tin^{31}

财神 bai^{45}lo^{31}mo^{45}

水神 bai^{45}ɯ^{33}

仙女 bai^{45}la^{45}tsau^{33}

妖怪 mla^{31}

鬼火 pi^{31}mlɯ^{31}

十二　人品、称谓

布依族 sa^{45}tshɯ^{33}
　　ə^{31}lai^{31} 隐语

穿青人 sa^{45}ŋə^{45}luŋ^{31}

汉族 sa^{45}
　　gaŋ^{33} 隐语

汉族 指汉族小孩 la^{45}sa^{45}

苗族 ə^{31}tɕiaŋ^{31}
　　lu^{33}zu^{33}

喇叭苗 duŋ^{31}tsen^{31}

彝族 qə^{31}mu^{31}
　　kɯ^{31}

地理先生 le^{31}ke^{45}a^{45}ə^{31}ɬɯ^{45}bau^{31}thu^{33}

地主 qə^{31}lue^{45}vu^{31}tau^{45}

犯人 qə^{31}tshu^{45}a^{45}ja^{45}nuŋ^{31}

富翁 qə^{31}tshu^{45}a^{45}aŋ^{31}

鬼师 le^{31}ke^{45}a^{45}xuŋ^{33}mlɯ^{31}

屠夫 le^{31}ke^{45}a^{45}luan^{31}m̥o^{31}

没有生育的男人 pau^{33}a^{45}ɬɯ^{31}

没有生育的女人 ma^{33}a^{45}ɬɯ^{31}

媒人 男性 pau^{33}lɯ^{33}ʔiu^{33}

媒人 女性 ma^{33}lɯ^{33}ʔiu^{33}

男女老少 a^{45}ʔiu^{33}a^{45}ɬa^{45}

妾 a^{45}dai^{45}dai^{33}

群众 tɕhuŋ^{31}

师母 ʔlei^{31}ʁa^{45}le^{31}ke^{45}

师祖 le^{31}ke^{45}ti^{33}le^{31}ke^{45}

世世代代 sa^{31}tshai^{45}sa^{31}fa^{45}

省长 sen^{33}tsaŋ^{33}

县长 vu^{31}ja^{45}ba^{31}

区长 ba^{31}vu^{31}ɲi^{45}
　　vu^{31}ɲi^{45}ba^{31}

乡长 ba^{31}mu^{45}khen^{45}

校长 ke^{45}su^{31}ti^{33}tei^{31}ʔlei^{45}

姓 vu^{31}ja^{45}

亲戚朋友 ə^{31}qhu^{31}ə^{31}qha^{45}

弟兄家 wai^{33}jau^{33}

儿女 mu^{33}la^{45}

la⁴⁵
高祖父 be³¹lɯ³¹ŋɯ³¹
高祖母 ja³¹lɯ³¹ŋɯ³¹
高祖之父 be³¹lɯ³¹su⁴⁵
高祖之母 ja³¹lɯ³¹su⁴⁵
姑婆 ja³¹nai³³ʔiu³³
姑祖父 be³¹vei³³ʔiu³³
叔祖父 be³¹buŋ³³
叔祖母 a³³ja³³
孙女婿 la⁴⁵ŋo³³la⁴⁵ji³¹
孙媳妇 vu³¹le³¹la⁴⁵ji³¹
外伯祖父 be³¹au⁴⁵
外伯祖母 ja³¹au⁴⁵
外曾祖父 be³¹au⁴⁵ŋɯ³¹
外曾祖母 ja³¹au⁴⁵ŋɯ³¹
外甥女 la⁴⁵zau⁴⁵la⁴⁵tsau³³
外叔祖父 be³¹au⁴⁵
外叔祖母 ja³¹au⁴⁵
外孙女 la⁴⁵ji³¹la⁴⁵tsau³³
姨公 a³³buŋ³³
姨奶奶 a³³ja³³
姨祖母 外祖母的姐姐或妹妹 ja³¹au⁴⁵
岳祖父 be³¹buŋ³³
岳祖母 a³³ja³³
长辈 tshai⁴⁵a⁴⁵ʔiu³³
侄媳妇 vu³¹le³¹la⁴⁵zau⁴⁵
子孙后代 la⁴⁵ʔi³¹la⁴⁵ʔlan³¹
祖父 be³¹buŋ³³
祖先 男性 be³¹lɯ³¹su⁴⁵
祖先 女性 ja³¹lɯ³¹su⁴⁵
酒鬼 dɯ⁴⁵plɯ³¹
缺点 nuŋ³¹ja⁴⁵

坏蛋 ə³¹tuŋ³¹bla⁴⁵

十三　农业

发酵 luŋ³¹uŋ⁴⁵
工分 kuŋ³³fei³³
柴 柴火 pi³¹lo³¹mo⁴⁵
柴灰 pe³³tu⁴⁵lo³¹mo⁴⁵
柴烟 χen³¹lo³¹mo⁴⁵
撮箕 ma³³luŋ³¹qhuŋ³¹
担子 lə³¹vei⁴⁵
刀尖 tei³¹ʔlei⁴⁵qə³¹dzuŋ⁴⁵
碓杵 pau³³gei³¹lei⁴⁵
碓窝 baŋ³¹gei³¹lei⁴⁵
薅草 ze³³ȵu⁴⁵
薅刀 ma³³la⁴⁵du³³
铧口 le³¹khe³¹
卷纱筒 dɯ³¹dɯ³¹vu³¹ja⁴⁵
犁把 ə³¹tsei⁴⁵lə³¹waŋ³¹
犁铜 waŋ³¹khe⁴⁵
犁镜 waŋ³¹khe⁴⁵
犁盘 pan³³pan³³lə³¹waŋ³¹
犁头 tei³¹ʔlei⁴⁵lə³¹waŋ³¹
犁弯 pau³³waŋ³¹
撸 ~地 lə³¹qa⁴⁵
马镫 then⁴⁵then⁴⁵vu³³ȵuŋ³³
马驮子 ta⁴⁵vu³³ȵuŋ³³
马衔 vu³¹tso⁴⁵ʔiaŋ³³
矛 dɯ⁴⁵jaŋ³¹piau³³
篾白 lo³¹to⁴⁵pau³¹au⁴⁵
篾黄 qɛ³³lo³¹to⁴⁵
篾青 lo³¹to⁴⁵ə³¹ʔlɯ³¹
碾子 ma³³sui³³ȵi³³

牛绳 sa⁴⁵n̠i³¹

牛嘴笼 ta⁴⁵vu³¹tso⁴⁵n̠i³¹

水车靠水力转动的筒车 ma³³sui³³n̠i³³ 借词

水车龙骨车 ma³³lu³¹ku³¹tshe³³ 借词

鱼钩 kəu³³kəu³³vu³¹liu³¹

鸡粪 khen³¹qɛ³³qɛ³¹

纥达 ke³¹ta³³

弓弦 sa⁴⁵nu³³

十四　工商业

手艺 mi³¹ko⁴⁵

赎 taŋ³¹wan³¹do³¹

水银 ɯ³³phlɯ⁴⁵

铁水 ɯ³³ʔiaŋ³³

铁线 dɯ⁴⁵ʔiaŋ³³

铜板铜圆 bia⁴⁵dzen³¹gen³¹
　　　gen³¹bia⁴⁵dzen³¹

铜钱中有方孔的 thuŋ³¹tɕhin³¹

印图章 dʑau³³qə³³ze³³

涨价 lo⁴⁵
　　 jau⁴⁵

证据 ʔiau³¹pa³³phin³¹

赔~本 jaŋ³³gaŋ³³

明矾 no³³

墨线 vu³¹ja⁴⁵me³¹təu³³

秤上的戥子 dʑi³¹luŋ⁴⁵

秤锤 dɯ⁴⁵gu³³a⁴⁵ə³³nan³³kai⁴⁵

秤钩 kəu³³kəu³³kai⁴⁵

十五　区域、文化、娱乐

村 qei³¹lei⁴⁵dzuŋ³¹

区 vu³¹n̠i⁴⁵

世界 sʅ⁴⁵saŋ⁴⁵

打铁关地名 ʔlɯ⁴⁵ʔiaŋ³³ba³¹

贵阳 bau³¹thu³³me³³me³³

旧寨地名 sa³¹qu⁴⁵

居都地名 lɯ³¹san⁴⁵

郎岱地名 khai⁴⁵zan³³

岭岗地名 a⁴⁵tsen³¹

六枝地名 khai⁴⁵qə³¹zen³¹

牛坡地名 qɛ⁴⁵waŋ³¹nen³¹

松岭地名 qo³¹wa⁴⁵

云南 jin³¹nan³¹

镇宁地名 tsen⁴⁵lin³¹

中寨地名 lɯ⁴⁵a⁴⁵qɛ³¹tɯ⁴⁵

电影 ɯ³³ɯ³³

墨水 me³¹sui³³

属相 plei³¹

升官 jau⁴⁵ba³¹

铜鼓 gen³¹ku³³

口哨 duŋ³¹le³¹ɕie³¹

口弦 kəu³³tɕhin³¹

礼物 qə³³luan³³

铃上课用的 taŋ³³taŋ³³

铃巫师用的 ma³³sʅ³³tau³³

铃一般用的 thaŋ³³laŋ³³

面具 vu³¹liu⁴⁵mlɯ³¹

旗子 ma³³ze³¹

故事 pe³¹

记号 tɕi⁴⁵xau⁴⁵

声音 qə³³zaŋ³³

十六　动作、行为

大喊大叫 qe³¹qe³¹lau³¹xau³³

耳语 la⁴⁵qə³¹pe⁴⁵duŋ³¹
裁~衣服 tshai⁴⁵
侧~着身睡 len³¹
叉~腰 tshei⁴⁵
掺往酒里~水 qə³³liaŋ³³
扯~布 dzʅ⁴⁵
扯~秧 bau⁴⁵
沉淀 ten⁴⁵
沉睡 ŋu⁴⁵plan³¹ŋu⁴⁵mau⁴⁵
舂用手 tshuŋ³³
舂辣子 tshuŋ³³qhɯ⁴⁵
　　 tan³³qhɯ⁴⁵
　　 ʔlɯ⁴⁵qhɯ⁴⁵
宠~小孩儿 thai⁴⁵gɯ³¹
吹口哨 ə³¹duŋ³¹le³¹ɕie³¹
垂树枝~下来 qə³¹zu³¹
凑~钱 tɯ⁴⁵
搓~衣服 zua³¹
撮往外 qə³¹dzuŋ⁴⁵
打猎 ə³³die³³pi³¹
　　 ʔlɯ⁴⁵pi³¹
打气 ʔlɯ⁴⁵χen³¹
戴高帽 ble⁴⁵mi⁴⁵
当家 qə³¹lue⁴⁵ʔlei³¹
倒流 ə³¹ɬei³¹dau⁴⁵
道歉 tau⁴⁵tɕin⁴⁵
瞪眼 ku³³vu³¹tɯ³¹
递 qə³³li³³
点~灯 tau³³
垫下面~东西 tin⁴⁵
东张西望 ɬɯ⁴⁵vu³³ɬɯ⁴⁵do³¹ 看去看来
抖 qə³¹su⁴⁵

逗~孩子玩 qə³¹tsei³¹
反对 fan³³tui⁴⁵
反扣碗底朝上 lə³³qaŋ³³
分别 fei³¹ko⁴⁵
吩咐 fei³¹
盖~锅盖 ʔlaŋ³³
赶~牛 ga³¹
管掌~ qə³¹tha⁴⁵
管~教 qə³¹tsʅ³¹
惯~坏 kuan⁴⁵sʅ⁴⁵
合伙 qə³³liaŋ³³ko⁴⁵
合拢 qə³¹ȵia³¹ko⁴⁵
糊用泥巴~墙壁 ȵi⁴⁵
互助 paŋ³³ko⁴⁵
㧟~水 qə³³phai³³
换~衣服 xuan⁴⁵
假装~逗着玩 tsa³³pa³³
叫马~ li⁴⁵
叫母鸡~小鸡 ga³¹fe⁴⁵
叫母鸡下蛋时~ lə³³xau³³
叫鸟~ li⁴⁵
磕~烟杆 qə³¹tu⁴⁵
浪费 phau³³sa³¹
量~米 guŋ⁴⁵
溜 piau³¹
搂搂抱抱 ə³³qu³³ə³¹qɛ⁴⁵
埋~人 suŋ³³
捻用脚 qə³¹lue⁴⁵
捻用手指 zua³¹
培~土 qə³³liaŋ³³
溶化 ji⁴⁵
渗透 tɕhin⁴⁵vu³³ʔlaŋ³³

第四章　分类词表

161

唆~狗去咬人 suŋ³³

套把笔~上 thuŋ³¹

套~牛轭 tɕia⁴⁵

腾~了一个地 thin³¹

剔~下骨头上的肉 thi³³

剔~牙 khɯ³³

推诿 ə³³dʐu³³ə³³dʐi³³

挖用铲子~ tshuan³³

挖用锄头~ ɕie³³

挖用尖木~ ŋau⁴⁵

挖用手~ khəu³³

捂用东西~ ʔlaŋ³³

相识 sɯ³¹ko⁴⁵

约定 ɕin³¹gi³³

照用灯~亮 tsau⁴⁵

照~镜子 qə³¹ɬɯ⁴⁵

猜拳 vu³¹ja⁴⁵ken³¹min³¹

岔路 tsha⁴⁵qə³¹ʔlan³¹

淬火 qɛ³³ʔiaŋ³³

典当 taŋ³¹

犯法 ja⁴⁵nuŋ³¹

放牧 lua³¹ɬau⁴⁵

放哨 ə³¹ɬɯ⁴⁵tau³³

还工 qhaŋ³³vu³¹juŋ³¹

缴~公粮 ə³¹nɯ³¹

借~工具 dzŋ³¹

哭闹打滚 qə³³lu³³qə³³lan³³

过滤 ble³³

哈~手取暖 χa³¹

呼~出一口气 lua³¹χen³¹

溅 phu³¹

节约 no³¹

浸湿 thɯ⁴⁵ tɕhin⁴⁵

狼吞虎咽拟声 xe³¹le³¹xo³¹lo³¹

梦话 duŋ³¹lə³¹plaŋ³¹

磨牙 lə³¹qɛ⁴⁵plaŋ³¹

尿床 tuŋ³³sei⁴⁵qə³³tsu³³

尿急 sei⁴⁵xaŋ³³

商量 dzen⁴⁵duŋ³¹

贪吃 dɯ⁴⁵ka³¹

跳舞 dzu³³ko⁴⁵

诬赖 waŋ³³liaŋ³³

跟踪 lan³³ŋe⁴⁵lan³¹

螫蜂~人 tin⁴⁵

发情 pɯ³¹pɯ³¹tshu³³

繁殖 ə³¹pɯ³¹tshu³³

反刍 lə³¹qɛ⁴⁵ba⁴⁵

结网 juŋ⁴⁵vu³¹ja⁴⁵

铺~床 qhu³¹

勾腰 ȵi³¹kɯ⁴⁵

灌~小孩吃药 kuan⁴⁵

出~生 ʔiau⁴⁵

出~血 dɯ⁴⁵

勾肩搭背 ə³³thu³³ə³¹tha⁴⁵

好~喝酒 dzau³¹

撒娇 ȵia³³

十七　性质、状态

惭愧 aŋ³¹qhaŋ³³

眼熟 qa³¹ko⁴⁵

嘈杂 tshau³¹

潮湿 ʔle⁴⁵

吵吵闹闹 ə³¹duŋ³¹ə³³da³³
臭烘烘的 phi³¹phi³¹mu⁴⁵dza⁴⁵
刺阳光~眼 tsʅ⁴⁵
匆忙 maŋ³¹
大胆 ɬei³³sen³³
呆头呆脑 dze³³dzuŋ³³dze³³ŋaŋ³³
淡酒~ sui³¹
倒筷子拿~了 dau⁴⁵
喋喋不休 duŋ³¹le³¹duŋ³¹lia³³
陡峭 ə³¹blei⁴⁵ə³¹bla⁴⁵
毒蛇很~ tu³¹
恶心 e³³ɬei³³
风风火火 plai⁴⁵qɛ³³plai⁴⁵lan³³
疯疯癫癫 vu³³vu³¹thu³³thai³³
甘心 dei³¹ɬei³³qə³¹plei⁴⁵
孤孤单单 blaŋ³³zuŋ³¹blaŋ³³za⁴⁵
拐弯抹角 vu³³qɛ³³vu³¹qo³¹
光荣 kuaŋ³³juŋ³¹
过瘾 liau⁴⁵ɬei³³
好吃懒做 dʑau³³ka³¹ʔlai³³da³¹
胡说八道 n̩ia⁴⁵xan³¹n̩ia⁴⁵ɕin³¹
胡思乱想 n̩ia⁴⁵dɯ³¹n̩ia⁴⁵vu³³
灰头土脸 pe⁴⁵m̩uŋ⁴⁵pe⁴⁵tɕia⁴⁵
火冒三丈 pi³¹kai³¹kai⁴⁵ə³¹lɯ⁴⁵
叽叽喳喳 tɕi³³li³³tsa³³la³³
焦味儿 phi³¹phi³¹mu⁴⁵plan³³
角落 ko⁴⁵tɯ³¹ko⁴⁵χen³¹
角里角落 ko⁴⁵tin³¹ko⁴⁵ma⁴⁵
惊慌失措 ʔlei³¹lu³¹ʔlei⁴⁵dau³³
久 qɯ³¹
均匀 jin³¹tɕin⁴⁵
卡喉卡颈吃东西~ ŋei⁴⁵ʔlaŋ³¹ŋei⁴⁵ŋa⁴⁵

kha³³ʔlaŋ³¹kha³³ŋa⁴⁵
可怜兮兮 ŋe³³se³³ŋu³¹sɯ³¹
坑坑洼洼 bau³¹khen³³bau³¹wa⁴⁵
路途遥远 qə³¹lie³¹qə³³lia³³
乱糟糟 ə³¹lui³¹ə³¹lua³¹
乱糟糟东西乱 pe³³le³³pe³¹le⁴⁵
啰里啰唆 tshau³³vei³¹tshau³³au⁴⁵
麻酥酥 ze³¹ze⁴⁵lə³¹mlaŋ⁴⁵
毛乎乎 ə³¹mei³¹ə³¹ma⁴⁵
没日没夜 n̩ian³³wei³¹n̩ian³³wuŋ³¹
闹哄哄 ə³¹duŋ³¹ə³³da³³
你死我活 mɯ³¹plan³¹i³³pɯ³³
扭扭捏捏 ə³¹su³³ə³¹se⁴⁵
破破烂烂 bu³³bla⁴⁵bu³³n̩ia⁴⁵
千变万化 tsʅ³³ɕie⁴⁵phle⁴⁵tsaŋ³³
千疮百孔 be³³be³³baŋ³¹baŋ³¹
瘦骨嶙峋 gau³³li⁴⁵gau³³tɕhiau³³
舒舒服服 mlei³³sa³¹mlei³³sɯ⁴⁵
碎打~ qə³¹no⁴⁵
　　 zuŋ³¹
调皮 qə³¹len⁴⁵
偷偷摸摸 tshu³³le³¹tshu³³tso⁴⁵
稀稀疏疏 ə³¹zu³¹ə³¹za⁴⁵
细致 ko⁴⁵ɕi⁴⁵
细揪揪 ə³¹pe⁴⁵la⁴⁵ʔia³³
　　 ə³¹pe⁴⁵ə³¹pa⁴⁵
响咚咚 tsei³¹tsei³¹luŋ³¹juŋ³¹
小里小气 qə³¹n̩i⁴⁵qə³¹n̩ia⁴⁵
形影不离 qə³¹lu³³qə³¹le³³
摇摇摆摆 ə³³n̩u³³ə³³n̩ian³³
咬牙切齿 tsaŋ³³plaŋ³¹tsaŋ³³qu³³
一穷二白 qhaŋ³³plan³¹qhaŋ³³nɯ⁴⁵

不正经 tɯ³¹ʔlɯ³¹
硬邦邦 ə³¹ka³¹ə³³ke³³
　　　 ka³¹ka³¹ə³³ke³³
装聋卖哑 e⁴⁵tɯ³¹e⁴⁵ŋe⁴⁵
醉醺醺 zan³³plan³¹zan³³mau⁴⁵
犹犹豫豫 ə³³su³³ə³¹se⁴⁵
肥嘟嘟 ə³¹da³¹ə³³dɯ³³
干干净净 khu⁴⁵kha³¹khu⁴⁵kha⁴⁵
光溜溜 phie³¹phie⁴⁵ə³¹lɯ⁴⁵
很薄 pei⁴⁵la³¹lə³³vu³³
很扁 e³¹e⁴⁵ə³¹bia⁴⁵
粗大 ə³¹dzen³¹ban³¹dzuŋ³¹
　　　ə³¹jiu³¹ə³¹sa⁴⁵
很短 n̥ei⁴⁵n̥ei³³la⁴⁵ʔia³³
很厚 ə³¹nɯ³¹ə³¹ne⁴⁵
　　　ə³¹nɯ³¹ə³¹nai⁴⁵
很响 ə³¹tsei³¹luŋ³¹juŋ³¹
很长很长 dʐɯ³¹la³¹dʐɯ³¹lui³³
重得很 ə³¹kuŋ³¹ə³¹kai⁴⁵
滑溜溜 ple³¹ple⁴⁵qə³¹li⁴⁵
紧绷绷 ə³¹kai⁴⁵ə³¹ka⁴⁵
　　　kai³¹kai⁴⁵ka³¹ka⁴⁵
冷冰冰 指气候 ə³¹ji⁴⁵ə³¹ja⁴⁵
亮 擦~ lui⁴⁵
亮堂堂 tsa³¹tsa⁴⁵lui⁴⁵
密密麻麻 ə³¹ŋe⁴⁵ə³¹ŋa⁴⁵
胖嘟嘟 ə³¹baŋ³¹ə³¹ba⁴⁵
热辣辣 太阳晒、温度高 lo³¹xo³¹le³¹xe⁴⁵
软趴趴 blo³¹blo⁴⁵ə³¹lua⁴⁵
甜丝丝 tu³³tu³³tan⁴⁵tan³³
弯弯曲曲 qə³³dzu³³qə³³tɕiaŋ³³
香喷喷 mu⁴⁵kha³¹mu⁴⁵khen⁴⁵

　　　phi³¹phi³¹mu⁴⁵khen⁴⁵
郁郁葱葱 se³¹se⁴⁵lɯ³³ŋɯ³³
圆溜溜 e³¹e⁴⁵ə³¹luŋ⁴⁵
　　　ə³¹luŋ⁴⁵ə³¹la⁴⁵
脏兮兮 ə³¹le⁴⁵ə³¹la⁴⁵
灰心丧气 aŋ³³łaŋ³¹aŋ³³łei³³
忌讳 tɕi⁴⁵xui⁴⁵
骄傲 da³¹mei⁴⁵lɯ³³
亲 ~人 ŋɯ⁴⁵
伤心欲绝 tsaŋ³³łaŋ³¹tsaŋ³³łei³³
知根知底 su³¹qaŋ³¹su³¹quŋ³³
崎岖 bau³¹khen³³bau³¹wa⁴⁵
绝种 bei⁴⁵
生锈 ɕiu⁴⁵
辣乎乎 ə³¹pei⁴⁵ə³¹pa⁴⁵
涩 柿子很~ se³¹
膻 羊~ mu⁴⁵χen³¹do³¹
俊 qə³¹plei⁴⁵
出名 dau⁴⁵dʑi³³
　　　dau⁴⁵guŋ³³χen³¹
焦 饭~了 qo³¹ŋa⁴⁵
腻 n̥iaŋ⁴⁵
瘾 jin³³

十八　数量

场 一~电影 tshaŋ³¹
丛 plo³³
撮 一~毛 tso³¹
叠 一~人民币 ban³¹
　　　lo⁴⁵
份 一~文件 fei⁴⁵
觉 睡一~ mlei³¹

块一~布 buɯ³¹
块一~肉 dzu³¹
缕一~炊烟 ze³³
缕一~线 dzuɯ³¹
点钟一~ dzau³³

十九 副词

当然我~批评他 taŋ³³zan³¹
刚刚他~十八岁 tɕhia³¹tɕhia³¹
好像我们~认识 xau³³ɕiaŋ⁴⁵
勉强 tɕhiaŋ³³mi³³
偏偏他~要去 phin³³
恰巧~给他看见 tsen⁴⁵tsen⁴⁵
　　tɕhia³¹tɕhia³¹
千万 tɕhin³³wan⁴⁵
连续~跳十次 qə³¹tsa⁴⁵tau³³

随时 sui³¹sɿ³¹
另外~买一个 ke³¹wai⁴⁵
特地我~告诉你 thi³¹ji⁴⁵
完全~不同 wan³¹tɕhin³¹ 借词
幸亏~没有打破 ɕin⁴⁵xau³³
只有~一元 tsɿ³³aŋ³¹

二十 介词、连词

连~饭也不吃 le³¹
　　lin³¹
虽然 sui³³zan³¹
随~你要多少 sui³¹
除非 tshu³¹fei³³
但是 tan⁴⁵sɿ⁴⁵
自从~立春以来 tsɿ⁴⁵tshuŋ³¹

第五章 语法

第一节

词 类

根据词语的意义和语法功能，居都仡佬语的词汇系统可分为实词和虚词两大类。实词包括名词、动词、形容词、副词、代词、数词、量词，虚词包括连词、介词、助词、感叹词。名词、动词、形容词、数词、量词属于开放性词类，代词、副词、连词、助词、感叹词属于封闭性词类。

一 名词

（一）名词的性别表达及泛化

居都仡佬语名词性别的区别不是通过词的形态变化进行区分，而是通过附加语素来实现或者通过使用不同的量词或不同的词语来表现名词性别的区分。

1. 附加语素

（1）无论人或者动物性别的区别，都是通过附加语素来表示，男性或雄性加词头 pau^{33}，女性或雌性加词头 ma^{33}。例如：

雄性		雌性	
男人	$pau^{33}ʔlo^{33}$	女人	$ma^{33}ʔlo^{33}$
媒公	$pau^{33}lə^{33}ʔiu^{33}$	媒婆	$ma^{33}lə^{33}ʔiu^{33}$
公鸡	$pau^{33}qɛ^{31}$	母鸡	$ma^{33}qɛ^{31}$

表职业的通称 $le^{31}ke^{45}$（匠人、师傅）以零形式默认表示男性，如果要表示女性，则在前面加上表女性的词头 ma^{33}。例如：

$le^{31}ke^{45}a^{45}xuŋ^{33}mlɯ^{31}$ 鬼师　　$le^{31}ke^{45}phlɯ^{45}$ 银匠　　$ke^{45}tin^{31}$ 木匠
师傅 的 送 鬼　　　　　　匠　银　　　　　　匠 木

ma³³ lə³¹ke⁴⁵lo³¹to⁴⁵ 女篾匠　　　　　　ma³³lə³¹ke⁴⁵a⁴⁵ɬu³¹tɕhi³¹ȵi⁴⁵ 女鞋匠
女的　师傅　篾条　　　　　　　　女的 师傅　的 补鞋

（2）长辈亲属称谓区分男性和女性，大多是通过附加表男性的词头 be³¹ 和表女性的词头 ja³¹ 来区别。例如：

	男性		女性
祖先	be³¹lə³¹su⁴⁵	祖先	ja³¹lə³¹su⁴⁵
外祖父	be³¹au⁴⁵	外祖母	ja³¹au⁴⁵

（3）自然界的一些事物或动物名称，仡佬语通常表达为雄性。例如：

pau³³lui³¹lui³¹ 老天爷　　　　be³¹ŋei³¹tsuŋ³³ 灶神　　　　pau³³di³¹ 老虎
天　　　　　　　　　　　　灶　　　　　　　　　　虎

以上例子中的"老天爷""灶神"的表达通常在故事中出现，是被神化了的抽象事物，"老虎"对于仡佬族人来说是现实中不存在、只存在于观念和传说中的抽象事物。这些抽象事物在人们的观念中被赋予了较大的力量，将之视为雄性。

（4）对于太小而难以区分性别的动物，通常表达为雌性。例如：

ma³³pei³¹zo³¹ 苍蝇　　　　　　ma³³ze³¹ 黄蜂　　　　　　　ma³³bu³³bu³³ 蝴蝶

2．少数人或动物性别的区分可以通过不同的量词 dɯ⁴⁵、pau³³、ma³³ 来表示，其中 dɯ⁴⁵、pau³³ 表雄性，ma³³ 表雌性。例如：

	雄性		雌性
一个单身汉	tsɿ³³dɯ⁴⁵/pau³³blaŋ³³	一位寡妇	tsɿ³³ma³³blaŋ³³
两只公鸡	sɯ³¹dɯ⁴⁵/pau³³qɛ³¹	两只母鸡	sɯ³¹ma³³qɛ³¹

（二）名词的数的表达

居都仡佬语的名词本身并没有数的形态变化，通常通过跟数量短语或者概数词的结合来表达名词的数。

1．跟数量短语结合表达数

（1）单数的表达

名词表达单数，使用"数 tsɿ³³（一）+量+名"格式。例如：

tsɿ³³ dzau³³tsɿ⁴⁵plei³³ 一粒米　　　　　　tsɿ³³ze³³dzaŋ³¹ 一行麦子
一　粒　米　　　　　　　　　　　一 行 麦子

（2）双数的表达

成双成对的事物需搭配专用数量短语 tsɿ³³qɛ⁴⁵（一双、一对），形成"tsɿ³³qɛ⁴⁵+名词"的格式。例如：

tsʅ³³qɛ⁴⁵dzau³³ 一双筷子　　　　　　tsʅ³³qɛ⁴⁵min³¹ 一双手
一　双　筷子　　　　　　　　　　一　双　手

较小的人、动物或事物表示双数，也用"tsʅ³³qɛ⁴⁵ + 名词"的格式，这种用法表达出对这些人、动物或事物喜爱的感情色彩。例如：

tsʅ³³qɛ⁴⁵m̥ɯ³¹ 两只小狗　　　　　　tsʅ³³qɛ⁴⁵qɛ³¹ 两只小鸡
一　对　狗　　　　　　　　　　　一　对　鸡

较大的人、动物或事物表示双数时，得使用"数 sɯ³¹（二）+ 量 + 名"格式。例如：

sɯ³¹kan³¹qə³¹tshu⁴⁵ 两个人　　　　　sɯ³¹kɯ³¹vu³³n̥uŋ³³ 两匹马
两　个　人　　　　　　　　　　　两　匹　马

（3）多数的表达

在名词前面加数量短语，表示事物的具体数量，或者用集合量词表示数量众多，形成"数 + 量 + 名"的格式。例如：

ta³¹dzau³³ə³¹dzo³¹ 三座山　　　　　　tsʅ³³m̥e⁴⁵ə³¹sei⁴⁵kɯ³¹ 一把韭菜
三　座　山　　　　　　　　　　　一　把　韭菜

此外，少数表人的名词后面可以加后缀 ə³³tsʅ³³（们）或 ji³³tsʅ³³（们）表示多数。例如：

la⁴⁵ə³¹pe⁴⁵ʔlai³³ə³³tsʅ³³ 娃娃们　　　qə³³die³³　ji³³tsʅ³³ 朋友们
小孩子　　们　　　　　　　　　　朋友　　们

2. 与概数词结合表达概数

仡佬语的名词表达不确定的概数时，通常在名词前加 aŋ⁴⁵tsʅ³³、ma³³xɯ³¹ 表示"一些"，或用"sa³¹ 几 + 量词"修饰。例如：

aŋ⁴⁵tsʅ³³ə³¹tshu⁴⁵ 有些人　　　　　sa³¹tsaŋ³³dɯ⁴⁵gu³³ 几种东西
有些　人　　　　　　　　　　　　几　种　东西

（三）名词的指大与指小

居都仡佬语表示事物的大与小需要受形容词"大"与"小"的修饰。形容词"大"与"小"跟名词的结合有以下几种情况。

1. 名词的指大

（1）表示事物的大，通常在名词前面加 ma³³ 或在名词后面加 dzuŋ³¹。例如：

xaŋ³³xaŋ³³a⁴⁵dzuŋ³¹ 大坑　　　　　　ma³³man³¹ 大雨
坑　　的　大　　　　　　　　　　大　雨

表示"大"义的 ma³³ 与兼做量词和词头的 ma³³ 不仅在语义上有区别，而且表示"大"义的 ma³³ 前面不能直接加数词，如 ma³³khai⁴⁵（大集市）、ma³³man³¹（大雨）前面不能直接加数词。而兼做量词和词头的 ma³³ 则可以直接加数词构成"数 + 量 + 名"结构，例如

tsɿ³³ma³³qɛ³¹（一辆车）、tsɿ³³ma³³ɲi³¹（一头牛）。

（2）表示年龄上的大，通常在名词后面加qə³³sen³³（大）或ʔiu³³（老）。例如：

ʁa⁴⁵a⁴⁵qə³³sen³³ 长房　　　　　　　pau³³qə³¹ɬei³¹a⁴⁵ʔiu³³ 老刘
房的大　　　　　　　　　　　　刘　　　的老

2. 名词的指小

（1）名词表示小的事物通常用表示"小"的形容词la⁴⁵、la⁴⁵ə³¹pe⁴⁵、la⁴⁵jaŋ³³、la⁴⁵pe⁴⁵、pe⁴⁵、pe³¹pe⁴⁵修饰，其中la⁴⁵、la⁴⁵jaŋ³³、la⁴⁵ə³¹pe⁴⁵、la⁴⁵pe⁴⁵位于名词前，pe⁴⁵、pe³¹pe⁴⁵既可位于名词前，也可位于名词后。例如：

pe³¹pe⁴⁵ man³¹ 小雨　　　　　　　ə³¹tshu⁴⁵pe³¹pe⁴⁵ 小个子
小　雨　　　　　　　　　　　　人　　小

la⁴⁵jaŋ³³ken³¹min³¹ 小拇指　　　　　lə³³qu³³pe⁴⁵ 小盆子
小　拇指　　　　　　　　　　　盆子 小

（2）名词表示辈分排行较小或年纪较小的人的称谓，通常在名词前加la⁴⁵、da⁴⁵或在名词后加dai³³、dai⁴⁵dai³³。例如：

la⁴⁵ʔi³¹ 孙子　　　　　　　　　　da⁴⁵ɯ³³sɯ⁴⁵ 小唐
孙子　　　　　　　　　　　　　小　唐

ba³³dai³³ 叔父　　　　　　　　　lə³³mi³³a⁴⁵dai⁴⁵dai³³ 小老婆
父 小　　　　　　　　　　　　妻子　的 小

（四）名词的重叠

居都仡佬语的名词中音节的重叠比较常见（即叠音词，前文已述），能够重叠的名词却非常少。名词重叠后不改变词汇意义，也不具有特别的语法意义，所搭配的数量短语也无异。但重叠词有表小的语义倾向。例如：

baŋ³¹ 洞——baŋ³¹baŋ³¹ 洞（较小的洞）　xaŋ³³ 坑——xaŋ³³xaŋ³³ 坑（较小的坑）

在儿语中有名词的重叠，这种重叠实为变形重叠：如果名词是单音节，重叠后原音节要变调，如果名词是双音节或多音节，则只重叠该名词的某一个音节。重叠后的名词是大人对小孩儿的用词，表达可爱、喜爱的感情色彩。如（破折号后的都为儿语词）：

果子 ma⁴⁵——ma³¹ma⁴⁵　　　　　脚 ko⁴⁵——ko³¹ko⁴⁵

鸟 vu³¹no⁴⁵——no³¹no⁴⁵　　　　鞋 tɕhi³¹ɲi⁴⁵——ɲi³¹ɲi⁴⁵

鼻涕 ŋe⁴⁵——ŋe³¹ŋe⁴⁵　　　　　尿 sei³⁵——sei³¹sei⁴⁵（把尿时的说法）

（五）名词与其他词的修饰关系

居都仡佬语的名词可以受数量结构、形容词、代词、名词、动词及相关短语的修饰，构成复合名词或名词性短语，修饰成分一般在名词的后面，由于受汉语的影响，有的修饰成分也置于名词的前面。

1. 受数量结构的修饰

名词可以受数量结构的修饰，数量结构一般都位于名词的前面，构成"数+量+名"结构。例如：

tsʅ³³ma³³vu³¹tse⁴⁵ 一只蚂蚱　　　　　　suɯ³¹dʐau³³ɯ³³ 两滴水
一　只　蚂蚱　　　　　　　　　　　　两　滴　水

在极少数情况下，指人名词直接受数词修饰，构成"数+名"结构。例如：

suɯ³¹ qə³³pi³³ 两姐妹　　ta³¹ ma³³vu³¹le³¹ 三个媳妇　　tɕhi³¹ tsʅ³³mei⁴⁵ 七姊妹
两　　姐妹　　　　　　三　　媳妇　　　　　　　　七　　姊妹

2. 受形容词的修饰

名词受形容词修饰，除了表示"小"义的形容词 la⁴⁵、la⁴⁵jaŋ³³、la⁴⁵ə³¹pe⁴⁵、la⁴⁵pe⁴⁵ 位于名词前面之外，其余的形容词修饰名词，都位于名词的后面。例如：

la⁴⁵ə³¹pe⁴⁵vei³¹ 耳垂　　　ŋen³¹ta⁴⁵ kɯ⁴⁵ 旱蚂蟥　　　ŋɯ³¹a⁴⁵ ʥuŋ³¹ 蟒蛇
小　　　耳　　　　　　　蚂蟥　　干　　　　　　　蛇　的　大

3. 受代词的修饰

代词修饰名词位于名词之后，受汉语的影响，少数代词可用助词 di³³（的）连接且位于名词之前，有的疑问代词可以不跟 di³³（的）结合。例如：

a³³wai³³mi⁴⁵ 他哥哥　　　　　　　　kɯ³¹vu³³ȵuŋ³³bɯ⁴⁵ 那匹马
哥哥　他　　　　　　　　　　　　匹　马　那

ti³³to³¹di³³kuŋ³³sʅ³³ 我们的公司　　　vu³¹tɕin³³xuŋ³³o³¹ 什么花
我们　的　公司　　　　　　　　　什么　花

4. 受名词的修饰

名词可以受名词的修饰，作为修饰语的名词通常位于中心名词的后面，少数做修饰语的名词可置于中心名词的前面。例如：

vu³¹qu⁴⁵ ȵi³¹ 牛皮　　　vu³¹ȵi⁴⁵ tin³¹ 蛀木虫　　　gen³¹ bia⁴⁵dzen³¹ 铜板
皮　　牛　　　　　　虫　　木　　　　　　铜　　钱

5. 受动词或动词短语的修饰

名词受动词或动词短语修饰时，修饰成分一般位于名词的后面，需用助词 a⁴⁵ 连接，受汉语的影响，也有的修饰成分置于名词前面，需用助词 di³³ 连接。例如：

pau³³qe³¹a⁴⁵zaŋ³³ 阉过的鸡　　ŋɯ³¹a⁴⁵ȵia³¹vu³¹dɯ³¹ 壁虎　　phlɯ⁴⁵da³¹di³³ dɯ⁴⁵gu³³ 首饰
公鸡　的　割　　　　　　蛇　的　粘　墙壁　　　　银　做的　东西

（六）名词的句法功能

名词在句子中可做主语、宾语、定语、谓语、状语和补语。

1. 做主语。名词做主语时通常位于句首。例如：

ə³¹du⁴⁵mlɯ³¹　da³¹　mlɯ³³　ne⁴⁵　du³³ŋɯ⁴⁵　liau⁴⁵.
庄稼汉　　　　做　　活　　呢　　真的　　　累

庄稼汉干活真正累。

2. 做宾语。名词做宾语通常位于谓语中心的后面。例如：

ma³³ʔlo³³　a³¹　pa⁴⁵ʔlei³³　daŋ³³　jau³¹mi³³.
女人　　　在　　家里　　　种　　　玉米

女人在家里种玉米。

3. 做定语

名词做定语，定语有位于被修饰名词的前面和后面两种形式。

（1）普通名词修饰方位名词时，位于方位名词的后面，方位名词修饰普通名词时，位于被修饰成分的后面。例如：

je³¹　xuan³¹　sʅ⁴⁵　au³¹　paŋ⁴⁵ʔlaŋ³³　dzau³³　baŋ³¹baŋ³¹　ɬɯ⁴⁵　buɯ⁴⁵.
也　　还　　　是　　是　　里面　　　　个　　　洞　　　　　岩　　那

也还是那个岩洞里面。

ko³¹ə³³ɕuŋ³³　a⁴⁵　paŋ⁴⁵ʔlaŋ³³　lui³³, ko³¹ə³³ɕuŋ³³　a⁴⁵　pa⁴⁵dzi³³　ŋei⁴⁵ŋei³³.
裤子　　　　的　　里面　　　　长　　裤子　　　　的　　外面　　　短

里面的裤子长，外面的裤子短。

受汉语的影响，用于修饰的方位名词也可以位于被修饰普通名词的前面，中间用结构助词di³³（的）连接，di³³常变读为li³³：

plɯ⁴⁵　paŋ⁴⁵ʔlaŋ³³　li³³　ə³³ɕuŋ³³　lui³³, plɯ⁴⁵　pa⁴⁵　dzi³³　li³³　ə³³ɕuŋ³³　ŋei⁴⁵ŋei³³.
边　　　里面　　　　的　　裤子　　　长　　边　　　外面　　　　　的　　裤子　　　短

里面的裤子长，外面的裤子短。

（2）普通名词修饰普通名词，用于修饰的名词位于中心名词的后面，也可用di³³（的）连接，位于中心名词的前面。例如：

qen³¹　ŋe⁴⁵laŋ³³　ti³³to³¹　ɲi⁴⁵　ma³³　phei⁴⁵　wo³³.
姜　　　本地　　　　这　　　我们　不　　辣　　　不

我们本地的姜不辣。

mi⁴⁵　au³¹　lɯ³¹san⁴⁵　di³³　ə³¹tshu⁴⁵.
他　　是　　居都　　　的　　人

他是居都人。

二 代词

代词主要在句中起指示替代的作用，可以划分为人称代词、反身代词、疑问代词、指示代词、方式与程度代词。

（一）人称代词

1. 人称代词的分类

居都仡佬语的人称代词有第一人称、第二人称、第三人称，都分单数和复数。第一人称复数只有包括式，没有排除式，各人称代词的单数也没有敬称和谦称之分，施事受事同形。人称代词详见下表：

表5-1　居都仡佬语人称代词表

人称	数	施事	受事
第一人称	单数	i^{33}	i^{33}
	复数	ti^{33}to^{31}	ti^{33}to^{31}
第二人称	单数	mɯ^{31}	mɯ^{31}
	复数	tɕi^{33}tɕio^{31}	tɕi^{33}tɕio^{31}
第三人称	单数	mi^{45}	mi^{45}
	复数	ma^{33}xɯ^{45}	ma^{33}xɯ^{45}

2. 人称代词的主要语法特征和句法功能

可以跟数量结构结合，构成同位结构。例如：

mɯ^{31}　tɕhi^{33}kan^{33}　do^{31}. / mɯ^{31}　tsʅ^{33}　kan^{33}　do^{31}.
你　　一个　　来　　　你　　一　　个　　来

你一个人来。

人称代词可置于句首充当句子的主语，位于谓词的后面充当句子的宾语，位于中心词的后面充当句子的定语。例如：

i^{33}　tsʅ^{45}　pa^{33}　u^{33}　tshu^{45}　gi^{33}.
我　　就　　把　　肉　　切　　好

我就把肉切好。

i^{33}　fei^{31}　mi^{45}　tsʅ^{33}　phai^{45}　su^{31}.
我　　给　　他　　一　　本　　书

我给他一本书。

ta⁴⁵ɕie⁴⁵bɯ⁴⁵, be³¹ŋen³¹ʔiu³³ ti³³to³¹ ɕiau³³tɕhi⁴⁵ do³¹.
从前　　　　　灶神　　我们　　小气　　很

从前，我们的灶神很小气。

（二）反身代词

仡佬语的反身代词由固有人称代词后面接汉借词"tsʅ⁴⁵tɕi³³（自己）"或"ko³¹zen³¹（各人）"构成。反身代词的句法功能跟人称代词基本相同，不过充当定语时多位于中心词的前面。例如：

mi⁴⁵　tsai⁴⁵　ʔlɯ⁴⁵　mi⁴⁵tsʅ⁴⁵tɕi³³.
他　　在　　打　　他自己

他在打自己。

i³³ dzau³¹ lai³³ i³³tsʅ⁴⁵tɕi³³/ko³¹zen³¹ di³³ dɯ⁴⁵gu³³
我　喜欢　用　　我自己　　　　　　的　东西

我喜欢用自己的东西。

（三）疑问代词

1. 疑问代词的分类

根据所提问的内容，居都仡佬语疑问代词可分为疑问人称代词、疑问事物代词、疑问时间代词、疑问处所代词、疑问数量代词、疑问程度代词、疑问方式代词、疑问原因代词等。详见下表：

表5-2　居都仡佬语疑问代词表

分类	疑问代词
疑问人称代词	ka⁴⁵na³³
疑问事物代词	vu³¹tɕin³³
疑问时间代词	ɕie⁴⁵na³³
疑问处所代词	bau³¹na³³/te⁴⁵nan³³/nan⁴⁵
疑问数量代词	khe³³na³³
疑问程度代词	ɕiaŋ³³aŋ³¹/khe³³na³³
疑问方式代词	da³¹tɕin³³/ɕiaŋ³³aŋ³¹da³¹/sa³³a³¹
疑问原因代词	da³¹tɕin³³

2．疑问代词的语法功能

（1）疑问代词在句中可以做主语、宾语、定语、状语。例如：

vu³¹tɕin³³　tsʅ³³　qa³³　pɯ⁴⁵　wo³³.
什么　　　都　　没有　得　　不

什么都没有得到。

pau³³ba³³　mɯ³¹　tɕia³³　pɯ⁴⁵　vu³¹tɕin³³？
爸爸　　　你　　抓　　　得　　什么

你爸爸抓到了什么？

mɯ³¹　tshuŋ³¹　ka³¹　khe³³na³³？
你　　　能　　　吃　　多少

你能吃多少？

ka⁴⁵na³³　tsʅ³³　qa³³　sɯ³¹　ka⁴⁵na³³　di³³　duŋ³¹　wo³³.
谁　　　都　　没有　懂　　谁　　　的　　话　　不

谁都没懂谁的话。

mɯ³¹　da³¹tɕin³³　xa³¹　ma³³　vu³³　la³³？
你　　　怎么　　　还　　不　　去　　啊

你怎么还不去啊？

（2）疑问人称代词、疑问事物代词可以表示虚指或泛指。有时候疑问人称代词不表疑问，而表示任何人，说明在所说的范围内没有例外，有时候疑问事物代词同样不具疑问功能，具有泛指性。例如：

ka⁴⁵na³³　da³¹　ə³¹sa⁴⁵　vu³¹tɕin³³　ja⁴⁵, mi⁴⁵　tɯ⁴⁵　ɯ⁴⁵　vu³³　tɯ⁴⁵lui³¹　ɕin³¹.
谁　　　做　　点　　　什么　　　错　　他　就　　要　　去　　天上　　　说

谁做了点什么错事，他都要去天上说。

ta³¹　ə³³pi³³　tsʅ³³　au³¹　la⁴⁵　blaŋ³³, tan³³　ka⁴⁵na³³　ʔlai³³　ka⁴⁵na³³　da³¹　min³³.
三　　兄弟　　都　　是　　儿　　寡　　　遇　　谁　　　叫　　　谁　　　做　　妈

三兄弟都是孤儿，遇上谁把谁叫做妈妈。

（四）指示代词

1．指示代词的分类

居都仡佬语的指示代词分定指代词和不定指代词，详见下表。

表 5-3　居都仡佬语指示代词表

定指代词	n̠i⁴⁵（这） bɯ⁴⁵（那） ma³³xɯ³¹n̠i⁴⁵、ma³³xɯ³¹bɯ⁴⁵（这些/那些） tsɯ³³xɯ³¹n̠i⁴⁵、tsɯ³³xɯ³¹bɯ⁴⁵（这些/那些） a³³ai⁴⁵（这） a³³bai⁴⁵（那） ma³³ɕie⁴⁵n̠i⁴⁵（这时） ma³³ɕie⁴⁵bɯ⁴⁵（那时） pa⁴⁵n̠i⁴⁵（这边） pa⁴⁵bai³³（那边）
不定指代词	do³³o³³、o³³（别人） te⁴⁵tɕhi³¹、da³¹xɯ³¹（大家） da³¹xɯ³¹tsʅ³³bau³¹di³³ə³¹tshu⁴⁵、ə³¹tshu⁴⁵a⁴⁵tsʅ³³bau³¹、tsʅ³³plɯ⁴⁵di³³ə³¹tshu⁴⁵、ə³¹tshu⁴⁵a⁴⁵tsʅ³³plɯ⁴⁵（别人、其他人） dzi³¹（每）

2. 指示代词的语法特征

（1）指示代词有近指和远指之分，通常 n̠i⁴⁵ 表近指，bɯ⁴⁵ 表远指。例如：

phɯ³¹　n̠i⁴⁵　qə³¹dza⁴⁵　phɯ³¹　bɯ⁴⁵　zu³¹.
棵　　这　　比　　　棵　　那　　高

这棵比那棵高。

（2）表距离远近的指示代词有近、稍远、较远、更远、最远的区别，表示"更远"则是在"较远"的基础上变调。

a³¹n̠i⁴⁵ 这　　　a³¹bɯ⁴⁵ 那（稍远，明确的地方）　　a³¹pai⁴⁵ai³³bɯ⁴⁵ 那（较远）

a⁴⁵pai⁴⁵ai³³bɯ⁴⁵ 那（更远）　　　　　　　　　　a³³lu³¹ai⁴⁵ 那（最远）

（3）指示代词修饰量词或数量短语，一般位于量词或数量短语之后。例如：

ma³³　dɯ⁴⁵　n̠i⁴⁵ 这个　　　　sɯ³¹　dɯ⁴⁵　bɯ⁴⁵ 那两个
定指　 个　　 这　　　　　　　两　　 个　　 那

（4）指示代词可以在句中做主语、宾语、定语。例如：

pau³³be³¹au⁴⁵　mi⁴⁵　ɬa³¹　tɕhi³³　ma³³lə³¹qen³¹　qau³³　bɯ⁴⁵　lɯ³¹xɯ³¹.
外公　　　　 他　　拿　 起　　　斧子　　　　 在　　 那　　 等

他外公拿起斧子在那里等。

（五）性质、方式与程度代词

性质、方式与程度代词主要指代事物的性质、行为的方式或性状的程度，如下表：

表 5-4　居都仡佬语性质、方式与程度代词表

性质、方式代词	n̠i⁴⁵（这） bɯ⁴⁵（那） tsei³³n̠i⁴⁵（这样） tsei³³bɯ⁴⁵（那样）
程度代词	n̠i⁴⁵（这） ɕiaŋ³³aŋ³¹、ɕiaŋ³³aŋ³¹da³¹（这么）

方式代词和程度代词主要修饰动词、形容词，通常在句中做状语，性质代词主要修饰名词，在句中做定语。例如：

mi⁴⁵　dzu³³ŋu⁴⁵　xo³¹　n̠i⁴⁵　ə³³plai³³.
他　　真的　　　像　　这　　问
他真的像这样问。

mɯ³¹　xo³¹　n̠i⁴⁵　zan³¹　mɯ³¹　vu³¹lɯ³¹　vu³¹tɕin³³　ma³³　vu³¹lɯ³¹？
你　　像　　这　　凶　　你　　怕　　　　什么　　　　不　　怕
你这么凶，你怕什么吗？

nai³³　ma³³lə³³mi³³　a⁴⁵　tsei³³n̠i⁴⁵　da³¹　vu³¹tɕin³³　ei³³.
要　　妻子　　　　的　　这样　　　干　　什么　　　　呢
要这样的妻子干吗呢。

三　数词

居都仡佬语的数词分为基数词和序数词两大类。

（一）基数词

1. 基数词的分类

（1）简单基数词

系数：lin³¹ 零　　　tsʅ³³ 一　　　sɯ³¹ 二　　　ta³¹ 三　　　pu³¹ 四
　　　mlɯ³¹ 五　　tɕhiu³¹ 六　　ɕen³¹ 七　　ɕe³¹ 八　　kɯ³¹ 九

其中"一"偶尔借用汉语的 ji³¹，如 tsʅ³³ɬiu⁴⁵/ji³¹ɬiu⁴⁵（一百），跟量词结合时"一"还可用 tsa⁴⁵ 表示，例如 tsa⁴⁵biau³¹la⁴⁵tsau³³（一群姑娘）。

位数：tshen³³ 十　　　　ɬiu⁴⁵ 百　　　　　ŋan³³ 千
　　　qə³¹ʔia⁴⁵ 万　　　tshen³³qə³¹ʔia⁴⁵ 十万　　　ji⁴⁵ 亿

仡佬语的"十"有两种不同的语音形式，当数量为"二十"以下时，"十"用 tshen³³ 表示。当表示数量为"二十"以上（包括二十）时，位数词"十"的声调由平调变为升调，即"tshen⁴⁵"。例如：

tshen³³ 十　　　tshen³³ tsʅ³³ 十一　　　sɯ³¹tshen⁴⁵ 二十　　　ɕen³¹tshen⁴⁵tsʅ³³ 七十一

"二十"还可以表示为 ŋɯ³¹tsen⁴⁵，ŋɯ³¹ 为汉语老借词"二"。

"十"的变调还能表示概数和基数的区别。例如：

kɯ³¹tshen³³duŋ³¹ 九个十个（表概数）　　kɯ³¹tshen⁴⁵duŋ³¹ 九十个（表基数）

（2）复合基数词

相加关系：位数在系数前，两者表示的是相加关系。例如：

tshen³³tsʅ³³ 十一　　　　　tshen³³suɯ³¹ 十二　　　　　tshen³³mlɯ³¹ 十五

相乘关系：系数在位数前，两者表示的是相乘关系。例如：

ta³¹tshen⁴⁵ 三十　　　　mlɯ³¹ŋan³³ 五千　　　　suɯ³¹qə³¹ʔia⁴⁵ 二万

如果复合数词的十位数后边再没有其他数字，作为位数的tshen³³/ tshen⁴⁵（十）常常被省略。例如：

tsʅ³³ɬiu⁴⁵pu³¹ 一百四十　　　　　　　ta³¹ɬiu⁴⁵tsʅ³³ 三百一十
一　百　四　　　　　　　　　　　三　百　一

当数词后边接了量词，则位数"十"不可省略。如tsʅ³³ɬiu⁴⁵ta³¹tshen⁴⁵phin³³ 一百三十块（钱），其中的位数tshen⁴⁵（十）不能省略。

复合数词中的"零"有两种表示方法，一是用借自汉语的lin³¹（零），二是在零数前加le³¹（多）。例如：

一百零六　　tsʅ³³ɬiu⁴⁵lin³¹tɕhiu³¹　　　tsʅ³³ɬiu⁴⁵le³¹tɕhiu³¹
一万零四　　tsʅ³³qə³¹ʔia⁴⁵lin³¹pu³¹　　　tsʅ³³qə³¹ʔia⁴⁵le³¹pu³¹

2．基数词的语法特征

基数词可以组成表示倍数、分数、概数的短语。

（1）倍数的表示

倍数由基数词加pu³³（倍）组成。例如：

pu³¹ pu³³ 四倍　　　　kɯ³¹ pu³³ 九倍　　　　le³¹ tsʅ³³ pu³³ 增加一倍
四　倍　　　　　　　　九　倍　　　　　　　　多　一　倍

（2）分数的表示

仡佬语的分数通常由基数词和fan³¹（分）组成，大的数词在前，小的数词在后，表示"几分之几"。例如：

mlɯ³¹ fan³¹ suɯ³¹ 五分之二　　　　tsʅ³³ ɬiu⁴⁵ fan³¹ suɯ³¹ tshen⁴⁵ 百分之二十
五　分　二　　　　　　　　　　　　一　百　分　二　十

分数也可以由基数词加ɬia⁴⁵（成）来表示"几成"。例如：

bia⁴⁵ tɕi³¹ ȵi⁴⁵ xuŋ⁴⁵ lau³³ χen³¹ χe³¹ ɬia⁴⁵ a⁴⁵.
片　稻　这　熟　了　七　八　成　了
这片稻子已经熟了七八成了。

分数还可以用偏正结构表示。例如：

i³³ nai³³ ta³¹ be³¹ di³³ tsʅ³³ be³¹, mɯ³¹ nai³³ ta³¹ be³¹ di³³ suɯ³¹ be³¹.
我　要　三　份　的　一　份　你　要　三　份　的　两　份
我要三分之一，你要三分之二。

（3）概数的表示

仡佬语概数的表示有以下四种方式。

1) 用表示概数的词语如 sa^{31}（几）、tsa^{45}pai^{33}（一点儿）、ə^{31}sa^{45}（一点儿）、ə^{33}tsʅ^{33}（些）、tsʅ^{33}（些）、tso^{33}jəu^{45}（左右）等表示。例如：

pei^{31} tɕia^{31} ne^{33} aŋ^{31} tsʅ^{33} au^{31} ɬɯ^{31} di^{31}, aŋ^{31} tsʅ^{33} qa^{33} ɬɯ^{31} wo^{33}.
种　粮食　呢　有　些　是　炒　的，有　些　没　炒　不

粮种有些是炒的，有些没有炒。

2) 基数词与其他表示"大概"意的词或短语如 ta^{45}khai^{45}（大概）、vu^{33}ai^{33}vu^{33}ɳi^{45}（左右）、vu^{33}qə^{31}tsei^{31}vu^{33}qə^{31}zuŋ^{33}（上下）、ɯ^{45}（接近）、qa^{33}tsha^{33}khe^{33}na^{33}（差不多）、vu^{33}qə^{31}zuŋ^{33}（以上）、vu^{33}qə^{31}tsei^{31}（以下）、le^{31}（多）等结合组成一个短语表达概数。例如：

tsʅ^{33} ŋan^{33} kai^{45} vu^{33} qə^{31}tsei^{31} vu^{33} qə^{33}zuŋ^{33}.
一　千　斤　去　下　去　上

一千斤左右。

ɯ^{45} ta^{31} kɯ^{31} tshen^{45} a^{45}.
要　到　九　十　了

接近九十了。

3) 相邻的基数词连用或者数量短语连用表示概数。例如：

ta^{31} pu^{31} kan^{31} 三四个（人）　　tsʅ^{33} kan^{33} sɯ^{31} kan^{31} qə^{31}tshu^{45} 一两个人
三　四　个　　　　　　　　　　一　个　两　个　人

仡佬语相邻的数词连用可表示概数，但是"一"和"二（两）"不能直接连用，每个数词后面必须接量词，如不能说 tsʅ^{33}sɯ^{31}kan^{31}、tsʅ^{33}sɯ^{31}duŋ^{31}，只能说 tsʅ^{33}kan^{33}sɯ^{31}kan^{31}、tsʅ^{33}dʑau^{33}sɯ^{31}duŋ^{31}，这可能跟有的情况下 tsʅ^{33}（一）和 sɯ^{31}（二）所搭配的量词不同有关。不相邻的数词除了"三、五"以外不能连用，但是"三"和"五"后面都必须接量词。

4) 在位数前加 da^{31} 或者直接在量词前加 da^{31} 表示概数。例如：

a^{45} phɯ^{31}tin^{31} aŋ^{31}aŋ^{31} tɯ^{45} da^{31}duŋ^{31} ma^{45} ma^{33} le^{31} wo^{33}.
发语词 树　　有　　就　个把　果　不　多　不

树上就只有个把果子，不多了。

（二）序数词

分一般先后次序、长幼排行次序、时间序列等类别。

1. 一般先后次序

（1）通常由数词与量词结合起来表示，量词位于数词的前面，形成"量+数"的格式，有时也用"前"、"后"表示"第一"、"第二"。例如：

kan³³a⁴⁵ ȵi⁴⁵qu³¹ 第一个人　　kan³³su³¹ 第二个人　　du⁴⁵m̥u³¹a⁴⁵ȵi⁴⁵qu³¹ 第一只狗
个　的　前　　　　　　个　二　　　　　　只　狗　的　前

（2）仡佬语还借用汉语的表达方法来表示先后次序。如 ti⁴⁵ji³¹（第一）、ti⁴⁵ɚ⁴⁵（第二）、ti⁴⁵tɕhi³¹（第七）。

2．长幼排行次序

通常在称谓名词后面接数词或形容词表示。例如：

la⁴⁵tsau³³ a⁴⁵ dzuŋ³¹ 大女儿　　la⁴⁵tsau³³ su³¹ 二女儿　　la⁴⁵sai³³ su³¹ 二儿子
女儿　的　大　　　　　　女儿　二　　　　　　儿子　二

3．时间序列

（1）一周内各天的次序

过去表示一周内各天的次序用赶场的日子表示，以前七天赶一场，后来六天赶一场：

wuŋ³¹ khai⁴⁵ 赶场天　　　　　　　　khai⁴⁵ tsʅ³³ wuŋ³¹ 赶集过后的第一天
日　场　　　　　　　　　　　　　　场　一　日

khai⁴⁵ su³¹ wuŋ³¹ 赶集过后的第二天　　khai⁴⁵ mlu³¹ wuŋ³¹ 赶集过后的第五天
场　二　日　　　　　　　　　　　　　　场　五　日

现在一周内各天的次序多借自汉语的表达（星期天用"日+星期"表示）。例如：

ɕin³³tɕhi³³ ji³¹ 星期一　　ɕin³³tɕhi³³ ɚ⁴⁵ 星期二　　wuŋ³¹ ɕin³³tɕhi³³ 星期天
星期　一　　　　　　　　星期　二　　　　　　　　日　星期

（2）一月内各天的次序

过去每天的日期也用赶集的时间表示。赶集分六个场，分别是牛坡、六枝、箐口、红岩、新场、堕却。每个场六天赶一次，并按照十二生肖的顺序轮换。从牛坡算起（牛、羊），第二天赶六枝（虎、猴）、第三天赶箐口（兔、鸡）、第四天赶红岩（龙、狗）、第五天赶新场（蛇、猪）、第六天赶堕却（马、鼠），即从牛坡开始，"牛场、虎场、兔场、龙场、蛇场、马场"轮完以后，又从牛坡的"羊场"、六枝的"猴场"开始轮。一个月内每天的日期就这样按照赶场的日期推算。

wuŋ³¹ khai⁴⁵ kai⁴⁵waŋ³¹nen³¹ 牛坡集　　wuŋ³¹ khai⁴⁵ qaŋ³³ ɚ³¹ʔlan³¹ 箐口集
日　场　牛坡　　　　　　　　　　　　日　场　箐　路

wuŋ³¹ khai⁴⁵ ɬu⁴⁵ pla³¹die⁴⁵ 红岩集　　wuŋ³¹ khai⁴⁵ mi³¹ 新场
日　场　岩　红　　　　　　　　　　　　日　场　新

wuŋ³¹ khai⁴⁵ tɕi³¹qa⁴⁵ 堕却场　　　　　wuŋ³¹ khai⁴⁵ qɚ³¹zen³¹ 六枝场
日　场　堕却　　　　　　　　　　　　　日　场　六枝

现在也借用了汉语的表示法，如 ji³¹xau⁴⁵（一号）、ɚ⁴⁵xau⁴⁵（二号）、san³³xau⁴⁵

（三号）。

（3）一年内各个月份的次序

"一月"到"十月"的次序在 vu³¹dʑi³¹（月）之后加数字表达，"一月"按农历表述为"正月"，每个 vu³¹dʑi³¹（月）的前面还可加量词 duŋ³¹（个），而"十一月"和"十二月"则是数字位于 vu³¹dʑi³¹（月）之前。可能因为"一月"到"十月"次序的表达在语义上是排序而非计算月份数，所以采用了表序数的语序，而"十一月"和"十二月"却与汉语一致，也许是受汉语影响所致。例如：

vu³¹dʑi³¹　vu³¹lei⁴⁵ 正月　　　　　　duŋ³¹　vu³¹dʑi³¹　vu³¹lei⁴⁵ 正月
月　　　　针　　　　　　　　　　　个　　　月　　　　针

vu³¹dʑi³¹　ta³¹ 三月　　　　　　　　duŋ³¹　vu³¹dʑi³¹　ta³¹ 三月
月　　　　三　　　　　　　　　　　个　　　月　　　　三

tshen³³　tsɿ³³　vu³¹dʑi³¹ 十一月　　　tshen³³　suɯ³¹　vu³¹dʑi³¹ 十二月
十　　　一　　　月　　　　　　　　十　　　二　　　月

有时表示月份的次序也用"数 + 名"的格式：

a⁴⁵　wuŋ³¹　ȵi⁴⁵　au³¹　ta³¹　vu³¹dʑi³¹　mluɯ³¹　wuŋ³¹.
发语词　日　这　是　三　月　五　日

今天是三月初五。

当计算月份数时，量词 duŋ³¹ 则位于数词后面，表现为"数 + 量 + 名"的格式，例如：

suɯ³¹　duŋ³¹　vu³¹dʑi³¹ 两个月　　　　ta³¹　duŋ³¹　vu³¹dʑi³¹ 三个月
二　　　个　　　月　　　　　　　　　三　　　个　　　月

在实际的语言运用中比较灵活，量词 duŋ³¹ 可省略，直接用"数 + 名"计算月份数。那么同样的表达是表示月份的次序还是计算月份数，需要在具体语境中区分。例如：

aŋ³¹　tsɿ³³　vu³¹dʑi³¹　a⁴⁵　le³¹　a⁴⁵.
有　　一　　月　　　　的　　多　　了

有一个多月了。

aŋ³¹　tsɿ³³　plei³¹, qə³¹tsa⁴⁵tau³³　suɯ³¹　vu³¹dʑi³¹　qa³³　do³¹　man³¹　wo³³.
有　　一　　年　　　接连着　　　　两　　　月　　　　未曾　来　　雨　　不

有一年，接连两个月没有下雨。

χen³¹　χe³¹　vu³¹dʑi³¹　u⁴⁵　dzaŋ³¹　tɕi³¹.
七　　　八　　　月　　　要　　割　　　谷

七八月份要割稻子。

（4）一年四季的顺序

居都仡佬语表示一年四季的顺序有固有和借用汉语两种形式并存。
固有形式为：

wuŋ³¹ a⁴⁵ fe⁴⁵ 春　　　　　　　wuŋ³¹ a⁴⁵ do³¹ man³¹ 夏
日　　的　吹　　　　　　　　　日　　的　下　雨

wuŋ³¹ a⁴⁵ da³¹gau³³ 秋　　　　　wuŋ³¹ a⁴⁵ ə³¹ji⁴⁵ 冬
日　　的　烤　　　　　　　　　日　　的　冷

借用汉语的形式为：tɕhun³³thin³³ 春天、ɕia⁴⁵thin³³ 夏天、tɕhiu³³thin³³ 秋天、tuŋ³³thin³³ 冬天。

（三）数词的句法功能

除了以上表示序数的数词可直接修饰名词外，数词一般要与量词结合构成数量结构才充当句法成分（详见以下"量词的句法功能"部分）。

四　量词

（一）量词的分类

居都仡佬语的量词比较丰富发达，可分为名量词、动量词和时量词。

1. 名量词

用于表示人和事物的单位。主要有个体量词、集体量词、度量衡量词、借用量词等。名量词大部分是专用量词，有少数借自名词。

（1）个体量词。个体量词较多，可分为类别量词、通用量词、性状量词等。

1）类别量词。类别量词可表示事物的类别，用于具有同类属性的事物。有的类别量词与所搭配的数词大小有密切关系，个位上是"一"的数词与数词"二"及其他数词所搭配的量词不相同。类别量词常见的主要有：表"人"的量词 kan³³（个，专表成年人）；兼表"人"和"动物"的量词 sa⁴⁵（个）、saŋ³³（个）、suɯ³¹（个）等（主要表幼小的人或动物），不区分性别；表"植物"的量词 phɯ³¹（棵）。例如：

tsɿ³³ kan³³ 一个（人）　　　　　suɯ³¹ kan³¹ 两个（人）
一　　个　　　　　　　　　　　两　　个

tsɿ³³ saŋ³³ la⁴⁵ 一个小孩　　　　tsɿ³³ sa⁴⁵ la⁴⁵ 一个小孩
一　　个　　小孩　　　　　　　一　　个　　小孩

tsɿ³³ qɛ⁴⁵ la⁴⁵ 两个小孩　　　　ta³¹ suɯ³¹ la⁴⁵ 三个小孩
一　　对　　小孩　　　　　　　三　　个　　小孩

tsɿ³³ sa⁴⁵ qɛ³¹ 一只小鸡　　　　ta³¹ suɯ³¹ qɛ³¹ 三只小鸡
一　　只　　鸡　　　　　　　　三　　只　　鸡

tsʅ³³ phɯ³¹ tin³¹ 一棵树　　　　　tɕhiu³¹ phɯ³¹ ma⁴⁵vei³¹ 六棵樱桃树
一　　棵　　树　　　　　　　　　　六　　棵　　樱桃树

上例中，数词"一"搭配量词 kan³³（个），当数词大于"一"且个位数不是"一"时，搭配的量词则是改变了声调的 kan³¹（个），"一"和个位数为"一"的数词搭配量词 saŋ³³（个）。当计数的数量为"两个"时，常用"一双、一对"表达喜爱之情，即数词用"一"，量词用 qɛ⁴⁵（双、对）。当数词大于"二"且个位数不是"一"时搭配变调量词 suŋ³¹。

另外，量词 dɯ⁴⁵（个、只、头、条）既可以用于表示成年男性，也可用于表示成年雄性动物，ma³³（个、只、头、条）既可以用于表示成年女性，也可用于表示成年雌性动物。例如：

tsʅ³³ dɯ⁴⁵ qə³¹tshu⁴⁵ 一个男人　　　su³¹ dɯ⁴⁵ bɯ⁴⁵ 那两个（男的）
一　个　人（男人）　　　　　　　　两　个　那

mlɯ³¹ dɯ⁴⁵ n̩i³¹ 五头公牛　　　　　tsʅ³³ ma³³ dza³³ 一个变婆
五　头　牛　　　　　　　　　　　　一　个　变婆

tsʅ³³ ma³³ m̩ɯ³¹ 一条母狗
一　条　狗

2）通用量词。通用量词的概括性强、抽象程度高、使用频率高、搭配范围较宽，一般能与好几个个体名词搭配。主要有：dʑau³³ 或 duŋ³¹ 表示"个、座、顶、颗、粒"等，ma³³ 表示"个、张、只、面、辆、把"等（单一数量用 dʑau³³，二以上用 duŋ³¹）。ma³³ 具有很高的使用频率，既能用于人，也能用于动物，还能用于无生命物体。例如：

tsʅ³³ dʑau³³ san⁴⁵san³³ 一个碗　　　su³¹ duŋ³¹ san⁴⁵san³³ 两个碗
一　个　碗　　　　　　　　　　　　两　个　碗

tsʅ³³ dʑau³³ ə³¹lɯ⁴⁵ 一顶帽子　　　su³¹ duŋ³¹ ə³¹lɯ⁴⁵ 两顶帽子
一　顶　帽子　　　　　　　　　　　两　顶　帽子

tsʅ³³ dʑau³³ duŋ³¹dai³³ 一颗星星　　tsʅ³³ dʑau³³ ɕiaŋ³³tsʅ³³ 一个箱子
一　颗　星星　　　　　　　　　　　一　个　箱子

tsʅ³³ ma³³ lə³¹dzaŋ³¹ mau³³ 一张饭桌　tsʅ³³ ma³³ ze³¹ 一面旗
一　张　桌子　饭　　　　　　　　　一　面　旗

tsʅ³³ ma³³ qə³¹dza⁴⁵ 一把尺子　　　tsʅ³³ ma³³ qɛ³¹ 一辆车
一　把　尺子　　　　　　　　　　　一　辆　车

3）性状量词。有些量词用于在形态或性质等方面具有相同或相近特点的一类事物，表现出丰富的形象色彩。例如 bia⁴⁵（块、片）表示成片状或块状的事物，dɯ⁴⁵（根）表示条状或线状的事物，dʑau³³ 或 duŋ³¹（个、粒、颗）多表示圆形或粒状的事物，ze³³（串）表示成串成行的事物，da⁴⁵、sa⁴⁵或saŋ³³、suŋ³¹（个）表示较"小"的事物。例如：

tsȵ³³ bia⁴⁵ vu³¹ɯ³¹一块石头	tsȵ³³ bia⁴⁵ wa³³一片瓦
一　块　石头	一　片　瓦
tsȵ³³ dɯ⁴⁵ pi³¹一支笔	tsȵ³³ dɯ⁴⁵ juŋ³¹一根藤
一　根　笔	一　根　藤
tsȵ³³ dzau³³ pei³³pei³³一个杯子	tsȵ³³ dzau³³ tsu³³tsu³³一颗珠子
一　个　杯子	一　颗　珠子
tsȵ³³ ze³³ vu³¹liu³¹一串鱼	tsȵ³³ ze³³ vu³¹tɯ³¹su³¹一行字
一　串　鱼	一　行　字
tsȵ³³ sa⁴⁵ la⁴⁵一个小孩	tsȵ³³ saŋ³³ jau³³一个弟弟
一　个　小孩	一　个　弟
tsȵ³³ sa⁴⁵/saŋ³³ m̥e³³me³³一只小羊	tsȵ³³ sa⁴⁵/saŋ³³ la⁴⁵ta³³一角钱
一　只　羊	一　角　钱

（2）集体量词。表示多个个体事物的集合。常见的有qɛ⁴⁵（双、对）、plo³³（丛）、biau³¹（群、阵）、m̥e⁴⁵（把）/tso³¹（撮）、ɯ³³（堆）、qaŋ³¹（兜）等。例如：

tsȵ³³ qɛ⁴⁵ m̥o³¹两头小猪	tsȵ³³ plo³³ n̥u⁴⁵一丛草
一　对　猪	一　丛　草
tsȵ³³ qaŋ³¹ qə³¹laŋ³¹一兜菜	tsȵ³³ m̥e⁴⁵ au⁴⁵ waŋ³³一把红薯秧
一　兜　菜	一　把　秧　红薯
tsȵ³³ biau³¹ man³¹一阵雨	tsȵ³³ biau³¹ vu³¹no⁴⁵一群鸟
一　阵　雨	一　群　鸟
tsȵ³³ ze³³ ma⁴⁵pla⁴⁵一串葡萄	tsȵ³³ ze³³ xuŋ³³o³¹一行花
一　串　葡萄	一　行　花

（3）度量衡量词

1）表度量衡。表度量衡的量词有通用性的和地域性的两种，通用性的跟国家标准一致，地域性的只在当地人中达成一致标准，在当地使用。

通用性度量衡主要有：kai⁴⁵斤、luŋ⁴⁵两、tshan³¹钱、fan³¹分、dzau⁴⁵丈、ʔiu³³尺、qə³¹tɯ³¹寸。

地域性度量衡主要有：qa⁴⁵（拃），指张开的大拇指和中指或小指两端间的距离；plei⁴⁵（庹），指成人两臂左右平伸时两臂之间的距离；plai⁴⁵（庹），指成人两臂左右弯曲张开时两臂所能环抱的距离；tɕhiu³¹tshei⁴⁵dzau⁴⁵指"六十丈"的面积；m̥e⁴⁵（把），主要用于买竹子时量大小。例如：

tsʅ³³　mе̥⁴⁵　le³¹　suɯ³¹　ken³¹min³¹
一　　把　　多　　两　　指头

一把多两指

2）表货币。表货币的量词主要有：phin³³元、la⁴⁵ta³³角、fan³¹分。例如：

tsʅ³³　phin³³　bia⁴⁵dzen³¹ 一元钱　　　　tsʅ³³　sa⁴⁵　la⁴⁵ta³³ 一角钱
一　　元　　　钱　　　　　　　　　　一　　个　　角

tsʅ³³　qɛ⁴⁵　la⁴⁵ta³³ 两角钱　　　　　　suɯ³¹　fan³¹ 两分钱
一　　对　　角　　　　　　　　　　　两　　　分

在货币数的表达中，"元"和"分"直接跟数词结合，"角"要加量词"个"，并且"角"的数量不同，其后所搭配的量词也不同，"角"和"分"后面不接bia⁴⁵dzen³¹（钱），只有"二角"可用tsʅ³³qɛ⁴⁵（一对）表示，"二元、二分"都不能用此表达。

（4）借用量词

借用量词大多借自名词，有 tso⁴⁵（嘴）、lə³³gaŋ³³（项圈）、ta⁴⁵（箩筐）、tsan³³（瓶子）、san³³（碗）、lə³¹dzaŋ³¹（桌）、vu³¹suŋ³¹（身体）、ʔlei³¹（家）等。例如：

tsʅ³³　tso⁴⁵　mau³³ 一口饭　　　　　　suɯ³¹　san³³　mau³³ 两碗饭
一　　口　　饭　　　　　　　　　　两　　碗　　饭

表示pau³³（公的、雄性的）也常被临时借用做表示成年男性的量词。在特定语境中，可代替前文出现的名词。例如：

tsʅ³³　pau³³　tei³¹ʔlei⁴⁵ 一个头子　　　　tsʅ³³　pau³³　ə³¹tshu⁴⁵ 一个男人
一　　个　　　头　　　　　　　　　　一　　个　　　人

2. 动量词

分为专用动量词和借用动量词。

（1）专用动量词

主要有：ŋa⁴⁵（回、次、遍），表示某一动作在某一段时间里出现或者发生的次数；ɕie⁴⁵（下），表示在相对短暂的时间内发生动作的次数。例如：

ɕin³¹　tsʅ³³　ŋa⁴⁵ 说一遍　　　　　　　ple⁴⁵　tsʅ³³　ɕie⁴⁵ 拍一下
说　　一　　遍　　　　　　　　　　拍　　一　　下

（2）借用动量词

借用动量词有的借自名词，有的借自动词，借自名词的有 vu³¹tɯ³¹（眼）、ko⁴⁵（脚）、tso⁴⁵（口）等。借自动词的量词非常少，目前仅发现两个：n̴u⁴⁵（撮）和phuŋ³³（捧）。例如：

ə³¹ɬɯ⁴⁵　tsʅ³³　vu³¹tɯ³¹ 看一眼　　　　　tsaŋ³³　suɯ³¹　tso⁴⁵ 咬两口
看　　一　　眼　　　　　　　　　　咬　　两　　口

3. 时量词

时量词表示动作的发生时间或延续时间，几乎都借用时间名词。例如：

tsʅ³³ wuŋ³¹ 一天　　　　　　　　tshen³³ plei³¹ 十年
一　　天　　　　　　　　　　　　十　　　年

tsʅ³³ dʑau³³ 一小时　　　　　　　sɯ³¹ duŋ³¹ 两小时
一　　点钟　　　　　　　　　　　二　　　点钟

"小时"跟数词结合比较特殊，"一"只跟dʑau³³结合，大于"二"的数词跟duŋ³¹结合。

（二）量词的语法特征

1. 能充当构词语素，具有指类特征

居都仡佬语的量词可与名词结合构成复合名词，语序为"量词语素＋名词语素"。量词具有"大类名（共名）"性质，起"指类"作用，名词具有"小类名（专名）"性质。例如：

phai⁴⁵su³¹ 书　　　du⁴⁵dzaŋ³¹ 龙　　　phɯ³¹tin³¹ 树
本　书　　　　　　条　龙　　　　　　　棵　树

上述例词在单说时前面的量词一般不省略，也没有相应的名词可以取代它们。在这种结构中，前面的量词是中心语素，后面的名词是修饰成分，有的量词还可以与表示类别的名词互换或重叠使用。例如：

phɯ³¹xuŋ³³ 樟树　　　tin³¹xuŋ³³ 樟树　　　phɯ³¹ŋa³¹ 杉树
棵　樟　　　　　　　树　樟　　　　　　　棵　沙（杉）

tin³¹ŋa³¹ 杉树　　　phɯ³¹tin³¹ŋa³¹ 杉树
树　沙（杉）棵　　　棵　沙（杉）

phɯ³¹xuŋ³³（樟树的）phɯ³¹（棵）可替换为名词 tin³¹（树），词义不变。phɯ³¹ŋa³¹（杉树）可以说成 tin³¹ŋa³¹ 或 phɯ³¹tin³¹ŋa³¹。

2. 具有别类作用

居都仡佬语有的量词与事物的结合有严格的限定，有的量词只表示某一类事物（详见类别量词），所以在使用时即便省略名词也不影响意思的表达。如 kan³³（个）只和"人"搭配，phɯ³¹（棵）只和"树、植物"搭配。仅用 tsʅ³¹kan³³（一个）、tsʅ³³phɯ³¹（一棵）就能清楚地表达"一个人""一棵树/一棵草"的概念。phɯ³¹用于有生命的植物，所以 phɯ³¹tin³¹ 表示正在生长着的树，若表示没有生命的木头，只能用 tin³¹。此外，同样的名词搭配不同的量词，表达的是不同的事物类别。例如：

tsʅ³³ dʑau³³ ma⁴⁵plaŋ³¹ 一个桃子　　　tsʅ³³ phɯ³¹ ma⁴⁵plaŋ³¹ 一棵桃树
一　　个　　桃子　　　　　　　　　　　一　　棵　　桃子

tsʅ³³　　duɯ⁴⁵　vu³¹ja⁴⁵ 一根线　　　　　　tsʅ³³　　dʐau³³　vu³¹ja⁴⁵ 一个线团
一　　　根　　　线　　　　　　　　　　一　　　个　　　线

3. 能区别同音词词义

居都仡佬语里有不少同音词，在同音词前使用或不使用量词、使用不同的量词，可以帮助区别词义。例如：

dzaŋ³¹ 麦子　　　　duɯ⁴⁵dzaŋ³¹ 龙　　　　ji³¹ 剩　　　　　dʐau³³ji³¹ 柜子
麦子　　　　　　　　条　龙　　　　　　　剩　　　　　　　个　柜

4. 具有体词性特征

居都仡佬语量词可以受形容词、代词等的修饰。例如：

ma³³　da⁴⁵　a⁴⁵　dzuŋ³¹
定指　个　的　大

大的那个。

mi⁴⁵　tsʅ⁴⁵　qa³¹　da⁴⁵　buɯ⁴⁵　a⁴⁵　qə³³zuŋ³³　mi⁴⁵.
他　　就　　见　　个　　那　　在　　上面　　　他

他就看到那个在他上面。

5. 具有定指性特征

居都仡佬语的"量+名"结构在句中作主语或宾语时具有定指性，所关涉的事物是固定的，量词在名词前能起"定指"作用。"量+名"结构表示定指，通常要在具体语境中结合上下文得到表现。请比较：

li³³　lau³³tɕin³³　ła³¹　tsʅ³³　ma³³　lə³¹qen³¹　fei³¹　mi⁴⁵.
李　　老君　　　拿　　一　　把　　斧头　　　给　　他

李老君拿一把斧头给他。

（"数+量+名"结构表示不定指）

ła³¹　ma³³　lə³¹qen³¹　vu³³　qə³¹tsʅ³¹　tsʅ³³　kuɯ³¹tin³¹　uɯ⁴⁵　tai³³　gu⁴⁵.
拿　　把　　斧头　　　去　　指　　　　一　　树林　　　　要　　砍　　完

拿那把斧头去，指着一林子树都要砍完。

（"量+名"结构表示定指）

当量词ma³³（个）位于"量+名"结构前，ma³³则演变成了一个表示定指的标志，最常见的是在"量+名"结构后还有指示代词同现。例如：

ma³³　biau³¹　me³³me³³　ɲi⁴⁵　dʑi³¹　suŋ³¹　tsʅ³³　qə³³duɯ³³.
定指　群　羊　　　　这　　每　　只　　都　　肥

这群羊只只都很肥。

ma³³ dʑau³³ qə³¹dzo³¹ n̠i⁴⁵ aŋ³¹aŋ³³ tin³¹ ma⁴⁵dau⁴⁵ wo³³.
定指 座 山 这 没有 树 梨 不

这座山上没有梨树。

6. 不能重叠

量词不能重叠，可与数词、副词、名词搭配来表示逐指"每一"。有下列两种情况：

（1）"dʑi⁴⁵dʑi³¹或dʑi³¹（每）+量词+名词"表示自然的平均或重复的状态。例如：

dʑi⁴⁵dʑi³¹ vu³¹dʑi³¹ 每月   dʑi³¹ bau³¹ 每处
每   月   每   处

此外，还可用 dzuŋ⁴⁵dzuŋ³¹wuŋ³¹ 表示"每天"，这可能是 dʑi⁴⁵dʑi³¹ 的变形。如果与随数词变化而改变量词形式的量词相结合，用"每"表示逐指时，通常默认人或事物的数量为"大于一"，则应选择与"二"或"大于二"的数词搭配的量词。例如：

dʑi³¹ kan³¹/dʑi⁴⁵dʑi³¹ kan³¹ 每个   dʑi³¹ duŋ³¹/dʑi⁴⁵dʑi³¹ duŋ³¹ 每粒
每   个   每   个   每 粒   每   粒

（2）"be⁴⁵+量词+名词"表示人为地对事物进行分配。例如：

be⁴⁵ kan³³ qə³¹tshu⁴⁵ ble⁴⁵ ta³¹ wa³¹.
每 个   人   挑   三 担

每人挑三担。

以上（1）和（2）两种用法不能混淆，不能互换。由于 be⁴⁵ 表示人为的分配，实际上 be⁴⁵kan³³qə³¹tshu⁴⁵（每个人）的意思相当于"一个人"，所搭配量词跟"一"搭配的量词相同。另外，数词 tsɿ³³（一）也可以表示"每"的含义。例如：

be⁴⁵ kan³³ qə³³tshu⁴⁵ tsɿ³³ wuŋ³¹ ka³¹ ta³¹ blei⁴⁵ mau³³.
每 个   人   一   天   吃   三   顿   饭

每人每天吃三顿饭。

居都仡佬语的量词不能重叠，但数量结构能重叠，重叠后表示"逐个"。例如：

tsɿ³³ phai⁴⁵ tsɿ³³ phai⁴⁵ di³³ lə³¹phau⁴⁵ 一本一本地翻
一   本   一   本   地   翻

7. 与代词、数词、名词组合的语序

（1）量词与代词搭配，语序为"量+代"。例如：

phai³¹ n̠i⁴⁵ 这次   kan³³ na³³ 哪个   da⁴⁵ bɯ⁴⁵ 那个
次   这   个   哪   个   那

（2）量词与数词、名词搭配的语序有两种："名+（数）+量"和"（数）+量+名"。前一种语序只在山歌中存在，可能是居都仡佬语固有的，中间的数词若为"一"则通常省略，后一种可能是受汉语影响所致，现已发展成为口语中常用的一种语序，数词是"一"时亦可略去。例如：

pei^{31} sa^{45} o^{33} qe^{31} sa^{45} o^{33}.
种子 个 呀 鸡 个 呀
种子一份鸡一只。

pi^{33}xɯ^{31} lo^{45}dʐŋ^{31} aŋ^{31} kan^{33} qə^{31}tshu^{45}.
门 站 有 个 人
门口站着一个人。

di^{33} mi^{45} aŋ^{31} tsŋ^{33} qe^{45} la^{45}ʔlai^{33}, sa^{45} la^{45}sai^{33} sa^{45} la^{45}tsau^{33}.
家 他 有 一 对 小孩 个 男孩 个 女孩
他家有两个小孩儿，一男一女。

（3）量词与数词、名词、代词搭配，语序为"（数）+量+名+代"或"数+量+代"或"量+名+代"。其中，代词可以是人称代词，也可以是指示代词，也可能同时出现（人称代词在前，指示代词在后）。例如：

ta^{31} suŋ^{31} ȵi^{31} ȵi^{45} 这三头牛   dɯ^{45} wai^{33} mi^{45} 他哥哥
三 头 牛 这   个 哥 他

ma^{33} tu^{31}lu^{45} tɕi^{33}tɕio^{31} bu^{45} aŋ^{31} khe^{33}na^{33} ʁa^{45} qə^{31}tshu^{45}?
个 村庄 你们 那 有 多少 户 人
你们那个村庄有多少户人家？

（三）量词的句法功能

量词多与数词、名词、代词、动词或副词"每"结合，构成"数+量""数+量+名""量+名""量+代""量+名+代""每+量词"，充当主语、谓语、宾语、定语、状语、补语等句子成分。当数词"一"省略时，量词也可单独充当句子成分。例如：

ti^{33}to^{31} te^{45}tɕhi^{31} do^{31} fei^{31} ma^{45}, tsŋ^{33} kan^{33} tsŋ^{33} dʐau^{33}.
我们 大家 来 分 果 一 个 一 个
我们大家来分果子，一人一个。

ȵi^{45} au^{31} tsŋ^{33} ma^{33} lai^{45}ke^{31}pau^{33}.
这 是 一 只 癞蛤蟆
这是一只癞蛤蟆。

mi⁴⁵ tsɿ³³ ɕie⁴⁵ ne⁴⁵ na³¹ i³³ ne⁴⁵ xui³³ vu³³ a⁴⁵.
他　一　下　打　给　我　打　晕　去　了

他一下把我晕了。

dʐau³³vu³¹tso⁴⁵ ŋei³¹ tsaŋ³³ dɯ⁴⁵.
嘴　　　　猫　咬　个

猫嘴里含着一只。

五　动词

动词是居都仡佬语重要的词类之一，其数量仅次于名词，在居都仡佬语语法体系中占有非常重要的地位，也是语法研究的重点。动词"体"范畴和"态"通过助词标记来体现。动词在句中主要做谓语，此外还能做状语、补语、定语等，大部分词类都要跟它发生一定的组合关系。

（一）动词的"体"

居都仡佬语动词的"体"包括完成体、经历体、持续体、起始体四种，通常用助词作为语法标记。表示动作进行、反复、将行、短时等意义则通过词汇手段表达。

1. 完成体

在动词后加助词 lau⁴⁵（了）表示某动作已经完成。例如：

i³³ ka³¹ lau⁴⁵ zo³¹ tsɿ⁴⁵ ŋu⁴⁵.
我　吃　了　晚饭　就　睡

我吃了饭就睡。

2. 经历体

居都仡佬语动词的经历体在动词后加助词 ko⁴⁵（过），表示曾经发生过某种事情或出现过某种情况。例如：

lo⁴⁵dzi³³ ta³¹ tshen⁴⁵ plei³¹ qa³³ qa³¹ ko⁴⁵ ɬa³¹ m̥u³¹ lai³³ baŋ³³ wo³³.
出门　　三　十　　年　未　曾　见　过　拿　狗　犁　田　不

出门三十年没见过拿狗犁田。

3. 持续体

居都仡佬语在动词后加助词 tau³³（着）或 tɕhi³³（起）表示动作行为的持续状态。例如：

mi⁴⁵ ə³¹qaŋ³¹ tau³³ ku³¹ vu³³n̥uŋ³³ mi⁴⁵.
他　拉　　着　匹　马　　他

他拉着他那匹马。

mi⁴⁵ ɬa³¹ tɕhi³³ ma³³ lə³¹qen³¹ qau³³ bɯ⁴⁵ lɯ³¹xɯ³¹.
他　拿　起　把　斧子　在　那　等

他拿着那把斧子在那里等。

4. 起始体

居都仡佬语在动词后加助词 lo⁴⁵do³¹、tɕhi³³do³¹（起来）或 do³¹（来），强调行为事件的起点而不指明其终点。例如：

ɕin³¹ tɕhi³³do³¹ a⁴⁵ duŋ³¹ lui³¹.
说　　起来　　啊　话　长

说起来话长。

ɕin³¹ tau³³ ɕin³¹ tau³³ mi⁴⁵ tsʅ⁴⁵ li⁴⁵ do³¹ a⁴⁵.
说　着　说　着　他　就　哭　来　了

说着说着他就哭起来了。

（二）动词的"态"

居都仡佬语通过词汇手段表达动词的"态"的意义。仅以范畴化手段表达相互态，在动词后加 ko⁴⁵ 标记来表示。例如：

ə³³lan³³ zu³¹ko³³ do³¹ ə³¹pa³¹ ko⁴⁵ lau³³ ti³³to³¹ tsʅ⁴⁵ au³¹ ʔlei³¹ʁa⁴⁵.
滚　　如果　来　挨着　相互　了　我们　就　是　夫妻

如果滚过来相互挨着了，我们就是夫妻。

qə³³lan³³ ta³¹ den³¹ xɯ³¹ vu³¹ ne⁴⁵ sɯ³¹ bia⁴⁵ lə³¹tshu³¹ tsʅ⁴⁵ qə³¹ȵia³¹ ko⁴⁵.
滚　到　边　河　去　呢　两　块　磨　就　粘　相互

滚到河边呢，两块磨就相互粘着了。

（三）几类特殊动词

1. 判断动词

居都仡佬语表肯定的判断动词主要是 au³¹（是），由它可变化出不同的形式及意义。au³¹ 的重叠 au³¹au³¹ 也表肯定，au³¹ 改变声调为 au³³ 就成了表否定的判断动词"不是"，au³¹ 跟 au³³ 组合成 au³¹au³³ 为表否定的"不是"。例如：

tshuŋ³¹ ma³³ ŋa⁴⁵ ɲi⁴⁵ mu³¹ au³¹pau³³wai³³ a⁴⁵ dzuŋ³¹.
从　　定指　回　这　你　是　　　哥哥　的　大

从此以后你是大哥。

ti³³to³¹ au³¹au³¹ qə³¹tshu⁴⁵ to³¹ʔlo³³.
我们　是　　　　人　　仡佬

我们是仡佬人。

a³³ ɲi⁴⁵ au³³ tsɿ⁴⁵plei³³ wo³³.
发语词 这 不是 米 不

这不是米。

ti³³to³¹ au³¹au³³ qə³¹tshu⁴⁵ to³¹ʔlo³³ wo³³.
我们 不是 人 仡佬 不

我们不是仡佬人。

au³¹和au³³还能与借自汉语的sɿ⁴⁵（是）结合使用，共同表判断。例如：

a³³ ɲi⁴⁵ sɿ⁴⁵ au³¹ mluɯ³¹.
发语词 这 是 是 鬼

这就是鬼。

mi⁴⁵ au³³ sɿ⁴⁵ qa³³ suɯ³¹ wo³³.
他 不是 是 未曾 知道 不

他不是不知道。

au³¹有时候变调为au⁴⁵。如：

dʑi⁴⁵dʑi³¹ kan³¹ tsɿ³³ au⁴⁵ suɯ³¹ ti³³.
每 个 都 是 知道 的

人人都是知道的。

au³¹和au³³连用还可表示肯定和否定的正反提问"是不是"，甚至也可表达成au³¹au³¹au³³（是不是）。例如：

plei³¹ ɲi⁴⁵ vu³¹suŋ³¹ mu³¹ ple³¹ple⁴⁵pla³¹pla⁴⁵, au³¹ au³³?
年 这 身体 你 （健健康康） 是 不是

你今年挺健康的，是不是？

i³³ ɕin³¹ di³³ au³¹au³¹ au³³?
我 说 的 是 不是

我讲的对不对？

2. 能愿动词

能愿动词也叫助动词，表示可能、意愿、意图等主观意志。居都仡佬语的能愿动词有表示意愿的dzau³¹（愿意）、ɯ⁴⁵（要）、ken³¹（敢），有表示对情理和客观条件进行判断的tshuŋ³¹（能）、ʔluŋ³¹（会）、xan³¹（该、能）等。除了能单独回答问题，能愿动词一般不单独充当谓语，其后必须带动词性宾语。大部分能愿动词的否定形式是在原词的基础上改变声调，由降调变为平调。例如：

i³³ ʔluŋ³¹ qə³¹nɯ³¹ tin³¹.
我 会 爬 树

我会爬树。

i³³ ka³¹ mau³³ gɯ⁴⁵ ɯ⁴⁵ vu³³ da³¹tsɯ⁴⁵zɯ³¹.
我 吃 饭 完 要 去 玩

我吃完饭要去玩。

mɯ³¹ tshuŋ³¹ ka³¹ khe³³na³³?
你 能 吃 多少

你能吃多少？

mɯ³¹ dʐau³¹ ma³³ dʐau³¹ do³¹？ dʐau³¹ do³¹./ma³³ dʐau³¹ do³¹ wo³³.
你 愿 不 愿 来 愿意 来 不 愿意 来 不

你愿意不愿意来？愿意来。/不愿意。

3. 存现与领有动词

表示存在、领有的动词主要是 aŋ³¹（有）、qau³³（在）等，aŋ³¹ 的重叠式 aŋ³¹aŋ³¹ 也表示"有"，aŋ³¹ 的否定式是改变声调的 aŋ³³，或由 aŋ³¹aŋ³¹ 改变后一个音节的声调，由降调变为平调。（详见本章第二节短语）。例如：

i³³ qau³³ n̠i⁴⁵ gɯ⁴⁵ ma⁴⁵tsai⁴⁵ ka³¹.
我 在 这 摘 柿子 吃

我在这里摘柿子吃。

4. 趋向动词

居都仡佬语的趋向动词有 do³¹（来）、vu³³（去）、tɕhi³³do³¹（起来）、lo⁴⁵do³¹（起来）等。趋向动词可以单独做谓语或谓语中心，但经常用在动词或形容词的末尾做补语，表示趋向。例如：

tsɿ³³ biau³¹ vu³¹no⁴⁵ a³¹ tɯ⁴⁵lui³¹ ə³¹phau⁴⁵ do³¹ ə³¹phau⁴⁵ vu³³.
一 群 鸟 在 天上 飞 来 飞 去

一群鸟在天上飞来飞去。

pau³³ə¹lui³¹ ə³¹ji⁴⁵ do³¹ a³⁵, ɯ⁴⁵ le³¹ tɕi³¹ tsɿ³³ tha⁴⁵ lɯ³³bɯ³³.
天 冷 来 了 要 多 穿 一 件 衣服

天气冷起来了，要多穿一件衣服。

有时行为动词和趋向动词之间也可插入名词性成分。例如：

qə³¹wei³¹ ma³³ phai⁴⁵ su³¹ n̠i⁴⁵ do³¹.
收 定指 本 书 这 来

把这本书收起来。

趋向动词 lo^{45}do^{31}/tɕhi^{33}do^{31}（起来）、do^{31}（来）有时语义虚化，可表示动词的"起始体"（详见以上"动词的起始体"）。

（四）动词的重叠

动词重叠除了前面提到的"是""有"之外，其他的一般动词只有极少数可以重叠，重叠后表示短暂或尝试性动作。例如：

ji^{31}khen^{31}ji^{31}khen^{31} 休息休息	dɯ^{31}dɯ^{31} 想想	mu^{45}mu^{45} 闻闻
休息　休息	想　想	闻　闻

这样的动词重叠在语义上有表"尝试"的倾向，后面习惯加上 ji^{33}ɕie^{45}（一下）或 ə^{31}ɬɯ^{45}（看）。例如：

aŋ^{31}　vu^{31}tɕin^{33}　lu^{31}tsu^{31}, na^{45}　i^{33}　dɯ^{31}dɯ^{31}　ji^{33}ɕie^{45}　ə^{31}ɬɯ^{45}.
有　　什么　　主意　　让　我　想想　　一下　　看

有什么好办法，让我想想看。

（五）动词的语法特点

1. 动词一般充当谓语或谓语中心词

居都仡佬语动词在句子中单独做谓语的较少，通常做谓语中心词。例如：

a^{31}　　mɯ^{31}　tsʅ^{45}tɕi^{33}　qau^{33}.
发语词　你　　自己　　　坐

你自己坐吧。

mi^{45}　tsʅ^{33}　plɯ^{45}　ɕin^{31}　tsʅ^{33}　plɯ^{45}　qə^{31}sɯ^{31}.
他　　一　　边　　说　　一　　边　　笑

他一边说一边笑。

2. 少数动词能做主语

ne^{45}　ma^{33}　qaŋ^{33}　wo^{33}, ə^{31}pau^{45}　ə^{33}ɕie^{45}　tsʅ^{45}　pɯ^{45}　a^{45}.
打　　不　　合　　不　骂　　　一下　　就　　得　了

打是不行的，骂一下还差不多。

3. 动词可以做补语

一些趋向动词可做补语。例如：

mɯ^{31}　na^{31}　i^{33}　ɬa^{31}　ə^{33}saŋ^{33}　dɯ^{45}gu^{33}　vu^{33}.
你　　给　　我　拿　　些　　　东西　　　去

你给我拿点东西去。

4. 动词能带宾语

能带宾语的动词基本上是及物动词，其宾语由名词性成分充当。例如：

mi⁴⁵　tu⁴⁵　do³¹mau³³dzen³¹　qə³¹tsei⁴⁵　ta³¹　duŋ³¹　ə³¹n̩ia³¹.
他　　就　　　回家　　　　　捏　　　　三　　个　　粑粑

他就回家捏三个粑粑。

5. 动词能带补语

大多数动词都可以带补语，补语既可直接位于动词之后，也可位于动词所涉及的对象之后。有的动词跟补语之间用助词 "di³³" 或 "lau³³" 连接，动词带补语可以表情貌、数量、结果等。例如：

m̩u³¹　tsaŋ³³　plan³¹　ma³³　du⁴⁵　a⁴⁵　qə³³die³³　pi³¹　bu⁴⁵.
狗　　咬　　　死　　　定指　　个　　的　　撵　　　　野兽　那

狗咬死了那个猎人。

mi⁴⁵　di³³　vu³¹tu³¹su³¹　lo³¹zo³¹　di³³　gi³¹　do³¹.
他　　的　　字　　　　　　写　　　　得　　好　　甚

他的字写得好极了。

la⁴⁵ʔi³¹　na³¹　be³¹buŋ³³　tɕi⁴⁵　do³¹　dʑi³¹tin³¹,　be³¹buŋ³³　qə³¹su³¹　lau³³
孙子　　　给　　爷爷　　　　寄　　来　　茶叶　　　　爷爷　　　　笑　　　得

vu³¹tso⁴⁵　tshuŋ³³　qə³¹n̩ia³¹　wo³³.
嘴　　　　不能　　　粘　　　　　不

孙子给爷爷寄回茶叶，爷爷笑得合不拢嘴。

6. 动词能受副词的修饰

动词可以受范围副词、时间副词、否定副词等的修饰，这些副词大多数都在动词的前面。除了心理活动动词，其他动词一般不受程度副词修饰。例如：

ti³³to³¹　pa⁴⁵ʔlei³¹　dʑi⁴⁵dʑi³¹　plei³¹　təu³¹　taŋ³³　ji³¹mi³³.
我们　　　家里　　　　每　　　　　年　　　都　　　种　　　玉米

我们家年年都种玉米。

mi⁴⁵　da³¹wuŋ³¹　do³¹.
他　　经常　　　　来

他经常来。

7. 动词能受形容词的修饰

形容词通常位于动词前面修饰动词。例如：

ma³³qə³¹ʔlan³¹　thai⁴⁵　qə³¹li⁴⁵　do³¹　dze³¹dze⁴⁵　pi³¹.
路　　　　　　　　太　　　滑　　　很　　慢慢　　　　走

路太滑了，慢慢走。

六 形容词

形容词也是居都仡佬语重要的实词类之一。形容词不能重叠，但大部分形容词可以通过前附或后附词缀的手段构成生动表达形式（简称"生动式"）以表示程度的加深。形容词可表达原级、比较级、最高级三种形式，有等比、级比和差比的比较形式。句法方面，形容词主要充当谓语和定语，大部分可以做补语，有些可以做状语，与动词的主要区别在于形容词不能带宾语。

（一）形容词的生动式

居都仡佬语形容词的生动形式由形容词原形与附加词缀构成，附加的音节或者是原形自身某个音节的重叠，或者是跟原形具有谐音关系的音节，或者是跟原词不相干的两个重叠音节（详见第三章第二节）。形容词生动式与形容词原形相比，词汇意义程度加深，但语法意义和句法功能基本不变。居都仡佬语的形容词生动式不仅数量多，而且形式丰富，很多形容词都有对应的生动形式，并且每个形容词生动式的附加音节都不相同，有的形容词还有多个生动形式。例如：

khen^{45} 香——khen^{45}kha^{45} 香喷喷　　　　dzuŋ^{31} 大——dzuŋ^{31}dza^{45} 大大状

ko^{33} 快——ka^{33}ko^{33} 快快状　　　　　　gi^{33} 好——ga^{31}gi^{33} 好好的

lui^{33} 长——dzau^{31}dzau^{45}lui^{33} 长甩甩　　tsau^{45} 湿——phe^{31}phe^{45}tsau^{45} 湿漉漉

tɕi^{45} 满——mau^{31}mau^{45}tɕi^{45} 满满状　　tɕi^{45} 满——tɕi^{45}tɕia^{45} 满满状

pla^{31}die^{45} 红——pla^{31}pla^{31}die^{45} 红彤彤　　ti^{33}n̩i^{33} 黄——ti^{31}ti^{33}n̩i^{33} 黄澄澄

xu^{33} 稀——tu^{31}xu^{33}ta^{33}xa^{33} 稀稀疏疏　　ʔiu^{33} 老——ʔia^{31}ʔiu^{33}ʔia^{31}ta^{33} 老气横秋

vu^{31} 疯——vu^{33}vu^{31}thu^{33}thai^{33} 疯疯癫癫　lui^{33} 长——dzau^{31}la^{31}dzau^{31}lui^{33} 长得很

（二）形容词级的表达

居都仡佬语形容词可表达三级形式：原级、比较级、最高级。有本族语固有形式和借自汉语两种表示方式。例如：

高 zu^{31}	很高 ja^{31}zu^{31}/zu^{31}do^{31}	最高/极高 thai^{45}zu^{31}do^{31}
	/thai^{45}zu^{31}	/tsui^{45}zu^{31}
香 khen^{45}	很香 khen^{45}kha^{45}/ khen^{45}do^{31}	最香/极香 thai^{45}khen^{45}do^{31}
	/thai^{45}khen^{45}	/tsui^{45}khen^{45}
咸 duŋ^{45}	很咸 duŋ^{45}da^{45}/duŋ^{45}do^{31}	最咸/极咸 thai^{45}duŋ^{45}do^{31}
	/thai^{45}duŋ^{45}	/tsui^{45}duŋ^{45}

(三) 形容词的比较形式

形容词有等比和差比的比较形式。等比用 lan³¹（及）、ɬiau⁴⁵/qə³³liaŋ³³（和）等比较标记表示"等同、相当"的语义范畴。差比一般用 fan³³/pi³³（比）、na⁴⁵（过）、fei³¹（给）、lan³³（不及）等比较标记表示"超过、不及"等语义范畴，以示程度较高（详见本章第二节）。

(四) 形容词的主要语法特点

1. 形容词大都能受程度副词修饰

居都仡佬语中表示性质的形容词都能受程度副词修饰。但状态形容词和形容词的生动式在语义上表示状态，其本身带有某些程度意义，不能再受程度副词修饰。例如：

| 香 khen⁴⁵ | 很香 thai⁴⁵khen⁴⁵ | 黄 ti³³n̠i³³ | 很黄 thai⁴⁵ti³³n̠i³³ |
| 直 zau⁴⁵ | 很直 thai⁴⁵zau⁴⁵ | 扁 qə³¹bia⁴⁵ | 很扁 thai⁴⁵qə³¹bia⁴⁵ |

但不能说 thai⁴⁵khen⁴⁵kha⁴⁵、thai⁴⁵ti³¹ti⁴⁵zau⁴⁵、thai⁴⁵ti³³ti³³n̠i³³、thai⁴⁵e⁴⁵qə³¹bia⁴⁵。

2. 形容词能做谓语

tsɯ³³ xɯ³¹ tin³¹ jiu⁴⁵ zu³¹ jiu⁴⁵ dzuŋ³¹.
这些   树   又   高   又   大

这些树又高又大。

da⁴⁵ma³³tɕiu³¹ da³¹qha⁴⁵ qə³¹ze⁴⁵ do³¹.
小李   结婚   冷清   甚

小李结婚不热闹。

3. 形容词能做定语

形容词做定语一般位于被修饰名词之后，但表事物大小的形容词做定语比较复杂（详见本章第一节）。例如：

tsʅ³³ dɯ⁴⁵ qɛ³¹ pau³¹au⁴⁵.
一   只   鸡   白

一只白鸡。

mɯ³¹ au³¹ tsʅ³³ kan³³ qə³¹tshu⁴⁵ gen⁴⁵gi³³.
他   是   一   个   人   好

他是一个好人。

受汉语的影响，有部分做定语的形容词位于被修饰名词之前并用助词 di³³ 连接，有时在一个句子中两种语序同时存在：

pau³¹pau³¹au⁴⁵ di³³ mau³³ a⁴⁵ mi³¹ mu⁴⁵kha³¹mu⁴⁵khen⁴⁵ di³³.
白花花   的   饭   的 新   香喷喷   的

白花花的新米饭香喷喷的。

4. 形容词能做状语

形容词做状语修饰谓语通常位于谓语之前。例如：

ɬa³¹ du³¹ ko³³ tsɿ³³ do³¹.
拿　锄头　快　点　来

快点拿锄头来。

ja³¹buŋ³³　mɯ³¹　dze³¹dze⁴⁵　pi³¹.
奶奶　　你　　慢慢　　走

奶奶你慢慢走。

有的形容词与谓语之间用助词 di³³ 连接：

i³³ kaŋ³³ ɯ⁴⁵ vu³³ ə³¹pɯ³³ mi⁴⁵, mi⁴⁵ tu⁴⁵ tɕi³¹maŋ³¹tɕi³¹tau³³ di³³ ə³¹plei⁴⁵
我　刚　要　去　找　他　他　就　　急急忙忙　　　地　跑

lau³³　do³¹　ʔlaŋ³³.
了　　来　　里面

我刚要去找他，他就急急忙忙地跑了进来。

5. 形容词能做补语

形容词做补语补充说明谓语中心语。例如：

mi⁴⁵ ʔia⁴⁵ lɯ³³bɯ³³ gi³³ tsɿ⁴⁵ ble⁴⁵ ɯ³³ vu³³mau³³dzen³¹.
她　洗　　衣服　好　就　挑　水　　回家

她洗完衣服就挑水回家。

tsɿ³³　vu³¹suŋ³¹　tsɿ³³　luŋ⁴⁵　tsau⁴⁵　gɯ⁴⁵.
一　　身　　都　汗　湿　完

全身都汗湿了。

mi⁴⁵ pa³³ pa⁴⁵ʔlei³¹ ə³¹ɕie⁴⁵ lau³³ kha³¹kha³¹khu⁴⁵khu⁴⁵ di³³.
他　把　家里　　扫　得　　干干净净　　　的

他把家里打扫得干干净净的。

七　副词

（一）副词的分类

可分为程度副词、范围副词、时间频率副词、情态方式副词、否定副词、语气副词等六类。不少副词借用汉语，借自汉语的副词在句中的语序跟汉语相同，都位于被修饰成分之前。固有的副词数量不多，一般位于被修饰成分之后。副词的句法功能是充当状语，有的副词还能起关联作用。

1. 程度副词

居都仡佬语的程度副词主要有 thai⁴⁵（太、非常）、tsui⁴⁵（最）、do³¹（很）、aŋ⁴⁵saɯ³³（有点）、je³¹…je³¹（越……越……）。thai⁴⁵（太、非常）和 tsui⁴⁵（最）表示程度高，甚至达到极致，借自汉语，十分常用。je³¹…je³¹（越……越……）是一个具有关联作用的固定结构，也借自汉语。例如：

dzau³³　pei³³pei³³　ȵi⁴⁵　tsui⁴⁵　dzuŋ³¹.
个　　　杯子　　　这　　最　　大
这个杯子最大。

i³³　ka³¹　tsɿ⁴⁵　do³¹　a⁴⁵.
我　吃　　饱　　很　　了
我吃得很饱。

thai⁴⁵（太、非常）和 do³¹（很）经常连起来使用形成 thai⁴⁵…do³¹ 的格式，表示程度非常高：

suɯ³¹　pau³³　thai⁴⁵　gi⁴⁵　do³¹.
两　　　个　　太　　　好　　很
两个人太要好了。

ma³³xɯ⁴⁵　thai⁴⁵　du³¹　mi³³　do³¹.
他们　　　太　　　想　　妈妈　很
他们太想妈妈了。

作为趋向动词的 do³¹（来）和副词 do³¹（很）同形，并且都可以位于形容词之后，要依语境区分。

2. 范围副词

居都仡佬语固有的范围副词很少，目前仅记录到 tsɿ³³（都），有时候变调为 tsɿ⁴⁵。其余的范围副词大都借自汉语，有 təu³³（都）、tɕhin³¹/wan³¹tɕhin³¹/tɕhin³¹pu⁴⁵（全/完全/全部）、tsɿ³³（只）等。范围副词除用来表示范围以外，还有加强语气的作用。例如：

χen³¹　tsaŋ³³　tɕia³¹　tsɿ³³　da³¹　xuŋ⁴⁵.
七　　　种　　　粮食　　都　　做　　熟
七种粮食都成熟了。

a⁴⁵　ta⁴⁵ɕie⁴⁵bɯ⁴⁵　di³¹　guŋ³³　təu³³　ʔluŋ³¹　ɕin³¹　duŋ³¹.
发语词　从前　　　　老虎　野猫　都　　会　　　说　　话
从前老虎野猫都会说话。

3. 时间频率副词

居都仡佬语的时间频率副词主要有 ȵi⁴⁵qu³¹（先）、pan⁴⁵lan³³（后）、tshei³¹（才）、ta³¹wuŋ³¹/tɕin³³da³¹wuŋ³¹/tɕin³³tshaŋ³¹（经常/常常）、li³¹ma³³/kan³³tsʅ³³（立刻）、tsai⁴⁵（正在）、tsen⁴⁵tsen⁴⁵（正好）、tsai⁴⁵（再）、jiu⁴⁵（又）、u⁴⁵（就要）、xa³¹/xuan³¹（还）等。时间频率副词大多借自汉语，多用在谓语之前。但固有的副词在表达习惯中常用于谓语之后。例如：

（1）时间副词

muɯ³¹　vu³³　ȵi⁴⁵qu³¹/muɯ³¹　ȵi⁴⁵qu³¹　vu³³, i³³　do³¹　pan⁴⁵lan³³/i³³　pan⁴⁵lan³³　do³¹.
你　　去　　先　　　　　你　先　　去　我　来　后　　　　　我　后　　　来

你先去，我后面来。

pa⁴⁵ʔlei³¹　di³³　qha⁴⁵　tshei³¹　vu³³　la⁴⁵.
家　里　　　的　　客　　才　　　走　　呀

家里的客人才走呀。

（2）频率副词

jiu⁴⁵　do³¹　man³¹　a⁴⁵.
又　　来　　雨　　　了

又下雨了！

4. 情态方式副词

情态方式副词表示动作行为的方式。居都仡佬语常见的情态方式副词有 tsʅ³³qə³¹ʔlan³¹（一起/一路）、ti³¹ji⁴⁵（故意/特意）、tsʅ³³thei³¹（突然）、je³³（也）等。例如：

ta³¹　ma³³vu³¹le³¹　ts³³　ə³¹ʔlan³¹　vu³³　ts³³　ə³¹ʔlan³¹　do³¹.
三　　媳妇　　　　一　路　　　　　去　　一　　路　　　　来

三个媳妇一起去一起来。

mi⁴⁵　ti³¹ji⁴⁵　ʔlu⁴⁵　dʑau³³　san⁴⁵san³³　tsa⁴⁵.
他　　故意　　打　　　个　　　碗　　　　　烂

他故意打烂碗。

5. 否定副词

居都仡佬语表否定的副词有3个：ma³³（不）、qa³³（没、未曾）、xan³³（别），都位于谓语之前。否定副词一般不单用，多与句末语气助词搭配使用（详见本章第三节），ma³³、qa³³ 通常跟 wo³³ 搭配，xan³³ 通常跟 ɕie³³ 配合，有时 wo³³ 与语气词合并，改变声调为 wo⁴⁵。不过在山歌中，可能由于歌曲本身有音律节拍，句末一般不搭配语气助词。例如：

ma³³　wa³¹　su³¹　i³³　tsʅ⁴⁵　ma³³　nai³¹　bia⁴⁵dzen³¹　wo⁴⁵.
定指　石　布　我　就　　不　　要　　钱　　　　　　不

这石布我就不要钱了。

te³¹tsui⁴⁵ xua⁴⁵mi³¹ ma³³ qə³¹tuŋ³¹, te³¹tsui⁴⁵ la⁴⁵an³³ ma³³ da³¹χen³¹.
得罪　　画眉　　　不　下蛋　　　得罪　　　妹妹　　不　出声

得罪画眉不下蛋，得罪妹妹不唱歌。

lo⁴⁵dʑi³³ ta³¹ tshen⁴⁵ plei³¹ qa³³ qa³¹ ko⁴⁵ ɬa³¹ mu̠³¹ lai³³ ban³³ wo³³.
出门　　三　　十　　年　　未曾　见　过　拿　狗　　犁　　田　　不

出门三十年，不曾见过用狗犁田的。

mɯ³¹ xan³³ tsaŋ³¹ ə³¹ɲiu³¹ le³¹ ɕie³³.
你　　别　　放　　盐　　多　　不

你别放多了盐。

6. 语气副词

语气副词有 dɯ³³ŋɯ⁴⁵/dzɯ³³ŋɯ⁴⁵（真正）、kho³³nen³¹（可能）、pi³¹ɕi³³（必须）、sen⁴⁵sen³¹/xau³³ɕiaŋ⁴⁵（好像）、phin³³（偏）等，用在动词前加强句子所表达的语气。例如：

da⁴⁵pu³¹ ʔiau⁴⁵ pau³³ba³³ mi⁴⁵ dɯ³³ŋɯ⁴⁵ ne⁴⁵ lə³¹ tsʅ³³ blei⁴⁵.
小四　　被　　爸　　他　真正　　打　了　一　顿

小四被他爹狠狠打了一顿。

sen⁴⁵sen³¹/xau³³ɕiaŋ⁴⁵ aŋ³¹ sa³¹ ɬiu⁴⁵ kan³¹ ə³¹tshu⁴⁵ qau³³ bu⁴⁵ ə³³dzu³³ ko⁴⁵.
好像　　　　　　　　有　几　百　个　人　　在　那　跳　　脚

好像有几百个人在那里跳舞。

（二）副词的主要语法特点

1. 副词一般不单说，必须修饰动词或形容词。例如：

mɯ³¹ vu³¹lɯ³¹ ma³³ vu³¹lɯ³¹ mlɯ³¹? i³³ ma³³ vu³¹lɯ³¹ wo³³.
你　　怕　　　不　怕　　　鬼　　我　不　　怕　　　不

你怕不怕鬼？我不怕。

pau³³qɛ³¹ ɲi⁴⁵ gi³³ ma³³ gi³³? ma³³ gi³³ wo³³.
公鸡　　　这　　好　不　　好　　不　好　　不

这只公鸡好不好？不好。

2. 副词都能做状语。例如：

pau³³ba³³ mi⁴⁵ da³¹wuŋ³¹ aŋ³¹ qə³³ze³³.
爸爸　　　他　经常　　　有　病

他爸爸常生病。

wuŋ³¹ n̪i⁴⁵ qə³¹lui³¹ thai⁴⁵ qə³¹den⁴⁵ do³¹.
天　　这　　天　　太　　热　　甚

今天天太热。

ma³³ tsaŋ³³ suɯ³¹ n̪i⁴⁵ ma³³ muŋ⁴⁵ wo³³.
定指　种　布　这　不　牢　不

这种布不太结实。

3. 部分副词兼有关联作用，有的单独使用，有的成对使用。例如：

mi⁴⁵ tsʅ³³ plei⁴⁵ çin³¹, tsʅ³³ plei⁴⁵ qə³¹sɯ³¹.
他　一　边　说　一　边　笑

他一边说，一边笑。

qɛ³¹ qə³¹duŋ³¹ mi⁴⁵ tsʅ⁴⁵ lo⁴⁵do³¹ o⁴⁵.
鸡　叫　他　就　起来　了

鸡一啼叫他就起来了。

八　助词

助词是在句中起连接句法结构，表示语法意义、句子语气等作用的一类虚词。助词虽然是较为封闭的词类，数量有限，但使用频率很高，用法也比较复杂。这里主要介绍结构助词、动态助词和语气助词。

（一）结构助词

结构助词是把词或短语连接起来，使之成为具有某种结构关系的短语的虚词。

1. a⁴⁵（的）

居都仡佬语有一个比较特殊的表示结构关系的助词 a⁴⁵，用于连接名词及其修饰性成分，在合成词的构词中普遍使用。例如：

pluɯ⁴⁵ a⁴⁵ la⁴⁵ʔlu³¹ dau⁴⁵ 东（边）　　　min³¹ a⁴⁵ ɬa³¹ dzau³³ 右手
边　的　太阳　出　　　　　　　手　的　拿　筷子

pau³³ n̪i³¹ a⁴⁵ san⁴⁵ 公牛（阉割）　　me³³me³³ a⁴⁵ qə³¹mei⁴⁵ nɯ³¹nɯ³¹ 绵羊
公　牛　的　骟　　　　　　　　羊　的　毛　厚

若一些词中的 a⁴⁵ 省略，则由词变成了短语，其意义也发生改变：

m̪ɯ³¹ a⁴⁵ ə³³die³³ pi³¹ 猎狗　　　m̪ɯ³¹ ə³³die³³ pi³¹ 狗追野兽
狗　的　追　野兽　　　　　　　狗　追　野兽

le³¹ke⁴⁵ a⁴⁵ ɬu³¹ khe⁴⁵ 补锅匠　　le³¹ke⁴⁵ ɬu³¹ khe⁴⁵ 先生补锅
先生　的　补　锅子　　　　　　先生　补　锅子

（1）a⁴⁵表示定语的修饰关系

a⁴⁵在句中位于中心词之后连接做定语的修饰成分。例如：

mi⁴⁵ ɕin³¹ pau³³ la⁴⁵ŋo³³ a⁴⁵ dai⁴⁵dai³³ qhaŋ³³.
他　　说　　个　女婿　　的　　小　　　穷

他说小女婿穷。

qə³¹bi⁴⁵ i³³ a⁴⁵ die⁴⁵ bia⁴⁵dzen³¹ ʔiau⁴⁵ o³³ ɬa³¹ vu³³ a³³.
皮夹子　我　的　　装　　　　钱　　　被　别　拿　去　了

我的钱包被别人偷走了。

（2）a⁴⁵具有名物化功能

a⁴⁵可使形容词名物化。例如：

a⁴⁵ pau³¹au⁴⁵ ne⁴⁵ ɬa³¹ fei³¹ qha⁴⁵ ka³¹, a⁴⁵ tse⁴⁵luŋ³³ i³³ ka³¹.
的　　白　　　呢　拿　给　客人　吃　　的　　黑　　　我　吃

白的拿给客人吃，黑色的我吃。

a⁴⁵是居都仡佬语固有的表定语修饰关系的结构助词，后来又借用汉语的di³³（的），因此有时候a⁴⁵和di³³两个结构助词会在一个句子里同时出现。例如：

pau³¹pau³¹au⁴⁵ di³³ mau³³ a⁴⁵ mi³¹ mu⁴⁵kha³¹mu⁴⁵khen⁴⁵ di³³.
　白白　　　　的　饭　　的　新　　　香喷喷　　　　　　的

白花花的新米饭香喷喷的。

甚至有时其中一个结构助词成为羡余成分，而承担表达一定语气的功能。例如：

a³³ n̠i⁴⁵ au³¹ dʑau³³ nuŋ³¹ a⁴⁵ gi³³ di³³.
发语词　这　是　　件　　事　的　好　的

这是一件很好的事。

ne⁴⁵ aŋ³¹tsɿ³³ a⁴⁵ pau³¹au⁴⁵ di³³.
发语词　有些　　的　　白　　　的

有些是白的。

2. di³³（的）

di³³（的）是汉语借词，作为结构助词在句中表词和词之间的领属、定语修饰关系等。例如：

ba³³ i³³ au³¹ phuu⁴⁵ di³³ mi⁴⁵.
爸　我　是　舅舅　的　他

我父亲是他舅舅。

vu³¹liu³¹ bau³¹ xu³³ xau³³ ka³¹ na⁴⁵ mlaŋ³¹mlaŋ³³ di³³/li³³ vu³¹liu³¹.
鱼　　　处　河　好　吃　过　池塘　　　　的　　　鱼

河里的鱼比塘里的鱼好吃。

有时候代词的前后分别有一个 di^{33}，可能是助词 di^{33} 位置变化的一个过渡表达方式：

a^{45}　　$ȵi^{45}$　　au^{31}　　di^{33}　　i^{33}　　di^{33}, a^{33}　　$buɯ^{45}$　　au^{31}　　di^{33}　　mi^{45}　　di^{33}.
发语词　这　　是　　的　　我　　的　　发语词　那　　是　　的　　他　　的

这个是我的，那个是他的。

$dʐau^{33}$　　$ʔlei^{31}$　　$ȵi^{45}$　　au^{31}　　di^{33}　　mi^{45}　　di^{33}/li^{33}.
座　　　房　　　这　　是　　的　　他　　的

这座房子是他的。

此外，di^{33} 也有"家"的意思，可能由表领属的语义演变而来。例如：

$mɯ^{31}$　$wan^{31}do^{31}$　vu^{33}　ko^{45}　$ʔlei^{31}$　di^{33}　$kau^{33}ɕin^{33}fa^{31}$　qa^{33}?
你　　　回来　　　去　过　家　　的　　高兴发　　　没有

你回来去过高兴发家没有？

此句也可表达为：

$mɯ^{31}$　$wan^{31}do^{31}$　ta^{31}　di^{33}　$kau^{33}ɕin^{33}fa^{31}$　vu^{33}　ko^{45}　qa^{33}?
你　　　回来　　　到　家　　高兴发　　　　去　过　没有

你回来到高兴发家去过没有？

再如：

di^{33}　mi^{45}　$aŋ^{31}$　$tsɿ^{33}$　$qɛ^{45}$　$la^{45}ʔlai^{33}$, sa^{45}　$la^{45}sai^{33}$　sa^{45}　$la^{45}tsau^{33}$.
家　他　有　一　对　小孩　　个　男孩　　个　女孩

他家有两个小孩儿，一男一女。

di^{33} 也常用于连接名词和做定语的修饰成分，修饰成分在前，被修饰的名词在后，表达它们之间的结构关系。也有少数的 di^{33} 连接的修饰成分在后，被修饰的名词在前。例如：

$ə^{33}die^{33}$　$ɬa^{31}$　di^{33}　$sɯ^{31}$　$duŋ^{31}$　la^{45}　$tsan^{33}$　$xuŋ^{33}o^{31}$.
朋友　　　拿　的　两　个　小　瓶子　花

朋友送的两个小花瓶。

mi^{45}　$aŋ^{31}$　$tsɿ^{33}$　ko^{31}　$jau^{45}gi^{33}$　$pla^{31}die^{45}$　di^{33}　$lei^{33}zei^{33}$.
她　有　一　条　漂亮　　红　　的　裙子

她有条漂亮的红裙子。

di^{33} 位于形容词、动词之后，可使形容词、动词名物化，位于代词之前，形成名物化结构。例如：

$pau^{31}au^{45}$　di^{33}　$au^{31}au^{31}$　$xuŋ^{33}o^{31}$　$ti^{33}ȵi^{33}$　di^{33}　$au^{31}au^{31}$　$tɕi^{31}$.
白　　的　是　棉花　　黄　的　是　稻谷

白的是棉花，黄的是稻谷。

3. di³³（地）

居都仡佬语本身没有用于表示状语修饰成分的结构助词，状语修饰成分常常直接置于谓语动词的前面。例如：

a³¹　　mi⁴⁵　ə³³phu³³ə³³phai³³　pi³¹　vu³³　ai³³.
发语词 他　　大摇大摆　　　　走　去　那边

他大摇大摆地走过去。

新近借用了汉语表状语的助词di³³（地），连接状语修饰语和谓语中心词。例如：

a³³wai³³　mi⁴⁵　tso⁴⁵　dzuŋ³¹　tso⁴⁵　dzuŋ³¹　di³³　ka³¹.
哥哥　　　他　　口　　大　　　　口　　大　　　地　　吃

他哥哥大口大口地吃。

4. lau³³、di³³（得）

用来补充说明中心词的补语成分可直接置于中心词之后，不需要助词连接，采用意合的方式。例如：

qe³¹　ə³³liaŋ³³　mo³¹　ʔiau⁴⁵　qə³³dau³³　dzi³¹　bau³¹　qə³¹plei⁴⁵.
鸡　　和　　　　猪　　被　　　吓　　　　　每　　　处　　跑

鸡和猪被吓得到处跑。

da⁴⁵　la⁴⁵ə³¹pe³¹　ʔlai³³　n̠i⁴⁵　jau⁴⁵　ə³¹plei⁴⁵　do³¹.
个　　小　　　　　孩子　　这　　生　　漂亮　　　　甚

这个小孩长得很俊。

受汉语影响，补语成分又可通过助词lau³³、di³³连接谓语中心词，对谓语中心进行补充说明。lau³³、di³³可以互换。例如：

i³³　qə³¹ɫu⁴⁵　di³³/ lau³³　ə³¹ple⁴⁵ə³¹pla⁴⁵.
我　看　　　　得　　　　　清清楚楚

我看得清清楚楚。

tu⁴⁵lui³¹　pa⁴⁵ə³³zuŋ³³　phai⁴⁵　tsʅ³³　ma³³　sa⁴⁵nu⁴⁵　do³¹　da³¹　ma³³mi³³　mi⁴⁵,
天上　　　上面　　　　　派　　　一　　　个　　乞丐　　　来　　做　　妈妈　　　他

tɕi³¹　di³³/lau³³　ə³³tsu³³ə³³tsa³³　tɕi³¹　di³³/lau³³　ə³¹le⁴⁵ə³¹la⁴⁵　a⁴⁵.
穿　　得　　　　　乱七八糟　　　　穿　　得　　　　　脏兮兮　　　　的

上天派一个女乞丐来做他的妈妈，（乞丐）穿得乱七八糟，脏兮兮的。

（二）动态助词

动态助词表示动作或性状在变化过程中的情况，仡佬语的动态助词主要有tau³³、tɕhi³³

（着）、li⁴⁵、lau³³（了）、ko³³（过）、tɕhi³³do³¹、tɕhi³³（起来）等，分别表示动作的持续、完成、经历、起始等（详见本章第一节）。

（三）语气助词

居都仡佬语使用语气助词的频率非常高，语气助词的位置也比较灵活，有的位于句首，有的位于句中或句末，分别表示陈述、祈使、疑问语气，有的语气助词存在合音的现象，语气助词可以连用，以加强语气的表达。

1. 句首语气助词

位于句首的语气词主要有 a⁴⁵、maŋ⁴⁵、nɯ⁴⁵ 等，nɯ⁴⁵ 有时读作 ne⁴⁵，a⁴⁵ 有时读作 a³³ 或 a³¹，表示一句话的开头，可称作"发语词"。

a⁴⁵　　ɕie⁴⁵bɯ⁴⁵　lin³¹　mau³³　tsʅ³³　tshuŋ³³　ka³¹　wo³³.
发语词　以前　　　连　　饭　　都　　不能　　吃　　不
以前连饭都吃不上。

maŋ⁴⁵　tɕin⁴⁵da³¹wuŋ³¹　ʔiau⁴⁵　ŋe³¹ʔiu³³　ə³¹pau⁴⁵.
发语词　经常　　　　　　着　　　老人　　　骂
经常被老人骂。

nɯ⁴⁵/ ne⁴⁵　wai³³jau³³　mi⁴⁵　ne⁴⁵　aŋ³¹　tɕhin³³　pa³³　le³¹.
发语词　　　兄弟　　　　他　　呢　　有　　千　　　把　　多
他的弟兄有千把人之多。

nɯ⁴⁵/ ne⁴⁵　pau³³be³¹au⁴⁵　mi⁴⁵　ʔlei³¹　thai⁴⁵　da³¹　gi³³　do³¹.
发语词　　　外公　　　　　他　　房子　　太　　做　好　　甚
他外公家的房子修得太好。

2. 句中语气助词

位于句中的语气词主要有 ne⁴⁵、maŋ³³/maŋ⁴⁵、thei⁴⁵、di⁴⁵ 等。其中 ne⁴⁵ 表示停顿，并有引出后续句的作用；maŋ³³/maŋ⁴⁵ 表示停顿，一般用在列举前后两项事情对举的句子中；thei⁴⁵ 用于疑问代词 vu³¹tɕin³³（什么）之前，表示说话人对所问之事的强调，也表示对于回答的期待；di⁴⁵ 常与 tshei³¹（才）搭配，用于表达"事物或数量不多"的语气。例如：

ŋa⁴⁵　ni⁴⁵　be³¹　lui³¹lui³¹　pa⁴⁵ə³³zuŋ³³　qa³¹,　qa³¹　ne⁴⁵,　ʔlai³³　di³¹　ʔlai³³
回　　这　　公　　天　　　　上面　　　　见　　见　　呢　　叫　　老虎　叫

quŋ³³　do³¹.
野猫　来
这回老天爷看到了呢，就叫老虎和野猫来了。

phai³¹　ni⁴⁵　ne⁴⁵,　pau³³　ba³¹　pi³¹　ə³¹ʔlan³¹　pi³¹　ʔlei³¹　mi⁴⁵　vu³³.
回　　　这　　呢　　个　　官　　走　　路　　　　走　　家　　　他　　去

这回呢，一个当官的走路到他家去。

i³³ qa³³ suɯ³¹ da⁴⁵ma⁴⁵tɕiu³¹ do³¹ maŋ³³ ma³³ do³¹ wo³³?
我 未曾 知道 小李 来 呢 不 来 不

我不知道小李来呢还是不来？

qə³³pi³³ i³³ maŋ³³ qa³³ suɯ³¹ suɯ³¹ wo³³, a³¹ i³³ maŋ⁴⁵ tsai⁴⁵ dai⁴⁵dai⁴⁵ ne⁴⁵.
姐姐 我 呢 未曾 认识 字 不 发语词 我 呢 再 小 呢

我姐姐呢不识字，我呢又还小。

a³¹ mɯ³¹ ɕin³¹ thei⁴⁵ vu³¹tɕin³³?
发语词 你 说 呢 什么

你说什么？

i³³ tshei³¹ nai³³ a⁴⁵ ȵi⁴⁵ di⁴⁵, a⁴⁵ le³¹ di³³ i³³ ma³³ nai³³ wo³³.
我 才 要 的 这 的 发语词 多 的 我 不 要 不

我就要这么多，多的我不要。

3. 句末语气助词

用于句末的语气助词很丰富，主要表达陈述语气、疑问语气和祈使语气。

（1）表达陈述语气

句末表达陈述语气的助词主要有xau³¹/xau⁴⁵、a³³/a⁴⁵/au³³/au⁴⁵、ne³³、man³¹、a³³/a⁴⁵、o⁴⁵、ku⁴⁵、ei³³、wo³³、ɕie³³、maŋ⁴⁵、xan⁴⁵等，还有极少数的双音节语气词ku⁴⁵ma³³、ti³³jiu⁴⁵。

有的语气助词表示商量，提出某种看法或表示某种意见及要求。例如：

i³³ tsai⁴⁵ tai³³ tsʅ³³ phɯ³¹ xau⁴⁵.
我 再 砍 一 棵 吧

我再砍一棵吧。

mɯ³¹ pa³³ dɯ⁴⁵qə³³ɕie³³ vu³¹ja⁴⁵ ʔiau³¹ qə³³li³³ i³³ a³³/au³³.
你 把 芯 线 扔 递 我 吧

你把线团扔给我吧。

有的语气助词表示动作状态的实现。例如：

da⁴⁵la⁴⁵ guŋ³³ tsʅ⁴⁵ wan³¹do³¹ a⁴⁵/au⁴⁵.
儿子 野猫 就 回来 了

野猫的儿子就回来了。

phai³¹ ȵi⁴⁵ ne⁴⁵ ma³³dza³³ tsʅ⁴⁵ ɬa³¹ mi⁴⁵ ŋu⁴⁵ ta⁴⁵qɛ³³ a⁴⁵/au⁴⁵.
回 这 呢 变婆 就 拿 她 睡 面前 了

这回呢，变婆就让她睡前面了。

有的语气助词位于句末，专跟否定词搭配（详见本章第三节），表示对情况的否定，表达否定语气。例如：

mi⁴⁵ ken³³ ə³³liaŋ³³ o³³ ɕin³¹ duŋ³¹ wo³³.
他　　不敢　　和　　别人　说　　话　　不
他不敢跟别人说话。

muɯ³¹ ɕin³¹ vu³¹tɕin³¹ i³³ tsʅ³³ ma³³ dzei³³ wo³³.
你　　说　　什么　　我　都　不　信　　不
你说什么我都不相信。

xan³³ xuŋ³³ an³³an³³ vu³³ den³¹ xu³³ ə³¹tsɯ⁴⁵zu³¹ ɕie³³.
别　　带　　妹妹　　去　边　河　玩　　　　不
别带妹妹去河边玩。

wo³³（不）、ɕie³³（不）为居都仡佬语固有的否定词，原来不位于句末，后来借用了彝语的否定词ma（不）用于动词前，于是两个否定词共用。再后来居都仡佬语的固有否定词表否定的功能越来越弱化，主要用来表否定语气了。在有的仡佬语方言中固有的否定词已经脱落，仅保留了借用的否定词。在居都仡佬语中，否定词有时也可以不与这些表否定的语气词搭配。例如：

mi⁴⁵ ma³³ ji³¹khen³¹ di³³ lo³¹zo³¹.
他　　不　休息　　　地　写
他不停地写。

ɬa³¹ bia⁴⁵dzen³¹ wan³¹ do³¹ fei³¹ du⁴⁵be³¹ ə³¹ɬu⁴⁵ kaŋ³³ ma³³ kaŋ³³.
拿　　钱　　　　回　　来　给　老者　　看　　　合　　不　合
把钱拿回来给老人家看对不对。

xan³³ lua³¹ pi³¹ plan³³ qə³¹dzo³¹.
别　　放　　火　烧　　山
不要放火烧山！

有的语气助词表示强调，强调情况本来如此。例如：

ma³³xu³¹ pei³³pei³³ ɲi⁴⁵ au³¹ a⁴⁵ mi³¹ di³³.
些　　　杯子　　　这　是　的　新　的
这些杯子是新的。

dzi⁴⁵dzi³¹ kan³¹ tsʅ³³ au³¹ sɯ³¹ di³³.
每　　　　个　　都　是　知道　的

每个（人）都是知道的。

有的语气助词增加感情色彩，使语气舒缓。例如：

wuŋ³¹ xa³¹ qu³¹ ne³³.
日　　还　　早　　呢

时间还早呢。

nɯ⁴⁵ ma³³ tsɯ³³xu³¹ mau³¹ka⁴⁵ di³³ mi⁴⁵ le³¹ kɯ⁴⁵ma³³.
发语词　个　些　　　长工　　　家　他　多　嘛

他家的这些长工多嘛。

（2）表达疑问语气

句末表达疑问语气的助词主要有 ne⁴⁵、a⁴⁵/a³³、man³³/maŋ³³ 等。例如：

dzau³³ŋei³¹ʔlei⁴⁵ mɯ³¹ ne⁴⁵?
枕头　　　　　　你　　呢

你的枕头呢？

mɯ³¹ tsai⁴⁵ lo³¹zo³¹ su³¹ man³³/maŋ³³?
你　　在　　写　　　文章　吗

你在写文章吗？

i³³ vu³³ maŋ³³ xa³¹sʅ⁴⁵ mɯ³¹ vu³³ a³³?
我　去　呢　　还是　　　你　去　呢

我去呢还是你去呢？

（3）表达祈使语气

句末表达祈使语气的助词主要有 a³¹、xau³¹、ɕie³³ 等。例如：

ko³³tsʅ³³ do³¹ a³¹!
快　　　　来　呀

快点来呀！

xan³³ kuaŋ³³ ka³¹ mau³³ ɕie³³!
别　　光　　　吃　　饭　　不

别光吃饭呀！

（4）语气助词的连用

句末语气助词可以连用，以加强语气的表达。语气助词的连用是有层次的，通常跟否定词配合使用的 wo³³、ɕie³³、表示强调的 di³³ 等属于第一层；表示商量口气的 xau³¹/xau⁴⁵、a³³、ne³³ 等，表示状态实现与变化的 a⁴⁵/au⁴⁵ 等，表示疑问的 ne⁴⁵、a⁴⁵/a³³ 等，增加感情色彩的 ne⁴⁵、man³¹ 等属于第二层。连用的语气助词第一层在前，第二层在后，位于最后的语气助词则是全句语气的重点。例如：

i³³　du³¹, ŋei³¹lo⁴⁵　ʔluŋ³³　do³¹　man³¹　wo³³　xa⁴⁵.
我　想　明天　不会　来　雨　不　吧
我想，明天不会下雨了吧。

i³³　dzi³¹nɯ³¹　ka³¹　ko⁴⁵　di³³　a⁴⁵.
我　上午　吃　过　的　了
我上午吃过的了。

xan³³　ne⁴⁵　mi⁴⁵　ɕie³³　a⁴⁵.
别　打　他　不　啊
别打他啊。

由于语气词连用，以至于出现语气助词合音的现象：

mi⁴⁵　tsʅ⁴⁵　ɕin³¹: "au³¹, tshuŋ³¹　ma³³　ŋa⁴⁵　n̩i⁴⁵　ma³³　da³¹　wo⁴⁵."
他　就　说　是　从　_{定指}　回　这　不　做　不
他就说："是的，从这回起（我）不做了。"

以上句末的 wo⁴⁵ 是由语气助词 wo³³ 和 o⁴⁵ 连用而产生的合音。

九　连词

居都仡佬语的连词可表示并列、选择、因果、假设、条件、递进等语法关系。居都仡佬语的连词并不丰富，除了表示并列的以外，其余的连词基本借自汉语（例句见本章第三节）。

十　介词

居都仡佬语的介词主要与名词、代词等组成介宾短语，做状语修饰中心语。有的引介处所或时间，有的引介动作行为的对象，有的引介施事表示主动或被动，有的表示方式方法、工具等，有的引介比较对象，有的引介交与、付出的对象，有的引介受事表示处置等。有的介词兼属连词、动词等。

（一）引介处所、时间、方向的介词

引介处所、时间、方向介词主要有 a³¹（在）、qau³³（在）、ta³¹（到）、tshuŋ³¹（从）、kan³³tau³³（沿着），它们跟名词性成分组成介宾短语做状语或补语，修饰补充动词或动词性短语。例如：

aŋ³¹ tsʅ³³ ʁa⁴⁵ ə³¹tshu⁴⁵ ɬa³¹ tsʅ⁴⁵plei³³ a³¹ paŋ⁴⁵ʔlaŋ³³ kaŋ³³ɯ⁴⁵ ŋaŋ³³.
有 一 家 人 拿 米 在 里面 水缸 泡

有一家人拿米在水缸里面泡。

ə³³pu³³ pau³¹au⁴⁵ qau³³ tɯ⁴⁵lui³¹ ə³¹phau⁴⁵.
云 白 在 天上 飘

白云在天上飘。

mi⁴⁵ tshuŋ³¹ lɯ³¹san⁴⁵ pi³¹ ta³¹ tɕi³¹qa⁴⁵.
他 从 居都 走 到 堕却

他从居都走到堕却。

kan³³tau³³ ma³³xɯ³³ pi³¹.
沿着 河 走

沿着河边走。

a³¹（在）、qau³³（在）和 ta³¹（到）又兼属动词，表处于、居于、到达之意：

mɯ³¹ ɯ⁴⁵ vu³³ maŋ³³ mɯ³¹ ɯ⁴⁵ qau³³ ȵi⁴⁵?
你 要 走 呢 你 要 在 这

你是走呢还是留？

qau³³ bɯ⁴⁵, qa³³ qau³³ ȵi⁴⁵ wo³³.
在 那 没 在 这 不

在那儿，不在这儿。

mi⁴⁵ au³³ a⁴⁵ wuŋ³¹ ȵi⁴⁵ ta³¹ wo³³, mi⁴⁵ ta³¹ ŋei³¹lo⁴⁵ tshei³¹ do³¹.
他 不是 呢 天 这 到 不 他 到 明天 才 来

他不是今天到，他明天才到。

（二）引介动作行为对象的介词

引介动作行为对象的介词主要是 qə³³liaŋ³³/ ɬiau⁴⁵（和、跟），引入动作行为所涉及的对象。例如：

ȵuŋ⁴⁵xuŋ³¹ ɕin³¹, a⁴⁵ thuŋ³³wuŋ³³ mɯ³¹ qə³³liaŋ³³ o³³ na⁴⁵le⁴⁵.
听 说 发语词 昨天 你 和 别人 打架

听说，你昨天和别人打架。

mɯ³¹ ɬiau⁴⁵ mi⁴⁵ ɕin³¹ qa³³ qau³³ bɯ⁴⁵ wo³³.
你 和 他 说 没 在 那 不

你告诉他不在那儿。

qə³³liaŋ³³（和）、ɬiau⁴⁵（和）兼属介词和连词，做介词和连词的区别在于：连词 qə³³liaŋ³³、ɬiau⁴⁵ 连接的前后两个对象可以交换位置，句子所表达的意思不变，而介词 qə³³liaŋ³³、ɬiau⁴⁵ 连接的前后两个对象不能交换位置，否则句子意思将发生变化，如上例把 muɯ³¹ 和 mi⁴⁵ 交换位置，则变成了"他告诉你不在那儿"。

（三）引介施事表示主动或被动的介词

引介施事的介词主要有 na⁴⁵（让）和 ʔiau⁴⁵（着、被）、ŋ̊ei⁴⁵（着、被）、dzaŋ³³（着、被）等。na⁴⁵ 引介动作行为的施事，表示主动；ʔiau⁴⁵、ŋ̊ei⁴⁵、dzaŋ³³ 引介动作行为的施事，表示被动。有时候施事可省略。ʔiau⁴⁵ 比 ŋ̊ei⁴⁵ 更常用，dzaŋ³³ 用得最少。例如：

mi⁴⁵　tsʅ⁴⁵　ma³³　na⁴⁵　ti³³to³¹　ɕin³¹　duŋ³¹　to³¹ʔlo³³　wo³³.
他　　就　　不　　让　　我们　　说　　话　　仡佬　　不
他就不让我们说仡佬话呢。

qe³¹　di³³　mi⁴⁵　ʔiau⁴⁵　m̥uɯ³¹　tsaŋ³³　plan³¹　a⁴⁵.
鸡　　家　　他　　被　　　狗　　　咬　　　死　　　了
他家的鸡被狗咬死了。

san⁴⁵san³³　dzaŋ³³　mi⁴⁵　ne⁴⁵　tsa⁴⁵.
碗　　　　　被　　　他　　打　　破
碗被他打破了。

i³³　ŋ̊ei⁴⁵　zan³³　lau³³　tsʅ³³　san³³　pluɯ³¹.
我　着　　　喝　　　了　　一　　碗　　酒
我被灌了一碗酒。

ʔiau⁴⁵、ŋ̊ei⁴⁵ 还兼属动词。做动词时多用于一般行为动词后补充说明，有"得到"之意。有时候 ʔiau⁴⁵ 和 ŋ̊ei⁴⁵ 可相互替换，但 ŋ̊ei⁴⁵ 比 ʔiau⁴⁵ 更常用。例如：

ma³³vu³¹no⁴⁵　tɕia³³　ʔiau⁴⁵/ŋ̊ei⁴⁵.
麻雀　　　　　抓　　　着
麻雀捉到了。

mi⁴⁵mi⁴⁵　qa³³　tshai³³　ŋ̊ei⁴⁵　wo³³.
谜语　　　没有　　猜　　　着　　　不
谜语没猜着。

（四）表示方式方法、依据、工具的介词

表示方式、依据、工具的介词主要有 kan³³tau³³（按照）、lai³³（用）。例如：

kan³³tau³³　ma³³　tsaŋ³³　n̠i⁴⁵　da³¹.
按照　　　　定指　　样　　　这　　做

照着这个样子做。

lai³³　mlɯ³¹mlɯ³¹　lo³¹zo³¹　su³¹.
用　　　纸　　　　　写　　　　字

用纸写字。

（五）引介比较对象的介词

引介比较对象的介词主要有 qə³³dzuŋ³³（比）、lan³¹（及）/lan³³（不及）、na⁴⁵（过）/fei³¹（给）和借自汉语的 fan³³（比）、pi³³（比）等（详见本章第三节）。

（六）引介交与、付出对象的介词

引介交与、付出对象的介词主要有 fei³¹（给）、na³¹（给）。fei³¹ 基本上可以用 na³¹ 替换，但 na³¹ 却不能用 fei³¹ 代替，因为 fei³¹ 强调直接交付的对象，na³¹ 还含有"帮助并交与"对象之意。例如：

ma³³　ɬa³¹　bia⁴⁵dzen³¹　fei³¹　mi⁴⁵　lai³³　wo³³.
不　　拿　　钱　　　　　给　　他　　用　　不

不拿钱给他用。

na³¹　mi⁴⁵　xuŋ³³　mau³³　do³¹　a⁴⁵.
给　　他　　送　　　饭　　　来　　了

给他送饭来了。

（七）引介受事表示处置的介词

引介受事表示处置的介词主要有 ɬa³¹（拿）和 pa³³（把），ɬa³¹（拿）兼属动词，当其后的名词相对于 ɬa³¹ 没有"把持义"或"把持义"较弱时，ɬa³¹ 则为介词引介受事，表处置。例如：

mi⁴⁵　ɕin³¹　ɯ⁴⁵　ɬa³¹　pau³³be³¹　ne⁴⁵　plan³¹.
他　　说　　要　　拿　　老者　　　　打　　死

他说要把老者打死。

ɯ⁴⁵　do³¹　man³¹　a⁴⁵,　pa³³　lɯ³³bɯ³³　qə³¹sɯ³¹　gi³³　xau³¹.
要　　下　　雨　　了　　把　　衣服　　　　收　　　　好　　啊

要下雨了，把衣服收好。

十一 叹词

叹词是表示感叹和呼唤、应答的词,独立性很强,一般独立于句首用作感叹语,不与实词发生结构关系,也没有具体实在的词汇意义。叹词常跟语气助词搭配用来表达招呼、喜爱、厌恶、愤怒、轻蔑、惧怕、惊讶、叹息等各种情感,叹词的语音形式也往往因人而异。

(一) 表示"招呼"或"提醒"

wei^{33}, wuŋ^{31}ȵi^{45} mɯ^{31} tsei^{31} tsʅ^{33} ma^{33} so^{31}zo^{45} do^{31}.
喂   今天   你   买   一   把   扫帚   来
喂,今天你买一把扫帚来。

i^{33}ja^{33}, mɯ^{31} qə^{31}ȵia^{45} lɯ^{33}bɯ^{31} i^{33} a^{45}.
唉呀   你   踩   衣服   我 了
唉呀,你踩我的衣服了。

(二) 表示回应

e^{45}, ma^{33} tsaŋ^{33} ȵi^{45} wo^{33}.
嗳 不   样   这   不
嗳,不是这样的。

en^{33}, i^{33} ȵuŋ^{45}xuŋ^{31} a^{45}.
嗯   我   听到   了
嗯,我听见了。

(三) 表示疑问

e^{45}, qə^{33}ɕuŋ^{33} da^{31}tɕin^{33} tsa^{45} a^{45}?
呃   裤子   为什么   破   了
呃,裤子怎么破了?

(四) 表示喜悦

xe^{33}xe^{33}, ma^{33} ŋa^{45} ȵi^{45} i^{33} qə^{31}ȵiɯ^{31} a^{45}.
呵呵   定指 次   这   我   赢   啦
呵呵,这次我赢了。

(五) 表示赞美、惊叹

xei^{33}, da^{45} la^{45}sai^{33} ȵi^{45} dɯ^{33}ŋɯ^{45} qə^{31}plei^{45}.
嗨   个   小伙   这   真   俊
嗨,这个小伙子长得真俊啊!

（六）表示意外、惊讶

jo³³, mɯ³¹ xaŋ⁴⁵aŋ³¹ qu³¹ tsɿ³³ do³¹ a⁴⁵.
呀　你　这么　　早　就　来　了
呀，你这么早就来了！

je⁴⁵, jəu⁴⁵ do³¹ qə³¹nei³¹ a⁴⁵.
咦　又　来　雪　　了
咦，又下雪了！

（七）表示鄙视、责难

ai⁴⁵jo³³xo³³, do³³o³³ qa³³ ka³¹ wo³³, mɯ³¹ tsɿ⁴⁵ ka³¹ ȵi⁴⁵qɯ³¹ a⁴⁵！
哎呀呀　　别人　未曾　吃　不　你　就　吃　先　　了
哎呀呀，别人没吃，你就先吃起来啦！

第二节

短　语

短语是大于词而小于句子的语法单位，有的短语加上语调便可以组成句子。居都仡佬语的短语结构和句法结构具有一致性，短语结构主要可分以下几类。

一　联合短语

联合短语由语法地位平等的两个或几个部分组成，各个部分之间是联合关系。有的联合短语内部结合得比较紧密，常被当作一个整体使用而固化成为四音格词。例如：

xuaŋ³¹su³³laŋ³¹ qə³³liaŋ³³ guŋ³³ 黄鼠狼和猫　　ɕin³¹ buɯ⁴⁵ ɕin³¹ ȵi⁴⁵ 说这说那
黄鼠狼　　　和　　猫　　　　　　　　说　那　说　这

ma³³ qə³¹den³¹ ma³³ qə³¹ji⁴⁵ 不冷不热　　　qhui³¹qha⁴⁵ ə³³die³³ 亲戚朋友
不　冷　　不　热　　　　　　　　　　亲戚　　　朋友

联合短语的整体功能与各组成部分功能一致，可充当主语、谓语、宾语、定语、状语等（详见句子成分部分）。

二　主谓短语

主谓短语由主语和谓语两部分组成，主语在前，谓语在后，主语和谓语是被陈述和陈述的关系。例如：

da⁴⁵m̥ɯ³¹ lai³³ baŋ³³ 小狗犁田　　　　　qə³¹tshei⁴⁵ gi³³ 运气好
狗　　　犁　田　　　　　　　　　　　运气　　好

vu³¹qɯ⁴⁵ vu³¹a⁴⁵ 价钱便宜　　　　　　blaŋ³³ pɯ⁴⁵ sa⁴⁵la⁴⁵ 孤寡得儿
价钱　　便宜　　　　　　　　　　　　孤寡　得　小孩

三　动宾短语

动宾短语由动语和宾语两部分组成，动语在前，宾语在后，动语和宾语之间是支配、关涉的关系。例如：

tsei³¹ mlaŋ³¹ taŋ⁴⁵laŋ³¹ 买煤油　　　　ka³¹ vu³³tai³³ pau³¹au⁴⁵ 吃豆腐
买　　油　　煤　　　　　　　　　吃　　豆腐　　白

qə³¹dzei³¹ la⁴⁵tsau³³ 嫁女　　　　　　du³³ χen³¹juŋ³¹ 算命
嫁　　　女儿　　　　　　　　　　算　　命运

动宾短语在句中主要充当谓语，少数也可做主语。

四　偏正短语

偏正短语由修饰语和中心语两部分组成，修饰语描写或限制中心语成分，修饰语和中心语之间是修饰和被修饰的关系，可以分为两类：

（一）定中短语

由定语和名词性中心词组成，有的定中短语不需要结构助词连接，有的短语带有结构助词 a⁴⁵、di³³（的）或其变体 li³³（的），因结构助词使用的情况不同，有时修饰成分在中心词之前，有时修饰成分在中心词之后。例如：

qə³¹tshu⁴⁵ to³¹ʔlo³³ 仡佬人　　　　　ma³³ja³¹ a⁴⁵ ə³¹le⁴⁵ 丑婆娘
人　　仡佬　　　　　　　　　　　　婆娘　的　丑

tuɿ⁴⁵lui³¹ di³³ duŋ³¹dai³³ 天上的星星　　tsɿ⁴⁵tɕi³¹ di/li³³ dɯ⁴⁵gu³³ 自己的东西
天上　　的　星星　　　　　　　　　　自己　　　的　　东西

定中短语主要在句中充当主语和宾语。

（二）状中短语

由状语和谓词性中心词组成，部分短语带有结构助词 di³³（地），状语在中心语的前面修饰限制后者，部分修饰性词语位于中心词的后面。例如：

tsen⁴⁵tɕhi³¹ di³³ qau³³ tau³³ 整齐地坐着　　xo³³xo³³ di³³ ə³¹phau⁴⁵ 哗啦啦地飘
整齐　　　地　坐　着　　　　　　　哗啦啦　地　飘

vu³³ n̠i⁴⁵qɯ³¹ 先去
去　　先

ə³³phu³³ə³³phai³³ pi³¹ vu³³ 大摇大摆地走过去
大摇大摆　　　走　去

状中短语主要在句中充当谓语。

五 中补短语

中补短语由谓词性中心语和补语组成，补语位于中心语的后面构成补充关系，部分短语中心语和补语中间有结构助词 di³³（得）连接。例如：

ka³¹ di³³ gi³³ 吃得好　　　　　　　　ɕie³¹ɕie⁴⁵ di³³ kha³¹khu⁴⁵ 扫得干净
吃　得　好　　　　　　　　　　　　扫　　　　得　　干净

tu⁴⁵tu³³ lo⁴⁵ do³¹ 提起来　　　　　　do³¹ tsɿ³³ ŋa⁴⁵ 来一回
提　起　来　　　　　　　　　　　　来　一　回

中补短语主要在句中充当谓语。

六 同位短语

同位短语由两部分组成，各组成部分不同但所指相同，并且语法地位一样。例如：

mi⁴⁵ ŋe³¹ʔiu³³ 他老人家　　　　　　tɕi³³tɕio³¹ ta³¹ kan³¹ 你们三个
他　老人家　　　　　　　　　　　　你们　　　三　个

ti³³to³¹ te⁴⁵tɕhi³¹ 我们大家　　　　　pau³³ma⁴⁵tɕiu³¹ ke⁴⁵ɯ³¹ 石匠老李
我们　大家　　　　　　　　　　　　老李　　　　石匠

同位短语在句中主要充当主语或宾语。

七 连动短语

连动短语由两个或两个以上动词性成分连用，动词性成分之间没有语音停顿，具有连续关系，不需用关联词连接。例如：

ɬa³¹ do³¹ fei³¹ mi⁴⁵ 拿来给他　　　　qə³¹plei⁴⁵ vu³³ ə³¹ɬu⁴⁵ 跑去看
拿　来　给　他　　　　　　　　　　跑　　去　看

ble⁴⁵ ji³¹mi³³ vu³³ 扛玉米走
扛　玉米　走

lə³¹phau⁴⁵ vu³¹suŋ³¹ lə³³jau³³ thu³³ 翻身下床
翻　　身子　　下　床

连动短语在句中主要充当谓语，少数充当主语。

八 兼语短语

兼语短语由前一谓词的宾语兼做后一谓词的主语，形成前后宾语与主语形式的套叠。例如：

ʔlai³³ i³³ vu³³ sa³¹qu⁴⁵ 派我去旧寨　　　xuŋ³³ i³³ vu³³ ji³³tsu³¹ 领我上楼
叫　 我　去　旧寨　　　　　　 带　我　去　楼上

aŋ³¹ sa⁴⁵ qhɯ³¹qha⁴⁵ a³¹ lɯ³¹san⁴⁵ 有一个亲戚在居都
有　 个　 亲戚　　　 在　居都

兼语短语在句中主要充当谓语，少数充当主语。

第三节

句 子

一 句子成分

六枝居都仡佬语的句子成分主要有主语、谓语、宾语、定语、状语、补语，每种句子成分总是与另一句子成分发生一定的语法关系。此外，还有一些独立语，与其他的词语没有结构关系，不互为句子成分。

（一）主语

1. 主语的构成

主语是谓语陈述的对象，可分为名词性主语和谓词性主语。

（1）名词性主语。名词性主语由名词性词语充当，多表示人名事物，主要有名词或名词性短语、代词或代词短语、数量短语、名物化动词或短语、名物化形容词或短语等。例如：

$ma^{33}mi^{33}$　mi^{45}　na^{31}　mi^{45}　$qə^{31}ʔia^{45}$　$vu^{31}suŋ^{31}$.
妈妈　他　给　他　洗　身子
他妈妈给他洗澡。

a^{31}　i^{33}　$tshuŋ^{33}$　$tsei^{31}$　$pɯ^{45}$　su^{31}　wo^{33}.
发语词 我　不能　买　得　书　不
我买不到书了。

ma^{33}　kan^{33}　$ə^{31}tshu^{45}$　$ɲi^{45}$　au^{31}　$ka^{45}na^{33}$?
定指　个　人　这　是　谁
这个人是谁？

tse⁴⁵luŋ³³ di³³ ɬa³¹ fei³¹ i³³ ka³¹.
黑 的 拿 给 我 吃

黑的拿给我吃。

（2）谓词性主语。谓词性主语由谓词性词语充当，主要是动词或动词性短语，以动作或事情为陈述的对象。例如：

ʔlɯ⁴⁵ ma³³ qaŋ³³ wo³³, vu³¹tsei⁴⁵ tsʅ³³ ɕie⁴⁵ tsʅ⁴⁵ pɯ⁴⁵ a⁴⁵.
打 不 合 不 捏 一 下 就 得 了

打不行，捏一下就可以了。

vu³¹zuŋ⁴⁵ lɯ³³bɯ³³ fan³³ da³¹ lɯ³³bɯ³³ ko³³.
拆 衣服 比 做 衣服 快

拆衣服比做衣服快。

2. 主语的意义类型

主谓之间的关系比较复杂，主语主要有施事、受事和当事三种语义类型。

（1）施事主语。施事主语是动作、行为的发出者，主谓之间的语义关系及结构是"施动者＋动作/行为"的关系。例如：

i³³ ne⁴⁵ mɯ³¹ sa³¹ ɕie⁴⁵ lu³¹dzu⁴⁵.
我 打 你 几 下 棍子

我打你几棍子。

（2）受事主语。受事主语表示主语是承受动作、行为的客体，主谓之间的语义关系及结构是"受动者＋动作/行为"的关系。例如：

ma³³ qe³¹ i³³ ʔiau⁴⁵ o³³ ɬa³¹ vu³³ a⁴⁵.
母 鸡 我 着 别人 拿 去 了

我的母鸡被人偷走了。

（3）当事主语。当事主语表示非施事、非受事的人或其他。例如：

i³³ a³¹ ȵi⁴⁵.
我 在 这

我在这儿。

（二）谓语

1. 谓语的构成

谓语是陈述主语的句法成分，谓语一般由动词或动词性短语、形容词或形容词性短语、名词或名词性短语、数量短语等结构充当。例如：

mi⁴⁵ do³¹ a⁴⁵.
他 来 了
他来了。

muɯ³¹ ka³¹ mau³³ li⁴⁵ xa⁴⁵.
你 吃 饭 了 吧
你吃了饭了吧。

mi⁴⁵ ɕin³¹ di³³ duŋ³¹ xen³³ kaŋ³³.
他 说 的 话 很 合
他说的话很对。

ti³³to³¹ vu³³ ble⁴⁵ lo³¹mo⁴⁵, tsʅ³³ kan³³ tsʅ³³ wa³¹.
我们 去 挑 柴 一 个 一 担
我们去挑柴，一个一担。

2．谓语的意义类型

根据谓语对主语的作用，谓语的意义类型可分为三大类。

（1）叙述性谓语。叙述性谓语着重于叙述，叙述主语所做的或关系到主语的一件事情，主要由动词性词语充当。例如：

muɯ³¹ duɯ³¹ tsʅ³³ ɕie⁴⁵ tsai⁴⁵ ɕin³¹.
你 想 一 下 再 说
你想一下再说。

（2）描写性谓语。描写性谓语重在描写主语的性状和特征，主要由形容词性词语充当。例如：

suɯ³¹ kan³¹ ʔlei³¹ʁa⁴⁵ thai⁴⁵ gi³³ do³¹.
两 个 夫妻 太 好 很
夫妻俩很恩爱。

（3）判断说明性谓语。判断说明性谓语着重于判断说明主语的类属或情况。例如：

i³³ au³¹ a⁴⁵ du³³ su³¹ di³³, jau³³ je³³ au³¹ a⁴⁵ du³³ su³¹ di³³.
我 是 的 读 书 的 弟 也 是 的 读 书 的
我是学生，弟弟也是学生。

ə³³zuŋ³³ phuɯ³¹ tin³¹ aŋ³¹ ta³¹ ma³³ vu³¹no⁴⁵.
上 棵 树 有 三 只 鸟
树上有三只鸟。

（三）宾语

1. 宾语的构成

宾语表示人、事或物，是谓语动词所支配、关涉的对象。按照宾语的性质划分，可分名词性宾语和谓词性宾语；按照宾语的数量划分，可分单宾语和双宾语。

（1）名词性宾语。名词性宾语包括名词或名词性短语、代词或代词短语、数词、数量短语等。例如：

i^{33}　aŋ^{31}aŋ^{31}　bia^{45}dzen^{31}　nɯ^{45}.
我　　有　　　钱　　　　呢

我有钱呢。

i^{33}　taŋ^{33}　lau^{45}　sɯ^{31}　phɯ^{31}　tin^{31}　ma^{45}dau^{45}.
我　种　了　两　棵　树　梨

我种了两棵梨树。

（2）谓词性宾语。谓词性宾语包括形容词、动词等。例如：

mɯ^{31}　pɯ^{45}　le^{31},　i^{33}　pɯ^{45}　khe^{45}khe^{33}　a^{45}.
你　得　多　　我　得　少　　　啊

你得的多，我得的少。

mi^{45}　xa^{31}　qa^{33}　do^{31}　wo^{33}.
他　还　未曾　来　不

他还没有来。

（3）双宾语。谓语动词之后先后出现两个宾语，一个是直接宾语，与谓语动词的距离近；另一个为间接宾语，与谓语动词的距离远。例如：

da^{45}ma^{45}tɕiu^{31}　qə^{31}tsʅ^{31}　da^{45}ma^{33}jau^{33}　tsʅ^{33}　dʑau^{33}　lu^{31}dzu^{31}　a^{45}　gi^{33}.
小李　　　　教　　　　小王　　　　一　个　　办法　　的　好

小李教小王一个好办法。

fei^{31}　i^{33}　tsʅ^{33}　phai^{45}　su^{31},　i^{33}　aŋ^{33}　su^{31}　wo^{33}　nɯ^{31}.
给　我　一　本　书　我　没有　书　不　哦

给我一本书，我没有书哦。

2. 宾语的意义类型

宾语的意义类型和谓语动词的语义密切相关，宾语的意义类型大致分为三种：

（1）施事宾语。施事宾语虽然位于谓语动词之后，但它是动作行为的发出者、主动者，它可以是人或自然界的事物。例如：

tsɿ³³　khe⁴⁵　mau³³　ka³¹　tshen³³　kan³¹　ə³¹tshu⁴⁵.
一　　锅　　饭　　吃　　十　　　个　　人
十个人吃一锅饭。

（2）受事宾语。受事宾语表示动作行为直接支配和关涉的人或事物。例如：

di³³　i³³　tu³¹　tsɿ³³　saŋ³³　la⁴⁵　m̥u³¹　xuŋ³³o³¹.
家　我　养　一　只　小　狗　花
我家养了一只小花狗。

（四）定语

1. 定语的构成

定语是名词性短语中心语的修饰成分，多由代词、形容词或形容词性短语、名词或名词性短语充当，还有少量动词或动词性短语。定语和中心语结合有的采用意合的方式，有的用助词 a⁴⁵ 或 di³³（有时音变为 li³³）连接。例如：

da⁴⁵　la⁴⁵ə³¹pe⁴⁵ʔlai³³　i³³　qa³³　suɯ³¹　nuŋ³¹　wo³³.
个　小孩　　　　　　我　未曾　知道　事　不
我的小孩不懂事啊。

a³³wai³³　pa³³　la⁴⁵pai³³　du⁴⁵gu³³　a⁴⁵　gi³³　ɬa³¹　vu³³　a⁴⁵.
哥哥　　把　一点儿　　东西　　的　好　拿　走　了
哥哥把一点儿好东西拿走了。

a³³　buɯ⁴⁵　au³¹　a⁴⁵　ə³¹phau⁴⁵　di³³　qe³¹.
_{发语词}那　是　呢　飞　　的　鸡
那是飞的鸡。

2. 定语的意义类型

定语意义类型的划分离不开与名词性中心语的关系，根据定语对中心语的作用，可以分为限制性定语和描写性定语两大类。

（1）限制性定语。限制性定语主要是给事物分类或者划定范围，表示人或事物的领有者、时间、处所、范围、用途、质料、数量等，对名词性中心语加以限制。例如：

dai⁴⁵dai³³　di³³　sɿ³¹xəu⁴⁵　da³¹wuŋ³¹　duŋ⁴⁵　ə³¹tuŋ³¹　qe³¹　fei³¹　mi⁴⁵　ka³¹.
小　　　的　时候　　整日　　　煮　　蛋　　鸡　给　他　吃
小的时候每天煮鸡蛋给他吃。

χe³¹　vu³¹dzi³¹　di³³　wuŋ³¹　di³¹　tsei³¹　n̥i³¹　tsei³¹　vu³³n̥uŋ³³　do³¹　luan³¹.
八　　月　　　的　日　虎　买　牛　买　马　　来　杀
八月的虎场天买牛买马来杀。

（2）描写性定语。描写性定语主要是描绘人或事物的性质、状态，突出人或事物的某一特性，使其特征更加明显，使语言更加生动形象。描写性定语多由形容词或形容词性短语充当。例如：

a^{33}　n̠i^{45}　au^{31}　tsʅ^{33}　du^{45}　sa^{45}　a^{45}　la^{31}za^{31}le^{33}ze^{33}　di^{33}.
发语词　这　是　一　条　绳子　的　花花绿绿　　　的
这是一条花花绿绿的绳子。

3. 简单定语的语序

定语与中心词结合的语序主要有定语后置和定语前置两种。定语和中心词结合的方式不同，它们的语序也不相同。有的定语和中心词直接结合，有的用结构助词a^{45}连接，有的借用汉语的结构助词di^{33}（或音变为li^{33}）连接。

（1）定语后置。定语后置是居都仡佬语的固有语序。定语跟中心词直接结合时，定语一般位于中心词之后；由助词a^{45}连接的定语位于中心词之后；少部分由助词di^{33}连接的定语也位于中心词之后。例如：

n̠i^{45}　au^{31}　lu^{33}bɯ^{33}　ka^{45}na^{33}?
这　是　衣服　　　谁
这是谁的衣服？

但有一些例外。如部分表示大或小的形容词做定语位于中心词之前（详见本章第一节）；数量短语做定语与名词直接结合置于名词中心词之前（详见本章第一节）。

（2）定语前置。定语前置的语序应该是受到汉语较深的影响。前置的定语可以是词，也可以是短语，大多数由助词di^{33}（或音变为li^{33}）连接（例句见本章第一节）。

4. 复杂定语的语序

复杂定语指句中出现多个定语。这些定语有的修饰不同的中心词，有的修饰同一个中心词。在包含复杂定语的句子中，定语前置和后置，以及定语和中心语结合的几种方式都可能出现。

（1）多个定语修饰不同的中心词。这类句子中不同的定语在修饰了不同的中心词后组成一个短语，再整体前置修饰全句焦点信息，即全句最突出的中心名词或名词短语，并通常需要助词"di^{33}"的连接。例如：

ba^{33}　ə^{33}die^{33}　i^{33}　di^{33}　ə^{33}die^{33}.
父亲　朋友　我　的　朋友
我朋友的父亲的朋友。

（2）多个定语修饰相同的中心词（多层定语）。句中修饰相同中心词的多个定语也称为多层定语。多层定语由定中短语整体再加上定语形成，每一个定语都是对全句中心名词的修饰。例如：

ə³³die³³ ɬa³¹ di³³ su³¹ duŋ³¹ la⁴⁵ tsan³³ xuŋ³³o³¹.
朋友　　拿　的　两　个　小　瓶子　花
朋友送的两个小花瓶。

多层定语的排列有一定的顺序，后置定语通常是最靠近中心词的形容词或形容词性词组（表示"什么样的"），前置定语的顺序通常为"表示所属的名词、代词或词组（表示'谁的'）——数量词组（表示'多少'）——动词、动词性词组（表示'怎样的'）——形容词、形容词性词组（表示'什么样的'）——表示性质的名词（表示质料等）"。例如：

mi⁴⁵ di³³ tsʅ³³ tha⁴⁵ tshei³¹ tsei³¹ di³³ a⁴⁵ mi³¹ di³³ vu³¹qu⁴⁵ me³³me³³
他　的　一　件　才　买　的　新　的　皮　羊
lɯ³³bɯ³³ a⁴⁵ dzuŋ³¹.
衣服　　的　大
他的一件刚买的新羊皮大衣。

（五）状语

1. 状语的构成

状语通常位于所修饰的中心词前，主要由副词充当，时间名词、能愿动词、形容词（特别是表状态的形容词）、介词短语、量词短语和其他一些短语也能充当状语。在居都仡佬语的固有语序中，状语和中心词之间不用助词连接，后来因受汉语的影响而借用助词di³³（地）。例如：

i³³ dʑi³¹nu³¹ vu³³ lai³³ baŋ³³, ka³¹mi⁴⁵ vu³³ gɯ⁴⁵ ji³¹mi³³.
我　早上　　　去　犁　田　　中午　　去　摘　玉米
我早上去犁田，中午去掰玉米。

i³³ tshuŋ³¹ ne⁴⁵ pai³¹ mi⁴⁵ wo³³.
我　不能　　打　败　他　不
我不能打败他。

2. 状语的意义类型

根据对中心语不同方面的修饰，状语大致可以分为限制性状语和描写性状语两大类。

（1）限制性状语。限制性状语主要用来表示时间、处所、程度、否定、方式、对象、数量等，见副词和介词描写分析。

（2）描写性状语。描写性状语有的描写动作的状态，语义指向动作行为本身。有的描写人物的情状，语义指向动作行为的主体。例如：

ma³³ qen⁴⁵ di³³ ə³¹phau⁴⁵ do³¹ ə³¹phau⁴⁵ vu³³.
不　　断　　地　　翻　　　来　　翻　　　去

不断地翻来覆去。

(六) 补语

1. 补语的构成

补语是动词、形容词性短语里中心语后面的补充成分，主要由动词、形容词、副词、数量短语、介词短语充当。有的补语跟中心语直接结合，有的补语要用助词 lau³³ 或 di³³/li³³ 连接。例如：

vu³¹juŋ³¹ a⁴⁵ dzuŋ³¹ pa³³ tuŋ³¹luŋ⁴⁵ di³³ tin³¹ fe⁴⁵ tuŋ³³ a⁴⁵.
风　　　的　大　把　村　的　树　吹　断　了

大风把村里的树吹断了。

pa⁴⁵ʔlei³¹ qə³³tsau³³ lau³³ ga³¹gi³³.
家里　　　收拾　　　得　很好

家里收拾得整整齐齐。

2. 补语的意义类型

补语可以用来说明动作行为的结果、状态、趋向、数量、时间、处所或者说明性状的程度、说明事物的状态等。

（1）结果补语。结果补语主要由形容词或主谓短语充当，表示动作或状态的结果。例如：

mi⁴⁵ ti³¹ji⁴⁵ ne⁴⁵ dʐau³³san⁴⁵san³³ tsa⁴⁵.
他　故意　　打　碗　　　　　烂

他故意打烂碗。

（2）程度补语。程度补语比较少，限于用 do³¹（很）、le³¹（多）等表示程度高，用 tsa⁴⁵pai³³（一点）、tsʅ³³（点）等表示较轻的程度。例如：

ma³³ biau³¹ ȵi³¹ ȵi⁴⁵ dzi³³ suŋ³¹ tsʅ³³ qə³³duŋ³³ do³¹.
定指　群　牛　这　每　头　都　肥　　　很

这群牛头头都肥得很。

（3）状态补语。状态补语表示动作、性状呈现出来的状态。例如：

be³¹buŋ³³ pi³¹ di³³ fei³³tshan³¹ dzan⁴⁵.
爷爷　　　走　得　非常　　　慢

爷爷走得非常慢。

（4）趋向补语。趋向补语表示动作的方向或事物随动作而活动的方向，多由趋向动词充当。例如：

i³³ ʔiau³¹ do³¹ qə³¹tsei³¹ fei³¹ mu³¹ ka³¹.
我　丢　　来　下面　　　给　你　吃

我丢下来给你吃。

受汉语影响，个别句子也出现半借用式的复合趋向动词，并把它拆开做补语：

çie⁴⁵ na³³ le³¹ tshu³³ tsŋ³³ tha⁴⁵ do³¹?
时候　哪　多　出　　一　　件　来

什么时候多出一件（衣服）来？

（5）数量补语。数量补语分动量补语和时量补语。动量补语用表动量的量词短语充当，表示动作发生的次数。时量补语用表时量的量词短语充当，表示动作持续的时间。例如：

la⁴⁵sai³³ tsŋ³³ vu³¹dzi³¹ do³¹ tsŋ³³ ŋa⁴⁵ pa⁴⁵ʔlei³¹.
儿子　　　一　月　　　来　一　　次　家

儿子每月回一趟家。

（6）时间、处所补语。时间和处所补语多用介词短语来表示动作发生的时间和处所。例如：

aŋ³¹ tsŋ³³ saŋ³³ m̥ɯ³¹ ŋu⁴⁵ qau³³ qə³¹tu⁴⁵ qə³¹ʔlan³¹.
有　一　　只　　狗　　睡　在　　中间　　路

有一只狗睡在路中间。

3. 宾语和补语的语序

宾语和补语可以同时出现在动词后，当两个成分同时出现时，代词宾语一般位于补语前。名词宾语多位于补语前，但有时也位于补语后。例如：

mu³¹ thuŋ³¹ pi³³xɯ³¹ gi³³.
你　关　　门　　　好

你关好门。

mi⁴⁵ ʔlɯ⁴⁵ plan³¹ su³¹ dɯ⁴⁵ di³¹.
他　打　　死　　两　只　老虎

他打死了两只老虎。

（七）独立语

独立语是句子里的某个实词或短语，它与前后别的词语不发生结构关系，不互为句子成分，但从句意上看其又是不可或缺的部分。有的独立语在句中的位置比较灵活，为适应表达的需要，可以添加在句首、句中或句末。从表意作用看，独立语可分为以下四种：

1．插入语

插入语用来补足句意。有的表示肯定或强调的语气，有的表示总括性的意义，有的表示推测和估计，有的表示消息来源等。例如：

i³³ dɯ³¹, wuŋ³¹ȵi⁴⁵ ʔluŋ³³ do³¹ man³¹ wo³³ xa⁴⁵.
我 想 今天 不会 来 雨 不 吧

我想，今天不会下雨了吧！

2．称呼语

称呼语常用来招呼对方，引起注意。例如：

la⁴⁵ʔlei³¹ɬa⁴⁵, mɯ³¹ da³¹tɕin³³ ma³³ vu³³ ʔlɯ⁴⁵mlɯ³³ wo³³?
年轻人 你 为什么 不 去 打工 不

年轻人，你为什么不去打工？

3．感叹语

感叹语表示惊讶、感慨、喜怒哀乐等感情。例如：

ai³³ja³³, tei³¹ʔlei³¹ thai⁴⁵ qə³³ze³³, ai³³ja³³ ai³³ja³³!
哎呀 脑袋 太 痛 哎呀 哎呀

哎呀，脑袋好痛啊，哎呀哎呀！

4．拟声语

拟声语用来模拟事物的声音，以加强表达效果。例如：

xua³¹xua³¹, ʔlei³¹ a⁴⁵ vu³¹tau⁴⁵ ʔlɯ⁴⁵ di³³ du⁴⁵ a⁴⁵.
轰轰 房子 的 土 打 的 倒 了

轰轰，泥墙房倒了。

二 单句

根据居都仡佬语句子的结构特点，可分为简单句和复杂句两大类。这里重点介绍简单句的结构类型。简单句相对复句而言，是不包含两个或两个以上分句的句子。根据句子主语和谓语部分是否完整，简单句可分为主谓句和非主谓句两类。根据谓语的特点又可分兼语句、连动句、被动句、比较句、否定句、判断句等句型。

（一）主谓句

主谓句必须包含主语和谓语两大组成部分，从谓语的性质和构成来看，主谓句可分为名词性谓语句、动词性谓语句、形容词性谓语句和主谓谓语句四种。

1．名词性谓语句

名词性谓语句的谓语部分由名词、名词短语或数量短语充当。例如：

mu³¹ khai⁴⁵zan³³ ə³¹tshu⁴⁵, i³³ lu³¹san⁴⁵ ə³¹tshu⁴⁵.
你　郎岱　人　　我　居都　人

你郎岱人，我居都人。

ta³¹ phin³³ bia⁴⁵dzen³¹ ji³³ kai⁴⁵.
三　块　钱　　一　斤

三块钱一斤。

2. 动词性谓语句

动词性谓语句的谓语部分由动词或动词性短语充当，主要叙述人或事物的动作行为、心理活动、发展变化等。动词性谓语句是居都仡佬语的主要句型。例如：

mu³¹ tsai⁴⁵ ka³¹ tsɿ³³ san³³ mau³³.
你　再　吃　一　碗　饭

你再吃一碗饭。

mi⁴⁵ qa³³ qau³³ ko⁴⁵ qe³¹tɯ⁴⁵lui³¹ wo³³.
他　未曾　坐　过　飞机　　不

他没坐过飞机呢。

3. 形容词性谓语句

形容词性谓语句谓语部分由形容词或形容词短语充当，对人或事物的性状加以描写。例如：

i³³ di³³ suɯ³¹ pa⁴⁵ min³¹ tsɿ³³ ə³¹le⁴⁵ au⁴⁵.
我　的　两　只　手　都　脏　了

我的两只手都脏了。

a³³wai³³ gau³³, jau³³jau³³ qə³³dɯ³³.
哥哥　　瘦　　弟弟　　　肥

哥哥瘦，弟弟胖。

4. 主谓谓语句

主谓谓语句的谓语部分由主谓短语充当，全句的主语具有话题的性质。例如：

ma³³ da⁴⁵ la⁴⁵lai³³ ɲi⁴⁵ da³¹xɯ³¹ tsɿ³³ dzau³¹ mi⁴⁵.
定指　个　小孩　　这　大家　　都　喜欢　他

这个孩子，大家都喜欢他。

（二）非主谓句

非主谓句由主谓短语以外的短语或词构成。可分为名词性非主谓句、形容词性非主谓句、动词性非主谓句和叹词句。例如：

qa⁴⁵na³³?

谁

谁?

xaŋ⁴⁵aŋ³¹ ȵi⁴⁵ le³¹ di³³ du⁴⁵gu³³.

这么　　这 多　的　东西

这么多的东西。

（三）兼语句

兼语句的谓语由兼语短语充当。根据句中前一个动词的语义类型，兼语句大致可分为三种。

1. 前一个动词有使令意，能引起一定的结果。如ʔlai³³（派）、lə³³xau³³（叫）、dʑin⁴⁵（请）、na⁴⁵（让）等，第二个动词即是第一个动词所引起的目的或结果。例如：

mi⁴⁵ ʔlai³³ muɯ³¹ ko³³tsʅ³³ do³¹.

他　叫　你　快点　来

他叫你快点来。

2. 前一动词是表示赞许或责怪的及物动词。如dʐau³¹（喜欢）、pau³¹pau⁴⁵（骂）、qen³¹（恨）等。前一个动作由兼语后面的动作或性状而引发，前后有因果关系。例如：

la⁴⁵ ɕo³¹sen³³ pau³¹pau⁴⁵ mi⁴⁵ au³¹ ga³¹fe⁴⁵ ə³¹tshu⁴⁵ di³³.

小　学生　　骂　　他　是　骗　　人　的

小学生骂他是骗子。

3. 前一动词用aŋ³¹（有）等表示领有或存在等。例如：

pa⁴⁵ʔlei³¹ aŋ³¹ qə³¹tshu⁴⁵ ɕin³¹ duŋ³¹.

屋里　　有　人　　说　话

屋子里有人说话。

（四）连动句

连动句的谓语部分由连动短语充当。根据连动句前后谓词的语义关系，连动句可分为以下几类：

1. 表示先后或连续发生的两个动作或情况。后一个动作发生时，前一个动作已经完成。例如：

mi⁴⁵ vu³³ tuɯ³¹khai⁴⁵ tsei³¹ suɯ³¹ wan³¹ do³¹ da³¹ luɯ³³buɯ³³.

他　去　街上　　买　布　回　来　做　衣服

他上街买布回来做衣服。

2. 后一个动词（短语）表示的动作行为是前一动词表示的动作行为的目的或结果。

例如：

i³³ qə³¹ɬɯ⁴⁵ su³¹ qə³¹ɬɯ⁴⁵ liau⁴⁵ a⁴⁵.
我　看　书　看　累　了
我看书看累了。

3. 前一个动词（短语）表示后一个动作行为的方式、手段、工具等。例如：

ti³³to³¹ qə³³n̥uŋ³³ tau³³ vu³³nuŋ³³ a³¹ tɯ³¹khai⁴⁵ pi³¹.
我们　骑　着　马　在　街上　走
我们骑着马在街上走。

4. 前一个动词为"有（或没有）"，后一个动词（短语）在语义上可做"有（或没有）"所带宾语的定语。例如：

i³³ aŋ³¹ duŋ³¹ fei³¹ mɯ³¹ ɕin³¹.
我　有　话　给　你　说
我有话跟你说。

（五）被动句

居都仡佬语存在由介词ʔiau⁴⁵（被）、ŋei⁴⁵（着）、dzaŋ³³（被）引出施事，或者单独使用ʔiau⁴⁵（被）、ŋei⁴⁵（着）的被动句。由介词组成的介词短语位于谓语动词前做状语。这几个介词可以互换而意义和功能不变，其中ʔiau⁴⁵（被）最常用，ŋei⁴⁵（着）次之，dzaŋ³³（被）用得较少。被动句的主语通常是谓语动词的受事，介词所引介的宾语才是施事。被动句常用来陈述不如意或不希望发生的事情。

根据介词后是否引介宾语，可以把被动句分为引介宾语和不引介宾语两类。例如：

mɯ³¹ ʔiau⁴⁵ qa⁴⁵na³³ tu⁴⁵tu³³ a⁴⁵?
你　被　谁　踢　了
你被谁踢了？

mi⁴⁵ dzaŋ³³ ma³³ze³¹ tin⁴⁵ a⁴⁵.
他　被　黄蜂　叮　了
他被黄蜂蛰了。

phlɯ⁴⁵ i³³ ŋei⁴⁵ lan³³ vu³³ a⁴⁵.
银子　我　着　偷　走　了
我的银子被偷走了。

（六）处置句

居都仡佬语的处置句是在谓语动词前用介词ɬa³¹（拿）和pa³³（把）引出受事，对受事加以处置。介词ɬa³¹（拿）由动词ɬa³¹（拿）虚化而来，pa³³（把）则借自汉语。ɬa³¹（拿）

和 pa³³（把）通常可互换。处置句中的动词一般不单独出现，动词前后总有其他成分，并且动词一般都有处置性，对受事能产生一定的影响。由介词引出的受事宾语通常是有定的、已知的人或事物，因此受事一般带有限定性定语，即便没有带定语，此受事宾语在意念上也是指确定的人或物。例如：

a⁴⁵　thuŋ³³wuŋ³³　m̥u³³　pa³³/ɬa³¹　ŋei³¹　tsaŋ³³　plaŋ³¹　a⁴⁵.
发语词　昨天　　　狗　　把/拿　　猫　　咬　　　死　　了
昨天狗把猫咬死了。

a³¹　　mu³¹　ɬa³¹/pa³³　ni³¹　qaŋ³¹qaŋ³¹　vu³³　a⁴⁵.
发语词　你　　拿/把　　　牛　　牵　　　　　走　　吧
你把牛牵走吧。

pa³³　ma³³　phai⁴⁵　su³¹　ni⁴⁵　qə³¹wei³¹.
把　　定指　　本　　　书　　这　　收
把这本书收起来。

（七）比较句

比较句表示"不及""等同"和"超过"的语义范畴。居都仡佬语表示比较关系的结构形式有多种，有的用动词做谓语表示比较关系，有的用介词引进比较对象做状语表示比较关系。从语义角度可以把比较句分为差比句和等比句两类。

比较句式通常主要有四个结构成分：比较主体（主体）、比较参照（参照）、比较标记（标记）和比较结果（结果）。其中比较主体是被比较和表述的对象，比较参照是用以比较的参考标准，比较标记是用以表示比较关系的词，比较结果是表示比较的性质、属性或程度等。例如：

a⁴⁵　dai⁴⁵dai³³　di³³　fan³³　a⁴⁵　dzuŋ³¹　di³³　xau³³　ka³¹.
　的　　小　　　的　　比　　的　　大　　　的　　好　　吃
（主体）　　　　　　　（标记）　（参照）　　　（结果）

小的比大的好吃。

1. 差比句

差比句表示"超过""不及"或"不相似"的语义范畴。差比句的比较标记主要有 pi³³（比）、fan³³（比）、qə³³dzuŋ³³（比）、fei³¹（给）、na⁴⁵（过）、lan³³（不及）、ɬiau⁴⁵/qə³³liaŋ³³（和）等，其中 pi³³（比）和 fan³³（比）借自汉语（fan³³ 为当地汉语方言比较标记），其他的为本民族语固有标记。pi³³、fan³³、qə³³dzuŋ³³ 三个标记可相互替换。从结构形式上看，差比句主要有以下几类。

（1）主体＋标记＋参照＋结果

这种形式是仡佬语差比句的主要结构形式。例如：

bla⁴⁵ ʔlei³¹ fan³³ da³¹ ʔlei³¹ ko³³.
破坏　房子　比　做　房子　快
拆房子比修房子快。

i³³ lan³³ mɯ³¹ zu³¹ wo³³.
我　不及　你　高　不
我不如你高。

（2）主体 + 参照 + 标记 + 结果

i³³ ɬiau⁴⁵ mɯ³¹ ma³³ tsɿ³³ tsaŋ³³ ko⁴⁵ zu³¹ wo³³.
我　和　你　不　一　样　相互　高　不
我和你不一样高。

（3）主体 + 结果 + 标记 + 参照

vu³¹liu³¹ bau³¹ xɯ³³ xau³³ ka³¹ na⁴⁵ mlaŋ³¹mlaŋ³¹ɯ³³ ti³³ vu³¹liu³¹.
鱼　处　河　好　吃　过　池塘　的　鱼
河里的鱼比池塘里的鱼好吃。

a³³wai³³ qə³³sen³³ sɯ³¹ plei³¹ fei³¹ la⁴⁵ jau³³.
哥哥　大　两　岁　给　小　弟
哥哥比弟弟大两岁。

（4）主体 + 结果 + 参照 + 结果（补充成分）

wai³³ qə³³sen³³ la⁴⁵ jau³³ sɯ³¹ plei³¹.
哥　大　小　弟　两　岁
哥哥大弟弟两岁。

（5）主体 + 结果

be³¹ di²¹ i³³ ȵi⁴⁵ jəu³³ di³³ le³¹.
份　的　我　这　有　点　多
我这份比较多。

2. 等比句

等比句表示"等同、相当"的语义范畴。等比句的比较标记有lan³¹（及）、ɬiau⁴⁵（和）、qə³³liaŋ³³（和），qə³³liaŋ³³后面要有同现成分tsɿ³³tsaŋ³³/tsɿ³³tsaŋ³³ko⁴⁵（一样）或tsɿ³³qə³¹ʔlan³¹ko⁴⁵（一路）等。从结构形式上看，等比句的主要形式为"主体 + 标记 + 参照 + 结果"。例如：

i³³ ɬiau⁴⁵ muɯ³¹ tsʅ³³ tsaŋ³³ zu³¹.
我 和 你 一样 高
我和你一样高。

i³³ lan³¹ mi⁴⁵ ʔluŋ³¹ da³¹ji³¹.
我 及 他 会 唱歌
我和他一样会唱歌。

（八）否定句

否定句是居都仡佬语中很具特色的一种句型，否定词比较丰富，否定的方式也多样。

1. 否定词的分类

居都仡佬语固有的否定词包括否定副词和带否定意义的动词两类，其中带否定意义的动词又分否定性一般动词和否定性能愿动词。否定性的一般动词和能愿动词都由表示肯定的一般动词和能愿动词变调而来，降调31表示肯定，变为平调33则表示否定，无一例外。例如 aŋ³¹（有）/aŋ³³（没有）、ʔluŋ³¹（会）/ʔluŋ³³（不会）、tshuŋ³¹（能）/tshuŋ³³（不能）等。

（1）否定副词

否定副词主要有 ma³³（不）、qa³³（没有、未曾）、xan³³（别）三个。例如：

duɯ⁴⁵ qε³¹ n̥i⁴⁵ gi³³ duɯ⁴⁵ qε³¹ buɯ⁴⁵ ma³³ gi³³ wo³³.
只 鸡 这 好 只 鸡 那 不 好 不
这只鸡好，那只鸡不好。

muɯ³¹ ɕin³¹ di³³ au³¹ qa⁴⁵na³³? i³³ qa³³ ɕin³¹ au³¹ muɯ³¹ wo³³.
你 说 的 是 谁 我 没有 说 是 你 不
你说的是谁？我没有说你啊。

muɯ³¹ xan³³ tsaŋ³¹ ə³¹n̥iu³¹ le³¹ ɕie³³.
你 别 放 盐 多 不
你别放多了盐。

（2）否定性一般动词。否定性一般动词有 aŋ³³（没有）、au³³（不是）、lan³³（不及）等。例如：

i³³ aŋ³³ vu³¹tɕin³³ ta³³fa³¹ muɯ³¹ wo³³, muɯ³¹ vu³³ xa³¹.
我 没有 什么 打发 你 不 你 走 吧
我没有什么（东西）打发你，你走吧。

mi⁴⁵ au³¹ a³³wai³³ i³³, au³³ qə³¹tshu⁴⁵ bla⁴⁵ wo³³.
他 是 哥哥 我 不是 人 坏 不
他是我哥哥，不是坏人。

vu³¹juŋ³¹ i³³ lan³³ vu³¹juŋ³¹ mɯ³¹ dzuŋ³¹ wo³³.
力气   我   不及   力气   你   大   不

我的力气不及你的力气大。

（3）否定性能愿动词

否定性能愿动词有 tshuŋ³³（不能）、ʔluŋ³³（不会）、ken³³（不敢）、xan³³（不可以）等。例如：

ma³³ pi³³xɯ³¹ ȵi⁴⁵ tshuŋ³³ vu³¹xa³¹ wo³³.
扇   门   这   不能   开   不

这扇门开不了。

i³³ ʔluŋ³³ da³¹ji³¹ wo³³, mɯ³¹ ʔluŋ³¹ ma³³?
我   不会   唱歌   不   你   会   吗

我不会唱歌，你会吗？

mi⁴⁵ ken³³ ka³¹ wo³³.
他   不敢   吃   不

他不敢吃。

否定词除了能在句中表示否定，有的还能位于句末表示疑问（详见第五章疑问句）。

2. 否定句的分类

居都仡佬语否定句分简单否定句和双重否定句两类。

（1）简单否定句。简单否定句只有一个否定词，表达的是对某件事或某个行为动作的否定。例如：

tsɿ³³ qhe³¹ ʔlei³¹ tsɿ³³ aŋ³³ wo³³.
一   间   房子   都   没有   不

一间房子都没有。

（2）双重否定句。双重否定句中存在两个否定词，但全句表达的是肯定的意思。例如：

ma³³ da⁴⁵ la⁴⁵ mɯ³¹ ȵi⁴⁵ di³³ qə³³ze³³, ma³³ ka³¹ ma³³ tsaŋ³³ qə³¹tsɿ³¹
定指   个   小孩   你   这   的   病   不   吃   定指   样   药

ȵi⁴⁵ wo³³ tsɿ³³ ma³³ ɕin³¹ wo³³.
这   不   就   不   行   不

你这孩子的病，不吃这种药不行。

受汉语的影响，仡佬语又从汉语中借入了"不得不"的双重否定格式，否定词用固有的 ma³³（不），"得"借自汉语，构成一个民汉合璧的借词 ma³³te³¹ma³³（不得不）。中、老年人在表达时句尾常出现与否定词同现的表否定语气词 wo³³，年轻人则常常省略。例如：

thuŋ³¹ɕie⁴⁵ɲi⁴⁵　mi⁴⁵　ma³³te³¹ma³³　vu³³　dzi³³　ʔluɯ⁴⁵　mluɯ³³　wo³³.
现在　　　　他　　不得不　　去　外面　打　活　不

他现在不得不出去打工了。

（九）话题句

话题句是从语用角度对句子进行的分类。一般来说，话题句包含话题和述题两个部分，话题代表已知信息，是被陈述的对象，需要述题对其进行陈述；述题代表未知信息，对话题进行陈述，使句子的结构和意义完整。

话题常通过虚词或者语法位置来表明身份，根据句中表明话题身份的虚词的有无，居都仡佬语的话题句可分为无标记的话题句和有标记的话题句两类。

1. 有标记的话题句

有标记的话题句常使用语气助词作为话题标记，有的位于句首，有的位于句中。句中的语气助词表示暂停的语气，从话题的角度说，是话题的标记。例如：

ne⁴⁵　sa³¹　wuŋ³¹　buɯ⁴⁵　ma⁴⁵plaŋ³¹　xuŋ⁴⁵　a⁴⁵.
发语词　几　日　那　桃子　　熟　了

那几天桃子熟了。

mau³³　maŋ⁴⁵　i³³　ka³¹　vu³¹tɕin³³　muɯ³¹　ka³¹　vu³¹tɕin³³.
饭　　呢　　我　吃　什么　　你　吃　什么

饭呢，我吃什么你就吃什么。

2. 无标记的话题句

duɯ⁴⁵gu³³　i³³　ła³¹　qau³³　buɯ⁴⁵.
东西　　我　拿　在　那

东西我放在那儿。

（十）判断句

1. 判断句的分类

依据判断动词（即判断标记）的有无，判断句可以分为有标记判断句和无标记判断句。

（1）有标记判断句

有标记判断句是有判断动词的句子，居都仡佬语的判断句以有标记的为主，这类句子又属于动词性谓语句。例如：

tha⁴⁵　luɯ³³buɯ³³　na⁴⁵　au³¹　i³¹　di³³?
件　　衣服　　　哪　是　我　的

哪件衣服是我的？

ŋei³¹lo⁴⁵　au³¹　wuŋ³¹　khai⁴⁵.
明天　　是　日　　场
明天是赶场的日子。

（2）无标记判断句

无标记判断句是没有判断动词的句子，判断语义的表达依靠意合，在居都仡佬语中不多见。这类判断句又属于名词性谓语句。例如：

mɯ³¹　bau³¹thu³³ŋu⁴⁵　ə³¹tshu⁴⁵, i³³　khai⁴⁵qə³¹zen³¹　ə³¹tshu⁴⁵.
你　　安顺　　　　人　　我　　六枝　　　　人
你是安顺人，我是六枝人。

2. 判断句的语义类型

判断句虽然都是对事物或情况进行判断，但是其主语和宾语的关系从语义上看可细分为以下几类：

（1）表同一关系

主语和宾语所指是同一事物，它们通常可以互换位置而句义不变。例如：

mɯ³¹　au³¹　pau³³wai³³　a⁴⁵　dzuŋ³¹.
你　　是　　哥　　　的　　大
你是大哥。

（2）表定义关系

表定义关系的判断句，其宾语对主语加以界定。例如：

a³³　ɲi⁴⁵　au³¹　vu³¹tɕin³³? ɲi⁴⁵　au³¹　ko³¹　qe³¹.
发语词 这　是　什么　　这　是　腿　鸡
这是什么？这是鸡腿。

（3）表性状关系

表性状关系的判断句，宾语通常有形容词性成分，说明主语的有关情况。例如：

mi⁴⁵　au⁴⁵　ma³³　luŋ³¹juŋ³¹　wo⁵³　kɯ⁴⁵.
它　　是　　不　响　　　　不　　哦
它是不响的。

（4）表解释说明

宾语从某个方面对主语加以解释说明，主语和宾语不相应。例如：

ji³³　plɯ⁴⁵　qə³¹dzo³¹　au³¹　plɯ⁴⁵　la⁴⁵ʔlu³¹　dau⁴⁵.
一　　边　　坡　　　　是　　边　　太阳　　　出
一边是东边。

(十一) 存在领有句

存在句表示某人或某物存在于某处，或某人、某处存在某物。领有句表示某人、某物拥有或不拥有某物、某事，具有或不具有某种情况。有的领有句也表示存在。

1. 存在句

（1）使用动词 a^{31}（在）、qau^{33}（在）、$tsai^{45}$（在）或介词 a^{31}（在）、qau^{33}（在）表示某人或某物存在于某处。例如：

tsa⁴⁵ biau³¹ la⁴⁵tsau³³ a³¹ den³¹ tuɯ³¹luɯ⁴⁵ da³¹ji³¹.
一　群　姑娘　在　边　村子　唱歌
一群姑娘在村边唱歌。

wuŋ³¹ ȵi⁴⁵ mi⁴⁵ qau³³ ȵi⁴⁵ qau³³ tsɿ³³ wei³¹.
日　这　他　在　这　住　一　晚
今天他在这儿住一晚。

（2）使用其他表示动作行为的动词表示存在。例如：

a⁴⁵ pa⁴⁵min³¹ lai³³ tsɿ³³ ma³³ tsei³¹tsei³¹.
发语词　手上　戴　一　个　手表
手上戴着一块手表。

2. 领有句

（1）居都仡佬语表达领有关系的典型结构是 $aŋ^{31}$（有）/$aŋ^{33}$（没有）字句，其中领有者充当句子的主语，被领有者充当 $aŋ^{31}$（有）/$aŋ^{33}$（没有）的宾语。例如：

ə³³zuŋ³³ phɯ³¹tin³¹ aŋ³¹ ta³¹ ma³³ vu³¹no⁴⁵.
上面　树　有　三　只　鸟
树上有三只鸟。

pau³³ba³³ mi⁴⁵ aŋ³¹ χen³¹ χe³¹ tshei⁴⁵ plei³¹ a⁴⁵.
父亲　他　有　七　八　十　岁　了
他父亲已经有七八十岁了。

$aŋ^{31}$ 的重叠式 $aŋ^{31}aŋ^{31}$ 也表示"有"，而 $aŋ^{31}$ 跟 $aŋ^{33}$ 的组合 $aŋ^{31}aŋ^{33}$ 又表示"没有"。例如：

tuɯ³¹luɯ⁴⁵ tɕi³¹tɕio³¹ bɯ⁴⁵ aŋ³¹ khe³³na³³ ʁa⁴⁵ qə³¹tshu⁴⁵?
村子　你们　那　有　多少　户　人

aŋ³¹aŋ³¹ mlɯ³¹ tshei⁴⁵ le³¹.
有　五　十　多

你们那个村子有多少户人家？有五十多（户）。

ma³³　dzau³³　qə³¹dzo³¹　n̠i⁴⁵　aŋ³¹aŋ³³　tin³¹　ma⁴⁵dau⁴⁵　wo³³.
定指　座　　山　　　这　　没有　　　树　　梨　　　不

这座山上没有梨树。

（2）居都仡佬语有一些包含 aŋ³¹（有）的句子兼表存在。例如：

pi³³xu³¹　lo⁴⁵dzɿ³¹　aŋ³¹　kan³³　qə³¹tshu⁴⁵.
门　　　　站　　　　　有　　 个　　　人

门口站着一个人。

（十二）省略句

1. 省略主语的省略句

ta³¹　lau³³　khai⁴⁵qə³¹zen³¹, na³¹　i³³　ne⁴⁵　tin⁴⁵xua⁴⁵.
到　　了　　六枝　　　　　　给　　我　　打　　电话

（你）到了六枝，给我打电话。

2. 省略谓语的省略句

ji³³　kan³³　tsɿ³³　kai⁴⁵　pluɯ³¹, ji³³　kan³³　tsɿ³³　dzau³³　ə³¹tau⁴⁵mau³³.
一　　个　　一　　斤　　酒　　 一　　个　　一　　个　　　饭箱

每个人（提）一斤酒，每个人（拿）一个饭箱。

3. 省略宾语的省略句

luan³¹　di³³　luan³¹　m̠o³¹　a³³, tsen³³　di³³　tsen³³　tsɿ⁴⁵plei³³.
杀　　　的　　杀　　　猪　　啊　　拣　　的　　 拣　　 米

杀（猪）的杀猪，拣（米）的拣米。

（十三）疑问句

根据句子表达的语气，居都仡佬语的句子可以分为陈述句、疑问句、祈使句和感叹句四类。这里仅分析疑问句，其他句式较简单，前文也有较多例句。

疑问句是具有疑问语调，用来表示提问的句子。有的疑问句表示有疑而问，称询问句；有的疑问句表示无疑而问，称反问句或反诘句。疑问句提问的手段有很多种：语调、疑问词、语气词或者疑问格式等，其中语调是不可或缺的，疑问词和语气词有时是必要的，有时却非必要。

1. 语义分类

根据表示疑问的语义，疑问句可分为以下四类。

（1）是非问

是非疑问句的结构跟陈述句类似，但是具有疑问语调或者句末兼用语气词。这类疑问句一般是对整个命题的疑问，语调往往是升调。多用"是、对"或"不是、没有"等回答。

例如：

mɯ³¹ tsai⁴⁵ lo³¹zo³¹ vu³¹ja⁴⁵ maŋ³³?
你　在　写　　　信　　吗

你在写信吧？

（2）特指问

特指疑问句是用疑问代词和由它组成的短语表明疑问点，并且说话者希望对方就疑问点做出回答。语调往往用升调。例如：

kan³³ a⁴⁵ na³³ au³¹ la⁴⁵ mɯ³¹?
个　 呢　哪 　是　娃　你

哪一个是你的小孩？

（3）选择问

选择疑问句是用复句的方式提出不止一种看法供对方选择，经常用语气词"maŋ³³"连接不同的选项，表示对举的几种情况。有时还在句中添加汉语借词 xa³¹sɿ⁴⁵（还是）连接选择项。例如：

mɯ³¹ ɯ⁴⁵ ka³¹ mau³³ maŋ³³ ɯ⁴⁵ zan³³ plɯ³¹?
你　 要　吃　 饭　　呢　　要　喝　 酒

你要吃饭呢还是要喝酒？

ɕin³³ tɕi³¹ lɯ³³bɯ³³ maŋ³³ xa³¹sɿ⁴⁵ ɕin³³ tɕi³¹ qə³³ɕuŋ³³?
先　 穿　 衣服　　呢　　还是　　先　 穿　　裤子

先穿衣服呢还是先穿裤子？

（4）正反问

正反疑问句的谓语由动词的肯定和否定形式并列构成，让对方从肯定或否定方面做出回答。正反疑问句从形式上可以细分为三类。

1）句末加否定词 qa³³（没有）表示对前面语义的否定，从而构成肯定和否定的并列。例如：

mɯ³¹ ʔia⁴⁵ tɯ³¹ qa³³ lau³³?
你　 洗　 眼睛　没有　啊

你洗脸了没有啊？

2）由谓语中心词的肯定形式与否定形式 ma³³（不）构成。例如：

ma³³ tha⁴⁵ lɯ³³bɯ³³ ȵi⁴⁵ gi⁵³ ma³³ gi³³?
定指　件　 衣服　　 这　 好　 不　 好

这件衣服好吗？

当动词后面带宾语时，否定形式中的宾语可省略，突出的是对动词的否定。例如：

mɯ³¹　sɯ³¹　mi⁴⁵　ma³³　sɯ³¹?
你　　认识　他　　不　　认识
你认得不认得他？

3）由动词的肯定形式和曲折变调形成的否定形式构成。例如：

ŋe⁴⁵laŋ³³　tɕi³³tɕo³¹　n̠i⁴⁵　au³¹　lɯ³¹san⁴⁵　au³³?
地方　　　你们　　　　这　　是　　居都　　　不是
你们这地方是不是居都？

2．语气分类

根据疑问句所表达的不同语气，居都仡佬语的疑问句可以分成以下三类。

（1）表疑问

说话人对一个未知的事项发问，希望受话者给出一个明确的答复。例如：

ŋei³¹lo⁴⁵　au³¹　wuŋ³¹　ɕin³³tɕhi³³　au³³?
明天　　　是　　日　　　星期　　　　不是
明天是不是星期天？

（2）表推测并求证

说话者对某一事情有一定的看法，但不是太肯定，希望对方对自己的看法加以证实。例如：

ŋei³¹lo⁴⁵　ʔluŋ³³　do³¹　qha⁴⁵　wo³³　xa⁴⁵?
明天　　　不会　　来　　客人　　不　　吧
明天不会来客人了吧？

（3）表反问

说话者已经有了比较肯定的看法，却用疑问句的形式对受话者发问，实际上是无疑而问，语调上扬，语气比较强烈。例如：

mɯ³¹　pu³³sʅ⁴⁵　pɯ⁴⁵　lau³³　tsʅ³³　dʑau³³　san⁴⁵san³³　a⁴⁵　phlɯ⁴⁵　maŋ³³?
你　　　不是　　　得　　了　　　一　　个　　　碗　　　　的　　银　　　吗
你不是得了一个银碗吗？

三　复句

复句是由两个或两个以上的分句组成的句子。除了紧缩复句外，各分句之间一般有短暂的停顿。仡佬语的复句通常以意合法为主，较少用关联词语。受汉语的影响，现在也借用部分汉语的关联词语来表示复句之间的各种关系。根据复句中各分句之间的语义关系，居都仡佬语的复句可以分为联合复句和偏正复句两大类，两大类下面可再分若干小类。

(一) 联合复句

联合复句各分句之间的语义关系平等，无主从之分。可以细分为以下五类：

1. 并列关系

并列关系的各分句分别叙述或描写相关的几件事或一件事的几个方面，各分句之间可以是平列关系或对举关系，有时用意合法，有时用关联词语如 tsɿ³³pluɯ⁴⁵…tsɿ³³pluɯ⁴⁵…/pin³³ʔlu⁴⁵…pin³³ʔlu⁴⁵… (一边……一边)、jiu⁴⁵…jiu⁴⁵ (又……又) 等。例如：

i³³ au³¹ qə³¹tshu⁴⁵ sa³¹qu⁴⁵, muɯ³¹ au³¹ qə³¹tshu⁴⁵ a⁴⁵tsen³¹.
我 是   人   旧寨   你   是   人   岭岗

我是旧寨人，你是岭岗人。

mi⁴⁵ tsɿ³³ pluɯ⁴⁵ ɕin³¹ tsɿ³³ pluɯ⁴⁵ qə³¹suɯ³¹.
他   一   边   说   一   边   笑

他一边说，一边笑。

2. 顺承关系

顺承关系的各分句按照时间、空间或逻辑上的顺序叙述前后连接的几个动作或几件事，常用的关联词是 tsɿ⁴⁵ (就)，或者通过语序表示顺承关系。例如：

ka³¹χen³¹ guɯ⁴⁵ a⁴⁵, ɯ⁴⁵ vu³³ pa⁴⁵dʑi³³ ʔluɯ⁴⁵ mluɯ³³ a⁴⁵.
过年   完   了 要   去   外面   打   活儿   了

过完年，要出去打工了。

3. 解说关系

仡佬语的解说关系通常是后面的分句对前面的分句进行解释说明。例如：

muɯ³¹ aŋ³¹ suɯ³¹ tsaŋ³³ duɯ³¹, ɯ⁴⁵ vu³³ ʔluɯ⁴⁵ baŋ³³ maŋ³³ ɯ⁴⁵ vu³³ ble⁴⁵
你   有   两   种   想法   要   去   打   田   呢   要   去   挑

khen³¹.
肥料

你有两个选择，耕田或者挑肥。

4. 选择关系

选择关系的各分句有的分别表示两种或几种可能的情况让人从中选择，是未定选择。有的表示已经选定其中的一种而舍弃另一种，是已定选择。选择关系的复句大多使用关联词 xuai³¹tsai⁴⁵/ xue⁴¹tse³³…xuai³¹tsai⁴⁵/xue⁴¹tse³³… (或者……或者)、jau⁴⁵maŋ⁴⁵…jau⁴⁵maŋ⁴⁵…(要么……要么)、…xa³¹sɿ⁴⁵(还是……)、ma³³…tuɯ⁴⁵sɿ⁴⁵(不是……就是) 等，有的不使用关联词。

（1）未定选择

在未定选择中，有的数者选一表示或此或彼的意思，说话人态度比较灵活。有的二者选一表示非此即彼，语气肯定。例如：

xuai³¹tsai⁴⁵　muu³¹　ɕin³¹, xuai³¹tsai⁴⁵　i³³　ɕin³¹.
或者　　　你　说　或者　　　他　说

或者你说，或者他说。

（2）已定选择

已定选择包括先舍后取和先取后舍两种。先舍后取的关联词可以成对使用，也可以在后一分句单独使用，常用的有 xua⁴⁵…pu³³zu³¹（像……不如）、…pu³³zu³¹（不如……）。先取后舍的要成对使用关联词，常用的有 niŋ⁴⁵khe³³…ma³³（宁可……不）。例如：

ti³³to³¹　niŋ⁴⁵khe³³　liau⁴⁵　kui³¹ze³¹, ma³³　liau⁴⁵　o³³　wo³³.
我们　　宁可　　　累　　自己　　不　　累　　别人　不

我们宁可累自己，也不能累了别人。

5. 递进关系

递进关系的复句后面分句表示的意思要比前面的分句更进一层，可以采取由小到大、由轻到重、由易到难的顺序，也可采用相反的顺序。常用的关联词语有 tan⁴⁵（但）、ma³³tsɿ³³…tsɿ³³…（不只……都）、pu³¹tan⁴⁵…xa³¹（不但……还）、ken⁴⁵（更）、tsɿ³³sɿ⁴⁵（只是）等。例如：

lui³¹lui³¹　ma³³　qə³¹den³¹　wo³³, tan⁴⁵　xen³³　ʔle⁴⁵.
天　　　　不　　热　　　　　不　但　　很　　潮湿

天不热，但很潮湿。

muu³¹　di³³　gi³³, mi⁴⁵　di³³　ken⁴⁵　gi³³.
你　　的　　好　他　的　　更　　好

你的好，他的更好。

（二）偏正复句

偏正复句内各分句间意义有主有从，即有正句和偏句。正句是句子的正意所在，偏句的意义是从属的。可以细分为以下五类：

1. 转折关系

转折关系的复句前后分句的意思相反或相对，后面分句不是顺着前面分句的意思说下去，而是突然转成跟前面分句相反或相对的意思，后面分句即是说话人要表达的正意。转折关系可用意合法表示，也可用关联词，但关联词一般不成套使用。主要有 sui³³zan³¹…（虽然）、tan⁴⁵sɿ⁴⁵…（但是）、tsɿ⁴⁵（就）等。例如：

du⁴⁵　du⁴⁵gu³³　n̠i⁴⁵　gi³³　tsɿ⁴⁵　gi³³　a⁴⁵, tsɿ⁴⁵　thai⁴⁵　qə³³luŋ³³　do³¹.
个　　东西　　　这　　好　　就　　好　　啊　就　　太　　　贵　　　　很
这个东西好是好，就是贵得很。

2. 假设关系

假设关系复句的偏句提出一种假设，正句说明在这种情况下会出现的结果。常用的关联词语有 zu³¹kho³³…tsɿ⁴⁵（如果……就）、zu³¹kho³³（如果）、tsɿ⁴⁵（就）、jau⁴⁵sɿ⁴⁵（要是）、tsai⁴⁵…je³³…（再……也）等。例如：

zu³¹kho³³　ŋe³¹lo⁴⁵　i³³　aŋ³¹　nuŋ³¹, i³³　tsɿ⁴⁵　ma³³　do³¹　wo⁴⁵.
如果　　　明天　　我　有　　事　　我　就　　不　　来　　不
如果明天我有事，我就不来了。

3. 条件关系

条件关系复句的偏句表示某种条件，正句表示在这种条件下必须出现的结果。条件关系的关联词可成套使用，也可单独使用。常用的关联词有 tsɿ³³jau⁴⁵…tsɿ⁴⁵（只要……就）、tsɿ³³aŋ³¹…tshei³¹…（只有……才）、kuan³³…tsɿ³³jau⁴⁵/tsɿ³³…（管……只要/都）、tshei³¹（才）、tsɿ⁴⁵（就）等。例如：

u⁴⁵　da³¹　lə³¹plei⁴⁵, tshei³¹　tshuŋ³¹　ta³¹　lan³¹.
要　　做　　跑　　　　才　　　能　　　到　　及
除非跑，才赶得上。

4. 因果关系

因果复句的偏句表示原因，正句表示结果。常用的关联词有 jin³³wei⁴⁵…so³³ji³³…（因为……所以），或者 jin³³wei⁴⁵（因为）单独使用。例如：

jin³³wei⁴⁵　qə³¹ʔlan³¹　thai⁴⁵　waŋ³¹, so³³ji³³　qɛ³¹　tshuŋ³³　vu³³　ai³³　wo³³.
因为　　　　路　　　　　太　　窄　　　所以　　车　　不能　　　去　　那边　不
因为路太窄，所以车子过不去。

因果关系的复句多数情况不使用关联词。

5. 目的关系

目的复句的偏句表示目的，正句表示为达到这一目的而采取的行动，一般不使用关联词。例如：

mɯ³¹　u⁴⁵　qɯ³¹　tsɿ³³　do³¹, xan³³　na⁴⁵　i³¹　lu³¹xɯ³¹　mɯ³¹　ɕie³³.
你　　要　　早　　点　　来　　别　　让　　我　　等　　　　你　　不
你要早些来，免得我等你。

（三）紧缩复句

紧缩复句是分句间没有语音停顿的特殊复句。紧缩复句内部可用关联词，常用的关联词有 ma³³…ʔluŋ³³/qa³³…qa³³（不……不）、ji³¹…tsʅ⁴⁵…（一……就）、tsʅ⁴⁵（就）等，也可直接采用意合法。例如：

ə³¹tshu⁴⁵　ma³³　pi³¹　ma³³　ŋɯ⁴⁵, ɯ³³　ma³³　ə³¹lau⁴⁵　ma³³　ʔluŋ³¹.
人　　　不　　走　不　亲　水　不　　搅　　不　　浑

人不走不亲，水不搅不浑。

mi⁴⁵　　ji³¹　　ɕin³¹　　tsʅ⁴⁵　　ʔluŋ³³　　gu⁴⁵　　wo³³.
他　　　一　　说　　　就　　　不会　　　完　　　不

他一讲就没个完。

tsai⁴⁵　　ə³¹le⁴⁵　　i³³　　je³³　　ɯ⁴⁵nai³³.
再　　　　脏　　　　我　　也　　要

再脏我也要。

qə³¹tshu⁴⁵　　je³¹　　le³¹　　je³¹　　gi³³.
人　　　　　越　　　多　　　越　　　好

人越多越好。

第六章 语 料

第一节

语法例句

001 他说的话很对。
mi⁴⁵ ɕin³¹ di³³ duŋ³¹ xen³³ kaŋ³³.
他 说 的 话 很 合

002 树上有三只鸟。
ə³³zuŋ³³ phɯ³¹tin³¹ aŋ³¹ ta³¹ ma³³ vu³¹no⁴⁵.
上面 树 有 三 只 鸟

003 是你把衣服洗了吗?
au³¹ mɯ³¹ pa³³ lɯ³³bɯ³³ ə³¹ʔia⁴⁵ di³³ au³³?
是 你 把 衣服 洗 的 不是

004 你有兄弟没有?
mɯ³¹ aŋ³¹aŋ³¹ jau³³ aŋ³³?
你 有 兄弟 没有

005 怎么不带伞呢? 看天色会下雨吧?
da³¹tɕin³³ ma³³ ɬa³¹ lə³¹xau⁴⁵sa⁴⁵ wo³³?
为什么 不 拿 伞 不
qə³¹ɬɯ⁴⁵ lui³¹lui³¹ man³¹ ɯ⁴⁵ do³¹ dɯ³³.
看 天 雨 要 来 真

006 你喜欢吃李子还是桃子?
mɯ³¹ dʐau³¹ ka³¹ ma⁴⁵tɕiu³¹ maŋ³³ dʐau³¹ ka³¹ ma⁴⁵plaŋ³¹?
你 想 吃 李子 呢 想 吃 桃子

007 谁卖给你们玉米种子？／谁卖玉米种子给你们？

ka⁴⁵na³³ vei³¹ fei³¹ tɕi³³tɕio³¹ di³³ pei³¹ jau³¹mi³³？
谁　　　卖　　给　　你们　　的　　种子　玉米

ka⁴⁵na³³ vei³¹ pei³¹ jau³¹mi³³ fei³¹ tɕi³³tɕio³¹？
谁　　　卖　　种子　玉米　　　给　　你们

008 别带妹妹去河边玩。

xan³³ xuŋ³³ an³³an³³ vu³³ den³¹ xɯ³³ ə³¹tsɯ⁴⁵zu³¹ ɕie³³.
别　　带　　妹妹　　去　　边　　河　　玩　　　　　不

009 唉呀，鱼儿被猫叼走了！

ei³³jo³¹, vu³¹liu³¹ ʔiau⁴⁵ ŋei³¹ ble⁴⁵ vu³³ au⁴⁵！
唉哟　　鱼　　　着　　　猫　　扛　　走　　了

010 你广西人，我贵州人。／你是广西人，我是贵州人。

mɯ³¹ kuaŋ³³ɕi³³ ə³¹tshu⁴⁵, i³³ kui⁴⁵tsəu³³ ə³¹tshu⁴⁵.
你　广西　　　人　　　　我　贵州　　　人

mɯ³¹ au³¹ kuaŋ³³ɕi³³ ə³¹tshu⁴⁵, i³³ au³¹ kui⁴⁵tsəu³³ ə³¹tshu⁴⁵.
你　是　广西　　　人　　　　我　是　贵州　　　人

011 因为路太窄，所以车子过不去。

jin³³wei⁴⁵ qə³¹ʔlan³¹ thai⁴⁵ waŋ³¹, so³³ji³³ qɛ³¹ tshuŋ³³ vu³³ ai³³ wo³³.
因为　　　　路　　　太　　窄　　　所以　　车　　不能　去　那边　不

012 他边走边唱。

mi⁴⁵ pe³³ʔlu⁴⁵ pi³¹ pe³³ʔlu⁴⁵ da³¹ji³¹.
他　边　走　　边　唱歌

013 我们去种树，弟弟种了一株桃树，我种了两株梨树。

ti³³to³¹ vu³³ taŋ³³ tin³¹, jau³³jau³³ taŋ³³ lau⁴⁵ tsɿ³³ phu³¹ tin³¹ ma⁴⁵plaŋ³¹,
我们　　去　　种　　树　　弟弟　　　种　　了　　一　　棵　树　桃子

i³³ taŋ³³ lau⁴⁵ su³¹ phu³¹ tin³¹ ma⁴⁵dau⁴⁵.
我　种　　了　两　棵　树　梨

014 今天他在这儿住一晚上。

wuŋ³¹ n̠i⁴⁵ mi⁴⁵ qau³³ n̠i⁴⁵ qau³³ tsɿ³³ wei³¹.
日　今　他　在　这　住　一　晚

015 我的两只手都脏了。／我两只手都脏了。

i³³ di³³ suɯ³¹ pa⁴⁵ min³¹ tsʅ³³ ə³¹le⁴⁵ au⁴⁵.
我 的 两 只 手 都 脏 了

i³³ suɯ³¹ pa⁴⁵ min³¹ tsʅ³³ ə³¹le⁴⁵ au⁴⁵.
我 两 只 手 都 脏 了

016 天天下雨。／树树满山。

dzuŋ⁴⁵dzuŋ³¹ wuŋ³¹ do³¹ man³¹.
每 日 来 雨

a⁴⁵ ə³¹dzo³¹ təu³³ au³¹ tin³¹.
发语词 山 都 有 树

017 这头猪好肥啊！

da⁴⁵ m̥o³¹ ȵi⁴⁵ thai⁴⁵ qə³³duɯ³³ a³¹.
只 猪 这 太 肥 啊

018 父亲是铁匠，母亲是农民，我是学生，弟弟也是学生。

ba³³ au³¹ ke⁴⁵ʔiaŋ³³, mi³³ au³¹ ə³¹du⁴⁵mluɯ³³, i³³ au³¹ a⁴⁵ du³³suɯ³¹ di³³,
爸爸 是 铁匠 妈妈 是 农民 我 是 的 读书 的

jau³³ je³³ au³¹ a⁴⁵ du³³suɯ³¹ di³³.
弟 也 是 的 读书 的

019 姐妹俩勤快能干，不是织布就是绣花。

pi³³an³³ suɯ³¹ tɕhin³¹khuai⁴⁵ ʔluŋ³¹ da³¹, ma³³ sei³¹ suɯ³¹ wo³³ tuɯ³¹ sʅ⁴⁵
姐妹 两 勤快 会 做 不 织 布 不 就 是

uɯ⁴⁵ da³¹ xuŋ³³o³¹.
要 绣 花

020 他寄来的三本书已经看完啦。

mi⁴⁵ tɕi⁴⁵ do³¹ di³³ ta³¹ phai⁴⁵ su³¹ ji³³tɕin³³ ə³¹łuɯ⁴⁵ guɯ⁴⁵ au⁴⁵.
他 寄 来 的 三 本 书 已经 看 完 了

021 我们养了一只公鸡两只母鸡，还有一只公狗和一只母狗。

ti³³to³¹ tu³¹ li³³ aŋ³¹ tsʅ³³ pau³³ qε³¹ suɯ³¹ ma³³ qε³¹, xaŋ⁴⁵aŋ³¹ tsʅ³³
我们 养 的 有 一 只 鸡 两 只 鸡 还有 一

pau³³ m̥uɯ³¹ ə³³liaŋ³³ tsʅ³³ ma³³ m̥uɯ³¹.
只 狗 和 一 只 狗

022 他家有两个小孩儿，一男一女。

di³³ mi⁴⁵ aŋ³¹ tsɿ³³ qe⁴⁵ la⁴⁵ʔlai³³, sa⁴⁵ la⁴⁵sai³³ sa⁴⁵ la⁴⁵tsau³³.
家　他　有　一　双　小孩　个　男孩　个　女孩

023　家里酒没有了，肉也没有了。
pa⁴⁵ʔlei³¹ plɯ³¹ aŋ³³ wo³³ au⁴⁵, u³³ je³³ aŋ³³ wo³³.
家里　酒　没有　不　了　肉　也　没有　不

024　昨天星期天，我下午去你们家，等了你半天都没有回来。
thuŋ³³wuŋ³³ au³¹ ɕin³³tɕhi³³, i³³ tuŋ⁴⁵wuŋ³³ vu³³ di³³ tɕio³¹, lɯ³¹xɯ³¹ tsɿ³³
昨天　　　　是　星期　我　下午　　　去　家　你们　　等　　　一

bu³³ wuŋ³¹ mɯ³¹ tsɿ³³ qa³³ do³¹mau³³dzei³¹ wo³³.
半　天　你　都　没　回来　　　　不

025　儿子每月回一趟家，这次给父母买来葡萄，每斤八元呢。
la⁴⁵sai³³ tsɿ³³ vu³¹dzi³¹ do³¹ tsɿ³³ ŋa⁴⁵ pa⁴⁵ʔlei³¹, ŋa⁴⁵ ɲi⁴⁵ na³¹ ŋe³¹ʔiu³³
儿子　一月　来　一　趟　家　次　这　给　老人

tsei³¹ do³¹ ma⁴⁵pla⁴⁵, tsɿ³³ kai⁴⁵ χe³¹ phin³³ ne³¹.
买　来　葡萄　一　斤　八　块　呢

026　我了解我自己，自己的事情我自己做。
i³³ sɯ³³ i³³ tsɿ⁴⁵tɕi³³, tsɿ⁴⁵tɕi³³ di³³ nuŋ³¹ i³³ tsɿ⁴⁵tɕi³³ da³¹.
我　知道　我　自己　　自己　　的　事情　我　自己　做

027　这个人是我姐姐，那个人不是我姐姐。
ma³³ kan³³ qə³¹tshu⁴⁵ ɲi⁴⁵ au³¹ ə³³pi³³ i³³, ma³³ kan³³ ə³¹tshu⁴⁵ bɯ⁴⁵
定指　个　人　这　是　姐　我　定指　个　人　那

au³³ ə³³pi³³ i³³ wo³³.
不是　姐　我　不

028　你的书在这儿。／图书馆的书在那儿。
su³¹ mɯ³¹ a³¹ ɲi⁴⁵.
书　你　在　这

su³¹ thu³¹su³¹kuan³³ a³¹ bɯ⁴⁵.
书　图书馆　　在　那

029　这会儿才5点钟，两根大木头就运到了。
ɕie⁴⁵ɲi⁴⁵ tshen³¹ mlɯ³¹ duŋ³¹, su³¹ ban³¹ tin³¹ a⁴⁵ dzuŋ³¹ tsɿ³³
现在　　才　五　点　两　根　木头　的　大　就

ə³¹qaŋ³¹　ta³¹　au⁴⁵.
拉　　　到　　了

030 你的歌唱得这么好，再来一首。

mɯ³¹　di³³　ji³¹　da³¹　li³³　xaŋ⁴⁵aŋ³¹　gi³³,　tsai⁴⁵　do³¹　tsʅ³³　qɛ⁴⁵.
你　　的　　歌　　唱　　得　　这么　　　好　　再　　来　　一　　首

031 你们村子有几家人？从这里到城里有多远？坐车要多久？／有五十多家，我们村到城里三十来里，坐车半个多小时就到了。

tɕi³³tɕio³¹　tɯ³¹lɯ⁴⁵　aŋ³¹　khe³³na³³　ʁa⁴⁵　ə³¹tshu⁴⁵？　tshuŋ³¹　ȵi⁴⁵　ta³¹
你们　　　村子　　　有　　多少　　　户　　人　　　　　　从　　　这　　到

paŋ⁴⁵ʔlaŋ³³　den³¹　aŋ³¹　khe³³na³³　qə³¹le³¹？　qau³³　qɛ³¹　nai³³　khe³³na³³？
里面　　　　城　　　有　　多少　　　远　　　　　坐　　　车　　要　　多少

aŋ³¹aŋ³¹　mlɯ³¹tshei⁴⁵　vu³³tsʅ³³　ʁa⁴⁵,　ti³³to³¹　ta³¹　paŋ⁴⁵ʔlaŋ³³　den³¹　ta³¹tshei⁴⁵
有　　　五十　　　　　多　　　　户　　我们　　到　　里面　　　　城　　　三十

vu³³tsʅ³³　tɕia⁴⁵,　qau³³　qɛ³¹　tsʅ³³　bu³³　dzau³³　a⁴⁵　le³¹　tɯ⁴⁵　ta³¹.
多　　　　里　　　坐　　　车　　一　　半　　点　　　的　　多　　就　　到

032 哪件衣服是我的？怎么都一样呢？／谁知道呢？什么时候多出一件来？

tha⁴⁵　lɯ³³bɯ³³　na⁴⁵　au³¹　i³³　di³³？　da³¹tɕin³³　au³¹　tsʅ³³　tsaŋ³³？
件　　　衣服　　　哪　　是　　我　　的　　怎么　　　　是　　一　　样

ka⁴⁵na³³　sɯ³¹　ne⁴⁵？　ɕie⁴⁵　na³³　le³¹　tshu³³　tsʅ³³　tha⁴⁵　do³¹？
谁　　　　知道　呢　　　时候　　什么　多　　出　　　一　　　件　　来

033 别人的东西不要拿，大家的东西要看好。

do³³o³³　di³³　dɯ⁴⁵gu³³　xan³³　ɬa⁴⁵　ɕie³³,　dzi³¹　kan³¹　di³³　dɯ⁴⁵gu³³　ə³¹ɬɯ⁴⁵　gi³³.
别人　　的　　东西　　　别　　拿　　不　　每个　　的　　东西　　　看　　　好

034 十五是五的三倍，五是十的一半。

tshen³³　mlɯ³¹　au³¹　mlɯ³¹　di³³　ta³¹　tshai⁴⁵,　mlɯ³¹　au³¹　tshen³³　di³³　tsʅ³³　bu³³.
十　　　五　　　是　　五　　　的　　三　　倍　　　　五　　　是　　十　　　的　　一　　半

035 全村年轻人大多外出打工了，有些家里只有老人，有些家里只有妇女和儿童。

tɯ³¹lɯ⁴⁵　ʔlei³¹ɬa⁴⁵　tsʅ³³　bu³³　a⁴⁵　le³¹　vu³³dzi³³　ʔlɯ⁴⁵mlɯ³³　au⁴⁵,　aŋ³¹
村子　　　年轻人　　　一　　半　　的　　多　　出去　　　打工　　　　了　　有

tsʅ³³　pa⁴⁵ʔlei³¹　tsʅ³³　aŋ³¹　ŋe³¹ʔiu³³,　aŋ³¹　tsʅ³³　pa⁴⁵ʔlei³¹　tsʅ³³　aŋ³¹　ma³³lo³³
些　　　家里　　　只　　有　　老人　　　　有　　些　　　家里　　　只　　有　　妇女

  qə³³liaŋ³³ la⁴⁵ə³¹pe⁴⁵lai³³ le⁴⁵.
  和   儿童   了

036 羊比较干净。这一群羊只只都很肥，你挑一只。
  me³³me³³ pi³³tɕiau⁴⁵ khu⁴⁵, ma³³ biau³¹ me³³me³³ n̠i⁴⁵ dʑi³¹ suŋ³¹ tsʅ³³
  羊 比较 干净 定指 群 羊 这 每 只 都
  qə³³du³³, muɯ³¹ qə³¹ɬei⁴⁵ tsʅ³³ san³³.
  肥 你 挑 一 只

037 河里的鱼比塘里的鱼好吃。
  paŋ⁴⁵ʔlaŋ³³ xɯ³³ di³³ vu³¹liu³¹ fan³³ paŋ⁴⁵ʔlaŋ³³ thaŋ³¹ di³³ xau³³ ka³¹.
  里面 河 的 鱼 比 里面 塘 的 好 吃

038 三位老人的生日分别是：农历二月初八、三月初五、六月初一。
  ta³¹ kan³¹ ŋe³¹ʔiu³³ di³³ wuŋ³¹ a⁴⁵ jau⁴⁵ au³¹: luŋ³¹li³¹ suɯ³³ vu³¹dʑi³¹ χe³¹
  三 位 老人 的 日子 生 是 农历 二 月 八
  wuŋ³¹, ta³¹ vu³¹dʑi³¹ mluɯ³¹ wuŋ³¹, tɕhiu³¹ vu³¹dʑi³¹ tsʅ³³ wuŋ³¹.
  日 三 月 五 日 六 月 一 日

039 奶奶笑眯眯地坐着看孙子蹦蹦跳跳。
  ja³¹buŋ³³ n̠i³¹n̠i⁴⁵ə³¹suɯ³¹ di³³ qau³³ tau³³ ə³¹ɬu⁴⁵ la⁴⁵ʔi³¹ tiau³¹tiau⁴⁵ə³³dzu³³.
  奶奶 笑眯眯   地 坐 着 看 孙子 蹦蹦跳跳

040 他把红薯随便洗洗就吃了。
  mi⁴⁵ pa³³ waŋ³³ n̠ia³¹n̠ia⁴⁵ qə³¹ʔia⁴⁵ tsʅ⁴⁵ ka³¹ au⁴⁵.
  他 把 红薯 乱   洗   就 吃 了

041 来客人时，我们正在吃饭。
  do³¹ qha⁴⁵ ɕie⁴⁵ bu⁴⁵, ti³³to³¹ tsai⁴⁵ ka³¹ mau³³.
  来 客人 时候那 我们 在 吃饭

042 他很想带父母去一次北京。
  mi⁴⁵ thai⁴⁵ dʑau³¹ xuŋ³³ ŋe³¹ʔiu³³ vu³³ tsʅ³³ ŋa⁴⁵ pau³¹au⁴⁵sʅ⁴⁵.
  他 太 想 带 老人 去 一 次 北京

043 夫妻俩很恩爱。
  suɯ³¹ kan³¹ ʔlei³¹ʁa⁴⁵ thai⁴⁵ gi³³ do³¹.
  两 个 夫妻   太 好 甚

044 山上有一片梨树。/这座山上没有梨树。

a⁴⁵　　qə³¹dzo³¹　　aŋ³¹　　tsʅ³³　　bia⁴⁵　　tin³¹　　ma⁴⁵dau⁴⁵.
发语词　山　　　　有　　一　　片　　树　梨

ma³³　dzau³³　qə³¹dzo³¹　n̠i⁴⁵　aŋ³¹aŋ³³　tin³¹　ma⁴⁵dau⁴⁵　wo³³.
定指　座　　山　　　　这　　没有　　　树　梨　　　不

045　这封信是不是你写的？是/不是。

ma³³　fuŋ³³　vu³¹ja⁴⁵　n̠i⁴⁵　au³¹au³¹　mɯ³¹　lo³¹zo³¹　di³³　au³³？
定指　封　信　　　　这　　是　　　　你　　写　　　的　　不是

au³¹.　au³³　wo³³.
是　/　是　不

046　他会说汉语，应该是汉族人。

mi⁴⁵　ʔluŋ³¹　ɕin³¹　duŋ³¹　sa⁴⁵, jin⁴⁵kai³³　au³¹　ə³¹tshu⁴⁵　sa⁴⁵.
他　　会　　　说　　　话　　汉族　应该　　　是　　人　　　　汉族

047　你愿不愿意嫁给他？愿意/不愿意。

mɯ³¹　dzau³¹　ma³³　dzau³¹　ə³¹dzei³¹　fei³¹　mi⁴⁵?
你　　想　　　不　　想　　　嫁　　　　给　　他?

dzau³¹.　ma³³　dzau³¹　wo³³.
想　/　　不　　想　　　不

048　大风吹断了树枝。

vu³¹juŋ³¹　a⁴⁵　dzuŋ³¹　fe⁴⁵　tuŋ³³　lau⁴⁵　ke³¹ke⁴⁵　tin³¹.
风　　　　的　大　　　吹　　断　　了　　枝丫　　　树

049　我们进屋去。

ti³³to³¹　vu³³　paŋ⁴⁵ʔlaŋ³³　ʔlei³¹.
我们　　去　　里面　　　　屋

050　屋檐装上了电灯。

ɬia⁴⁵ʔlei³¹　tsuaŋ³³　vu³³　qə³³zuŋ³³　tin⁴⁵ten³³.
屋檐　　　　装　　　　去　　上　　　　电灯

051　明天小王来，小李不来。

ŋei³¹lo⁴⁵　ma³³jiu³³　dai⁴⁵dai³³　do³¹, ma⁴⁵tɕiu³¹　dai⁴⁵dai³³　ma³³　do³¹　wo³³.
明天　　　王　　　　小　　　　来　　李　　　　　小　　　　不　　来　　不

052　你去买瓶酒回来。

mɯ³¹　vu³³　tsei³¹　tsan³³　plɯ³¹　do³¹mau³³dzei³¹.
你　　去　　买　　　瓶　　酒　　回来

053 有只猫趴在凳子上。／有只猫在椅子上趴着。

aŋ³¹ tsʅ³³ ma³³ ŋei³¹ phu³¹ a⁴⁵ qə³³zuŋ³³ ma³³lə³¹dzaŋ³¹.
有　一　只　猫　趴　在　上面　凳子

aŋ³¹ tsʅ³³ ma³³ ŋei³¹ qau³³ a⁴⁵ qə³³zuŋ³³ ma³³ji³³tsʅ³³ phu³¹ tau³³.
有　一　只　猫　坐　在　上面　椅子　趴　着

054 他的字写得好极了。

mi⁴⁵ di³³ vu³¹tɯ³¹su³¹ lo³¹zo³¹ di³³ gi³¹ do³¹.
他　的　字　　写　得　好　甚

055 爷爷走得非常慢。

be³¹buŋ³³ pi³¹ di³³ fei³³tshaŋ³¹ dzan⁴⁵.
爷爷　　走　得　非常　　慢

056 这根大木头，我一个人也扛得起。

ma³³ ban³¹ tin³¹ a⁴⁵ dzuŋ³¹ ɲi⁴⁵, i³³ da³¹tɕhi³³kan³³ tsʅ³³ tshun³¹ ble⁴⁵.
定指　根　木头　的　大　　这　我　一个　　就　能　扛

057 那种菌子吃不得。

ma³³ tsaŋ³³ ʔlɯ³¹ bu⁴⁵ xan³³ ka³¹ wo³³.
定指　种　菌子　那　不能　吃　不

058 他没坐过飞机。

mi⁴⁵ qa³³ qau³³ ko⁴⁵ qɛ³¹tɯ⁴⁵lui³¹ wo³³.
他　未曾　坐　过　飞机　　不

059 墙上挂着一幅画。／墙上挂有一幅画。

a⁴⁵ qə³³zuŋ³³ tɕhian³¹ kua⁴⁵ le³³ aŋ³¹ tsʅ³³ fu³¹ xua⁴⁵.
发语词　上面　墙　挂　了　有　一　幅　画

a⁴⁵ qə³³zuŋ³³ tɕhian³¹ kua⁴⁵ aŋ³¹ tsʅ³³ fu³¹ xua⁴⁵.
发语词　上面　墙　挂　有　一　幅　画

060 平时家里妈妈做饭，爸爸种田。

phin³¹tshaŋ³¹ pa⁴⁵ʔlei³¹ ma³³mi³³ da³¹ mau³³, a³³ba³³ taŋ³³ baŋ³³.
平常　　　家里　　妈妈　做饭　爸爸　种　地

061 赶时间，咱们快吃吧。

qə³³die³³ qə³¹ʔlan³¹, ti³³to³¹ ko³³ tsʅ³³ ka³¹ xəu³¹.
赶　路　　我们　　快　些　吃　吧

062 你砸碎玻璃不赔吗?

mɯ³¹ ʔlɯ⁴⁵ po³³li³¹ ə³¹pi³¹ ma³³ khaŋ³³ wo³³ ma³³?
你 打   玻璃   散   不   赔   不   吗

mɯ³¹ ʔlɯ⁴⁵ ə³¹pi³¹ po³³li³¹ ma³³ khaŋ³³ wo³³ ma³³?
你 打   散   玻璃   不   赔   不   吗

063 他爬上树去摘桃子。

mi⁴⁵ qə³¹nɯ³¹ vu³³ qə³³zuŋ³³ tin³¹ gɯ⁴⁵ ma⁴⁵plaŋ³¹
他 爬   去   上面   树   摘   桃子

064 你尝尝这个菜。

mɯ³¹ sɿ⁴⁵sɿ⁴⁵ ma³³ dʑau³³ u⁴⁵tai³³ ɲi⁴⁵.
你   试试   定指   个   菜   这

065 我再想想这件事怎么办。/这件事我再想想怎么办。

i³³ tsai⁴⁵ dɯ³¹ ji³³ dɯ³¹ ma³³ ŋa⁴⁵ nuŋ³¹ ɲi⁴⁵ xaŋ³³aŋ³¹ da³¹.
我 再   想   一   想   定指 件   事   这   怎么   做

ma³³ ŋa⁴⁵ nuŋ³¹ ɲi⁴⁵ i³³ tsai⁴⁵ dɯ³¹ ji³³ dɯ³¹ xaŋ³³aŋ³¹ da³¹.
定指 件   事   这 我 再   想   一   想   怎么   做

066 我看看你的书好吗?

i³³ ɬɯ⁴⁵ ɬɯ⁴⁵ mɯ³¹ di³³ su³¹ gi³³ ma³³ gi³³?
我 看 看 你   的 书 好 不 好

067 你先走,我就来。

mɯ³¹ ɕin³³ vu³³, i³³ tu⁴⁵ do³¹.
你   先   走   我 就 来

068 你先打电话问清楚再说。

mɯ³¹ ɕin³³ ʔlɯ⁴⁵ duŋ³¹ qə³³plai³³ gi³³ tshen³¹ ɕin³¹.
你   先   打   话   问   好   才   说

069 妹妹听着歌写作业。

an³³an³³ ɲuŋ⁴⁵ xuŋ³¹ tau³³ ji³¹ lo³¹zo³¹ su³¹.
妹妹   听   着   歌   写 作业

070 鱼是蒸着吃还是煮着吃?

vu³¹liu³¹ au³¹ a⁴⁵ u⁴⁵ ka³¹ di³³ maŋ³³ au³¹ a⁴⁵ tuŋ⁴⁵ ka³¹ di³³?
鱼   是 呢 蒸 吃 的 呢   是 呢 煮   吃 的

vu³¹liu³¹ au³¹ a⁴⁵ u⁴⁵ ka³¹ di³³ maŋ³³ tuŋ⁴⁵ ka³¹ di³³ ?
鱼　　　　是　呢　蒸　吃　的　呢　煮　吃　的

071　我听过几次小李唱歌。
　　　i³³　n̠uŋ⁴⁵xuŋ³¹　ko⁴⁵　sa³¹　ŋa⁴⁵　la⁴⁵　ma⁴⁵tɕiu³¹　da³¹ji³¹.
　　　我　听　　　　　过　　几　　次　　小李　　　　　唱歌

072　她有一条漂亮的红裙子。
　　　mi⁴⁵　aŋ³¹　tsʅ³³　ko³¹　jau⁴⁵gi³³　pla³¹die⁴⁵　di³³　lei³³zei³³.
　　　她　　有　　一　　条　　漂亮　　　红　　　　的　　裙子

073　哥哥瘦，弟弟胖。
　　　a³³wai³³　gau³³, jau³³jau³³　qə³³dɯ³³.
　　　哥哥　　　瘦　　弟弟　　　　胖

074　奶奶你慢慢走。
　　　ja³¹buŋ³³　mu³¹　dze³¹dze⁴⁵　pi³¹.
　　　奶奶　　　你　　慢慢　　　　走

075　天不热，但很潮湿。
　　　lui³¹lui³¹　ma³³　qə³¹den³¹　wo³³, tan⁴⁵　xen³³　ʔle⁴⁵.
　　　天　　　　不　　热　　　　　不但　很　　潮湿

076　白花花的新米饭香喷喷的。
　　　pau³¹pau³¹au⁴⁵　di³³　mau³³　a⁴⁵　mi³¹　mu⁴⁵kha³¹mu⁴⁵khen⁴⁵　di³³.
　　　白花花　　　　的　　饭　　的　　新　　香喷喷　　　　　　　的

077　他把房间打扫得干干净净的。
　　　mi⁴⁵　pa³³　pa⁴⁵ʔlei³¹　ə³¹ɕie⁴⁵　lau³³　kha³¹kha³¹khu⁴⁵khu⁴⁵　di³³.
　　　他　　把　　家里　　　　扫　　　得　　干干净净　　　　　　　的

078　糯米饭香了整个村子。
　　　mau³³luŋ³³　mu⁴⁵khen⁴⁵　lau³³　tɕhuŋ³¹　tu³¹luŋ⁴⁵.
　　　糯米饭　　　香　　　　　得　　整　　　　村子

079　奶奶总是对客人很热情。
　　　ja³¹buŋ³³　tsuŋ³³di³³　tui⁴⁵　qha⁴⁵　thai⁴⁵　gi³³.
　　　奶奶　　　总的　　　　对　　客人　　太　　好

080　一年比一年好。
　　　tsʅ³³　plei³¹　fan³³　tsʅ³³　plei³¹　gi³³.
　　　一　　年　　　比　　一　　年　　　好

081 老大和老二一样高。

duɯ⁴⁵ a⁴⁵ dzuŋ³¹ ə³³liaŋ³³ duɯ⁴⁵ suɯ³¹ tsɿ³³ tsaŋ³³ ko⁴⁵ zu³¹.
个 的 大 和 个 二 一 样 相互 高

082 我比你高，他比我更高。

i³³ fan³³ muɯ³¹ zu³¹, mi⁴⁵ fan³³ i³³ ken⁴⁵ zu³¹.
我 比 你 高 他 比 我 更 高

083 我们三个人中他最高。

ti³³to³¹ ta³¹ kan³¹ qə³¹tshu⁴⁵ qɛ³¹tuɯ⁴⁵, mi⁴⁵ tsui⁴⁵ zu³¹.
我们 三 个 人 当中 他 最 高

084 连续几天熬夜，我困死了。

ə³¹tsa⁴⁵ tau³³ sa³¹ wuŋ³¹ qa³³ ŋu⁴⁵ wo³³, i³³ liau⁴⁵ mau⁴⁵ au⁴⁵.
接 着 几 天 没有 睡 不 我 困 死 了

085 你再吃一碗饭。

muɯ³¹ tsai⁴⁵ ka³¹ tsɿ³³ san³³ mau³³.
你 再 吃 一 碗 饭

086 他又买了一辆摩托车。

mi⁴⁵ jiu⁴⁵ tsei³¹ tsɿ³³ ma³³ mo³³tho³¹ au⁴⁵.
他 又 买 一 辆 摩托 了

087 他家两个儿子都在广东打工，一年大概能挣十几万。

di³³ mi⁴⁵ aŋ³¹ tsɿ³³ qɛ⁴⁵ la⁴⁵sai³³ tsɿ³³ a³¹ kuaŋ³³tuŋ³³ ʔlɯ⁴⁵mlɯ³³,
家 他 有 一 对 儿子 都 在 广东 打工

ta⁴⁵khai⁴⁵ tsɿ³³ plei³¹ ɯ⁴⁵ ə³¹pɯ³¹ tshen³³ sa³¹ qə³¹ʔia⁴⁵.
大概 一 年 要 找 十 几 万

088 白白劝他一下午，可是他根本听不进。

pau³¹pau³¹au⁴⁵ dʑin⁴⁵ mi⁴⁵ tsɿ³³ bu³³ wuŋ³¹, kho³³ɕi³¹ mi⁴⁵ ma³³
白白 劝 他 一 半天 可惜 他 不

ȵuŋ⁴⁵xuŋ³¹ qə³¹mle⁴⁵ bo³¹vei³¹ wo³³.
听 钻 耳朵 不

089 我刚要去找他，他就匆匆忙忙地跑了进来。

i³³ kaŋ³³ ɯ⁴⁵ vu³³ ə³¹pɯ³¹ mi⁴⁵, mi⁴⁵ tɯ⁴⁵ tɕi³¹maŋ³¹tɕi³³tau³³ di³³
我 刚 要 去 找 他 他 就 急急忙忙 地

ə³¹plei⁴⁵ lau³³ do³¹ ʔlaŋ³³.
跑　　　了　来　里面.

090　我跟妈妈到家时，爸爸可能才刚刚出门。
i³³ ə³³liaŋ³³ a³³ma³³ ta³¹ ʔlei³¹ ɕie⁴⁵ buɯ⁴⁵, a³³ba³³ kho³³nen³¹ tshen³¹
我　跟　　　妈　到　家　时候那　爸爸　可能　　才
lo⁴⁵dʑi³³.
出门

091　他最近很高兴，我听说他快结婚了。
mi⁴⁵ sa³¹ wuŋ³¹ ȵi⁴⁵ thai⁴⁵ blaŋ³¹, ȵuŋ⁴⁵xuŋ³¹ ɕin³¹ mi⁴⁵ u⁴⁵
他　几　天　这　太　高兴　　听说　　　他　要
ti⁴⁵lə³³mi³³ au⁴⁵.
结婚　　　了

092　孙子给爷爷寄回茶叶，爷爷笑得合不拢嘴。
la⁴⁵ʔi³¹ na³¹ be³¹buŋ³¹ tɕi⁴⁵ do³¹ dʑi³¹tin³¹, be³¹buŋ³³ qə³¹su³¹ lau³³
孙子　给　爷爷　　寄　来　茶叶　　　爷爷　　　笑　　得
vu³¹tso⁴⁵ tshuŋ³³ qə³¹ȵia³¹ wo³³.
嘴　　　不能　　粘　　　不

093　唱歌令人开心。
da³¹ji³¹ na⁴⁵ qə³¹tshu⁴⁵ ə³¹xa³¹ dei³¹ɬei³³.
唱歌　　让　人　　　开　心

094　他个子虽然小，但气力很大。/他虽然个子小，但力气很大。
sui³³zan³¹ mi⁴⁵ pau³³ dai³³, tan⁴⁵sɿ⁴⁵ vu³¹juŋ³¹ mi⁴⁵ thai⁴⁵ dzuŋ³¹.
虽然　　　他　个　小　　但是　力气　　　他　太　大
mi⁴⁵ sui³³zan³¹ pau³³ dai³³, tan⁴⁵sɿ⁴⁵ vu³¹juŋ³¹ mi⁴⁵ thai⁴⁵ dzuŋ³¹.
他　虽然　　　个　小　　但是　力气　　　他　太　大

095　只要能刨土，拿铲子或锄头来都行。
tsɿ³³jau⁴⁵ tshuŋ³¹ kai³³kai³³ vu³¹tau⁴⁵, ɬa³¹ tshuan³³tshuan³³ xue³¹tse³³
只要　　　能　　刨　　　土　　拿　铲子　　　　或者
ma³³du³¹ do³¹ tsɿ³³ gi³³.
锄头　　来　都　好

096　如果沿着河边走就更绕了。

zu³¹kho³³ ŋe⁴⁵lan³¹ den³¹ xɯ³³ vu³³ tu⁴⁵ ken⁴⁵ ə³¹le³¹ au⁴⁵.
如果 跟着 边 河 去 就 更 远 了

097 滴滴答答下雨啦，快收衣服吧。

the³¹le³¹tha³¹la³¹ do³¹ man³¹ au⁴⁵, ko³³ tsʅ³³ ə³¹sɯ³¹ lɯ³³bɯ³³ xa³¹.
滴滴答答 来 雨 了 快点 收 衣服 吧

098 明天赶集去不去？／明天去赶集不去？／明天去赶集好不好？

ŋei³¹lo⁴⁵ gan³¹khai⁴⁵ vu³³ ma³³ vu³³？
明天 赶集 去 不 去

ŋei³¹lo⁴⁵ vu³³ gan³¹khai⁴⁵ ma³³ vu³³？
明天 去 赶集 不 去

ŋei³¹lo⁴⁵ gan³¹khai⁴⁵ gi³³ ma³³ gi³³？
明天 赶集 好 不 好

099 是他打的人。／人是他打的。

au³¹ mi⁴⁵ ʔlɯ⁴⁵ di³³ ə³¹tshu⁴⁵.
是 他 打 的 人

ə³¹tshu⁴⁵ au³¹ mi⁴⁵ ʔlɯ⁴⁵ di³³.
人 是 他 打 的

100 拿这种菜说吧，大家都很久没吃了呢。

ɬa³¹ ma³³ tsaŋ³³ qə³³laŋ³¹ ɲi⁴⁵ ɕin³¹ ne⁴⁵, dʑi³¹ kan³¹ tsʅ³³ tshuŋ³¹
拿 定指 种 菜 这 说 吧 每 个 都 从

qɯ³¹ tsʅ³³ qa³³ ka³¹ wo⁴⁵ lei³¹.
早 就 没有 吃 不 呢

第二节

话语材料

一 歌谣

1. 种田歌

duŋ³¹vu³¹dʑi³¹ di³³ vu³¹lei⁴⁵ ja³³ ɯ⁴⁵ ʔlɯ⁴⁵ e³³ baŋ³³ ja³³,
月　　　　的　针（正）呀　要　打　欸　田　呀
正月里来耕田地，

ɯ⁴⁵ ʔlɯ⁴⁵ e³³ baŋ³³ ja³³,
要　打　欸　田　呀
耕田地，

duŋ³¹vu³¹dʑi³¹ di³³ sɯ³¹ e³³ do³¹ lua³¹ ɯ³³ e³³ ŋ̩aŋ³³,
月　　　　的　二　欸　来　放　水　欸　泡
二月里放水浸田，

duŋ³¹vu³¹dʑi³¹ di³³ sɯ³¹ e³³ do³¹ lua³¹ ɯ³³ e³³ ŋ̩aŋ³³,
月　　　　的　二　欸　来　放　水　欸　泡
二月里放水浸田，

duŋ³¹vu³¹dʑi³¹ di³³ ta³¹ ja³¹ do³¹ ja³¹ ɯ⁴⁵ sa⁴⁵ e³³ au⁴⁵ ja³³,
月　　　　的　三　呀　来　呀　要　撒　欸　秧　呀
三月里来撒秧种，

ɯ⁴⁵ sa⁴⁵ e³³ au⁴⁵ ja³³,
要 撒 欤 秧 呀
撒秧种,

duŋ³¹vu³¹dʑi³¹ di³³ pu³¹ e³³ do³¹ ɯ⁴⁵ taŋ³³ e³³ baŋ³³,
月 的 四 欤 来 要 种 欤 田
四月里来插秧苗,

duŋ³¹vu³¹dʑi³¹ di³³ pu³¹ e³³ do³¹ ɯ⁴⁵ taŋ³³ e³³ baŋ³³,
月 的 四 欤 来 要 种 欤 田
四月里来插秧苗,

duŋ³¹vu³¹dʑi³¹ di³³ mlɯ³¹ ja³³ do³¹ ja³³ baŋ³³ taŋ³³ e³³ gi³³ ja³³,
月 的 五 呀 来 呀 田 种 欤 好 呀
五月里来好种田,

baŋ³³ taŋ³³ e³³ gi³³ ja³³,
田 种 欤 好 呀
好种田,

duŋ³¹vu³¹dʑi³¹ di³³ tɕiu³¹ e³³ do³¹ ɯ⁴⁵ ze³³ baŋ³³,
月 的 六 欤 来 要 薅 田
六月里来把秧薅,

duŋ³¹vu³¹dʑi³¹ di³³ tɕiu³¹ e³³ do³¹ ɯ⁴⁵ ze³³ baŋ³³,
月 的 六 欤 来 要 薅 田
六月里来把秧薅,

duŋ³¹vu³¹dʑi³¹ di³³ χen³¹ ja³³ do³¹ ja³³ tɕi³¹ ɯ⁴⁵ e³³ qə³¹pla³¹ ja³³,
月 的 七 呀 来 呀 谷 要 欤 抽穗 呀
七月里来谷抽穗,

tɕi³¹ ɯ⁴⁵ e³³ qə³¹pla³¹ ja³³,
谷 要 欤 抽穗 呀
谷抽穗,

duŋ³¹vu³¹dʑi³¹ di³³ χe³¹ ja³³ do³¹ ɯ⁴⁵ vu³³ e³³ zaŋ³³,
月 的 八 呀 来 要 去 欤 割
八月里来割稻谷,

duŋ³¹vu³¹dʑi³¹ di³³ χe³¹ ja³³ do³¹ ɯ⁴⁵ vu³³ e³³ zaŋ³³,
月 的 八 呀 来 要 去 欤 割

八月里来割稻谷，

duŋ³¹vu³¹dʑi³¹　di³³　kɯ³¹　ja³³　do³¹　ja³³　ɯ⁴⁵　zaŋ³³　e³³　gi³³　ja³³,
月　　　　　的　　九　呀　　来　呀　　要　　割　　欸　　好　呀

九月里来收好稻，

ɯ⁴⁵　qə³¹wei³¹　ja³³,
要　　收　　　呀

收好稻，

duŋ³¹vu³¹dʑi³¹　di³³　tshei³³　ja³³　do³¹　ɯ⁴⁵　die⁴⁵　e³³　gi³³,
月　　　　　的　　十　　　呀　　来　要　　装　　欸　好

十月里来粮入仓，

duŋ³¹vu³¹dʑi³¹　di³³　tshei³³　ja³³　do³¹　ɯ⁴⁵　die⁴⁵　e³³　gi³³,
月　　　　　的　　十　　　呀　　来　要　　装　　欸　好

十月里来粮入仓，

tshei³³　tsʅ³³　di³³　vu³¹dʑi³¹　ka³¹　la⁴⁵χen³¹　ja³³,
十　　　一　　的　月　　　　过　　小年　　　呀

十一月里过小年，

ka³¹　la⁴⁵χen³¹　ja³³,
过　　小年　　　呀

过小年，

tshei³³　sɯ³¹　di³³　vu³¹dʑi³¹　ka³¹　ma³³χen³¹,
十　　　二　　的　月　　　　过　　大年

十二月来过大年，

tshei³³　sɯ³¹　di³³　vu³¹dʑi³¹　ka³¹　ma³³χen³¹,
十　　　二　　的　月　　　　过　　大年

十二月来过大年，

ka³¹　lau⁴⁵　la⁴⁵χen³¹　ja³³　ka³¹　ma³³χen³¹　ja³³,
过　　了　　小年　　　呀　过　　大年　　　　呀

过了小年过大年，

ka³¹　ma³³χen³¹　ja³³,
过　　大年　　　呀

过大年，

tsʅ³³ ʔlei³¹ di³³ ə³¹tshu⁴⁵ dze³¹dze⁴⁵qə³¹nen³¹,
一　　户　　的　人　　　热热闹闹

一家人热热闹闹，

tsʅ³³ ʔlei³¹ di³³ ə³¹tshu⁴⁵ dze³¹dze⁴⁵qə³¹nen³¹.
一　　户　　的　人　　　热热闹闹

一家人热热闹闹。

（李友红唱，2015.7.27）

2．嫁女歌

tsʅ³³ ma³³ phiau³¹la⁴⁵tsau⁴⁵, ɯ⁴⁵nai³³ sɯ³¹ qə³³tsau³³,
一　　个　　女孩　　　　　要　　布　　打扮

有个姑娘穿衣打扮，

ɯ⁴⁵nai³³ sɯ³¹ qə³³tsau³³,
要　　　布　　打扮

她打扮，

pa⁴⁵qɛ³³ mɯ³¹ lai³³ tɯ³¹pei⁴⁵, min³¹ mɯ³¹ ʔiau³¹ qɛ⁴⁵dzau³³,
面前　　你　　戴　围裙　　　手　　你　　扔　　筷子

胸前系围裙，手拿筷子扔，

min³¹ mɯ³¹ tsʅ⁴⁵ ʔiau³¹ qɛ⁴⁵dzau³³,
手　　你　　就　　扔　　筷子

手拿筷子扔，

ko⁴⁵ mɯ³¹ khen³¹ su³¹tu⁴⁵, ma³³ na⁴⁵ mɯ³¹ wan³¹ vu³¹liu⁴⁵,
脚　　你　　跨　　厨房　　不　让　　你　　转　　脸

跨出厨房你别回头，

ma³³ na⁴⁵ mɯ³¹ wan³¹ vu³¹liu⁴⁵,
不　　让　　你　　转　　脸

你别回头，

ko⁴⁵ mɯ³¹ khen³¹ qhɛ³¹lan³³, gei³¹lei⁴⁵ ʔiau⁴⁵ mɯ³¹ tan³³,
脚　　你　　跨　　堂屋　　　碓　　　被　　你　　春

跨进夫家要春碓，

gei³¹lei⁴⁵ ʔiau⁴⁵ mɯ³¹ tan³³,
碓　　被　　你　　舂

要舂碓，

ko⁴⁵ mɯ³¹ khen³¹ pi³³xɯ³¹, wa³¹ ɯ³³ ʔiau³¹ fei³¹ mɯ³¹,
脚　你　跨　门　　担　水　丢　给　你

跨进夫家要担水，

wa³¹ ɯ³³ ʔiau³¹ fei³¹ mɯ³¹.
担　水　丢　给　你

要担水。

注：此歌为女孩出嫁跳《跳脚舞》唱的歌，规劝姑娘不要眷恋娘家，要到婆家持家过日子。

（李友红唱，2015.7.27）

3．过桥桥摇晃

pi³¹ a⁴⁵ lə³¹kaŋ³¹ lə³¹kaŋ³¹ buŋ³¹,
走　呢　桥　　　桥　　　动

过桥桥摇晃，

pi³¹ a⁴⁵ ɯ³³ do³¹ ɯ³³ luŋ³¹juŋ³¹,
走　呢　水　来　水　响

涉水水声响，

jiu⁴⁵ tan³³ lə³¹kaŋ³¹ jiu⁴⁵ tan³³ ɯ³³,
又　　遇　桥　　　又　　遇　水

又遇桥来又遇水，

na⁴⁵ i³³ tshuŋ³¹ nan⁴⁵ do³¹ pa⁴⁵ mɯ³¹.
让　我　从　　哪里　来　那　你

叫我如何来你处。

（李友红唱，2015.7.27）

4. 祭树歌

wuŋ³¹ ȵi⁴⁵ da³¹ko⁴⁵tin³¹, wuŋ³¹ ȵi⁴⁵ da³¹ko⁴⁵tin³¹,
日　 这　 祭树　　　　日　 这　 祭树

今天来祭树，

wuŋ³¹ ȵi⁴⁵ wuŋ³¹ gi³³ jiu⁴⁵ wuŋ³¹ dzɯ³¹, wuŋ³¹ ȵi⁴⁵ qə³³tsau³³ mɯ³¹,
日　 这　 日　 好　 又　 日　 好　　日　 这　 打扮　　 你

今天这好日子来给你装扮，

qɛ³¹ ji³³ sa⁴⁵ ble³¹ tsʅ³³ sa⁴⁵,
鸡　 一　 只　 鸭　 一　 只

一只鸡呀一只鸭，

qa³³ die⁴⁵ dʑi³¹liaŋ³³ qa³³ die⁴⁵ tshu⁴⁵,
没　 欠　 缘分　　　没　 欠　 人

不欠情分不欠人，

khɯ³¹ plei³¹ tsʅ³³ ŋa⁴⁵ sa⁴⁵ qɛ³¹.
每　 年　 一　 回　 只　 鸡

一年一次一只鸡。

（李友红唱，2015.7.27）

5. 吃新歌

to³¹ʔlo³³ ka³¹dɯ³¹ vu³¹dʑi³¹ ɣɛ³¹, da³¹ tɕia³¹ xuŋ⁴⁵ do³¹ ȵiaŋ³¹ ȵei⁴⁵ di³³;
仡佬　　 吃新　　月　　　八　 做　 粮食　 熟　 来　 记　 着　 的

仡佬吃新是八月，庄稼熟来要记得；

ȵiaŋ³¹ ȵei⁴⁵ ə³¹lui³¹ ȵiaŋ³¹ ȵei⁴⁵ vu³¹tau⁴⁵.
记　 着　 天　　　 记　 着　 地

记得杀马祭天，杀牛祭地。

sɯ³¹ kan³¹ ŋe³¹ʔiu³³ ʔlai³³ ta³¹ qə³¹tsei³¹,
二　 位　 老人　　　 叫　 到　 下面

请天地二老来下界，我们要祭你们，

dʑi³¹ duŋ³¹ ə³¹dzo³¹ tsʅ³³ ʔlai³³ do³¹,
每　 个　 坡　　 都　 叫　 来

各处神仙皆请来，

ʔlai³³ do³¹ ə³¹liaŋ³³ tɕi³³tɕio³¹ su³¹ kan³¹ ŋe³¹ʔiu³³ ɕin³¹ gi³³.
叫　来　和　　你们　　二　位　老人　说　好

请来和天地二老共飨。

χen³¹ tsaŋ³³ tɕia³¹ tsʅ³³ da³¹ xuŋ⁴⁵,
七　　种　　粮食　都　做　熟

七种粮食都煮熟，

pau³³tɕi³¹ ma³³tɕi³¹ tɕi³¹guŋ³³ tɕi³¹luŋ³³ qo³¹tshai³¹,
公稻　　　母稻　　　早稻　　　糯稻　　　小米

公稻、母稻、早稻、糯稻、小米古歌中将水稻分公母，

qo³¹zu⁴⁵ tɕi³¹ lau³³qo³³ ɬa³¹ do³¹.
旱稻　　稻　羊毛　　　拿　来

旱稻、羊毛稻都拿来。羊毛稻为传说中稻种名。

ti³³to³¹ da³¹tsɯ³¹ tɕi³³tɕio³¹ pɯ⁴⁵ ka³¹,
我们　　献饭　　　你们　　　得　吃

给你们供奉，

tɕia³¹ gi³³ ti³³to³¹ ə³¹sɯ³¹ pɯ⁴⁵.
粮食　好　我们　　收　　得

粮食得丰收。

nu⁴⁵ ŋa⁴⁵ ɲi⁴⁵ ti³³to³¹ ɯ⁴⁵ ʔlai³³ zo³¹ə³³pi³³ a⁴⁵ ə³³zuŋ³³ vu³¹tau⁴⁵ do³¹ ka³¹,
发语词 回 这 我们 要 叫 兄弟姐妹 的 上面 地 来 吃

天上地下都共享，

wai³³ lə³³zu³³ an³³ ə³¹mu³¹ tɕie⁴⁵ du³¹tsen³¹ jau³³ sa⁴⁵tshu³³,
哥　　苗　　妹　彝　　姐　喇叭苗　　弟　布依

各族兄弟姐妹一起来，

dʑi³¹ kan³¹ do³¹ ta³¹ ti³³to³¹ ka³¹ ta³¹ wuŋ³¹ du³¹, ka³¹ ta³¹ wuŋ³¹ du³¹ vu³³,
每　位　来　到　我们　　吃　三　天　吃新节吃　三　天　吃新节去

共度三天吃新节，

plei³¹ ti³³to³¹ ka³¹ ko⁴⁵ nu⁴⁵ vu³³, plei³¹ lan³¹ jiu⁴⁵ wan³¹ do³¹ ka³¹.
年　　我们　　吃　过　呢　去　年　　后　又　回　来　吃

今年吃后明年又过。

（李天英唱，2013.8.14）

6. 情歌

（1）

tsɿ³³ bu³³ ɬɯ⁴⁵ aŋ³¹ dɯ⁴⁵ juŋ³¹ aŋ³³ mi³³,
一　半　岩　有　根　藤　没有　娘
岩上有根没娘藤，

ɯ⁴⁵ ə³¹pa³¹ bau³¹ na³³ tshuŋ³³ ə³¹pa³¹ di³³;
要　挨　地方　哪里　不能　挨　的
上无叶子下无枝；

ji³³tan⁴⁵ʔlan³¹ aŋ³¹aŋ³³ zo³¹ə³³pi³³ wo³³,
路上　　　没有　　姐妹　　　不
路上又无好姐妹，

ə³¹ɬɯ⁴⁵ ko³³ ja⁴⁵ min³¹ qaŋ³¹ tsɿ³³ ʔlei³¹.
看　　哥　伸手　拉　一　家
望哥提携做一家。

tsɿ³³ bu³³ ɬɯ⁴⁵ aŋ³¹ dɯ⁴⁵ juŋ³¹ aŋ³³ mi³³ di³³,
一　半　岩　有　根　藤　没有　娘　的
岩上有根没娘藤，

ɯ⁴⁵ ə³¹pa³¹ bau³¹ na³³ tshuŋ³³ ə³¹pa³¹ di³³;
要　挨　地方　哪里　不能　挨　的
上无叶子下无枝；

ji³³tan⁴⁵ʔlan³¹ aŋ³¹aŋ³³ ə³¹tshu⁴⁵ vu³¹tɕin³³,
路上　　　没有　人　　什么
路上又无好姐妹，

ə³¹ɬɯ⁴⁵ ko³³ qaŋ³¹ do³¹ da³¹ tsɿ³³ ʔlei³¹.
看　　哥　拉　来　做　一　家
望哥提携做一家。

（2）

thəu³¹thəu³¹ lo³¹zo³¹ tshen³¹ ma³³ tshen³¹,
头头　　魔芋　开　不　开
好花半开半不开，

wai³³ ɯ⁴⁵ pa³¹ di³³ ma³³ pa³¹ di³³;
哥　要　挨　的　不　挨　的
情哥半挨半不挨；

an³³an³³　au³¹au³³　ma⁴⁵tɕiu³¹　ə³³plei³³,
妹妹　　不是　　李子　　酸
情妹不是酸李子，

mɯ³¹ ka³¹ pɯ⁴⁵ tsʅ³³ tso⁴⁵ ɬa³¹ ʔiau³¹ di³³.
你　吃　得　一　口　拿　丢　的
郎吃一口拿丢开。

（3）
da³¹ baŋ³³ ɯ⁴⁵ da³¹ baŋ³³ tɯ⁴⁵tshuŋ³³,
种　田　要　种　田　山谷
种田要种山间田，

xau³³ ga³¹ ɲi³¹ do³¹ xau³³ lua³¹ ɯ³³;
好　赶　牛　来　好　放　水
又好放水又好犁；

ta³¹ waŋ³¹ ta³¹ kai³³ wai³³ ʔlɯ⁴⁵ gi³³,
三　犁　三　耙　哥　打　好
三犁三耙郎打好，

ə³³plai³³ an³³ ɯ⁴⁵ taŋ³³ gɯ⁴⁵ ma³³ ɯ⁴⁵ taŋ³³ ləu³³.
问　　　妹　要　栽　完　不　要　栽　咯
问妹是否栽好秧。

da³¹ baŋ³³ ɯ⁴⁵ da³¹ baŋ³³ tɯ⁴⁵tshuŋ³³,
种　田　要　种　田　山谷
种田要种山间田，

xau³³ ga³¹ ɲi³¹ do³¹ xau³³ lua³¹ ɯ³³;
好　赶　牛　来　好　放　水
又好放水又好犁；

ta³¹ wuŋ³¹ ta³¹ kai³³ wai³³ ʔlɯ⁴⁵ gi³³,
三　犁　三　耙　哥　打　好
三犁三耙郎打好，

ʔlai³³ an³³ ɯ⁴⁵ bau⁴⁵ au⁴⁵ do³¹ taŋ³³.
叫   妹   要   拔   秧   来   种
叫妹把秧拔来种。

（4）
bia⁴⁵ po⁴⁵o³³ bau⁴⁵ do³¹ pa⁴⁵dʑio³³ taŋ³³,
坝   上面   拔   来   下面   插
上坝采秧下坝插，

tsu³¹ au⁴⁵ qaŋ³¹ ʔiau⁴⁵ bla³³ ə³³liaŋ³³;
根   秧   拉   着   稗   跟
秧根带得稗草来；

wai³³ a⁴⁵ da³¹ gi³³ an³³ ɲiaŋ³¹ ɲei⁴⁵,
哥   呢   做   好   妹   记   得
哥的情义妹记得，

an³³ gi³³ fei³¹ wai³³wai³³ qa³³ ɲiaŋ³¹.
妹   好   给   哥哥   未曾   记
妹的情义哥丢开。

po⁴⁵o³³ bau⁴⁵ do³¹ bia⁴⁵ dʑio³³ di³³,
上面   拔   来   坝   下面   的
上坝采秧下坝行，

tsu³¹ au⁴⁵ qaŋ³¹ ʔiau⁴⁵ bla³³ ə³³liaŋ³³ di³³;
根   秧   拉   着   稗   和   的
秧根带得稗草来；

wai³³ a⁴⁵ da³¹ gi³³ an³³ ɲiaŋ³¹ ɲei⁴⁵,
哥   呢   做   好   妹   记   得
哥的情义妹记得，

an³³an³³ da³¹ gi³³ wai³³ ʔiau³¹ di³³.
妹妹   做   好   哥   丢   的
妹的情义哥丢开。

（李天英唱，2013.8.14）

二 故事

1. 灶神打小报告

a⁴⁵ ɕie⁴⁵bɯ⁴⁵, be³¹ŋei³¹ʔiu³³ ti³³to³¹ ɕiau⁴⁵tɕhi⁴⁵ do³¹, ŋai⁴⁵ da³¹tɕhi⁴⁵ ne⁴⁵,
发语词 从前 灶神 我们 小气 很 爱 生气 呢

ka⁴⁵na³³ da³¹ ə³¹sa⁴⁵ vu³¹tɕin³³ ja⁴⁵, mi⁴⁵ tɯ⁴⁵ ɯ⁴⁵ vu³³ tɯ⁴⁵lui³¹ ɕin³¹. be³¹ə³¹lui³¹
谁 做 点 什么 错 他 就 要 去 天上 说 天老爷

do³¹ qə³¹tsei³¹ ne⁴⁵, ɯ⁴⁵ ple⁴⁵ ə³¹tshu⁴⁵. phai³¹ ɲi⁴⁵ ne⁴⁵, aŋ³¹ tsɿ³³ ʁa⁴⁵ ə³¹tshu⁴⁵
来 下面 呢 要 拍 人 次 这 呢 有 一 户 人

ɬa³¹ tsɿ⁴⁵plei³³ a³¹ paŋ⁴⁵ʔlaŋ³³ kaŋ³³ɯ³³ ŋ̥aŋ³³. mi⁴⁵ tsɿ⁴⁵ vu³³ ɕin³¹, vu³³ ɕin³¹,
拿 米 在 里面 水缸 泡 他 就 去 说 去 说

do³³o³³ do³¹ qə³¹tsei³¹ tɕiu⁴⁵ ple⁴⁵.
他们 来 下面 就 拍

从前，我们的灶神很小气。谁做了点什么错事，他都要去天上说，天老爷就要下来惩罚人。这回，有一家人把米放在水缸里泡，他（灶神）就去天上说，天老爷就下来惩罚人。

phai³¹ ɲi⁴⁵ di³³ʁa⁴⁵ bɯ⁴⁵ ne⁴⁵, ɬa³¹ vu³¹ɯ³¹ pau³¹au⁴⁵ a³¹ paŋ⁴⁵ʔlaŋ³³ kaŋ³³ɯ³³
次 这 家 那 呢 拿 石头 白 在 里面 水缸

ŋ̥aŋ³³, mi⁴⁵ jiu⁴⁵ vu³³ ə³³zuŋ³³ ɕin³¹, pa⁴⁵ə³³zuŋ³³ ɯ⁴⁵ do³¹ ə³¹tsei³¹ ə³¹ɬɯ⁴⁵,
泡 他 又 去 上面 说 老天爷 要 来 下面 看

ji³¹ do³¹ ə³¹ɬɯ⁴⁵ ne⁴⁵, mi⁴⁵ ɕin³¹, mu³¹ do³¹ ə³¹ɬɯ⁴⁵, a³³ ɲi⁴⁵ au³³ tsɿ⁴⁵plei³³
一 来 看 呢 他 说 你 来 看 发语词 这 不是 米

wo³³, phai³¹ ɲi⁴⁵ mi⁴⁵ do³¹ ə³¹ɬɯ⁴⁵ au³³ tsɿ⁴⁵plei³³ wo³³, be³¹ə³¹lui³¹ tsɿ⁴⁵ pi³¹
不 次 这 他 来 看 不是 米 不 天老爷 就 火

ə³¹lɯ⁴⁵, a³³ ɲi⁴⁵ au³¹ vu³¹ɯ³¹ pau³¹au⁴⁵, tsɿ³³ ɕie⁴⁵ ple⁴⁵ na⁴⁵ mi⁴⁵, pa
冒 发语词 这 是 石头 白 一 下 拍 给 他 把

pa⁴⁵vei³¹ mi⁴⁵ ple⁴⁵ ɲiaŋ³³ au⁴⁵ ma³³ phai³¹ ɲi⁴⁵ ti³³to³¹ ɕin³¹ duŋ³¹ vu³¹tɕin³³
耳朵 他 拍 聋 了 定指 次 这 我们 说 话 什么

mi⁴⁵ tsɿ³³ tshuŋ³³ n̥uŋ⁴⁵xuŋ³¹ wo³³. ti³³to³¹ tsɿ⁴⁵ ma³³ vu³¹lɯ⁴⁵ wo³³ a⁴⁵.
他 就 不能 听见 不 我们 就 不 怕 不 了

后来，那一家人把白石粒放在水缸里泡，他（灶神）又上去说，老天爷下来一看，说：

"你来看，这不是米。"他（灶神）也来看，不是米。老天爷就生气了："这是白石粒。"老天爷就一下把他（灶神）的耳朵拍聋了。后来，我们说什么话他（灶神）都听不见了，我们就不怕他了。

（李友红讲述，2015.7.28）

2. 嫉妒别人富有

| a⁴⁵ | ɕie⁴⁵bu⁴⁵ | aŋ³¹ | tsɿ³³ | ʁa⁴⁵ | ə³¹tshu⁴⁵ | aŋ³¹ | tsɿ³³ | qɛ⁴⁵ | la⁴⁵blaŋ³³, | vu³¹tɕin³³ |
| 发语词 | 从前 | 有 | 一 | 户 | 人 | 有 | 一 | 对 | 孤儿 | 什么 |

tsɿ³³ aŋ³¹aŋ³³ wo³³, tsɿ³¹ aŋ³¹ tsɿ³³ sa⁴⁵ ȵi³¹ ə³³lian³³ tsɿ³³ sa⁴⁵ m̥ɯ³¹ ne⁴⁵,
都 没有 不 只 有 一 头 牛 和 一 只 狗 呢

pau³³wai³³ ne⁴⁵, dei³¹ɬei³³ le³¹qhen³¹, pau³³jau³³ mi⁴⁵ ne⁴⁵ dei³¹ɬei³³ zau⁴⁵, do³¹
哥哥 呢 心 贪 弟弟 他 呢 心 直 来

fei³¹ ʔlei³¹ ne⁴⁵, pau³³wai³³ mi⁴⁵ ne⁴⁵ ɯ⁴⁵nai³³ ȵi³¹. fei³¹ da⁴⁵ m̥ɯ³¹ fei³¹ pau³³jau³³
分 家 呢 哥哥 他 呢 要 牛 分 只 狗 给 弟

mi⁴⁵. pau³³jau³³ mi⁴⁵ ne⁴⁵ aŋ³³ ȵi³¹ lai³³ wo³³, pau³³wai³³ mi⁴⁵ aŋ³¹ ȵi³¹ lai³³.
他 弟弟 他 呢 没有 牛 犁 不 哥哥 他 有 牛 犁

dɯ⁴⁵jau³³ mi⁴⁵ ɬa³¹ da⁴⁵m̥ɯ³¹ vu³³ lai³³ ne⁴⁵, tshuŋ³³ lai³³ wo³³, mi⁴⁵ tɯ⁴⁵
弟弟 他 拿 狗 去 犁 呢 不能 犁 不 他 就

da³¹ lu³¹tsu³¹, do³¹mau³³dzen³¹ qə³¹tsei⁴⁵ ta³¹ duŋ³¹ ə³¹ȵia³¹, vu³³ ga³¹fe⁴⁵ da⁴⁵ m̥ɯ³¹
打 主意 回家 捏 三 个 粑粑 去 吆喝 只 狗

au⁴⁵, tshuŋ³¹ ȵi⁴⁵ lai³³ vai³³ai³³, ʔiau³¹ tsɿ³³ dzau³³ ə³¹ȵia³¹ vai³³ai³³ da⁴⁵ m̥ɯ³¹
了 从 这 犁 过去 丢 一 个 粑粑 过去 只 狗

tsɿ⁴⁵ lə³¹plei⁴⁵ vai³³ai³³, tɯ⁴⁵ pɯ⁴⁵ tsɿ³³ lə³¹waŋ³¹, ʔiau³¹ tsɿ³³ dzau³³ wan³¹do³¹ai³³,
就 跑 过去 就 得 一 犁 丢 一 个 回来

da⁴⁵m̥ɯ³¹ tsɿ⁴⁵ ə³¹plei⁴⁵ wan³¹do³¹ai³³, jiu⁴⁵ pɯ⁴⁵ tsɿ³³ lə³¹waŋ³¹. phai³¹ ȵi⁴⁵ da⁴⁵
狗 就 跑 回来 就 得 一 犁 次 这 只

m̥ɯ³¹ tsɿ⁴⁵ lai³³ qan³¹.
狗 就 犁 乖

从前，一户人家有一对孤儿，家里什么都没有，只有一头牛和一只狗。哥哥贪心，弟弟心直。分家的时候，哥哥要牛，那只狗给了弟弟。弟弟没有牛犁田，哥哥有牛犁田。弟弟就用狗去犁，犁不了，于是弟弟就想了个办法，他回家捏了三个粑粑来吆喝这只狗。要从这边犁过去，他就丢一个粑粑过去，狗就跑过去，于是便得到一犁。再丢一个粑粑到这边来，狗就跑回来，便又得到一犁。这样，狗就变乖了。

wuŋ³¹lan³¹	mi⁴⁵	vu³³	lai³³,	aŋ³¹	tsʅ³³	kan³³	ə³¹tshu⁴⁵	tsʅ⁴⁵	ble⁴⁵	su³¹	do³¹,
第二天	他	去	犁	有	一	个	人	就	挑	布	来
tu⁴⁵	qə³³plai³³:	"lo⁴⁵dzi³³	ta³¹	tshei⁴⁵	plei³¹	qa³³	qa³¹	ko⁴⁵	ɬa³¹	mu̥³¹	lai³³ baŋ³³
就	问	出门		三十	年	没有		见过	拿	狗	犁田
wo³³,	mu̥³¹	ɬa³¹	da⁴⁵	mu̥³¹	mu³¹,	lai³³	vai³³ai³³	ta³¹	ŋa⁴⁵	lai³³	do³¹ai³³ ta³¹ ŋa⁴⁵,
不	你	拿	只	狗	你	犁	过去		三回	犁	过来 三回
ma³³	wa³¹	su³¹	i³³	tsʅ⁴⁵	ma³³	nai³³	bia⁴⁵dzen³¹	wo⁴⁵."	mi⁴⁵	tu⁴⁵	ɕin³¹: "au³¹,
定指	担	布	我	就	不	要	钱	不	他	就	说 是
i³³	lai³³	fei³¹	mu³¹	ə³¹ɬu⁴⁵."	mi⁴⁵	tsʅ⁴⁵	ɬa³¹	da⁴⁵mu̥³¹	lai³³,	ʔiau³¹	tsʅ³³ dzau³³
我	犁	给	你	看	他	就	拿	只狗	犁	丢	一个
qə³¹n̻ia³¹	vai³³ai³³,	da⁴⁵mu̥³¹	tsʅ⁴⁵	lə³¹plei⁴⁵	vai³³ai³³,	tsʅ⁴⁵	pu⁴⁵	tsʅ³³	lə³¹waŋ³¹,		
粑粑	那边	狗	就	跑	那边	就	得	一	犁		
ʔiau³¹	wan³¹do³¹ai³³,	da⁴⁵	mu̥³¹	lə³¹plei⁴⁵	wan³¹do³¹ai³³,	jiu⁴⁵	pu⁴⁵	tsʅ³³	lə³¹waŋ³¹.		
丢	过来	只	狗	跑	过来	又	得	一	犁		
phai³¹	n̻i⁴⁵	mi⁴⁵	tsʅ³³	ɕin³¹,	lai³³	gi³³	a⁴⁵,	ma³³	du⁴⁵	a⁴⁵	vei³¹ su³¹ tsʅ⁴⁵ sei³¹ʔlei⁴⁵
次	这	他	就	说	犁	好了	定指	个	的	卖布	就 输
a⁴⁵,	tsʅ⁴⁵	ɬa³¹	ma³³	wa³¹	su³¹	fei³¹	mi⁴⁵.	mi⁴⁵	tsʅ⁴⁵	ble⁴⁵	do³¹mau³³ə³¹dzei³¹.
了	就	拿	定指	担	布	给	他	他	就	扛	回家

第二天，他去犁田，有一个人挑着布过来，就问他："出门三十年，没见过用狗犁田的。你用你的狗犁过去三回，犁过来三回，我的这担布就（送给你）不要钱了。"他就说："是，我犁给你看。"他就用这条狗去犁，丢一个粑粑过去，狗就跑过去，便得一犁，再丢一个粑粑过来，狗就跑过来，又得一犁。他就说："犁好了。"那个卖布的就输了，就把那担布给了他，他便扛回家。

pau³³wai³³	mi⁴⁵	qə³³plai³³	mi⁴⁵:	"mu³¹	vu³³	na³³	pu⁴⁵	su³¹	do³¹."	"ei³¹", mi⁴⁵
哥哥	他	问	他	你	去	哪	得	布	来	哎 他
ɕin³¹:	"mu³¹	ɬa³¹	da⁴⁵	mu̥³¹	fei³¹	i³³	vu³³	lai³³,	do³³o³³	qa³¹ i³³ ɬa³¹ mu̥³¹ lai³³
说	你	拿	只	狗	给	我	去	犁	别人	见 我 拿 狗 犁

第六章 语料

275

ne⁴⁵, ma³³ du⁴⁵ a⁴⁵ vei³¹ su³¹ ɬa³¹ fei³¹ i³³ di³³." "maŋ⁴⁵ mu³¹ ɬa³¹ du⁴⁵ su³¹
呢 定指 个 的 卖 布 拿 给 我 的 发语词 你 拿 条 布

mu³¹ qə³³liaŋ³³ da⁴⁵m̥u³¹ mu³¹ fei³¹ i³³, i³³ ɬa³¹ du⁴⁵ n̥i³¹ fei³¹ mu³¹." phai³¹
你 和 只 狗 你 给 我 我 拿 只 牛 给 你 次

n̥i⁴⁵ pau³³wai⁴⁵ mi⁴⁵ tsʅ⁴⁵ ɬa³¹ vu³³ lai³³, ɬa³¹ vu³³ lai³³ ne⁴⁵, mi⁴⁵ xuan³¹ ə³¹tsei³¹
这 哥哥 他 就 拿 去 犁 拿 去 犁 呢 他 还 捏

sa³¹ duŋ³¹ qə³¹n̥ia³¹ vu³³. wuŋ³¹lan³¹, ble⁴⁵ su³¹ di³³ tu⁴⁵ do³¹ a⁴⁵: "lo⁴⁵dzi³³ ta³¹
几 个 粑粑 去 第二天 扛 布 的 就 来 了 出门 三

tshei⁴⁵ plei³¹ qa³³ qa³¹ ɬa³¹ m̥u³¹ lai³³ ko⁴⁵ wo³³, mu³¹ lai³³ fei³¹ i³³ ə³¹lɯ⁴⁵,
十 年 没有 见 拿 狗 犁 过 不 你 犁 给 我 看

ma³³ wa³¹ su³¹ i³³ ne⁴⁵ ma³³ nai³³ bia⁴⁵dzen³¹ wo³³." phai³¹ ni⁴⁵ mi⁴⁵ do³¹ ɬa³¹
定指 担 布 我 呢 不 要 钱 不 次 这 他 来 拿

vu³³ lai³³ ne⁴⁵, mi⁴⁵ ɬa³¹ vu³³ lai³³ ne⁴⁵ du⁴⁵m̥u³¹ tsʅ⁴⁵ ɯ⁴⁵ tsaŋ³³ mi⁴⁵, tshuŋ³³
去 犁 呢 他 拿 去 犁 呢 狗 就 要 咬 他 不能

pɯ⁴⁵ tsaŋ³³ wo³³, tshuŋ³³ pɯ⁴⁵ lai³³ wo³³, mi⁴⁵ tsʅ⁴⁵ lə³¹dzu⁴⁵ ʔlɯ⁴⁵, ʔlɯ⁴⁵ da⁴⁵
得 咬 不 不能 得 犁 不 他 就 棍子 打 打 只

m̥u³¹ plan³¹, tsʅ⁴⁵ qa³³ pɯ⁴⁵ wo⁴⁵, mi⁴⁵ tsʅ⁴⁵ sei³¹ʔlei⁴⁵ a³¹, qa³³ pɯ⁴⁵ wo⁴⁵,
狗 死 就 没 得 不 他 就 输 了 没得 不

mi⁴⁵ tu⁴⁵ pi³¹ ə³¹lɯ⁴⁵, vu³¹tɕin³³ tsʅ³³ qa³³ pɯ⁴⁵ wo⁴⁵.
他 就 火 冒 什么 都 没有 得 不

哥哥就问:"你去哪儿得来的布?"他说:"你分只狗给我去犁田,别人见我用狗犁田呢,一个卖布的人把布给我了。""你把你的布和你的狗给我,我把牛给你吧。"这回,哥哥就用(狗)去犁田,也捏了几个粑粑去。第二天,卖布的又来了,"出门三十年,没见过用狗犁田的。你犁给我看,这担布就不要钱了。"这回,他(哥哥)用狗去犁,狗就咬他,他不让咬,狗也不犁田了。他就用棍子把狗打死了,没得犁了,他便输了。他火冒三丈,什么都没有了。

(李友红讲述,2015.7.28)

3. 分粮种

a⁴⁵ ɕie⁴⁵bɯ⁴⁵ aŋ³¹ sɯ³¹ qə³³pin³³ ə³¹tshu⁴⁵ fei³¹ pei³¹tɕia³¹, pei³¹tɕia³¹ ne³³, aŋ³¹
发语词　从前　　　有　两　兄弟　人　　分　粮种　　粮种　呢　有

tsʅ³³ a⁴⁵ ɬu³¹ di³³, aŋ³¹ tsʅ³³ qa³³ ɬu³¹ wo³³. du⁴⁵wai³³ mi⁴⁵ dei³¹ɬei³³ ma³³ gi³³
些　的　炒　的　有　些　没有　炒　不　哥哥　　他　心　　　不　好

wo³³, au³¹ mi⁴⁵ ne⁴⁵, nai³³ a⁴⁵ gi³³ di³³, fei³¹ a⁴⁵ ɬu³¹ di³³ fei³¹ pau³³jau³³ mi⁴⁵,
不　发语词 他　呢　要　的　好　的　给　的　炒　的　给　弟弟　　他

do³¹ vu³³ daŋ³³ jau³¹mi³³ ne⁴⁵, di³³ mi⁴⁵ tsʅ⁴⁵ jau⁴⁵, di³³ pau³³jau³³ mi⁴⁵ ne⁴⁵
来　去　种　玉米　　呢　家　他　就　生　家　弟弟　　　他　呢

tshei³¹ jau⁴⁵ tsʅ³³ xaŋ³³ ne⁴⁵. mi⁴⁵ do³¹ gu⁴⁵ jau³¹mi³³ ne⁴⁵, di³³ mi⁴⁵ gu⁴⁵ pu⁴⁵
才　生　一　丛　呢　他　来　摘　玉米　　呢　家　他　摘　得

le³¹lia³³, pau³³jau³³ mi⁴⁵ tshei³¹ aŋ³¹ tsa⁴⁵ xaŋ³³ ne⁴⁵.
很多　　　弟弟　　　他　才　有　小　窝　呢

从前，有两兄弟分粮种，有些粮种是炒熟的，有些是没有炒的。哥哥心肠坏，他要好的，把炒熟的给弟弟。种了玉米，他家的都长出了玉米，弟弟家才长一丛。收玉米时，他家收得很多，弟弟才得一小丛呢。

pau³³jau³³ mi⁴⁵ ne⁴⁵ ji³¹ vu³³ ə³¹ɬu⁴⁵ ne⁴⁵, ʔiau⁴⁵ la⁴⁵ze⁴⁵ ble⁴⁵ vu³³ au⁴⁵,
弟弟　　　他　呢　一　去　看　　呢　啊　着　老鼠　扛　走　了

mi⁴⁵ tu⁴⁵ qau³³ bu⁴⁵ li⁴⁵ li⁴⁵ ne⁴⁵, qau³³ bu⁴⁵ su⁴⁵ tau³³, wan³¹ do³¹mau³³dzei³¹
他　就　在　那　哭　哭　呢　在　那　守　着　　转　回家

tsʅ⁴⁵ li⁴⁵ ŋe³¹lo⁴⁵ wan³¹ vu³³ ne⁴⁵, du⁴⁵la⁴⁵ze⁴⁵ jiu⁴⁵ do³¹ ble⁴⁵ a⁴⁵, mi⁴⁵ vu³³
就　哭　明天　　转　去　呢　老鼠　　　又　来　扛　了　他　去

qə³³tshuŋ³³ ŋe⁴⁵lan³¹ vu³³ ə³¹ɬu⁴⁵, ble⁴⁵ na⁴⁵ paŋ⁴⁵ʔlaŋ³³ tsʅ³³ dzau³³ baŋ³¹baŋ³¹ ɬu³¹
瞅　　　　跟着　　去　看　　扛　到　里面　　　一　个　洞　　岩

vu³³, mi⁴⁵ ə³¹ja⁴⁵ min³¹ vu³³ ə³¹li³¹, jiu⁴⁵ ma³³ liau⁴⁵ pa⁴⁵min³¹ vu³³ wo³³, mi⁴⁵
去　他　伸　手　去　摸　又　不　够　手　　去　不　他

tu⁴⁵ li⁴⁵ tsʅ⁴⁵ wan³¹ do³¹mau³³qə³¹dzei³¹, wuŋ³¹lan³¹ wan³¹ vu³³ ə³¹ɬu⁴⁵ ne⁴⁵,
就　哭　就　转　回家　　　　　　第二天　　转　去　看　　呢

la⁴⁵ze⁴⁵ jiu⁴⁵ do³¹ ble⁴⁵ a⁴⁵, mi⁴⁵ tu⁴⁵ ŋe⁴⁵lan³¹ vu³³ qə³³tshuŋ³³, je³¹ xuan³¹sʅ⁴⁵
老鼠　　又　来　扛　了　他　就　跟着　　去　瞅　　　也　还是

au³¹ dzau³³ baŋ³¹baŋ³¹ ɬu⁴⁵ bu⁴⁵, mi⁴⁵ tu⁴⁵ ə³¹ja⁴⁵ min³¹ vu³³ ə³¹li³¹, je³³ ma³³
是 个 洞 岩 那 他 就 伸 手 去 摸 也 不
liau⁴⁵ pa⁴⁵min³¹ vu³³ ʔlaŋ³³ wo³³, mi⁴⁵ tu⁴⁵ wan³¹do³¹. wuŋ³¹lan³¹ tshei³¹ ji³¹ tsʅ³³
够 手 去 里面 不 他 就 回来 第二天 才 剩 一
dɯ⁴⁵ li⁴⁵au⁴⁵. mi⁴⁵ tu⁴⁵ wan³¹ vu³³. la⁴⁵ze⁴⁵ jiu⁴⁵ do³¹ a⁴⁵, do³¹ ne⁴⁵, mi⁴⁵
棵 啦 他 就 转 去 老鼠 又 来 了 来 呢 他
ŋe⁴⁵lan³¹ vu³³ ə³³tshuŋ³³, je³¹ xuan³¹sʅ⁴⁵ au³¹ paŋ⁴⁵ʔlaŋ³³ dzau³³ baŋ³¹baŋ³¹ ɬɯ⁴⁵
跟着 去 瞅 也 还是 是 里面 个 洞 岩
bu⁴⁵, mi⁴⁵ qə³¹ja⁴⁵ min³¹ vu³³ qə³¹li³¹ ne⁴⁵, liau⁴⁵ pa⁴⁵min³¹ mi⁴⁵ vu³³ ʔlaŋ³³,
那 他 伸 手 去 摸 呢 够 手 他 去 里面
mi⁴⁵ ji⁴⁵ vu³³ ə³¹li³¹, paŋ⁴⁵ʔlaŋ³³ tɕhin³¹pu⁴⁵ au³¹ phlɯ⁴⁵, mi⁴⁵ tsʅ⁴⁵ blaŋ⁴⁵ tsʅ⁴⁵
他 一 去 摸 里面 全部 是 银子 他 就 高兴 就
ɬa³¹ do³¹mau³³qə³¹dzei³¹.
拿 回家

弟弟去地里看，发现（玉米）被老鼠叼走了。弟弟就哭起来了，在那里守着，回到家还哭。第二天再去，（发现）一只小老鼠来叼（玉米），他就跟着去看，（老鼠把玉米）叼到一个洞里面去了，他伸手去摸，手又不够长。他便哭着回来了。第二天再去看，小老鼠又来叼（玉米）了，他就跟着去看，也还是那个洞，他就伸手去摸，手还是不够长，进不去。又过了一天，就剩一棵（玉米）啦。他再去看，小老鼠又来了，他跟着老鼠，（发现）也还是那个洞，他又伸手去摸，（这次）他的手能伸进去了，他一摸，里面全是银子。他就高兴地拿回家了。

pau³³wai³³ mi⁴⁵ qə³³plai³³ mi⁴⁵, mɯ³¹ tshuŋ³¹ na³³ pɯ⁴⁵ tsɯ³³xɯ³¹ phlɯ⁴⁵ ɲi⁴⁵
哥哥 他 问 他 你 从 哪里 得 这些 银子 这
do³¹. mi⁴⁵ tu⁴⁵ ɕin³¹, mɯ³¹ ɬa³¹ dɯ⁴⁵ jau³¹mi³³ fei³¹ i³³ daŋ³³ di³³ mɯ³¹
来 他 就 说 你 拿 根 玉米 给 我 种 家 你
le³¹lia³³, di³³ i³³ tshei³¹ jau⁴⁵ tsʅ³³ xaŋ³³ ne⁴⁵, maŋ⁴⁵ la⁴⁵ze⁴⁵ na³¹ i³³ ble⁴⁵ vu³³
很多 家 我 才 长 一 窝 呢 发语词 老鼠 给 我 扛 去
i³³ vu³³ sɯ⁴⁵ lau³³ sa³¹ wuŋ³¹, na³¹ i³³ ble⁴⁵ na⁴⁵ paŋ⁴⁵ʔlaŋ³³ dzau³³ baŋ³¹baŋ³¹
我 去 守 了 几 天 给 我 扛 到 里面 个 洞
ɬɯ⁴⁵ vu³³, i³³ vu³³ ə³¹li³¹ ne⁴⁵, paŋ⁴⁵ʔlaŋ³³ tsʅ⁴⁵ aŋ³¹ phlɯ⁴⁵, i³³ tsʅ⁴⁵ ɬa³¹
岩 去 我 去 摸 呢 里面 就 有 银子 我 就 拿

do³¹mau³³dzei³¹ a⁴⁵. pau³³wai³³ mi⁴⁵ tsɿ⁴⁵ dei³¹ɬei³³ ma³³ do³¹ wo⁴⁵, xau⁴⁵, mi⁴⁵
回来 了 哥哥 他 就 心 不 来 不 呵 他

tsɿ⁴⁵ kan³³tau³³ mi⁴⁵ da³¹.
就 跟着 他 做

哥哥问他:"你从哪里得来这些银子的?"他就说:"你拿那些玉米给我种,你家(长)很多,我家才长一丛呢。老鼠把我的玉米叼走了,我去守了几天,(老鼠)把我的玉米搬到一个洞里去了,我去摸呢,里面就有银子,我就拿回来了。"哥哥就动了心思,"好,我就照着他做的去做。"

phai³¹ n̠i⁴⁵ mi⁴⁵ tsɿ⁴⁵ ɬa³¹ jau³¹mi³³ do³¹ ɬu³¹, ɬu³¹ tsɿ³³ sei³¹, mi⁴⁵ tu⁴⁵ ɬa³¹
次 这 他 就 拿 玉米 来 炒 炒 一 升 他 拿

vu³³ dan³³, je³¹ xuan³¹ tsɿ³¹ jau⁴⁵ tsɿ³³ xan³³ ne⁴⁵, an³¹ ta³¹ phu³¹, phai³¹ n̠i⁴⁵
去 种 也 还 只 长 一 窝 呢 有 三 棵 次 这

mi⁴⁵ tsɿ⁴⁵ vu³³ su⁴⁵, la⁴⁵ze⁴⁵ tsɿ⁵³ do³¹ ble⁴⁵ vu³³ a⁴⁵, mi⁴⁵ jiu⁴⁵ vu³³
他 就 去 守 老鼠 就 来 扛 去 了 他 又 去

qə³³tshun³³ ŋe⁴⁵lan³¹ qə³¹ɬu⁴⁵, jiu⁴⁵ ma³³ liau⁴⁵ pa⁴⁵min³¹ vu³³ wo³³, mi⁴⁵ tu⁴⁵
瞅 随后 看 又 不 够 手 去 不 他 就

wan³¹ do³¹, pi³¹ qə³¹lu⁴⁵ wan³¹ do³¹, wun³¹lan³¹ mi⁴⁵ vu³³ ə³¹ɬu⁴⁵ ne⁴⁵, la⁴⁵ze⁴⁵
转 来 火 冒 转 来 第二天 他 去 看 呢 老鼠

jiu⁴⁵ do³¹, do³¹ ne⁴⁵, mi⁴⁵ tsɿ⁴⁵ ə³³tshun³³ ŋe⁴⁵lan³¹ vu³³, je³¹ xuan³¹sɿ⁴⁵ au³¹
又 来 来 呢 他 就 瞅 跟着 去 也 还是 是

pan⁴⁵ʔlan³³ dzau³³ ban³¹ban³¹ ɬu⁴⁵ bu⁴⁵, mi⁴⁵ ə³¹ja⁴⁵ min³¹ vu³³ ʔlan³³, dzei³¹
里面 个 洞 岩 那 他 伸 手 去 里面 一

qə³¹li³¹, tsɿ³³sɿ⁴⁵ vu³¹tɕin⁴⁵ tsɿ³³ an³³ wo³³, dzau³³ vu³¹ɯ³¹ dzei³¹ e⁴⁵ vu³¹tso⁴⁵,
摸 只是 什么 都 没有 不 个 石头 一 闭 嘴

pa³³ pa⁴⁵min³¹ mi⁴⁵ tsɿ⁴⁵ tɕia³¹ a³¹ pan⁴⁵ʔlan⁴⁵ do³¹, mi⁴⁵ tsɿ⁴⁵ ʔlai³³ lui³¹lui³¹
把 手 他 就 夹 在 里面 来 他 就 喊 天

ʔlai³³ vu³¹tau⁴⁵, li⁴⁵ ba³³ li⁴⁵ mi³³, tshun³³ xan³³an³³ da³¹ wo⁴⁵. phai³¹ n̠i⁴⁵
喊 地 哭 爹 哭 妈 不能 怎么 做 不 次 这

dzau³³vu³¹ɯ³¹ ʔlun³¹ ɕin³¹ dun³¹ tsɿ⁴⁵ ɕin³¹: "mɯ³¹ lua³¹ dei³¹ɬei³³ gi³³ ji³³ tsɿ³³,
石头 会 说 话 就 说 你 放心 好 一 点

dei³¹ɬei³³	gi³³	ji³³	tsɿ³³,	xan³³	qə³¹pau⁴⁵	ŋə³¹ʔiu³³	ɕie³³,	na⁴⁵	dei³¹ɬei³³	gi³³	ken⁴⁵
心	好	一	点	别	骂	老人	不	让	心	好	更

xan³³	qə³¹pau⁴⁵	jau³³	mu³¹	ɕie⁴⁵."	maŋ⁴⁵	mi⁴⁵	tsɿ⁴⁵	ɕin³¹: "au³¹.	tshuŋ³¹	ma³³	ŋa⁴⁵
别	骂	弟	你	不	发语词	他	就	说 是	从	定指	回

n̠i⁴⁵	ma³³	da³¹	wo⁴⁵,	i³³	dei³¹ɬei³³	gi³³,	i³³	vu³¹tɕin³³	ma³³	da³¹	wo⁴⁵,	ə³¹tsɿ³¹
这	不	做	不	我	心	好	我	什么	不	做	不	教

gan³¹	i³³	au⁴⁵."	phai³¹	ni⁴⁵	dzau³³vu³¹u³¹	tsɿ⁴⁵	xe³¹xe³¹	da³¹	qə³¹suɹ³¹,	vu³¹tso⁴⁵	tsɿ⁴⁵
乖	我	了	次	这	石头	就	嘿嘿	做	笑	嘴	就

ə³¹xa³¹,	pa⁴⁵min³¹	mi⁴⁵	tsɿ⁴⁵	juŋ⁴⁵	do³¹	dzi³³	au⁴⁵.
开	手	他	就	抽	来	外面	了

　　这回他也拿玉米来炒，炒了一升，拿去种，也是只长一丛，有三棵。他就去守着，小老鼠又来扛（玉米）了，他也跟着去看，（洞里）不够他的手伸进去，他便回来了，火冒三丈。第二天，他再去看呢，小老鼠又来了，他又跟着去，也还是那个洞，他伸手进去一摸，什么都没有。这时候，（洞里）石头一闭合，他的手就被夹在里面了。他便喊天喊地，哭爹哭妈，不知如何是好。这回这块石头说话了："你的心要好一点，不要骂老人，更不要骂你弟弟。"他就说："好，从现在起（我）不（那样）做了。我要变好心，我什么都不做了，（你）教乖我了。"于是，这个石头就嘿嘿笑了，张开嘴，他的手就抽出来了。

（李友红讲述，2015.7.28）

4．老虎和牛争当大哥

pau³³di³¹	ə³³liaŋ³³	pau³³n̠i³¹	tsen³³	wai³³	a⁴⁵	dzuŋ³¹,	pau³³di³¹	ɕin³¹: "ti³³to³¹	tu³¹.
老虎	和	牛	争	哥	的	大	老虎	说 我们	赌

au³¹	mu³¹	ə³³liaŋ³³	i³³	tuŋ³³	sei⁴⁵	tsuan⁴⁵	qə³¹dzo³¹."	pau³³n̠i³¹	tɕiu⁴⁵	ɕin³¹: "kho³³ji³³.
发语词	你	和	我	拉	尿	转	坡	牛	就	说 可以

au³¹	mu³¹	tuŋ³³	n̠iu⁴⁵qu³¹."	pau³³di³¹	tɕiu⁴⁵	tuŋ³³,	tuŋ³³	ne⁴⁵,	u⁴⁵	tsuan⁴⁵	khe³³na³³
发语词	你	拉	前面	老虎	就	拉	拉	呢	要	转	几

ŋa⁴⁵,	tuŋ³³	ta³¹	ŋa⁴⁵,	tsuan⁴⁵	ta³¹	ŋa⁴⁵.	pau³³di³¹	tɕiu⁴⁵	tuŋ³³,	tuŋ³³	ne⁴⁵,	dzen⁴⁵
回	拉	三	回	转	三	回	老虎	就	拉	拉	呢	滴

sa³¹	la⁴⁵	duŋ³¹,	pau³³di³¹	di³³	sei⁴⁵	tsɿ⁴⁵	aŋ³³	wo⁴⁵.	phai³¹	n̠i⁴⁵	pau³³n̠i³¹	tsɿ⁴⁵
几	小	滴	老虎	的	尿	就	没有	不	次	这	牛	就

ɕin³¹: "ta³¹ i³³." mi⁴⁵ tu⁴⁵ tuŋ³³ vu³³ tsuan⁴⁵ ta³¹ ŋa⁴⁵ ne⁴⁵, ta³¹ ŋa⁴⁵ tsɿ⁴⁵ tsai⁴⁵
说   到   我   他   就   拉   去   转   三   回   呢   三   回   都   再

aŋ³¹ sei⁴⁵ ne⁴⁵, pau³³di³¹ tsɿ⁴⁵ ɕin³¹: "mɯ³¹ qə³¹n̠iu³¹ a⁴⁵, i³³ sei³¹ʔlei⁴⁵ a⁴⁵." ma³³
有   尿   呢   老虎   就   说   你   赢   了   我   输   了   定指

ŋa⁴⁵ n̠i⁴⁵ ne⁴⁵, ti³³to³¹ tu⁴⁵ tuŋ³³ qɛ³³, pau³³di³¹ ɕin³¹: "i³³ tuŋ³³ n̠iu⁴⁵qɯ³¹."
回   这   呢   我们   就   拉   屎   老虎   说   我   拉   前

mi⁴⁵ ji³¹ tuŋ³³, mi⁴⁵ tuŋ³³ tsa⁴⁵pai³³ʔia³³ qɛ³³ ne⁴⁵, ʔiau⁴⁵ ɯ³³ tshuŋ⁴⁵ lə³¹plei⁴⁵
他   一   拉   他   拉   一点   屎   呢   被   水   冲   跑

a⁴⁵. pau³³n̠i³¹ tu⁴⁵ ɕin³¹: "ta³¹ i³³ ta³¹ i³³ tuŋ³³." mi⁴⁵ ji³¹ tuŋ³³ ne⁴⁵, qɛ³³ mi⁴⁵
了   牛   就   说   到   我   到   我   拉   他   一   拉   呢   屎   他

ban³¹dzuŋ³¹, dzei³¹ tuŋ³³ ne⁴⁵, tsɿ⁴⁵ pa³³ dɯ⁴⁵ɯ³³ tu³³ n̠ei⁴⁵ a⁴⁵. pau³³di³¹ tsɿ⁴⁵
大   一   拉   呢   就   把   水   堵   着   了   老虎   就

ɕin³¹: "i³³ sei³¹ʔlei⁴⁵ a⁴⁵, phai³¹ n̠i⁴⁵ ɯ⁴⁵ xaŋ³³aŋ³¹ da³¹? ti³³to³³ do³¹ na⁴⁵le⁴⁵."
说   我   输   了   次   这   要   怎么   做   我们   来   打架

　　老虎跟牛争当大哥。老虎说："我们打赌，你和我撒尿围着坡转。"牛就说："可以。你先撒。""要转几回？""拉三回，转三回。"老虎就撒尿了。才滴了几小滴，老虎的尿就没有了。这回，牛就说："到我啦。"他转了三回还有尿。老虎说："你赢了，我输了。这次，我们来拉屎，我先拉。"他拉了一点屎，就被水冲走了。牛说："到我啦。"牛的屎大，他一拉，就把这一道水给堵住了。老虎说："我输了。我们怎么办呢？我们来打架吧。"

pau³³di³¹ dzuŋ³³, pau³³n̠i³¹ ne⁴⁵ qɯ³¹qɯ³¹, pau³³di³¹ ne⁴⁵ tɕiu⁴⁵ vu³³ paŋ⁴⁵ʔlaŋ³³
老虎   笨   牛   呢   狡猾   老虎   呢   就   去   里面

qaŋ³³ juŋ⁴⁵ juŋ³¹ ə³¹sei⁴⁵ dzi³¹ bo³¹ ə³¹sei⁴⁵ lau³³ le³¹lia³³, ə³¹sei⁴⁵ sa³¹ ɬia⁴⁵,
箐林   扯   藤   捆   每   处   捆   了   多   捆   几   层

pau³³n̠i³¹ ne⁴⁵, vu³³mau³³dzei³¹ tsɿ⁴⁵ qə³³lan³³ sa³¹ ŋa⁴⁵ ɯ³³, ji³³ wuŋ³¹ qə³³lan³³
牛   呢   回家   就   滚   几   回   水   一   天   滚

sa³¹ ŋa⁴⁵, a⁴⁵ taŋ⁴⁵kaŋ³³ ne⁴⁵, qə³³lan³³ lau⁴⁵ vu³¹tau⁴⁵ qə³³nu³¹qə³³ne⁴⁵. wuŋ³¹lan³¹
几   次   发语词 背上   呢   滚   了   土   厚厚的   第二天

tu⁴⁵ do³¹. pau³³di³¹ ɕin³¹: "i³³ ʔlu⁴⁵ n̠iu⁴⁵qɯ³¹ maŋ³³ au³¹ mɯ³³ ʔlu⁴⁵ n̠iu⁴⁵qɯ³¹?"
就   来   老虎   说   我   打   前面   呢   是   你   打   前面

pau³³n̠i³¹ ɕin³¹: "mɯ³¹ do³¹ n̠iu⁴⁵qɯ³¹." pau³³di³¹ tsɿ³³ ɕie⁴⁵ vu³¹tso⁴⁵ tsaŋ³³ vu³³,
牛   说   你   来   前面   老虎   一   下   嘴巴   咬   去

tsaŋ³³ n̩ei⁴⁵ tsʅ³³ vu³¹tso⁴⁵ tshei³¹. pau³³di³¹ tsʅ⁴⁵ do³¹ qə³¹tsei³¹, pau³³n̩i³¹ ɕin³¹:
咬　着　一　口　　稀泥　　老虎　就　来　下面　　牛　　说
"ta³¹ i³³ au⁴⁵, i³³ uɯ⁴⁵ da³¹ au⁴⁵." pau³³n̩i³¹ tsʅ³³ ɕie⁴⁵ vu³¹qo³¹ ble⁴⁵ vu³³ ne⁴⁵,
到　我　了　我　要　做　了　牛　　一　下　角　　扛　去　呢
ble⁴⁵ n̩ei⁴⁵ duɯ³³ juŋ³¹ a⁴⁵, ła³¹ pau³³di³¹, pau³³n̩i³¹ tsʅ⁴⁵ suai³³ sa³¹ ŋa⁴⁵,
扛　着　条　藤　了　拿　老虎　　　牛　　就　甩　几　回
pau³³di³¹ tsʅ⁴⁵ qe³¹qe³¹lau³³xau³³: "əu³³, lua³¹ i³³ xau³¹, lua³¹ i³³ xau³¹, mɯ³¹ au³¹
老虎　　就　叫喊　　　　　　噢　　放　我　吧　　放　我　吧　　你　是
pau³³wai³³ a⁴⁵ dzuŋ³¹, tshuŋ³¹ ma³³ ŋa⁴⁵ n̩i⁴⁵ mɯ³¹ au³¹ pau³³wai³³ a⁴⁵ dzuŋ³¹."
哥　　　的　大　　从　　　定指　回　这　你　是　哥　　　的　大

　　老虎笨，牛狡猾。老虎就去箐林里面扯藤子，把身上每处都捆上，捆了很多，捆了几层。牛呢，就回家滚了几回水塘，一天滚几回，背上粘了厚厚的泥土。第二天就来了，老虎说："我先打还是你先打？"牛说："你先来。"老虎一嘴巴咬过去，咬到一口稀泥，老虎就退下来了。牛说："到我了。"牛一下用角顶过去，顶到藤子，把老虎甩了几回。老虎就大声叫喊："噢，放了我吧，放了我吧，你是大哥，从现在起你是大哥了。"

（李友红讲述，2015.7.28）

5．两兄妹

a⁴⁵ ɕie⁴⁵buɯ⁴⁵, ɯ³³ ŋan³³ ko⁴⁵qə³¹lui³¹ko⁴⁵thau³³, ə³¹tshu⁴⁵ ŋan³³ plan³¹ kui³³i³¹ au⁴⁵.
发语词　从前　水　淹　天涯海角　　　　　人　　淹　死　归一　了
tsʅ³³ łei⁴⁵ suɯ³¹ ə³³pi³³ ə³¹tshu⁴⁵, qau³³ a³¹ paŋ⁴⁵ʔlaŋ³³ dʐau³³fu³¹lu³³, phiau³³ a⁴⁵
只　留　两　兄妹　人　　　住　在　里面　葫芦　　　　漂　在
qə³³zuŋ³³ ma³³xɯ³³ ne⁴⁵, qau³³ a⁴⁵ qə³³zuŋ³³ dʐau³³vu³¹ɯ³¹, ɯ³³ a⁴⁵ ŋan³³ n̩ei⁴⁵
上面　　河　　呢　　坐　在　上面　　　石头　　　　水　呢　淹　着
di³³ lau⁴⁵, phai³¹ n̩i⁴⁵ pa⁴⁵qə³³zuŋ³³ tu⁴⁵lui³¹ ła³¹ tsʅ³³ duɯ⁴⁵ lə³¹dzu⁴⁵ do³¹ qə³¹duŋ³¹,
的　了　次　这　上面　　　　　天　拿　一　根　棍子　　来　戳
tu⁴⁵ jaŋ³³ a⁴⁵. suɯ³¹ qə³³pi³³ tsʅ⁴⁵ to⁴⁵ a³¹ paŋ⁴⁵ʔlaŋ³³ ma³³xɯ³³ do³¹, man⁴⁵ tshuŋ³³
就　消　了　两　兄妹　　就　掉　在　里面　　　河　来　发语词　不能
xaŋ³³aŋ³¹ da³¹ wo³³, phai³¹ n̩i⁴⁵ mi⁴⁵ do³¹ dzi³³, suɯ³¹ qə³³pi³³ pau³³wai³³ mi⁴⁵ tsʅ⁴⁵
怎么　　做　不　次　这　他　来　外面　两　兄妹　　哥哥　　　他　就

çin³¹: "thuŋ³¹çie⁴⁵n̠i⁴⁵ aŋ³³ qə³¹tshu⁴⁵ wo⁴⁵, ti³³to³¹ suɯ³¹ qə³³pi³³ ɯ⁴⁵ da³¹ʔlei³¹da³¹ʁa⁴⁵."
说　　现在　　　　　　没有人　　　　不　我们　两兄妹　要　做夫妻

ma³³ an³³ mi⁴⁵ tuɯ⁴⁵ çin³¹: "ma³³ çin³¹ wo³³, ti³³to³¹ au³¹ suɯ³¹ qə³³pi³³, xaŋ³³aŋ³¹
定指　妹　　他　　就说　　不行　　不　我们　是　两兄妹　　怎么

da³¹ da³¹ʔlei³¹da³¹ʁa⁴⁵?" pau³³wai³³ mi⁴⁵ tsʅ⁴⁵ çin³¹: "thuŋ³¹çie⁴⁵n̠i⁴⁵ aŋ³³ ə³¹tshu⁴⁵ wo⁴⁵,
做　做夫妻　　　　　　哥　　　他　就　说　　现在　　　　　没有人　　不

ma³³ da³¹ʔlei³¹da³¹ʁa⁴⁵ xaŋ³³aŋ³¹ da³¹? wan⁴⁵ji³¹ muɯ³¹ ma³³ tsui³¹ wo⁴⁵, ti³³to³¹ ɬa³¹
不　做夫妻　　　　　　怎么　　做　　万一　　你　　不　准　不　我们　拿

tsʅ³³ bau⁴⁵ lə³¹tshu³¹, muɯ³¹ qau³³ pluɯ⁴⁵ buɯ⁴⁵ qə³³lan³³, i³³ qau³³ pluɯ⁴⁵ n̠i⁴⁵
一　副　　磨子　　　你　　在　　边　　那　　滚　　　我　在　边　　这

qə³³lan³³, qə³³lan³³ zu³¹ko³³ do³¹ ə³¹pa³¹ ko⁴⁵ lau³³, ti³³to³¹ tsʅ⁴⁵ au³¹ ʔlei³¹ʁa⁴⁵."
滚　　　　滚　　　　如果　　来　挨着　相互　了　　我们　就　是　夫妻

ma³³ phai³¹ n̠i⁴⁵ ne⁴⁵, ma³³ an³³ mi⁴⁵ tsʅ⁴⁵ çin³¹, tsʅ⁴⁵ xo³¹ n̠i⁴⁵ da³¹.
定指　次　这　呢　定指　妹　他　就　说　就　像　这　做

从前，水淹没了天涯海角，人都淹死了，只留下两兄妹，住在一个葫芦里面，葫芦在河上漂。后来他们靠在一块岩石上。后来，老天爷拿一根棍子来戳，（水）就消退了。两兄妹滑落到了河里面，往外走，不知该怎么办。哥哥就说："从现在起，没有人了，我们两兄妹要做夫妻了。"妹妹就说："不行啊，我们是两兄妹，怎么能做夫妻？"哥哥就说："现在没有人了，不做夫妻怎么办？你不同意，我们就拿一副石磨，你从那边滚，我从这边滚，如果（石磨）能滚到一起，我们就做夫妻。"妹妹说，就这样做吧。

ɬa³¹ suɯ³¹ bau⁴⁵ lə³¹tshu³¹ do³¹ qə³³lan³³ ne⁴⁵, qə³³lan³³ ta³¹ den³¹ xuɯ³³ vu³³ ne⁴⁵,
拿　两　副　　磨　　　来　滚　　　　呢　　滚　　　到　边　河　　去　了

suɯ³¹ bia⁴⁵ lə³¹tshu³¹ tsʅ⁴⁵ qə³¹n̠ia⁴⁵ ko⁴⁵, mi⁴⁵ tuɯ⁴⁵ çin³¹: "ma³³ çin³¹ wo³³, tsai⁴⁵
两　块　磨　　　　就　粘着　　　相互　她　就　说　　不行　　　不　再

do³¹ tsʅ³³ ŋa⁴⁵. man⁴⁵ u⁴⁵ xaŋ³³aŋ³¹ da³¹, muɯ³¹ ɬa³¹ vu³¹lei⁴⁵ tshuŋ³¹ pa⁴⁵n̠i⁴⁵
来　一　回　发语词　要　怎么　　　做　　你　　拿　针　　　从　　这边

xuɯ³³, i³¹ ɬa³¹ vu³¹lei⁴⁵ tshuŋ³¹ pa⁴⁵bai³³ xuɯ³³ ʔiau³¹ do³¹, khan⁴⁵ tshuŋ³¹
河　　我　拿　针　　　从　　那边　　　河　　扔　来　　看　　能

duŋ³¹duŋ³¹ vu³³ ʔlaŋ³³ tshuŋ³³, tshuŋ³¹ qə³¹duŋ³¹ vu³³ ʔlaŋ³³, da³¹ ʔlei³¹ʁa⁴⁵ tuɯ⁴⁵
穿　　　去　里面　　不能　　能　穿　　　去　里面　　做　夫妻　　就

da³¹ ʔlei³¹ʁa⁴⁵ xau³¹." "n̠i⁴⁵ aŋ³³ vu³¹tɕin³³ wo³³." ai³³, jiu⁴⁵ do³¹ da³¹. tsʅ³³ kan³³
做　夫妻　了　这　没　什么　不　唉　又　来　做　一　个
tshuŋ³¹ tsʅ³³ plu⁴⁵ ʔiau³¹, ʔiau³¹ na⁴⁵ qɛ³¹tu⁴⁵ xɯ³³ vu³³, vu³¹ja⁴⁵ tsʅ⁴⁵ ə³¹duŋ³¹
从　一　边　扔　扔　到　中间　河　去　线　就　穿
na⁴⁵ paŋ⁴⁵ʔlaŋ³³ vu³¹lei⁴⁵ vu³³, ma³³ aŋ³³ mi⁴⁵ tsʅ⁴⁵ tshuŋ³¹ xa³³ duŋ³¹ ɕin³¹ wo⁴⁵,
到　里面　针　去　定指　妹　他　就　不能　找　话　说　不
au³¹, tsʅ⁴⁵ da³¹au³¹, phai³¹ n̠i⁴⁵ suɯ³¹ kan³¹ tsʅ⁴⁵ da³¹ ʔlei³¹ʁa⁴⁵.
是　就　答应　次　这　两　个　就　做　夫妻

（他们于是）拿两个磨盘来滚，滚到河边，两块石磨就合到一起了。妹妹说："不行，再来一回。""怎么做？""你拿针从河的这边（扔过去），我拿针从河那边扔过来，看（线）能不能穿到里面去，能穿进去就做夫妻了。"于是，一个从一边扔，扔到河中间去，线就穿到针里面去了。妹妹没什么可说的了，就答应了。于是，两个人就做夫妻了。

　　　　　pu⁴⁵ tsʅ³³ plei³¹, xuŋ⁴⁵ pu⁴⁵ tsʅ³³ sa⁴⁵ la⁴⁵, da⁴⁵ la⁴⁵ mi⁴⁵ vu³¹tɕin³³ tsʅ³³ aŋ³³
　　　　　得　一　年　生　得　一　个　小孩　个　小孩　他　什么　都　没有
wo³³, tsʅ³³ dʐau³³ u³³, tsʅ³³ ban³¹ u³³. phai³¹ n̠i⁴⁵ ne⁴⁵ mi⁴⁵ tshuŋ³³ xaŋ³³aŋ³¹
不　一　个　肉　一　块　肉　次　这　呢　他　不能　怎么
da³¹ wo³³ ne⁴⁵, mi⁴⁵ tu⁴⁵ ɬa³¹ ma³³qə³¹dzuŋ⁴⁵ do³¹ zaŋ³³, zaŋ³³ ne⁴⁵, ji³³ bo³¹
做　不　啊　他　就　拿　刀　来　割　割　呢　一　处
ʔiau³¹ ji³³ saŋ³³, ʔiau³¹ na⁴⁵ a⁴⁵ qə³³zuŋ³³ phu³¹ tin³¹ ŋa³¹ vu³³, jiu⁴⁵ ʔiau³¹ na⁴⁵
扔　一　点　扔　到　呢　上面　棵　树　沙　去　又　扔　到
a⁴⁵ qə³³zuŋ³³ dʐau³³ vu³¹u³¹ vu³³, dʑi³¹tsaŋ³³dʑi³¹thəu⁴⁵ tsʅ³³ ʔiau³¹, wuŋ³¹laŋ³¹ mi⁴⁵
呢　上面　个　石头　去　每样　　　都　扔　第二天　他
lo⁴⁵do³¹, mi³¹ qa³¹ dʑi³¹ bo³¹ tsʅ³³ aŋ³¹ quŋ³³χen³¹pi³¹ a⁴⁵, aŋ³¹ ə³¹tshu⁴⁵ a⁴⁵.
起来　他　看到　每　处　都　有　炊烟　　　了　有　人　了
phai³¹ n̠i⁴⁵ ne⁴⁵, mi⁴⁵ tsʅ⁴⁵ qau⁴⁵ a⁴⁵ ə³³zuŋ³³ tin³¹ ŋa³¹ di³³, maŋ⁴⁵ ke⁴⁵ da³¹
次　这　呢　他　就　住　在　上面　树　杉　的　发语词　改　做
vu³¹ja⁴⁵ ŋa³¹, qau³³ a⁴⁵ ə³³zuŋ³³ vu³¹u³¹ di³³, ke⁴⁵ da³¹ vu³¹ja⁴⁵ vu³¹u³¹, qau³³
姓　沙　住　在　上面　石头　的　改　做　姓　石　住
a⁴⁵ ə³³zuŋ³³ tin³¹ pau³¹au⁴⁵ di³³, maŋ⁴⁵ ke⁴⁵ da³¹ vu³¹ja⁴⁵ pau³¹au⁴⁵, qau³³ a⁴⁵
在　上面　树　白　的　发语词　改　做　姓　白　住　在

ə³³zuŋ³³ tin³¹ pu³¹ di³³, ke⁴⁵ da³¹ vu³¹ja⁴⁵ pu³¹, ɬei⁴⁵ dɯ⁴⁵ ə³³ɕie³³ mi⁴⁵, tshuŋ³³
上面　树　四　的，　改　做　姓　施　　留　条　肠子　他　不能

xa³³ bo³¹thu³³ ʔiau³¹ wo³³, ʔiau³¹ a³¹ paŋ⁴⁵ʔlaŋ³³ xu³³, thuŋ³¹ɕie⁴⁵ɲi⁴⁵ tsʅ³³sʅ⁴⁵ aŋ³¹
找　地方　　丢　不，　扔　在　里面　　河　现在　　　只是　有

sa⁴⁵tshu³³, jiu⁴⁵ aŋ³¹ to³¹ʔlo³³, jiu⁴⁵ aŋ³¹ qə³¹tɕiaŋ³¹, ji³³ kan³³ ne⁴⁵ ɕin³¹ tsʅ³³
布依族　　又　有　仡佬，　又　有　苗族　　　一　个　呢　说　一

tsaŋ³³ duŋ³¹, ka⁴⁵na³³ tsʅ³³ qa³³ su³¹ ka⁴⁵na³³ di³³ duŋ³¹ wo³³, phai³¹ ɲi⁴⁵ mi⁴⁵
种　话，　谁　都　未曾　知道　谁　的　话　不，　次　这　他

tsʅ⁴⁵ dʑi³¹ tsaŋ³³ aŋ³¹, su³¹ ə³³pi³¹ tsʅ⁴⁵ qə³¹nu³¹ tɯ⁴⁵lui³¹ vu³³ au⁴⁵, thuŋ³¹ɕie⁴⁵ɲi⁴⁵
就　每　样　有，　两　兄妹　就　　爬　　天上　　去　了，　现在

tsʅ⁴⁵ aŋ³¹ sa³¹ tsaŋ³³ ə³¹tshu⁴⁵.
就　有　几　种　人。

过了一年，生了一个小孩，这个小孩没鼻没眼，是一个肉团。这下，他（哥哥）不知道怎么办了，就拿把刀来割，割一块扔一处。扔到杉树上面，又扔到石头上面，到处都扔了。第二天他起来，看到每处都有炊烟，有人了。这样呢，住在杉树上的就改姓沙，住在石头上的就姓石，住在柏树上的就改姓白，住在四树上的就改姓施（pu³¹为"四"义，取四、施谐音，编造tin³¹pu³¹"四树"），（最后）留下一条肠子，找不到地方丢，就扔在河里。从此以后，就有布依族、仡佬族、苗族了，（大家）一个说一种话，谁都听不懂谁说的话。后来，两兄妹就（顺着树）爬到天上去了。从那时起，（这里）就有几种人了。

（李友红讲述，2015.7.28）

6．老变婆

a⁴⁵ɕie⁴⁵bɯ⁴⁵, aŋ³¹ tsʅ³³ ʁa⁴⁵ ə³¹tshu⁴⁵, aŋ³¹ tsʅ³³ qɛ⁴⁵ la⁴⁵ blaŋ³³, pau³³ba³³
发语词　从前　　有　一　户　人，　有　一　对　小孩　孤的，　爸爸

mi⁴⁵ plan³¹ ma³³min³³ mi⁴⁵ je³³ plan³¹, ma³³ja³¹au⁴⁵ mi⁴⁵ ne⁴⁵, dzuŋ⁴⁵dzuŋ³¹ wuŋ³¹
她　死　　妈妈　　她　也　死，　外婆　　她　呢，　每　　　　天

do³¹ xuŋ³³ mi⁴⁵ ji³¹. aŋ³¹ sa³¹ wuŋ³¹ ne⁴⁵ qa³³ do³¹ wo³³, ja³¹au⁴⁵ mi⁴⁵ qa³³
来　带　她　歇。有　几　天　　呢　没有　来　不，　外婆　　她　没有

do³¹ wo³³. ma³³ phai³¹ n̲i⁴⁵ aŋ³¹ tsɿ³³ ma³³ dza³³ ne⁴⁵, phle⁴⁵ da³¹ ma³³ja³¹au⁴⁵
来 不 定指 次 这 有 一 个 老变婆 呢 变 做 外婆

mi⁴⁵, do³¹ xuŋ³³ mi⁴⁵ ji³¹, tsɿ³³ qɛ⁴⁵ buu⁴⁵ do³¹mau³³ə³¹dzei³¹ a⁴⁵, ma³³ja³¹au⁴⁵
她 来 带 她 歇 一 对 那 回来 了 外婆

mi⁴⁵ tsɿ⁴⁵ ɕin³¹, tɕi³³tɕio³¹ ɯ⁴⁵ ə³³liaŋ³¹ i³³ ŋu⁴⁵, tɕi³³tɕio³¹ ɯ⁴⁵ ɬa³¹ lu³³buu³³
她 就 说 你们 要 和 我 睡 你们 要 拿 衣服

tɕi³³tɕio³¹ do³¹ ə³¹tu⁴⁵ vu³¹dzuŋ³¹, vu³¹dzuŋ³¹ le³¹ maŋ⁴⁵ ŋu⁴⁵ taŋ⁴⁵kaŋ³³, vu³¹dzuŋ³¹
你们 来 拍抖 虱子 虱子 多 呢 睡 背后 虱子

khe³³khe³³ maŋ⁴⁵ ŋu⁴⁵ ta⁴⁵qɛ³³, ma³³ da⁴⁵ a⁴⁵ dzuŋ³¹ ne⁴⁵ qu³¹qu³¹, vu³¹ ɬa³¹
少 呢 睡 前面 定指 个 的 大 呢 聪明 去 拿

qə³¹laŋ³¹qə³³nuŋ³³ ə³¹su⁴⁵ tsɿ³³ saŋ³³ a³¹ paŋ⁴⁵ʔlaŋ³³ dzau³³qə³¹pi⁴⁵gi³¹ mi⁴⁵ do³¹, da⁴⁵
天仙米 抖 一 点 在 里面 荷包 她 来 个

a⁴⁵ dai⁴⁵dai³³ maŋ⁴⁵ qa³³ suu³¹ wo³³, ta³¹ qə³¹lan³¹ do³¹ ne⁴⁵, ma³³ja³¹au⁴⁵ mi⁴⁵
的 小 呢 未曾 知道 不 到 黑 来 呢 外婆 她

tsɿ⁴⁵ ʔlai³³, ɬa³¹ lu³¹buu³³ tɕio³¹ suu³¹ ə³³pi³³ do³¹ ə³¹tu⁴⁵ vu³¹dzuŋ³¹, ə³¹tu⁴⁵, ma³³
就 喊 拿 衣服 你们 二 姐妹 来 拍打 虱子 拍 定指

da⁴⁵ a⁴⁵ dzuŋ³¹ ne⁴⁵, lu³¹xu⁴⁵ na⁴⁵ paŋ⁴⁵ʔlaŋ³³ vu³¹ pi³¹ vu³³ a⁴⁵ the³¹le³¹tha³¹la³¹
个 的 大 呢 漏 到 里面 去 火 去 呢 噼里啪啦

tsɿ⁴⁵ puŋ⁴⁵ a⁴⁵, ja³¹au⁴⁵ mi⁴⁵ tsɿ⁴⁵ ma³³ nai³³ mi⁴⁵ wo³³, na⁴⁵ mi⁴⁵ ŋu⁴⁵ ta⁴⁵ko⁴⁵
就 爆 了 外婆 她 就 不 要 她 不 让 她 睡 脚边

ma³³ da⁴⁵ dai⁴⁵dai³³ ne⁴⁵ tu³¹tu⁴⁵ ne⁴⁵ aŋ³³ vu³¹dzuŋ³¹ wo³³. phai³¹ n̲i⁴⁵ ne⁴⁵
定指 个 小 呢 拍抖 呢 没 虱子 不 次 这 呢

ma³³dza³³ ne⁴⁵ tsɿ³¹ ɬa³¹ mi⁴⁵ ŋu⁴⁵ ta⁴⁵qɛ³³ a⁴⁵.
老变婆 呢 就 拿 她 睡 面前 了

　　从前有一对姐妹的爹妈都死了，每天晚上外婆来带她们睡。有几晚（外婆）没来，一个老变婆就变做外婆来带她们睡了。老变婆说："你们要和我睡呢，要把衣裳里面的虱子抖掉。谁虱子多就睡旁边，谁虱子少就睡跟前。"大姐聪明一些，拿了一把天仙米放在口袋里。小的就不知道（想办法）。天黑了，外婆叫他们两姐妹拿衣服来抖虱子。大姐把天仙米抖落在火里噼里啪啦爆，外婆便不让她（睡跟前），让她睡脚边，小的没有虱子，老变婆就让她睡跟前了。

ŋu⁴⁵ ta⁴⁵qɛ³³ ŋu⁴⁵ ta³¹ tuɯ⁴⁵tɕi³³tuɯ⁴⁵wei³³ ne⁴⁵, mi⁴⁵ tsʅ⁴⁵ pa³³ da⁴⁵la⁴⁵tsau³³
睡 面前 睡 到 半夜 呢 她 就 把 女孩
ɬa³¹ ka³¹ au⁴⁵. ka³¹ ne⁴⁵, ma³³tɕie⁴⁵ mi⁴⁵ ɳuŋ⁴⁵xuŋ³¹ lə³¹qɛ⁴⁵ luŋ³¹juŋ³¹. "ja³¹au⁴⁵,
拿 吃 了 吃 呢 姐姐 她 听 嚼 响 外婆
ja³¹au⁴⁵, muɯ³¹ ka³¹ vu³¹tɕin⁴⁵ a³³?" "ka³¹ təu³¹tai³³." nuɯ⁴⁵ ɬa³¹ ji³³ saŋ³³ fei³¹ i³³
外婆 你 吃 什么 呀 吃 豆子 发语词 拿 一 点 给 我
ka³¹ xau⁴⁵. "la⁴⁵qə³¹pe⁴⁵ʔlai³³ xan³³ ka³¹ wo³³, a³³ ɳi⁴⁵ ŋei³¹ʔiu³³ ka³¹ di³³." maŋ⁴⁵
吃 吧 小孩 别 吃 不 发语词 这 老人 吃 的 发语词
mi⁴⁵ tu⁴⁵ ŋan⁴⁵ŋan³¹ ŋu⁴⁵, ŋu⁴⁵ tsʅ³³ ɕie⁴⁵ lui³¹ do³¹, ma³¹ja³¹ tsʅ⁴⁵ jiu⁴⁵ ka³¹,
她 就 悄悄 睡 睡 一 下 醒来 变婆 就 又 吃
ka³¹ tshan³¹ a⁴⁵. mi⁴⁵ tsʅ⁴⁵ ə³³plai³³: "ja³¹au⁴⁵, ja³¹au⁴⁵ muɯ³¹ ka³¹ vu³¹tɕin³³ a³³?"
吃 再 了 她 就 问 外婆 外婆 你 吃 什么 呢
"i³³ ka³¹ tai³³təu³¹." nuɯ⁴⁵ i³³ ɕin³¹ ɬa³¹ saŋ³³ fei³¹ i³³ ka³¹. "xen³¹, la³⁵ə³¹pe⁴⁵ʔlai³³
我 吃 豆子 发语词 我 说 拿 些 给 我 吃 哼 小孩
xan³³ ka³¹ wo³³." "i³³ xan³³aŋ³¹da³¹ tsʅ³³ ɯ⁴⁵ ka³¹ saŋ³³." "ei³³ja, ɯ⁴⁵ ka³¹ ne⁴⁵
别 吃 不 我 怎么样 都 要 吃 点 唉 要 吃 呢
ɬa³¹ saŋ³³ fei³¹ muɯ³¹ ka³¹." ɬa³¹ qə³¹li³³ fei³¹ mi⁴⁵ ne⁴⁵, ɬa³¹ pɯ⁴⁵ tsa⁴⁵ qə³¹tuɯ³¹
拿 点 给 你 吃 拿 递 给 她 呢 拿 得 点 节
ken³¹min³¹, mi⁴⁵ qə³¹ɬu⁴⁵ mi⁴⁵ ken³³ ka³¹ wo³³, mi⁴⁵ suɯ³¹ au³¹ ə³¹tuɯ³¹ ken³¹min³¹
指头 她 看 她 不敢 吃 不 她 知道 是 节 指头
da⁴⁵ an³³ mi⁴⁵ a⁴⁵, mi⁴⁵ tsʅ⁴⁵ ŋan⁴⁵ŋan³¹ da³¹. tsa⁴⁵ɕie⁴⁵ɕie⁴⁵ ne⁴⁵, mi⁴⁵ tsʅ⁴⁵ ɕin³¹:
个 妹 她 了 她 就 暗暗 做 一下子 呢 她 就 说
"ja³¹au⁴⁵, ja³¹au⁴⁵, i³³ vu³¹ɬan³¹ qə³¹ze³³, au³¹ i³³ ɯ⁴⁵ tuŋ³³ qe³³." mi⁴⁵ tsʅ⁴⁵ ɕin³¹:
外婆 外婆 我 肚子 疼 是 我 要 拉屎 她 就 说
"maŋ⁴⁵ muɯ³¹ tuŋ³³ ne⁴⁵ tuŋ³³ a³¹ pa⁴⁵ʔlei³¹ xau³¹." mi⁴⁵ ɕin³¹: "tuŋ³³ a³¹ pa⁴⁵ʔlei³¹
发语词 你 拉 呢 拉 在 家里 吧 她 说 拉 在 家里
phi³¹phi³¹mu⁴⁵dza⁴⁵ di³³. i³³ ɯ⁴⁵ na⁴⁵ pa⁴⁵dzi³³ vu³³ tuŋ³³." "pa⁴⁵dzi³³ xan³³ vu³³ wo³³,
臭烘烘 的 我 要 到 外面 去 拉 外面 不要 去 不
di³¹ guŋ³³ le³¹ do³¹ muɯ³¹ tuŋ³³ a³¹ pa⁴⁵ʔlei³¹, xan³³ vu³³ dzi³³ wo³³ ne³¹." "i³³
老虎 猫 多 很 你 拉 在 家里 别 去 外面 不 呢 我
ɯ⁴⁵ vu³³ dzi³³ tuŋ³³, maŋ⁴⁵ muɯ³¹ vu³¹luɯ³¹ i³³ vu³³ ne⁴⁵, muɯ³¹ ɬa³¹ tsʅ³³ du⁴⁵
要 去 外面 拉 发语词 你 怕 我 去 呢 你 拿 一 根

sa⁴⁵, tau³³ pa⁴⁵min³¹ i³³, muɯ³¹ tau³³ pa⁴⁵min³¹ i³³ vu³³ ne⁴⁵, tau³³ pa⁴⁵min³¹
绳子 拴 手 我 你 拴 手 我 去 呢 拴 手
i³³ ne⁴⁵, i³³ vu³³ na³³ ne⁴⁵, ji³¹ vu³³ na³³ ne⁴⁵ duɯ⁴⁵ sa⁴⁵ ɯ⁴⁵ qə³³ȵiaŋ³³, maŋ⁴⁵
我 呢 我 去 哪 呢 一 去 哪 呢 根 绳子 要 摇动 _{发语词}
i³³ vu³³ muɯ³¹ suɯ³¹." maŋ⁴⁵ ma³³dza³³ ne⁴⁵ tsʅ⁴⁵ ɬa³¹ tsʅ³¹ duɯ⁴⁵ vu³¹ja⁴⁵ tau³³
我 去 你 知道 _{发语词} 老变婆 呢 就 拿 一 根 线 拴
pa⁴⁵min³¹ mi⁴⁵.
 手   她

睡到三更半夜，老变婆就把妹妹吃了。大姐听见老变婆嚼得响，就问："外婆外婆，你吃什么？""我吃豆豆。"大姐说："拿点给我吃。"老变婆说："小孩子不能吃，这是老人家吃的。"她就悄悄睡了，过一会儿醒来，老变婆又在吃，她就问："外婆外婆，你吃什么啊？""我吃豆子。""拿一点给我吃。"老变婆说："小孩子不能吃的。"大姐无论如何都要吃一点，（老变婆）就拿一点给她吃了。大姐拿来一看，是妹妹的手指头，她就不敢吃了。她就说："外婆，我肚子痛，我要拉屎。"老变婆说："你拉在家里吧。"大姐说："拉在家里臭烘烘的，我要去外面拉。"老变婆说："不能去，外面老虎野猫多得很，你就拉在家里吧。"大姐说："我要去外面拉，你怕我到哪儿去，你拿根线拴着我的手，这根线一动，你就知道我去哪里了。"老变婆便真的拿根线拴（大姐）了。

tau³³ mi⁴⁵ vu³³ dzi³³ ne⁴⁵, mi⁴⁵ vu³³ dzi³³ ne⁴⁵, ɬa³¹ mi⁴⁵ tsʅ⁴⁵ ke⁴⁵, ke⁴⁵ ne⁴⁵,
 拴 她 去 外面 了 她 去 外面 呢 拿 她 就 解 解 呢
ɬa³¹ duɯ⁴⁵ sa⁴⁵ ə³¹sei⁴⁵ tau³¹ pa⁴⁵ko⁴⁵ qe³¹, ma³³ja³¹ tɕin³¹da³¹wuŋ³¹ tsʅ³³ a⁴⁵ qa³¹
拿 根 绳子 拴 着 脚 鸡 变婆 经常   就 呢 见
duɯ⁴⁵ sa⁴⁵ a⁴⁵ lə³¹buŋ³¹ di³³, mi⁴⁵ qa³³ suɯ³¹ ma³³ da⁴⁵ buɯ⁴⁵ lə³¹plei⁴⁵ wo³³,
根 绳子 呢 摇动   的 她 不 知道 _{定指} 个 那 跑 不
ta³¹ tuɯ⁴⁵tɕi³³ ne⁴⁵, ma³¹ da⁴⁵ buɯ⁴⁵ tsʅ⁴⁵ lə³¹plei⁴⁵ a⁴⁵, lə³¹plei⁴⁵ na⁴⁵ a⁴⁵ qə³³zuŋ³³
到 半夜   呢 _{定指} 个 那 就 跑   了 跑   到 呢 上面
phu³¹ ma⁴⁵tsai⁴⁵ vu³³, qau³³ tsʅ³³ wei³¹ ta³¹ thin³¹, dzi³¹nuɯ³¹ lo⁴⁵ do³¹, ma³³ja³¹
棵 柿子   去 坐 一 晚 到 天亮   早上   起来 老变婆
tsʅ⁴⁵ do³¹ vu³³ ə³¹pu³¹ mi⁴⁵, ə³¹pu³¹ ta³¹ ko⁴⁵ phu³¹ ma⁴⁵tsai⁴⁵ vu³³, mi⁴⁵
就 来 去 找 她 找 到 脚 棵 柿子   去 她
tsʅ⁴⁵ qa³¹ da⁴⁵ buɯ⁴⁵ a³¹ qə³³zuŋ³³. "muɯ³¹ qau³³ ȵi⁴⁵ da³¹ tɕin³³ a³³?" "i³³
就 看见 个 那 在 上面。   你   在 这 做 什么 呢？ 我

qau³³ n̻i⁴⁵ gɯ⁴⁵ ma⁴⁵tsai⁴⁵ ka³¹, maŋ⁴⁵ mɯ³¹ u⁴⁵ ka³¹ ma³³ ka³¹, ja³¹au⁴⁵?"
在 这 摘 柿子 吃 发语词 你 要 吃 不 吃 外婆

ma³³dza³³ tsʅ⁴⁵ ɕin³¹: "ə³¹lua⁴⁵ ma³³ ə³¹lua⁴⁵? lua³¹lua⁴⁵ i³³ ka³¹ ji³³ saŋ³³." "ei³¹,
老变婆 就 说 软 不 软 软 我 吃 一 点 唉

mɯ³¹ u⁴⁵ ka³¹ ne⁴⁵, mɯ³¹ vu³³mau³³dzei³¹ ŋei⁴⁵ʔlei⁴⁵thu⁴⁵ i³³ bɯ⁴⁵, za⁴⁵ du⁴⁵
你 要 吃 呢 你 回家 床头 我 那 拿 把

jaŋ³¹piau³³ bɯ⁴⁵ do³¹, do³¹ ne⁴⁵, i³³ qau³³ pa⁴⁵qə³³zuŋ³³ ɬa³¹ tshuan³³ da³¹ tsʅ³³
梭镖 那 来 来 呢 我 在 上面 拿 穿 做 一

ze³³, i³³ ɬa³¹ fei³¹ mɯ³¹ ka³¹ ne⁴⁵, mɯ³¹ le³¹ pu⁴⁵ ji³³ saŋ³³ ka³¹." "əu³¹, a³³
串 我 拿 给 你 吃 呢 你 多 得 一 些 吃 唉哟 发语词

bɯ⁴⁵ i³³ vu³³ za⁴⁵ do³¹." ma³³ja³¹ tu⁴⁵ lə³¹plei⁴⁵ wan³¹ vu³³ za⁴⁵ du⁴⁵ jaŋ³¹piau³³,
那 我 去 拿 来 外婆 就 跑 转去 拿 把 梭镖

za⁴⁵ do³¹ ne⁴⁵, ma³³ da⁴⁵ bɯ⁴⁵ tsʅ⁴⁵ ɬa³¹ gɯ³³ ma⁴⁵ tshuan³³ da³¹ tsʅ³³ ze³³
拿 来 呢 定指 个 那 就 拿 摘 果子 穿 做 一 串

ʔlai³³ ma³³ja³¹au⁴⁵, tsʅ⁴⁵ ɕin³¹: "ja³¹au⁴⁵ ja³¹au⁴⁵, mɯ³¹ vu³¹xa⁴⁵ vu³¹tso⁴⁵, maŋ⁴⁵ i³³
喊 外婆 就 说 外婆 外婆 你 张开 嘴 发语词 我

ʔiau³¹ do³¹ qə³¹tsei³¹ fei³¹ mɯ³¹ ka³¹, xa³¹ vu³¹tso⁴⁵ i³³ ʔiau³¹ do³¹ qə³¹tsei³¹ fei³¹
丢 来 下面 给 你 吃 张开 嘴 我 丢 来 下面 给

mɯ³¹ ka³¹," xo³¹ n̻i⁴⁵ ɕin³¹. "əu³¹, maŋ⁴⁵ i³³ xa³¹ vu³¹tso⁴⁵." ma³³ da⁴⁵ la⁴⁵tsau³³ ne⁴⁵,
你 吃 像 这 说 唉哟 发语词 我 张开 嘴 定指 个 女孩 呢

tsʅ⁴⁵ tshuŋ³¹ pa⁴⁵qə³³zuŋ³³ tsʅ³³ ɕie⁴⁵ jaŋ³¹piau³³ qə³¹duŋ³¹ do³¹ ə³¹tsei³¹, pa³³
就 从 上面 一 下 梭镖 戳 来 下面 把

ma³³ja³¹au⁴⁵ tsʅ⁴⁵ qə³¹duŋ³¹ plan³¹.
外婆 就 戳 死

大姐把线解开拴在母鸡的腿上，这根线老在动，而老变婆不知道她走了。到了半夜，她就跑到一棵柿子树上，坐在柿子树上一直坐到天亮。老变婆早上起来去找她，找到这棵柿子树下，看见大姐在树上。"你在这里做什么啊？""我在这里摘柿子吃，你要不要吃？"变婆说："软不软？""软。"变婆说："软了我就吃一点。"大姐说："你要吃呢，你到我的床头去拿根梭镖来，我用它把柿子穿作一串，你就能多吃一些。""噢，那我去拿来。"老变婆就跑回去拿梭镖了。拿来后，大姐就把摘的果子穿作一串，喊老变婆："外婆外婆，你张开嘴，我丢下来给你吃。""噢，我张开嘴。"这个小姑娘呢，就从树上面一下把梭镖戳下来，把变婆戳死了。

qə³¹duŋ³¹ plaŋ³¹ ne⁴⁵, phle⁴⁵ da³¹ tsʅ³³ plaŋ³³ kha⁴⁵ʔlai³³, phle⁴⁵ da³¹ tsʅ³³ plaŋ³³
戳　　死　　呢　变　做　一　丛　荷麻　变　做　一　丛

kha⁴⁵ʔlai³³ ne⁴⁵, mi⁴⁵ tshuŋ³³ do³¹ qə³¹tsei³¹ wo³³, wuŋ³³ tau³³ phɯ³¹ ko⁴⁵ tin³¹
荷麻　　了　她　不　能　来　下面　不　围着　棵　脚　树

au⁴⁵. phai³¹ n̠i⁴⁵ tan³³ sɯ³¹ dɯ⁴⁵ ə³¹tshu⁴⁵ do³¹, pi³¹ ə³¹ʔlan³¹, pi³¹ ə³¹ʔlan³¹ do³¹,
了　　次　这　遇上　两　个　人　来　走　路　走　路　来

mi⁴⁵ tu⁴⁵ ʔlai³³: "wai³³ a⁴⁵ dzuŋ³¹, wai³³ sɯ³¹, ma³¹fan³¹ tɕi³³tɕio³¹ xan⁴⁵, i³³
她　就　喊　哥　的　大　哥　二　麻烦　你们　了　我

qau³³ n̠i⁴⁵ tshuŋ³³ do³¹ ə³¹tsei³¹ wo⁴⁵, tɕi³³tɕio³¹ na⁴⁵ ŋei³¹ʔlei⁴⁵thu³³ i³³ vu³³,
在　这　不　能　来　下面　不　你们　到　床头　我　去

vu³³ za⁴⁵ sɯ³¹ duŋ³¹ vu³¹ja⁴⁵ lia⁴⁵ i³³ bɯ⁴⁵ do³¹." sɯ³¹ dɯ⁴⁵ bɯ⁴⁵ tsʅ⁴⁵ vu³³
去　拿　两　个　线　麻　我　那　来　两　个　那　就　去

za⁴⁵, za⁴⁵ do³¹ ne⁴⁵, mi⁴⁵ ɕin³¹: "pa³³ dɯ⁴⁵ qə³³ɕie³³ vu³¹ja⁴⁵ ʔiau³¹ qə³³li³¹ i³³,
拿　拿　来　呢　她　说　把　个　芯　线　扔　递　我

ʔiau³¹ qə³³li³³ i³³ a³³, tɕi³³tɕio³¹ ła³¹ tau³³ dzau³³vu³¹ja⁴⁵." sɯ³¹ dɯ⁴⁵ bɯ⁴⁵ tsʅ⁴⁵
扔　递　我　啊　你们　拿　着　线团　　二　个　那　就

pa³³ dɯ⁴⁵qə³³ɕie³³ vu³¹ja⁴⁵ ła³¹ ə³¹li³³ mi⁴⁵, mi⁴⁵ tsʅ⁴⁵ qə³¹tsei⁴⁵ tau³³ dzau³³vu³¹ja⁴⁵,
把　芯　　线　拿　递　她　她　就　捏　着　线团

phai³¹ n̠i⁴⁵, da⁴⁵ bɯ⁴⁵ tshuŋ³¹ a⁴⁵ ə³³zuŋ³³ vu³¹ja⁴⁵ ə³³dzu³³ do³¹ ə³¹tsei³¹ ne⁴⁵,
回　这　个　那　从　啊　上面　线团　跳　来　下面　了

tsʅ⁴⁵ pɯ⁴⁵ pla³¹ a⁴⁵. tshuŋ³¹ ma³³ ŋa⁴⁵ bɯ⁴⁵ mi⁴⁵ tsʅ⁴⁵ do³¹mau³³qə³¹dzei³¹ au⁴⁵.
就　得　脱　了　从　定指　回　那　她　就　回家　　了

老变婆变做一丛荷麻，围着树脚，大姐便不能下来了。后来就遇到两个过路的人，她就喊："大哥，二哥，麻烦你们了，我在这里下不来，你们到我床头去拿两个麻团来给我吧。"那两个人就去拿了。"请你们从中间抽个线头递给我。"这两个人就把线头递给她，她就捏着线头（拴在树上），从（树）上面跳下来，得以脱身了。于是，她就回家了。

（李友红讲述，2015.7.28）

7. 孤寡得儿

a⁴⁵ ɕie⁴⁵bu⁴⁵ aŋ³¹ tsɿ³³ ka⁴⁵ ə³¹tshu, aŋ³¹ tsɿ³³ ka⁴⁵ ə³¹tshu⁴⁵ ne⁴⁵, aŋ³³mu³³aŋ³³la⁴⁵
发语词 从前 有 一 户 人 有 一 户 人 呢 无儿无女

wo³³, aŋ³³mu³³aŋ³³la⁴⁵ wo³³ ne⁴⁵, su⁳¹ kan³¹ ŋe³¹ʔiu³³ vu³³ da³¹ mlu³³ ne⁴⁵
不 无儿无女 不 呢 二 位 老人 去 做 活 呢

da³¹wuŋ³¹ ə³¹lai⁴⁵, qau³³ a⁴⁵ a³¹ dzo³¹ ne⁴⁵ da³¹wuŋ³¹ ə³¹lai⁴⁵: "ei³³, sɿ⁴⁵ na⁴⁵ o³³
整天 念叨 坐 呢 在 坡上 呢 整天 念叨 哎 是 给 别人

pu³³ sa⁴⁵ la⁴⁵lai³³ ʔiau³¹ tan⁴⁵ʔlan³¹, ti³³to³¹ gu⁴⁵ pu⁴⁵ sɿ⁴⁵ gi³³ maŋ³¹." su⁳¹ kan³¹
背 个 小孩 丢 路上 我们 捡 到 是 好 啊 二 位

ŋe³¹ʔiu³¹ da³¹wuŋ³¹ xuaŋ⁴⁵aŋ³¹ ɕin³¹, dzuŋ⁴⁵dzuŋ³³ vu³³ da³¹ mlu³³ tsɿ³³ xuaŋ⁴⁵aŋ³¹
老人 整天 像这样 说 每天 去 做 活 都 像这样

ə³¹lai⁴⁵. ŋa⁴⁵ ɲi⁴⁵ ne⁴⁵, ma³³dza³³ nuŋ⁴⁵xuŋ³¹, ma³³dza³³ nuŋ⁴⁵xuŋ³¹ ne⁴⁵, ma³³dza³³
念 回 这 呢 变婆 听见 变婆 听见 了 变婆

vu³³ pu³³ sa⁴⁵ la⁴⁵dza³³ ʔiau³¹ tan⁴⁵ʔlan³¹ do³¹, pu³³ sa⁴⁵ la⁴⁵dza³³ ʔiau³¹ tan⁴⁵ʔlan³¹
去 背 个 小变婆 丢 路上 来 背 个 小变婆 丢 路上

do³¹ ne⁴⁵, dai⁴⁵dai³³ ti³³ sɿ³¹xəu⁴⁵ ne⁴⁵, da³¹wuŋ³¹ da³¹wuŋ³¹ duŋ⁴⁵ ə³¹tuŋ³¹ qɛ³¹,
来 呢 小 的 时候 呢 整天 整天 煮 蛋 鸡

da³¹wuŋ³¹ duŋ⁴⁵ ə³¹tuŋ³¹ qɛ³¹ xau⁴⁵ fei³¹ mi⁴⁵ ka³¹, ɬa³¹ u³³ xau⁴⁵ fei³¹ mi⁴⁵ ka³¹
整天 煮 蛋 鸡 吧 给 他 吃 拿 肉 吧 给 他 吃

nu⁴⁵, qa³¹ mi⁴⁵ da³¹wuŋ³¹ tɕia³³ qɛ³³ qɛ³¹ xau⁴⁵ ka³¹. ei³¹, duŋ⁴⁵ ə³¹tuŋ³¹ qɛ³¹
呢 见 他 整天 抓 屎 鸡 呢 吃 哎 煮 蛋 鸡

fei³¹ mi⁴⁵ ka³¹, ka³¹ ne⁴⁵, ka³¹ ə³³sen³³ ka³¹ ə³³sen³³ do³¹, plaŋ³¹ mi⁴⁵ ə³¹da⁴⁵ ɯ⁴⁵
给 他 吃 吃 呢 吃 大 吃 大 来 牙齿 他 痒 要

ka³¹ ə³¹tshu⁴⁵, ɯ⁴⁵ ka³¹ ə³¹tshu⁴⁵ ne⁴⁵. phai³¹ ɲi⁴⁵ su⁳¹ kan³¹ ŋe³¹ʔiu³³ tsɿ⁴⁵ su⁳¹
吃 人 要 吃 人 了 次 这 二 位 老人 就 知道

mi⁴⁵ au³¹ sa⁴⁵ dza³³, su⁳¹ mi⁴⁵ au³¹ sa⁴⁵ dza³³ ne⁴⁵, tshuŋ³³ ɕiaŋ³³aŋ³¹ da³¹ wo³³.
她 是 个 变婆 知道 她 是 个 变婆 了 不能 怎么 做 不

从前，有一户人家无儿无女。两个老人去干活呢，整天坐在坡上念叨："哎，要是别人背个小孩丢在路上，让我们捡到该多好啊。"老两口每天就这样念叨。这下，一个老变婆听见了，就背了一个小变婆丢在路上。（小变婆）小的时候呢，（老两口）每天煮鸡蛋给她吃，拿肉给她吃，看见她（却）整天抓鸡屎吃。长大呢，她的牙齿痒，要吃人了。这下两个老人就知道她是小变婆了，不知道该怎么办。

dza³³ thai⁴⁵ ə³¹qu³¹ do³¹, tshuŋ³³ ɕiaŋ³¹aŋ³¹ da³¹ wo³³ ne⁴⁵, tsʅ⁴⁵ ə³¹puɯ³¹ tɕhuŋ³¹
变婆　太　狡猾　　很　　不能　　怎么　做　不　呢　　就　　找　　大家

ɕin³¹, tsʅ⁴⁵ ə³¹puɯ³¹ tɕhuŋ³¹ ɕin³¹ xan³³ ne⁴⁵, man³³man³³ gu⁴⁵ lo³¹mo⁴⁵, gu⁴⁵
说　　就　　找　　大家　　说　了　呢　　加油　　　捡　柴　　捡

lo³¹mo⁴⁵ dzaŋ³¹ ku³¹ pi³¹, dzaŋ³¹ ku³¹ sen³³, gu⁴⁵ lo³¹mo⁴⁵ dzaŋ³¹ ku³¹ pi³¹,
柴　　　烧　　笼　火　　烧　　笼　大　　捡　柴　　　烧　　笼　火

dzaŋ³¹ ku³¹ sen³³ ne⁴⁵, ga³¹fe⁴⁵ mi⁴⁵ vu³³ n̥uŋ³³ qɛ⁴⁵pu³³, ɕin³¹: "la⁴⁵ a³³ la⁴⁵ a³³,
烧　　笼　大　　了　　骗　　　他　去　荡　秋千　　　说　　儿 啊 儿 啊

ti³³to³¹ xuŋ³³ muɯ³¹ vu³³ n̥uŋ³³ qɛ⁴⁵pu³³." xuan⁴⁵aŋ³¹ ɕin³¹. nu⁴⁵ ŋa⁴⁵ n̥i⁴⁵ ne⁴⁵,
我们　带　　你　　去　荡　秋千　　像这样　说　　发语词　回　这　呢

xuŋ³³ mi⁴⁵ vu³³ n̥uŋ³³ qɛ⁴⁵pu³³ ne⁴⁵, ɬa³¹ ma³³qɛ⁴⁵pu³³ xuŋ³³ mi⁴⁵ na⁴⁵ a⁴⁵ ku³¹
带　　他　去　荡　秋千　　　　了　拿　秋千　　　　送　他　到　呢　笼

pi³¹ vu³³ a³³, tsen³¹pin³¹ pa⁴⁵ə³³zuŋ³³ zaŋ³³, zaŋ³³ du⁴⁵ vu³¹tɕin³³ qen⁴⁵ ne⁴⁵, to⁴⁵
火　去　了　从　　上面　　　　割　　　割　条　什么　　断　　了　落

bau³¹ pi³¹ plan³³ a⁴⁵, plan³³ ne⁴⁵ ə³¹die⁴⁵ mi⁴⁵ luŋ³¹juŋ³¹ lau³³, n̥i⁴⁵ ɬuɯ⁴⁵ n̥i⁴⁵
处　火　烧　　了　烧　　呢　骨头　　他　响　　　　呢　　这　岩石　这

ɬuɯ⁴⁵ ləu⁴⁵, ma³³ ɕie⁴⁵n̥i⁴⁵ do⁴⁵o⁵³³ ʔlai³³ dzau³³ ɬuɯ⁴⁵ tshen³¹ xuan⁴⁵xuan⁴⁵ ti³³
岩石　呢　　定指　　现在　　别人　　叫　　个　　岩石　才　　喤喤　　　的

tsʅ³³sʅ⁴⁵ au³¹ la⁴⁵ə³³tsaŋ³³ ma³³dza³³.
就是　是　　声音　　　　变婆

变婆又太狡猾，（老两口）不知道怎么办好，就去找大家说（这件事）。（于是大家）加油捡柴，烧了一堆大大的火，骗（小变婆）去荡秋千。（老两口）这样说："儿啊，儿啊，我们带你去荡秋千吧。"便送她去荡秋千了，用秋千把她送到那堆大火里面去，绳子烧断，她掉落在火里面，烧得她的骨头噼啪响。现在人们对着这个岩石喊"喤喤"的声音，就是那个变婆（被烧喊叫）的声音了。

（李天英讲述，2012.8.13）

8．聪明的女人

a⁴⁵ ɕie⁴⁵bu⁴⁵ aŋ³¹ tsʅ³³ ʁa⁴⁵ ə³¹tshu⁴⁵, aŋ³¹ tsʅ³³ ʁa⁴⁵ ə³¹tshu⁴⁵ nu⁴⁵, ma³³pa⁴⁵ʔlei³¹
发语词　从前　有　一　户　人　　有　一　户　人　呢　妻子
mi⁴⁵ a³¹ pa⁴⁵ʔlei³¹ nu⁴⁵, da³¹ su³¹ da³¹ lia⁴⁵ ə³¹tsai⁴⁵ pa⁴⁵ʔlei³¹, pau³³pa⁴⁵ʔlei³¹
他　在　家里　呢　做　布　做　麻　收拾　家里　　丈夫
nu⁴⁵, da³¹wuŋ³¹ vu³³ a⁴⁵ ə³¹dzo³¹ ɕie³³ lu⁴⁵, da³¹ mlu³³ da³¹ tɕia³¹ ka³¹. phai³¹
呢　整天　去　呢　坡上　锄　地　干活　做　粮食　吃　回
ni⁴⁵ ne⁴⁵, pau³³ba³¹ pi³¹ ə³¹lan³¹ pi³¹ ʔlei³¹ mi⁴⁵ vu³³, ə³³plai³³ mi⁴⁵:"wai³³ a⁴⁵ ɕie³³
这　呢　官　　走　路　走　家　他　去　问　　他　哥　的　锄
lu⁴⁵, wai³³ a⁴⁵ ɕie³³ lu⁴⁵ a³¹, tsʅ³³ wuŋ³¹ ɯ⁴⁵ ɕie³³ khe³³na³³ ŋan³³ khe³³na³³
地　哥　的　锄　地　啊　一　天　要　锄　多少　　千　多少
ə³¹ʔia⁴⁵ du³¹?" xo³¹ ni⁴⁵ ə³³plai³³ mi⁴⁵. ken³³ ə³³liaŋ³³ o³³ ɕin³¹duŋ³¹ wo³³. mi⁴⁵
万　锄　像　这样　问　他　不敢　和　人家　说话　不　他
do³¹mau³³dzei³¹ ŋe³³se³³ŋu³¹su³¹ li³³, dei³¹ɬei⁴⁵ mi⁴⁵ mlu³¹qhaŋ³³, ma³³pa⁴⁵ʔlei³¹ mi⁴⁵
回家　　　　可怜兮兮　　的　心　他　难过　　　妻子　　他
ɕin³¹:" mu³¹ da³¹vu³¹tɕin³³ ne³³? dei³¹ɬei³³ mlu³¹qhaŋ³³ ma³³ ɕin³¹ duŋ³¹ wo³³, mu³¹
说　你　怎么　　　呢　心里　难过　　不　说　话　不　你
da³¹vu³¹tɕin³³?" mi⁴⁵ ma³³ ɕin³¹ wo³³. phai³¹ ni⁴⁵ ne⁴⁵, ta³¹ wuŋ³¹ su³¹ wuŋ³¹ je³³
怎么了　　　他　不　说　不　次　这　呢　三　天　两　天　也
do³¹, je³³ au³¹ a⁴⁵ tsei³³ ni⁴⁵ ə³³plai³³ mi⁴⁵, mi⁴⁵ ma³³ ɕin³¹ wo³³.
来　也　是　呢　像　这　问　他　他　不　说　不

　　从前有一家人，妻子在家里做家务，丈夫整天去坡上锄地干活，种粮食。这回，（一个）做官的从那儿路过，问丈夫："锄地的哥啊，你一天要锄几千几万锄啊？"这个丈夫不敢回答他。丈夫回到家，心里很难受，妻子就问他："你为什么心里难受又不说话呢？"丈夫不回答。后来的两三天妻子也像这样问丈夫，丈夫还是不说。

　　　　ta³¹ wuŋ³¹ a⁴⁵ ta³¹ wuŋ³¹ mi⁴⁵ ɕin³¹ na⁴⁵ ma³³pa⁴⁵ʔlei³¹ mi⁴⁵ ȵuŋ⁴⁵xuŋ³¹ a⁴⁵,
　　　　到　天　的　三　天　他　说　给　妻子　　　他　听　啊
ma³³pa⁴⁵ʔlei³¹ mi⁴⁵ ɕin³¹, mi⁴⁵ ə³³plai³³ mu³¹ mu³¹ ʔluŋ³³ ə³³plai³³ mi⁴⁵ wo³³,
妻子　　　他　说　他　问　你　你　不会　问　他　不

muɯ³¹ ɕin³¹: "wai³³ a⁴⁵ ȵuŋ³³ vu³³ȵuŋ³³ wai³³ a⁴⁵ ȵuŋ³³ vu³³ȵuŋ³³, pa⁴⁵ko⁴⁵ vu³³ȵuŋ³³
你   说   哥 的 骑   马   哥 的 骑 马   脚   马

muɯ³¹ do⁴⁵ a⁴⁵ vu³¹tau⁴⁵ ne³³, tsʅ³³ wuŋ³¹ ɯ⁴⁵ pi³¹ khe³³na³³ ŋan³³ khe³³na³³
你   落 在   地   呢   一   天   要 走   多少   千   多少

ə³¹ʔia⁴⁵ ko⁴⁵?" muɯ³¹ xo³¹ ȵi⁴⁵ ə³³plai³³ mi⁴⁵, xo³¹ ȵi⁴⁵ ɕin³¹. mi⁴⁵ vu³³ ne⁴⁵, mi⁴⁵
万   脚   你   像   这   问   他   像 这   说   他   走 呢   他

dzɯ³³ŋɯ⁴⁵ xo³¹ ȵi⁴⁵ ə³³plai³³ a³³: "wai³³ a⁴⁵ ȵuŋ³³ vu³³ȵuŋ³³, wai³³ a⁴⁵ ȵuŋ³³
真 的   像 这   问   了   哥 的 骑   马   哥 的 骑

vu³³ȵuŋ³³, ko⁴⁵ vu³³ȵuŋ³³ muɯ³¹ do⁴⁵ a⁴⁵ vu³¹tau⁴⁵, tsʅ³³ wuŋ³¹ ɯ⁴⁵ pi³¹ khe³³na³³
马   脚   马   你   落   啊   地   一   天   要 走   多少

ŋan³³ khen³³na³³ ə³¹ʔia⁴⁵ ko⁴⁵?" tsei³³ ȵi⁴⁵ ɕin³¹. pau³³ba³¹ a⁴⁵ ko⁴⁵ ʔlan³¹ ɕin³¹:
千   多少   万   脚   像   这   说   官   的   过   路   说

"ka⁴⁵na³³ ə³¹tsʅ³¹ muɯ³¹ ɕin³¹ ti³³?" "ma³³pa⁴⁵lei³¹ i³³ ə³¹tsʅ³¹ i³³ ɕin³¹ ti³³." "wuŋ³¹
谁   教   你   说 的   妻子   我   教   我 说   的   天

bɯ⁴⁵ wuŋ³¹ ȵi⁴⁵ i³³ ɯ⁴⁵ do³¹ ʔlei³¹ muɯ³¹, au³¹ i³³ ɯ⁴⁵ qau³³ tsʅ³³ ma³³
那   天   这 我 要   来   家   你   是 我 要   坐   一   个

lə³¹dzaŋ³¹ a⁴⁵ tshen³³ tsaŋ³³ ti³³, ɯ⁴⁵ ka³¹ tsʅ³³ ʁa⁴⁵ ʔlei³¹ ti³³, ɯ⁴⁵ ka³¹ ə³³ɕie³³
凳子   的   十   样   的   要 吃   一   户 人家   的   要 吃   心

ɯ³³phei⁴⁵ a⁴⁵ pla³¹die⁴⁵ ti³³, ɯ⁴⁵ ka³¹ ə³¹laŋ³¹ pau³¹au⁴⁵ ə³³ɕie³³ ə³¹laŋ³¹ a⁴⁵ pau³¹au⁴⁵
萝卜   的   红   的   要 吃   菜   白   心   菜   的 白

ti³³, ɯ⁴⁵ ka³¹ ɯ⁴⁵tai³³ a⁴⁵ ji³³tsu³¹ ti³³, ɯ⁴⁵ ka³¹ ɯ⁴⁵tai³³ a⁴⁵ pa⁴⁵ə³¹tsei³¹ ti³³, ɯ⁴⁵
的   要 吃   菜   的 楼上   的   要 吃   菜   的 下面   的   要

ka³¹ ɯ⁴⁵tai³³ a⁴⁵ tsʅ³³ bau³¹ ʔlɯ⁴⁵ tsʅ³³ bau³¹, ɯ⁴⁵ ka³¹ u³³ a⁴⁵ tsʅ³³ bau³¹ ʔlɯ⁴⁵
吃   菜   的   一   处   打   一   处   要 吃 肉 的 一   处   打

tsʅ³³ bau³¹ ti³³, ɯ⁴⁵ ka³¹ a⁴⁵ tsʅ³³ bau³¹ ə³¹tshuŋ³³ tsʅ³³ bau³¹ ti³³, wuŋ³¹ bɯ⁴⁵
一   处   的   要 吃   的 一   处   擦   一   处   的   天   那

wuŋ³¹ ȵi⁴⁵ i³³ ɯ⁴⁵ do³¹ ʔlei³¹ muɯ³¹."
天   这   我 要   来   家   你

到了第三天，丈夫就把这个事情说给妻子听，妻子说："他问你，你不会问他吗？你说，骑马的哥啊，马脚落地，一天要走几千几万脚啊？"后来，丈夫真的像这样问当官的："骑马的哥啊，马脚落地，一天要走几千几万脚啊？"当官的问："是谁教你说的？""我妻子教我说的。""哪天我要到你家去，我要坐一张十样的凳子，要吃红的萝卜心，要吃白的白菜心，要吃楼上的菜，要吃楼下的菜，要吃一边打一边的菜，要吃一边打一边的肉，要吃一处擦一处的菜。"

mi⁴⁵ wan³¹ vu³³ ne⁴⁵, mi⁴⁵ ma³³ ɕin³¹ duŋ³¹ wo³³, dei³¹ɬei³³ mluɯ³³ qhaŋ³³ ma³³
他 回去 了 他 不 说 话 不 心 难受   不

ɕin³¹ duŋ³¹ wo³³, ma³³ buɯ⁴⁵ ɕin³¹: "ei³³ muɯ³¹ tɕin³³ ma³³ ɕin³¹ duŋ³¹ wo³³, muɯ³¹
说 话 不 个 那 说 哎 你 为什么 不 说 话 不 你

qa³³ ə³³plai³³ mi⁴⁵ wo³³?" ɕin³¹ ti³³ ɕin³¹ ti³³ mi⁴⁵ do³¹ ʔlei³¹ ti³³to³¹ uɯ⁴⁵ ka³¹
没 问 他 不 说 的 说 的 他 来 家 我们 要 吃

khe³³ȵi⁴⁵ uɯ⁴⁵tai³³, vu³³ na³³ ə³¹pu³¹ tshuŋ³¹ ɕiaŋ⁴⁵aŋ³¹ da³¹?" "ma³³ vu³¹lu³¹ wo³³,
这么 些 菜 去 哪里 找 能 怎么 做 不 怕 不

i³³ da³¹ ɬei⁴⁵ mi⁴⁵." phai³¹ ȵi⁴⁵ ne⁴⁵ dzu³³ŋu⁴⁵ ma³³ wuŋ³¹ buɯ⁴⁵ dzu³³ŋu⁴⁵ do³¹,
我 做 留 他 回 这 呢 真的 定指 天 那 真的 来

do³¹ ne⁴⁵, ma³³ buɯ⁴⁵ da³¹ ɬei⁴⁵ mi⁴⁵ ne³³, tsɿ³³ san³³ vei³¹ mo̠³¹, tsɿ³³ san³³
来 呢 个 那 做 留 他 啊 一 碗 耳朵 猪 一 碗

vu³¹tsei⁴⁵ mo̠³¹ tsɿ³³ san³³ mau³¹ mo̠³¹, tsɿ³³ san³³ ə³³ɕie³³ mo̠³¹ a⁴⁵ dai⁴⁵dai³³ ti³¹,
尾巴 猪 一 碗 舌头 猪 一 碗 肠子 猪 的 小 的

tsɿ³³ san³³ mlaŋ³¹ mo̠³¹, tsɿ³³ san³³ ə³³ɕie³³ mo̠³¹ a⁴⁵ dzuŋ³³ ti³¹, tsɿ³³ san³³ ə³¹tuŋ³¹
一 碗 油 猪 一 碗 肠子 猪 的 大 的 一 碗 蛋

qɛ³¹ a⁴⁵ pla³¹die⁴⁵ paŋ⁴⁵ʔlaŋ³¹ buɯ⁴⁵, tsɿ³³ san³³ ə³¹tuŋ³¹ qɛ³¹ a⁴⁵ pau³¹au⁴⁵ pa⁴⁵dʑi³³
鸡 的 红 里面 那 一 碗 蛋 鸡 的 白色 外面

buɯ⁴⁵, ka³¹ tsɿ³³ san³³ vu³³tai³³ pau³¹au⁴⁵, tsɿ³³ san³³ qɛ³³ vu³³tai³³ a³³, a⁴⁵
那 吃 一 碗 豆 白 一 碗 渣 豆子 啊 发语词

pa⁴⁵ə³³zuŋ³³ ma³³ a⁴⁵ plai³³ mau³³ buɯ⁴⁵, aŋ³¹ khe³³ȵi⁴⁵ san³³ uɯ⁴⁵tai³³, thai³¹ tsɿ³³
上面 个 的 控 饭 那 有 这么些 碗 菜 抬 一

dʐau³³ vu³¹uɯ³¹ fei³¹ mi⁴⁵ qau³³, ɬa³¹ dzau³³ a⁴⁵ ɬa³¹ze³¹ ti³³ fei³¹ mi⁴⁵ ka³¹.
个 石头 给 他 坐 拿 筷子 的 漆 的 给 他 吃

丈夫回去又不说话，心里又难受，妻子就问他："你怎么又不说话啊？你没有问他吗？"丈夫说："说了，说了，他说要来我们家吃这么些菜，去哪里找这些菜呢？"妻子说："不怕，我做给他吃。"这回，那个当官的真来了，妻子就做了菜等他。做了一碗猪耳朵，一碗猪尾巴，一碗猪舌头，一碗猪小肠，一碗猪油，一碗猪大肠，一碗里面是红的鸡蛋，一碗外面是白的鸡蛋，一碗白豆腐，一碗豆渣，有了这些菜，抬一块石头给他坐，拿一双漆了漆的筷子给他吃。

phai³¹ ni̱⁴⁵ ka³¹ gi³³ ne³³ mi⁴⁵ do³¹ vu³³ a⁴⁵, do³¹ vu³³ ne⁴⁵, tsɿ³³ pa⁴⁵ ko⁴⁵
回   这   吃   好   了 他   来 去 啊   来 去 啊   一   只   脚

a³¹ pa⁴⁵ə³¹tsei³¹, tsɿ³³ pa⁴⁵ ko⁴⁵ a³¹ pa⁴⁵qə³³zuŋ³³, mi⁴⁵ ə³¹qaŋ³³ tau³³ kuɯ³¹ vu³³n̠uŋ³³
在   下面   一   只   脚 在   上面   他   拉   着   匹   马

mi⁴⁵, tsɿ³³ pa⁴⁵ ko⁴⁵ a⁴⁵ tsɿ³³ ma³³ vu³¹tsei⁴⁵ vu³³n̠uŋ³³, tsɿ³³ pa⁴⁵ ko⁴⁵ a⁴⁵
他   一   只   脚   在   一   个   背扇   马   一   只   脚   在

pa⁴⁵ə³¹tsei³¹ ne⁴⁵, "en³³, tɕie⁴⁵ dzaŋ³¹ a⁴⁵ ə³³sen³³, tɕie⁴⁵ dzaŋ³¹ a⁴⁵ ə³³sen³³, muɯ³¹
下面   呢   嗯   姐   龙   的 大   姐   龙   的 大   你

tshai³³ i³³ uɯ⁴⁵ vu³³ ə³¹tsei³¹ maŋ⁴⁵ vu³³ ə³³zuŋ³³?" ma³³ buɯ⁴⁵ kan³¹ thai⁴⁵ ə³¹quɯ³¹,
猜   我 要   下面   呢   去   上面   个   那   聪明   太   狡猾

ma³³ buɯ⁴⁵ tsɿ³³ pa⁴⁵ ko⁴⁵ qhen³¹ a³¹ pa⁴⁵ʔlei³¹ tsɿ³³ pa⁴⁵ ko⁴⁵ qhen³¹ a³¹ pa⁴⁵dʑi³³
个   那   一   只   脚   跨   在   家里   一   只   脚   跨   在   外面

je³³ xuan³¹ ʔlai³³ mi⁴⁵ da³¹ wai³³ a⁴⁵ dzuŋ³¹: "wai³³ a⁴⁵ dzuŋ³¹ wai³³ a⁴⁵ dzuŋ³¹,
也 还   叫   他   做   哥   的 大   哥   的 大   哥   的 大

muɯ³¹ tshai³³ i³³ uɯ⁴⁵ vu³³ ʔlei³¹ maŋ⁴⁵ vu³³ dʑi³³?" ma³³ pau³³ buɯ⁴⁵ tshuŋ³³
你   猜   我 要   去   家   呢   去   外面   定指   个   那   不能

ɕiaŋ³¹an³¹ da³¹ wo³³, tshuŋ³³ pai³¹ mi⁴⁵ wo³³. ŋa⁴⁵ ni̠⁴⁵ ne⁴⁵ mi⁴⁵ vu³³ ɬa³¹ duɯ⁴⁵
怎样   做   不   不能   败   他   不回   这   呢   他   去   拿   根

ma³³pin³³ mi⁴⁵ do⁴⁵ bau³¹ xaŋ³³qɛ³³ ʔlai³³ ma³³ buɯ⁴⁵ vu³³ za⁴⁵, ma³³ buɯ⁴⁵ xuan³¹
马鞭   他   落   地方   厕所   叫   个   那   去   拿   个   那   还

vu³³ za⁴⁵ fei³¹ mi⁴⁵, nuɯ⁴⁵ ɕin³¹: "ma³³pin³³ tɕhəu³³tɕhəu³³ sui³¹ ma³³ do³³ ni̠³¹,
去   拿   给   他   发语词   说   马鞭   臭   臭   随   马   多   年

fu³³tɕhi³³ tshəu³³tshəu³³ tɕhin³¹sɿ⁴⁵ jiu³³ jin³¹, tsai⁴⁵ ə³¹le⁴⁵ a³³ i³³ uɯ⁴⁵nai³³."
夫妻   丑 丑   前世   有   缘   再   脏   啊 我 要

吃完后，当官的要回去了，他拉着那匹马，一只脚踩在马鞍上，一只脚踩在地上，问："龙大姐，你猜我是要上还是要下？"那妻子也很聪明，她的一只脚在家里，一只脚跨在门外，也问："大哥大哥，你猜我要进家门还是要出去？"那当官的不知道怎么回答，赢不了那妻子了。这回，他把他的马鞭丢到厕所里，叫那妻子去拿马鞭，那妻子还是去拿给他了，说："马鞭臭臭，随马多年，夫妻丑丑，前世有缘。再脏我也要！"

（李天英讲述，2012.8.14）

9. 孤儿得娘

a⁴⁵ ɕie⁴⁵bɯ⁴⁵ aŋ³¹ tsɿ³³ ʁa⁴⁵ ə³¹tshu⁴⁵, aŋ³¹ ta³¹ ə³³pi³³, ta³¹ ə³³pi³³ tsɿ³³ au³¹
发语词 从前 有 一 户 人 有 三 兄弟 三 兄弟 都 是
la⁴⁵ blaŋ³³, thai⁴⁵ dɯ³¹ mi³³ do³¹, tan³³ ka⁴⁵na³³ ʔlai³³ ka⁴⁵na³³ da³¹ mi³³, tan³³
儿 孤 太 想 妈 甚 遇 谁 叫 谁 做 妈 遇
ka⁴⁵na³³ ʔlai³³ ka⁴⁵na³³ da³¹ mi³³ ne⁴⁵. phai³¹ ɲi⁴⁵ dɯ⁴⁵lui³¹ pa⁴⁵ə³³zuŋ³³ qa³¹ ne⁴⁵,
谁 叫 谁 做 妈 呢 回 这 天 上面 见 了
phai⁴⁵ tsɿ³³ ma³¹ sa⁴⁵nu⁴⁵ do³¹ da³¹ ma³³mi³³ mi⁴⁵, tɕi³¹ ləu³³ ə³³tsu³³ə³³tsa³³, tɕi³³
派 一 个 乞丐 来 做 妈 他 穿 得 乱七八糟 穿
ləu³³ ə³¹le⁴⁵ə³¹la⁴⁵, maŋ³³ do³¹ ta³¹ tɯ³¹khai⁴⁵. nɯ⁴⁵ ti³³ mi³³ sa³¹ ə³³pi³³ vu³³
得 脏分分 发语词 来 到 集市 发语词 家 他 几 兄弟 去
ə³¹mn̩³¹ je³³sɿ⁴⁵ ʔlai³³ da³¹ mi³³, kan³³ŋe³³ʔiu³³ ɕin³¹: "xau³³, mu³¹ ɯ⁴⁵ ʔlai³³ i³³
看 也是 叫 做 妈 老太婆 说 好 你 要 叫 我
da³¹ mi³³ a³³, i³³ ɕiaŋ³³aŋ³¹ ɕin³¹ mu³¹ ɕiaŋ³³aŋ³¹ da³¹, i³³ au³¹ mi³³ mu³¹ sɿ⁴⁵,
做 妈 呀 我 怎样 说 你 怎样 做 我 是 妈 你 呢
i³³ ɕiaŋ³³aŋ³¹ ɕin³¹ tɕi³³tɕio³¹ ma³³ ɕiaŋ³³aŋ³¹ da³¹ wo³³ ne⁴⁵, au³¹au³³ wo³³." "xau³³,
我 怎样 说 你们 不 怎样 做 不 呢 不是 不 好
mu³¹ ɕiaŋ³³aŋ³¹ ɕin³¹ ti³³to³¹ ɕiaŋ³³aŋ³¹ da³¹." "phai³¹ ɲi⁴⁵ nɯ⁴⁵, tɕi³³tɕio³¹ ɲiau³¹
你 怎样 说 我们 怎样 做 回 这 呢 你们 给
i³³ ə³¹ʔi⁴⁵ qɛ⁴⁵vu³¹tɯ³¹ i³³ gi³³, ə³¹ʔi⁴⁵ qɛ⁴⁵vu³¹tɯ³¹ i³³ gi³³, i³³ vu³³ da³¹ mau³³
我 舔 眼睛 我 好 舔 眼睛 我 好 我 去 做 饭
fei³¹ tɕi³³tɕio³¹ ka³¹." phai³¹ ɲi⁴⁵ sa³¹ ə³³pi³³ ɬa³¹ dɯ⁴⁵mau³¹ ʔi⁴⁵ qɛ⁴⁵vu³¹tɯ³¹, kan³³
给 你们 吃 次 这 几 兄弟 拿 舌头 舔 眼睛 个
a⁴⁵ ʔiu³³ gi³³ do³¹ ne⁴⁵, tsɿ⁴⁵ xuŋ³³ tɕhi³³ do³¹ ʔlei³¹ mi⁴⁵ qau³³, tsɿ⁴⁵ au³¹
的 老 好 来 了 就 带 起 来 家 他 住 就 是
ma³³ mi³³ mi⁴⁵.
妈 他

从前，有一户人家有三兄弟。三兄弟都是孤儿，太想妈妈了，遇到谁就把谁叫做妈妈。这回呢，老天爷看到了，派一个女乞丐来做他们的妈妈，穿得乱七八糟，邋里邋遢的。（女乞丐）来到集市上，他们几兄弟看见，也叫她妈妈。这个老太婆说："好，你们把我叫做妈妈，那我怎么说你们就怎么做，我才是你们的妈妈。我怎么说你们不怎么做呢，就不是

（你们的妈妈）。""好，你怎么说我们就怎么做。""好。这回呢，你们把我的一双眼睛舔好，我就去做饭给你们吃。"几个兄弟就用舌头舔（老太婆的）眼睛，这个老太婆好了呢，就跟着他们来他们家住，就是他们的妈妈了。

dzu³³dzu³³ŋɯ⁴⁵ ɕiaŋ³³aŋ³¹ ɕin³¹ ɕiaŋ³³aŋ³¹ da³¹, ɕiaŋ³³aŋ³¹ ɕin³¹ ɕiaŋ³³aŋ³¹ da³¹ ne⁴⁵,
真正　　　　　怎样　　　说　　怎样　　做　　怎样　　说　　怎样　　做　呢
da³¹ ləu³³ aŋ³¹ ka³¹ aŋ³¹ zan³³, kau³³ləu³¹ta³¹wa³³ ne⁴⁵. aŋ³¹ ta³¹ plei³¹ a⁴⁵ lan³³
做　得　有　吃　有　喝　　高楼大瓦　　　啊　有　到　年　的　后
sɿ⁴⁵ taŋ³³ tsɿ³³ fa⁴⁵ tɕi³¹ tsen⁴⁵tsai⁴⁵ ə³¹pla³¹, ə³¹pla³¹ do³¹ dzi³³ a⁴⁵, nuu⁴⁵
呢　种　一　季　稻子　正在　　　抽穗　　　抽穗　来　外面　了　发语词
ma³³ŋe³¹ʔiu³³ ʔlai³³ mi⁴⁵ ble⁴⁵ guŋ³³sa⁴⁵ vu³³ zaŋ³³, sa³¹ ə³¹pi³³ pa³³ bia⁴⁵ baŋ³³
老太婆　　叫　他　扛　镰刀　　去　割　几　兄弟　把　块　田
zaŋ³³ gu⁴⁵ phai³¹ ȵi⁴⁵ sa⁴⁵ qə³¹pi³³ tsɿ⁴⁵ ə³¹plai³³ mi³³: "mi³³ a³¹, maŋ⁴⁵ a³³ ȵi⁴⁵
割　完　次　这　几　兄弟　就　问　　妈　妈　啊　发语词 发语词 这
zaŋ³³ nuu⁴⁵ khui³¹tɕhi³¹ au³¹ ə³¹tsa⁴⁵tɕi³¹ ne⁴⁵ ɕiaŋ³³aŋ³¹ da³¹?" "ei³³, tɕin³¹ au³¹
割　呢　全部　　是　秕谷　　啊　怎么　做　欸　怎么　是
ə³¹tsa⁴⁵tɕi³¹ a³¹, au³¹ tsɿ⁴⁵plei³³ ɬa³¹ na⁴⁵ paŋ⁴⁵ʔlaŋ³³ ə³¹dzuŋ⁴⁵ vu³³ kho⁴⁵ tau³³."
秕谷　啊　是　大米　拿　到　里面　　仓库　　去　放着
phai³¹ ȵi⁴⁵ a³¹, la⁴⁵ plei³³ buu⁴⁵ a³¹, ji³³ fa⁴⁵ qə³³ze⁴⁵, ji³³ fa⁴⁵ qə³³ze⁴⁵, ə³¹tshu⁴⁵,
回　这　呢　小　年　那　啊　一　场　病　　一　场　病　　人
thuŋ³³thuŋ³³ tsɿ³³ ɯ⁴⁵nai⁴⁵ ə³¹tsa⁴⁵tɕi³¹, a⁴⁵ tsen⁴⁵tsen⁴⁵ jaŋ³¹ xua³³ ɕie⁴⁵buu⁴⁵ do³¹,
通通　　　都要　　　秕谷　　发语词　正正　扬　花　时候　来
tshei³¹ tshuŋ³¹ tɕiu⁴⁵ puu³³ maŋ⁴⁵ ti³¹ ʁa⁴⁵ buu⁴⁵ man³³man³³ puu⁴⁵ tsɿ⁴⁵plei³³ puu⁴⁵
才　能　救活　发语词 家　户　那　大大地　得　大米　得
tɕi³¹ puu⁴⁵ sa³¹ ə³¹dzuŋ⁴⁵.
谷子　得　几　仓库

（后来）真的（老太婆）怎么说，（几兄弟）就怎么做，做得有吃有喝，有高楼住。有一年，种的一季稻子，正在抽穗，老太婆叫他们拿镰刀去收割，几兄弟把那块田都割完了。几兄弟就问妈妈："妈妈啊，这割的全部是秕谷啊，怎么办？""欸，怎么是秕谷啊，是大米，拿到仓库里面去放着。"后来，那一年，（发了）一场瘟疫，人们都需要正在扬花的秕谷才能救活。那（几个兄弟）家呢，就得大米、得谷子，得了好几仓库了。

（李天英讲述，2012.8.14）

10. 分家

a⁴⁵ ɕie⁴⁵buɯ⁴⁵ aŋ³¹ tsɿ³³ ʁa⁴⁵ ə³¹tshu⁴⁵, aŋ³¹ su³¹ ə³³pi³³, aŋ³¹ su³¹ ə³³pi³³ ne⁴⁵,
发语词　从前　　有　一　户　人　　有　两　兄弟　　有　两　兄弟　呢

su³¹ ə³³pi³³ aŋ³¹ su³¹ ma³³ mi³³ ne⁴⁵, pau³³jau³³ mi⁴⁵ au³¹ mi³³ a⁴⁵ dai⁴⁵dai³³
两　兄弟　　有　两　个　妈　呢　　弟弟　　　他　是　妈　的　小

jau⁴⁵ a³³, pau³³ a⁴⁵ ə³³sen³³ au³¹ mi³³ a⁴⁵ ə³³sen³³ jau⁴⁵ a³³. ŋa⁴⁵ ȵi⁴⁵ duɯ⁴⁵pau³³
生　的　　个　的　大　是　妈　的　大　生　的　　回　这　公

mi⁴⁵ ʔiu³³ do³¹ a⁴⁵, duɯ⁴⁵pau³³ mi⁴⁵ ɯ⁴⁵ plan³¹ a⁴⁵. a⁴⁵ ɕie⁴⁵buɯ⁴⁵ di³³ mi⁴⁵ aŋ³¹
他　老　来　了　公　　　　他　要　死　了　发语词　从前　家　他　有

su³¹ duŋ³¹ ʔlei³¹, su³¹ duŋ³¹ ʔlei³¹ aŋ³¹ tsɿ³³ dʑau³³ a⁴⁵ ə³³sen³³, aŋ³¹ tsɿ³³
两　栋　房子　　两　栋　房子　有　一　栋　　的　大　　有　一

dʑau³³ a⁴⁵ dai⁴⁵dai³³, duɯ⁴⁵pau³³ mi⁴⁵ ɯ⁴⁵ plan³¹ a⁴⁵, duɯ⁴⁵pau³³ mi⁴⁵ ɬa³¹
栋　的　小　　　　　　公　　　　他　要　死　了　　公　　　他　拿

mluɯ³¹mluɯ³¹, zan³³ duɯ⁴⁵dei³¹jin³³, ɬa³¹ da⁴⁵la⁴⁵ tshai³¹tshai⁴⁵ tɕhie³³, ȵiau³¹
纸　　　　　抽　烟杆　　　　拿　小儿子　　抱　着　　　给

ma³³lə³³mi³³, ma³³lə³³mi³³ a⁴⁵ dai⁴⁵dai³³ ɕin³¹: "ma³³ dʑi³¹ mluɯ³¹mluɯ³¹ mu³¹ ɬa³¹
妻子　　　　妻子　　　　　的　小　　　　说　定指　张　纸　　　　　你　拿

kho⁴⁵, ta³¹ wuŋ³¹ lan³¹ aŋ³¹ pau³³ba³¹ thai⁴⁵ ɕin³¹ duŋ³¹ gi³³ a³¹, ɯ⁴⁵ do³¹ pu³¹,
放　到　日　后　有　官　　太　说　话　好　啊　要　来　找

i³³ plan³¹ ji³¹xəu⁴⁵ duɯ⁴⁵ a⁴⁵ ə³³sen³³ dei³¹ɬei³³ lə³¹qhen³¹, ma³³ ɬa³¹ vu³¹tɕin³¹ na⁴⁵
我　死　以后　　个　的　大　心　贪　不　拿　什么　给

mi⁴⁵ wo³³, i³¹ ɬa³¹ dʑi³¹ mluɯ³¹mluɯ³¹ ʔiau³¹ ȵi⁴⁵ do³¹, ta³¹ a⁴⁵ pau³³ba³¹ ta³¹
你　不　我　拿　张　纸　　　　扔　这　来　　到　呢　官　　到

qə³¹tsei³¹, mu³¹ ɬa³¹ mluɯ³¹mluɯ³¹ fei³¹ mi⁴⁵, fei³¹ mi⁴⁵ ɕin³¹." phai³¹ ȵi⁴⁵
下面　　　你　拿　纸　　　　给　他　给　他　说　　回　这

duɯ³³ŋuɯ⁴⁵, duɯ⁴⁵pau³³ mi⁴⁵ plan³¹ a⁴⁵, duɯ⁴⁵ba³¹ ɯ⁴⁵ do³¹ qə³¹tsei³¹ ȵian³¹ di³³
真正　　　公　　　　他　死　了　官　　要　来　下面　　帮　家

mi⁴⁵ qen⁴⁵ ə³³luan³³ a⁴⁵, pau³³ a⁴⁵ ə³³sen³³ nai³³ dʑau³³ a⁴⁵ ə³³sen³³, pau³³ a⁴⁵
他　断　理　了　个　的　大　要　个　的　大　　个　的

dai⁴⁵dai³³ nai³³ dʑau³³ a⁴⁵ dai⁴⁵dai³³. phai³¹ ȵi⁴⁵ ne⁴⁵, nai³³ dʑau³³ a⁴⁵ dai⁴⁵dai³³
小　要　个　的　小　　　回　这　呢　要　个　的　小

ne⁴⁵, ə³¹ken⁴⁵ ne⁴⁵, du⁴⁵be³¹ paŋ⁴⁵ʔlaŋ³³ aŋ³¹ ji³³ baŋ³³ phlɯ⁴⁵, aŋ³¹ baŋ³³ phlɯ⁴⁵
呢　挖　　　呢　爷　里面　　　有　一　坛　银子　有　坛　银子

ne⁴⁵ au³¹ di³³ a⁴⁵ dai⁴⁵dai³³ a⁴⁵, pau³³wai³³ mi⁴⁵ da³¹wuŋ³¹ ʔlai³³ du⁴⁵jau³³ mi⁴⁵
呢　是　家　的　小　　　　了　哥哥　　　他　整天　　　叫　弟弟　　　他

da³¹ a⁴⁵ zuŋ³³ ne³³.
做　的　野　　了

　　从前有一家人，有两兄弟。两兄弟有两个妈，弟弟是小妈生的，大的是大妈生的。这回，他家的老头子老了，要死了。老头子以前有两栋房子，一栋大的，一栋小的。老头子要死了，他就拿了（一张）纸，抽着烟把小儿子抱在怀里，跟他小的那个妻子说："这张纸你拿好，日后有官要来的，（这个官）说话很管用。我死以后，老大贪心，不会拿什么给你，我把这张纸放到这里，等官来了，你把纸拿给他，跟他说。"后来，真的，老头子死了，那个官要来下面帮他家断家务事。老大要那个大房子，小儿子要了小房子。这回呢，要了小房子的，就（在家里）挖，（结果）家里有一坛银子。有这坛银子的就是小儿子的家了。哥哥便（气得）整天叫他弟弟为野种了。

（李天英讲述，2012.8.14）

11．盘古王

a⁴⁵ na⁴⁵ɕie⁴⁵bu⁴⁵ dzau³³u³³dʑi³¹ ʔluŋ³¹ pi³¹ qə³¹ʔlan³¹, ʔluŋ³¹ pi³¹ do³¹ thie³¹thie⁴⁵
发语词　　　　从前　　　　　月亮　　　会　走　路　　　　会　走　来　围

ʔiau⁴⁵ dzau³³lə³³vu³³, lui³¹ ʔluŋ³³ thiŋ³¹ wo³³. lə³³vu³³ pi³¹ do³¹ thie³¹thie⁴⁵ ʔiau⁴⁵
着　　太阳　　　　　天　不会　亮　不　太阳　　走　来　围　　　　着

dzau³³u³³dʑi³¹, lui³¹ luŋ⁴⁵ do³¹, lui³¹ luŋ⁴⁵ ta³¹ wuŋ³¹ ta³¹ wei³¹ ne⁴⁵ lui³¹ tshei³¹
月亮　　　　　天　黑　很　天　黑　三　天　三　夜　呢　天　才

ʔluŋ³¹ thiŋ³¹, u³³dʑi³¹ thie³¹thie⁴⁵ ʔiau⁴⁵ dzau³³lə³³vu³³, u⁴⁵nai³³ ta³¹ wei³¹ ta³¹ wuŋ³¹
会　亮　　月亮　围　　　　着　　太阳　　　　　要　　　三　夜　三　天

lui³¹ tshei³¹ ʔluŋ³¹ luŋ⁴⁵, laŋ³¹qhaŋ³¹ qə³¹man̥³¹ nuŋ³¹ ma³³ gi³³ wo³³ ə⁴⁵, mi⁴⁵ vu³³
天　才　会　黑　　盘古　　　见　　事　不　好　不　呢　他　去

tu⁴⁵lui³¹ fei³¹ lə³³vu³³ fei³¹ u³³dʑi³¹, u⁴⁵ fei³¹ lə³³vu³³ pi³¹ dzu³¹wuŋ³¹, u⁴⁵ fei³¹
天上　　分　太阳　　分　月亮　　要　分　太阳　　走　白天　　　要　分

u³³dʑi³¹ dzuŋ³¹wei³¹ pi³¹.
月亮　　晚上　　　　走

　　从前，月亮会走路，会围着太阳走，所以天不会亮。太阳围着月亮走，天很黑，天要黑三天三夜才会亮,月亮围着太阳要三夜三天,天才会黑。盘古看到这样不好,他就去天上想分开太阳和月亮,要把太阳分到白天,要把月亮分到晚上。

lə³³vu³³ u³³dʑi³¹ au³¹ su³¹ qə³³pi³³, lə³³vu³³ u⁴⁵ ʔlai³³ u³³dʑi³¹ ɲi⁴⁵qu³¹ pi³¹
太阳　月亮　是　两　兄妹　太阳　要　叫　月亮　先　走

dʐu³¹wuŋ³¹, u³³dʑi³¹ ɕin³¹: "wai³³, mu³¹ ɲi⁴⁵qu³¹." lə³³vu³³ ɕin³¹: "au³¹, i³³ vu³³
白天　月亮　说　哥　你　先　太阳　说　是　我　走

ɲi³³qu³¹ ne⁴⁵ lu³¹bu³³ i³³ ma³³ gi³³ wo³³, do³³o³³ qə³¹ɬu⁴⁵ i³³ ne⁴⁵ i³³ qə³¹li³¹
先　呢　衣　我　不　好　不　别人　看　我　呢　我　害羞

o³³ do³¹." u³³dʑi³¹ ɕin³¹: "wai³³, xa³¹sɿ⁴⁵ mu³¹ vu³³ ɲi⁴⁵qu³¹, qa⁴⁵na³³ qə³¹ɬu⁴⁵
别人　很　月亮　说　哥　还是　你　走　先　谁　看

mu³¹ ne⁴⁵, i³³ ɬa³¹ tsɿ³³ qaŋ³³ vu³¹lei⁴⁵ fei³¹ mu³¹ vu³³, qa⁴⁵na³³ qə³¹ɬu⁴⁵ mu³¹
你　呢　我　拿　一　包　针　给　你　去　哪个　看　你

ne⁴⁵, mu³¹ ɬa³¹ vu³¹lei⁴⁵ duŋ³¹duŋ³¹ vu³¹tu³¹ mi⁴⁵, mi⁴⁵ tshuŋ³³ ə³¹man³¹ mu³¹
呢　你　拿　针　捅　眼睛　他　他　不能　望　你

wo⁴⁵. laŋ³¹qhaŋ³¹ ʔlai³³ i³³ dʐuŋ³¹wei³¹ do³¹ ne⁴⁵, i³³ tshei³¹ do³¹, i³³ ɬa³¹ lu³³bu³³
不　盘古　叫　我　晚上　来　呢　我　才　来　我　拿　衣服

i³³ tɕi³¹ ga³¹gi³³, qa⁴⁵na³³ dʐau³¹ qə³¹ɬu⁴⁵ i³³ ne⁴⁵ mi⁴⁵ qə³¹ɬu⁴⁵." ne⁴⁵ lə³³vu³³ tsɿ⁴⁵
我　穿　好好的　哪个　想　看　我　呢　他　看　发语词　太阳　就

lai³³ ma³³dʐuŋ³¹wuŋ³¹ do³¹ ə⁴⁵, qa⁴⁵na³³ qə³¹ɬu⁴⁵ mi⁴⁵ ne⁴⁵ mi⁴⁵ ɬa³¹ vu³¹lei⁴⁵
用　白天　来　了　哪个　看　他　呢　他　拿　针

duŋ³¹duŋ³¹ vu³¹tu³¹ o³³, ne⁴⁵ aŋ³³ qa⁴⁵na³³ tshuŋ³¹ qa³¹ dʐau³³lə³³vu³³ wo³³.
捅　眼睛　别人　发语词　没有　谁　能　见　太阳　不

dʐau³³u³³dʑi³¹ ne⁴⁵ qə³³sen³³ dai⁴⁵dai³³ tshuŋ³¹ pu⁴⁵ dʐau³³u³³dʑi³¹ qa³¹, a⁴⁵ ɲi⁴⁵
月亮　呢　大人　小孩　能　得　月亮　见　发语词　这

ne⁴⁵ dʐuŋ³¹wuŋ³¹ dʐuŋ³¹wei³¹ ɬa³¹ fei³¹ gi³³, tshei³¹ aŋ³¹ dʐuŋ³¹wuŋ³¹ tshei³¹ aŋ³¹
呢　白天　黑夜　拿　分　好　才　有　白天　才　有

dʐu³¹weŋ³¹.
黑夜

太阳和月亮是两兄妹,太阳叫月亮白天先走,月亮说:"哥,你先走吧。"太阳说:"好,但是我先走呢,我的衣服不好看,别人看到我呢我会很害羞。"月亮说:"哥,还是你先走,谁看你的话,我拿一包针给你,你就拿针捅他的眼睛,他就不能看你了。盘古叫我晚上来,我（晚上）才来，我的衣服穿得好好的，哪个想看我呢就让他看好了。"于是，太阳就白天出来了，谁看他呢，他就拿针捅谁的眼睛，所以没有谁能看到太阳；月亮呢，大人小孩都能看得见。这样一来，白天黑夜就分好了。

laŋ³¹ qhaŋ³¹　ne⁴⁵　lə³³xau³³　dzaŋ³¹　tu⁴⁵lui³¹　do³¹　qə³¹tsei³¹,　laŋ³¹qhaŋ³¹　ɕin³¹　mi⁴⁵　au³¹
盘古　　　　呢　　叫　　　　龙　　　天　　　　　下　　面　　　　盘古　　　说　　它　　是

dzaŋ³¹　a⁴⁵　mi³¹,　ʔlai³³　dzaŋ³¹　do³¹　qə³¹tsei³¹　da³¹　be³¹　tɕia³¹,　lə³³xau³³　dzaŋ³¹
龙　　　的　　新　　叫　　　龙　　　来　　下面　　　　做　　种　　粮　　　叫　　　　龙

vu³¹tau⁴⁵　da³¹　be³¹　xuŋ³³o³¹,　da³¹　lu³³bu³³　tɕi³¹,　pa³³　be³¹　tɕia³¹　be³¹　xuŋ³³o³¹　da³¹
地　　　　做　　种　　花　　　　做　　衣　　　　穿　　把　　种　　粮　　种　　花　　　　做

pu⁴⁵　do³¹　dzi³³　ə⁴⁵,　jiu⁴⁵　tshei³¹　fei³¹　qə³³zuŋ³³　vu³¹tau⁴⁵,　tsʅ³³　ɬiu⁴⁵　du⁴⁵　vu³¹ja⁴⁵
得　　来　　外面　了　　又　　才　　　分　　上面　　　　土地　　　　一　　　百　　个　　姓

di³³　qə³¹tshu⁴⁵　aŋ³¹aŋ³¹　a⁴⁵　mi⁴⁵　tshei³¹　fei³¹　vu³¹ja⁴⁵　qə³³ze³³,　vu³¹ja⁴⁵　ma⁴⁵tɕiu³¹,
的　　人　　　　有　　　　了　　他　　才　　　分　　姓　　　　张　　　　姓　　　　李

vu³¹ja⁴⁵　vu³¹tɕin³³,　tshei³¹　fei³¹　ko³¹　du⁴⁵　vu³¹ja⁴⁵　au³¹　ko³¹　du⁴⁵　vu³¹ja⁴⁵,　tshei³¹
姓　　　　什么　　　　才　　　分　　各　　个　　姓　　　　是　　各　　个　　姓　　　　才

fei³¹　qə³¹tshu⁴⁵　to³¹ʔlo³³　au³¹　to³¹ʔlo³³,　lu³³zu³³　au³¹　lu³³zu³³,　qə³¹mu³¹　au³¹　qə³¹mu³¹,
分　　人　　　　仡佬　　　是　　仡佬　　　苗　　　　是　　苗　　　　彝　　　　是　　彝

sa⁴⁵tshu³³　au³¹　sa⁴⁵tshu³³,　le³³sin³³　au³¹　le³³sin³³,　tshei³¹　fei³¹　qə³¹tshu⁴⁵　vu³¹tɕin³³
水族　　　　是　　水族　　　　青苗　　　是　　青苗　　　才　　　分　　人　　　　什么

au³¹　qə³¹tshu⁴⁵　vu³¹tɕin³³,　tshei³¹　fei³¹　to³¹ʔlo³³　ɯ⁴⁵　ka³¹du⁴⁵,　ɯ⁴⁵　da³¹ko⁴⁵tin³¹,　ɯ⁴⁵
是　　人　　　　什么　　　　才　　　分　　仡佬　　　要　　吃新　　　要　　祭树　　　　要

ka³¹　la⁴⁵　χen³¹,　lu³³zu³³　je³³　ʔluŋ³¹　da³¹ko⁴⁵tin³¹,　qə³¹mu³¹　je³³　ʔluŋ³¹　da³¹ko⁴⁵tin³¹,
吃　　小　　年　　苗　　　　也　　会　　　祭树　　　　　彝　　　　也　　会　　　祭树

sa⁴⁵tshu³³　je³³　ʔluŋ³¹　da³¹ko⁴⁵tin³¹,　le³³sin³³　je³³　ʔluŋ³¹　da³¹ko⁴⁵tin³¹.　phai³¹　ɲi⁴⁵　ne⁴⁵
水族　　　　也　　会　　　祭树　　　　　青苗　　　也　　会　　　祭树　　　　　次　　　这　　呢

tshei³¹　do³¹　da³¹　tɕia³¹　ne⁴⁵,　be³¹　tɕia³¹　da³¹　pu⁴⁵　ə⁴⁵,　tsʅ³³　plei⁴⁵　tsʅ³³　ŋa⁴⁵　ɬe⁴⁵
才　　　来　　做　　粮　　　呢　　种　　粮　　　做　　得　　了　　一　　　年　　　一　　次　　留

be³¹　tɕia³¹,　dzi³¹tshai⁴⁵dzi³¹fa⁴⁵　au³¹　a⁴⁵　tsei³³ɲi⁴⁵　da³¹　vu³³　qə³¹tsei³¹,　qə³¹tshu⁴⁵
种　　粮　　　世世代代　　　　　　是　　呢　　这样　　　　做　　去　　下面　　　　人

pan⁴⁵lan³³　tshei³¹　pu⁴⁵　tɕia³¹　ka³¹,　qə³¹tshu⁴⁵　pan⁴⁵lan³³　tshei³¹　ʔluŋ³¹　da³¹　lu³³bu³³
后来　　　　才　　　得　　粮　　　吃　　人　　　　后来　　　　才　　　会　　　做　　衣

tɕi³¹, dzi³¹tshai⁴⁵dzi³¹fa⁴⁵ au³¹ a⁴⁵ tsei³³bɯ⁴⁵ da³¹, tshei³¹ aŋ³¹ lu³³bɯ³³ tɕi³¹ tshei³¹
穿　世世代代　　是　的　那样　做　才　有　衣　穿　才

aŋ³¹ mau³³ ka³¹.
有　饭　吃

　　盘古呢，要叫天龙下凡，盘古说它是新龙，叫龙下地界来种粮食，种花，做衣服穿，种好粮食和花以后，才整理世上的事。一百种不同姓氏的人都有了，他才把各个姓氏分开，分了姓张姓李姓什么的；才分仡佬人为仡佬（族），苗是苗，彝是彝，水族是水族，青苗是青苗，才分开不同的人；才安排仡佬要吃新，要祭树，要过小年；苗也会祭树，彝也会祭树，水族也会，青苗也会。后来，种粮食，种好了以后，一年要留一次种粮。（大家）世世代代都是这样做下去，后来人们才有粮吃，才会做衣服穿。

ne⁴⁵ to³¹ʔlo³³ ti³³to³¹ ne⁴⁵, qau³³ di³³ bau³¹thu³³ ne⁴⁵, ma³³ du⁴⁵ bau³¹thu³³ ȵi⁴⁵
发语词　仡佬　我们　呢　住　的　地方　呢　定指　个　地方　这

mi⁴⁵ gɯ⁴⁵ di³³ aŋ³¹ qə³¹nen³¹, to³¹ʔlo³³ do³¹ qau³³ di³³ bau³¹thu³³ qə³¹se³¹,
他　取　的　有　名　　仡佬　来　住　的　地方　嘎习

lu³¹gɯ⁴⁵, den³¹qaŋ³¹, ma³¹tɕia⁴⁵, lo³³pho³³, la⁴⁵kai⁴⁵, lu³¹san⁴⁵, qa³¹tsha³¹, so³¹qaŋ³³,
那固　　地贡　　麻恰　　各奔　　傈那　　居都　　拉萨　　水头寨

pu³¹ʔluŋ³¹, qe³¹ke³¹, qaŋ³³laŋ³³, mei³¹tei³¹, paŋ³³min³¹, tɕi³¹qen⁴⁵, mi⁴⁵ pa³³ to³¹ʔlo³³
左坝　　铁各　　抢粮包　　母的　　班每　　上包　　他　把　仡佬

fei³¹ vu³³ qau³³ ə⁴⁵, mi⁴⁵ tsɿ⁴⁵ ɯ⁴⁵ ła³¹ qə³¹tshu⁴⁵ do³¹ da³¹ qə³¹bi⁴⁵ qə³¹tshu⁴⁵,
分　　去　住　了　他　就　要　拿　人　　来　做　头　　人

ɯ⁴⁵ qə³¹tshu⁴⁵ pu³¹ kan³¹ ɕin³³ʔi⁴⁵, ɯ⁴⁵ qə³¹tshu⁴⁵ tɕhiu³¹ kan³¹ do³¹ tha³¹tha⁴⁵
要　人　　四　个　头人　　　要　人　　六　个　来　掌握

tei³¹ʔlei⁴⁵ vu³³ȵuŋ³³, ɯ⁴⁵nai⁴⁵ łɯ⁴⁵ ta³¹ tshei³³ sɯ³¹ kan³¹ qə³¹tshu⁴⁵ da³¹ vu³¹la³¹,
头　　马　　要　选　三　十　二　个　人　做　寨佬

ɯ⁴⁵ lai³³ χen³¹ tshei³³ sɯ³¹ kan³¹ qə³¹tshu⁴⁵ do³¹ da³¹ tei³¹ʔlei⁴⁵, ma³³xɯ³¹
要　用　七　十　二　个　人　　来　做　头　些

qə³¹tshu⁴⁵ ȵi⁴⁵ ne⁴⁵ tha³¹tha⁴⁵ be³¹ tɕia³¹ be³¹ tɕi³¹ be³¹ ji³¹mi³³ be³¹ xuŋ³³o³¹, da³¹
人　　　这　呢　掌握　　种　粮　种　谷　种　包谷　种　棉花　　做

lu³³bɯ³³ di³³ ne⁴⁵ da³¹ lu³³bɯ³³, da³¹ tɕia³¹ di³³ ne⁴⁵ da³¹ tɕia³¹, vu³¹ze⁴⁵ a⁴⁵
衣　的　呢　做　衣　　种　粮　的　呢　种　粮　打　的

buɯ⁴⁵ ne⁴⁵ tshei³¹ aŋ³¹ luɯ³³buɯ³³ tɕi³¹, tshei³¹ aŋ³¹ mau³³ ka³¹, ne⁴⁵
那　　呢　　才　　有　　　衣　　穿　　才　　有　　饭　　吃　发语词

dʑi³¹tshai⁴⁵dʑi³¹fa⁴⁵ tshei³¹ aŋ³¹ luɯ³³buɯ³³ tɕi³¹, tshei³¹ aŋ³¹ mau³³ ka³¹.
世　世　代　代　　　才　　有　　　衣　　穿　　才　　有　　饭　　吃

我们仡佬人住的这些地方呢，是他取的名字，仡佬人住的地方有嘎习、那固、地贡、麻恰、各奔、倮那、居都、拉萨、水头寨、左坝、铁各、抢粮包、母的、班每、上包，他把仡佬人分开居住了以后，他就要找人做头人，要找四个头人，要找六个人来掌握马头，要找三十二个人做寨佬，还要七十二个人来做头儿。这些人呢，掌握种粮、种谷、种苞谷、种棉花的技术，做衣服的做衣服，种粮的种粮。打那时起（人们）才有衣服穿才有饭吃，世世代代才有衣服穿才有饭吃。

（李发旺讲述，2008.7.15）

12．乖巧媳妇

la⁴⁵ qə³¹nen³¹ pau³³be³¹ mi⁴⁵ ʔlai³³ da³¹ da⁴⁵kuɯ³¹, ɕin³¹ vu³¹tɕin³¹ tsɿ⁴⁵ ta³¹ kuɯ³¹
小　名　　老人　　她　叫　做　小九　　说　什么　　就　到　九

mi⁴⁵ tsɿ⁴⁵ ma³³ ʔlai³³ wo³³ a⁴⁵. du³³ duɯ⁴⁵gu³³ du³³ ta³¹ kuɯ³¹ mi⁴⁵ tsɿ⁴⁵ ma³³
她　　就　　不　　叫　　不　啊　数　东西　　数　到　九　　她　　就　　不

ʔlai³³ wo³³. du³³ ta³¹ kuɯ³¹ ne⁴⁵ mi⁴⁵ qau³³ bau³¹ dei³¹ɬei³³ du³¹ tsa⁴⁵ ɕie⁴⁵, tsɿ⁴⁵
叫　　不　数　到　九　呢　她　在　处　心　想　一　下　就

du³³ tshei³³ ə⁴⁵. zan³³ pluɯ³¹ je³³ au³¹ ʔlai³³ da³¹ kuɯ³¹, mi⁴⁵ ma³³ ʔlai³³ pluɯ³¹
数　十　了　喝　酒　也　是　叫　做　九　　她　不　叫　酒

da³¹ kuɯ³¹ wo³³, aŋ³¹ tsɿ³³ tsan³³ tso³¹liau⁴⁵ ʔlai³³ da³¹ kuɯ³¹ qə³¹laŋ³¹, mi⁴⁵ je³³
做　九　不　有　一　样　佐料　　叫　做　九　　菜　　她　也

ma³³ ʔlai³³ wo³³, ne⁴⁵ pau³³be³¹ mi⁴⁵ ɬiau⁴⁵ o³³ fe⁴⁵ vu³¹tso⁴⁵, pau³³be³¹ ɕin³¹:
不　叫　不　发语词 老人　她　和　别人　吹　嘴　　老人　说

"da⁴⁵vu³¹le³¹ i³³ puɯ⁴⁵ thai⁴⁵ qan³¹ do³¹, dzau³³qə³¹nen³¹ i³³ ʔlai³³ da³¹ kuɯ³¹, mi⁴⁵
媳妇　　　我　得　太　乖　很　名　　　我　叫　做　九　　她

tsɿ⁴⁵ ma³³ ʔlai³³ wo³³." kan³³ a⁴⁵ tsɿ³³ bau³¹ ma³³ dzei³³ wo³³ :"muɯ³¹ ɕin³¹,
就　不　说　不　个　的　一　处　不　信　不　你　说

da⁴⁵vu³¹le³¹ muɯ³¹ ȵi⁴⁵, wuŋ³¹ na³³ ti³¹to³¹ do³¹ ʔlei³¹ muɯ³¹, ȵuŋ⁴⁵xun³¹ mi⁴⁵ ɕin³¹
媳妇　　你　这　天　哪　我们　来　家　你　听　她　说

xa⁴⁵, da³¹vu³¹tɕin³³? aŋ⁴⁵ kan³³ qə³¹tshu⁴⁵ ɕiaŋ³³aŋ³¹ qə³¹ti⁴⁵ di³³ gi³³, ti³³to³¹ do³¹, mi⁴⁵
嘛　怎么样　　　　有　个　人　　　怎么　　　记　的　好　我们　来　她
ʔlai³³ tsʅ³³ xen⁴⁵ kuɯ³¹, qə³¹ɬɯ⁴⁵ mu³¹ xa³¹ ɕiaŋ³³aŋ³¹ da³¹." pau³³be³¹ ɕin³¹: "mi⁴⁵
叫　一　句　九　　看　　你　还　怎么　　做　老者　　说　她
ʔlai³³ tsʅ³³ xen⁴⁵ kuɯ³¹, i³³ tsʅ³³ kuŋ⁴⁵ ta³¹ tshen⁴⁵ luŋ⁴⁵ phlɯ⁴⁵ fei³¹ tɕi³³tɕio³¹,
叫　一　句　九　　我　就　称　　三　　十　　两　　银子　给　你们
mi⁴⁵ qa³³ ʔlai³³ kuɯ³¹ wo³³, ne⁴⁵ tɕi³³tɕio³¹ ɬa³¹ vu³¹tɕin³³ fei³¹ i³³?" ma³³xɯ⁴⁵
她　没有　叫　　九　不　发语词 你们　　　拿　什么　　给　我　　他们
buɯ⁴⁵ ɕin³¹: "ti³³to³¹ do³¹, mi⁴⁵ qa³³ ʔlai³³ kuɯ³¹ wo³³, ti³³to³¹ ɬa³¹ tsʅ³³ ɬiu⁴⁵ luŋ⁴⁵
那　说　　　我们　来　　她　没有　叫　　九　　不　我们　拿　一　百　两
phlɯ⁴⁵ fei³¹ muɯ³¹."
银子　给　你

　　一位老人的小名叫做小九，（不管）说什么说到九，他媳妇就不说了，数东西数到九也不数了，数到九，她就在心里面想一下再数到十。喝酒也是叫做九，她不把酒叫做九，有一种佐料叫做韭菜，她也不叫。她的老人和别人吹牛，说："我家的媳妇很乖巧，我的名字叫做九，遇到九她就不说了。"有人不信，说："哪天我们到你家来听她说说看。有一个人记性很好，我们一来，她若叫一声九，看你怎么办？"老者说："她叫一声九，我就给你们三十两银子，如果她没叫，你们拿什么给我？"那些人说："我们来，她没叫九，我们拿一百两银子给你。"

pan⁴⁵lan³³ do³¹ ma³³xɯ⁴⁵ buɯ⁴⁵ duɯ³³ŋuɯ⁴⁵ do³¹ a⁴⁵, qə³¹tshu⁴⁵ do³¹ kuɯ³¹ kan³¹
后面　　来　他们　那　真的　　来了　人　来　九　个
qə³¹tshu⁴⁵, dzi⁴⁵dzi³¹ kan³¹ ʔlai³³ da³¹ kuɯ³¹ qə³¹laŋ³¹, tsʅ³³ kan³³ ɬa³¹ tsʅ³³ tsan³³
人　　　每　个　　叫　做　九　菜　　　一　个　　拿　一　瓶
plɯ³¹ tsʅ⁴⁵ do³¹ a⁴⁵. ne⁴⁵ tsʅ⁴⁵ do³¹ qu³¹, do³¹ ta³¹ di³³ pau³³be³¹ ȵi⁴⁵, pau³³be³¹
酒　就　来了 发语词 就　来　早　来　到　家　老人　这　老人
a³¹ tsai⁴⁵ ŋu⁴⁵tau³¹qau⁴⁵ ne⁴⁵. kuɯ³¹ kan³¹ qə³¹tshu⁴⁵ ȵi⁴⁵ do³¹ ta³¹ ʔlei³¹ mi⁴⁵,
在　正在　睡觉　　　呢　九　个　　人　　这　来　到　家　他
"ma³³ji³³ ma³³ji³³, pau³³be³¹ muɯ³¹ vu³³ na³³ a⁴⁵?" ma³³vu³¹le⁴⁵ ɕin³¹: "a³¹
嫂嫂　　嫂嫂　公公　　你　去　哪　了　　媳妇　　他　说　在
tsai⁴⁵ ŋu⁴⁵tau³¹qau⁴⁵ ne⁴⁵." "ʔlai³³ mi⁴⁵ lo⁴⁵ do³¹ xa⁴⁵." ma³³xɯ⁴⁵ qə³¹tshu⁴⁵ buɯ⁴⁵
正在　睡觉　　　呢　叫　他　起来　吧　他们　　人　那

do³¹ kɯ³¹ kan³¹, tɯ⁴⁵min³¹ tsʅ³³ kan³³ vu³¹tsei⁴⁵ di³³ aŋ³¹ tsʅ³³ tsaŋ³³ qə³¹laŋ³¹,
来　九　个　　手里　　　一　个　　握　的　有　一　样　菜
ʔlai³³ da³¹ kɯ³¹ qə³¹laŋ³¹, tsʅ³³ kan³³ qə³¹tshu⁴⁵ ɬa³¹ di³³ tsʅ³³ tsan³³ plɯ³¹, ne⁴⁵
叫　　做　九　个　　　　一　个　　人　　　拿　的　一　瓶　酒　　呢
tsʅ⁴⁵ vu³³ ʔlai³³ pau³³be³¹ mi⁴⁵ a⁴⁵. da⁴⁵vu³¹le³¹ mi⁴⁵ ɕin³¹: "a³³ba³³ a³³ba³³, lo⁴⁵
就　去　叫　公公　　　她　了　　媳妇　　　　他　说　爸爸　　爸爸　　起
do³¹ xau³¹, aŋ³¹ qə³¹tshu⁴⁵ do³¹ pɯ³¹pɯ³¹ mɯ³¹", pau³³ba³³ mi⁴⁵ plai³³plai³³
来　了　　有人　　　　　来　找　　　　你　　公公　　她　问
da⁴⁵vu³¹le³¹ mi⁴⁵ do³¹ khe³³na³³ kan³¹ qə³¹tshu⁴⁵, da⁴⁵vu³¹le³¹ mi⁴⁵ tsʅ⁴⁵ ɕin³¹:
媳妇　　　　他　来　多少　　　个　人　　　　媳妇　　　　他　就　说
"qə³¹tshu⁴⁵ ne⁴⁵ do³¹ pu³¹ qɛ⁴⁵ le³¹ tsʅ³³ kan³³." "mi⁴⁵ ɬa³¹ vu³¹tɕin³³ do³¹?"
人　　　　呢　来　四　双　多　一　个　　　他　拿　什么　　来
"tɯ⁴⁵min³¹ mi⁴⁵ tsʅ³³ kan³³ ɬa³¹ ə³³ sa⁴⁵ qə³¹laŋ³¹ qə³¹bia⁴⁵, tsʅ³³ kan³³ tu⁴⁵tu³³
手里　　　　他　一　个　　拿　一点　　菜　　　扁　　　一　个　　提
tsʅ³³ tsan³³ kau³³."
一　　瓶　　酒隐语

后来那些人真的来了，来了九个人，每个人都叫（他）做韭菜（吃），每人拿一瓶酒。他们来到老者家的时候还早，老者还在睡觉。这九个人来到他家，说："嫂嫂，你公公去哪里了？"媳妇说："在睡觉。"（这几个人）去叫他起来，他们九个人，每人手里握着一把菜，叫做韭菜，一个人拿着一瓶酒就去叫她公公。媳妇说："爸爸，爸爸，起来吧，有人找你。"公公就问，来了多少个人？媳妇说，来了四双多一个。"他们拿了什么来？""他们每人手里拿点扁菜，每人手里提一瓶酒隐语"。

ne⁴⁵ pau³³be³¹ tsʅ⁴⁵ lo⁴⁵ do³¹ a⁴⁵. ma³³xɯ⁴⁵ qə³¹tshu⁴⁵ ɲi⁴⁵ ɕin³¹ ma³³vu³¹le³¹
发语词　老人　　就　起　来　了　　他们　　人　　　　这　说　　媳妇
mi⁴⁵, "mɯ³¹ du³³ a⁴⁵ ti³³to³¹ do³¹ khe³³na³³ kan³¹ qə³¹tshu⁴⁵, tɯ⁴⁵min³¹ ti³³to³¹ ɲi⁴⁵
他　　你　数　呢　我们　　来　多少　　　个　人　　　　手里　　　我们　这
vu³¹tsei⁴⁵ di³³ au³¹ vu³¹tɕin³³? ma³³ pa⁴⁵ ɲi⁴⁵ u⁴⁵ ɬa³¹ vu³¹tɕin³³, pa³³ bɯ⁴⁵ ɬa³¹
握　　　　的　是　什么　　　　个　手　这　要　拿　什么　　　　手　那　拿
vu³¹tɕin³³?" phai³¹ ɲi⁴⁵ la⁴⁵ vu³¹le³¹ mi⁴⁵ do³¹ du³³, "aŋ³¹aŋ³¹ pu³¹ qɛ⁴⁵ le³¹ kan³³,
什么　　　　回　　这　小　　媳妇　　她　来　数　　有　　　　四　双　多　个

tuɯ⁴⁵min³¹ vu³¹tsei⁴⁵ di³³ dzi³¹dzi³¹ qə³¹lan³¹ qə³¹bia⁴⁵, tɕi³³tɕio³¹ tsʅ³³ kan³³ ɬa³¹ di³³
手里 捏 的 叶子 菜 扁 你们 一 个 拿 的

au³¹ tsʅ³³ tsan³³ kau³³." pan⁴⁵lan³³ ma³³xu⁴⁵ kuŋ⁴⁵ tsʅ³³ ɬiu⁴⁵ luŋ⁴⁵ phluɯ⁴⁵ fei³¹pau³³be³¹.
是 一 瓶 酒 隐语 后来 他们 称 一 百 两 银子 给老者

老人就起来了。那些人就问他媳妇："你数数我们来了多少个人，我们手里拿的是什么，这个人手拿的是什么，那个人手拿的是什么？"媳妇说："有四双多一个（人），手里拿的是扁叶子菜，你们每人拿了一瓶酒隐语。"后来这些人就称一百两银子给那位老者了。

（李发旺讲述，2008.7.16）

13．判官

na⁴⁵ɕie⁴⁵buɯ⁴⁵ pau³³je³¹ tuan⁴⁵ qə³³luan³³ thai⁴⁵ tuan⁴⁵ gi³³ do³¹, au³¹au³¹ di³³
从前 判官 断 道理 太 断 好 很 是 家

liu³¹xo³¹saŋ⁴⁵ jin³¹wai³¹ ʁa⁴⁵ a⁴⁵ dzun³¹, pa⁴⁵qə³³zun³³ ɯ⁴⁵ xua⁴⁵ di³³ mi⁴⁵ pu³¹
柳 和尚 员外 户 的 大 上面 要 派 家 他 四

wa³¹ χe³¹ du⁴⁵ pe³¹pe⁴⁵ phluɯ⁴⁵, ɯ⁴⁵nai³³ a⁴⁵ qə³¹dze³¹ blei³¹me⁴⁵ di³³ phluɯ⁴⁵, di³³
担 八 斗 小 银子 要 呢 像 瓜苗 的 银子 家

mi⁴⁵ pa⁴⁵ʔlei³¹ tsʅ³³ ɯ⁴⁵ aŋ³¹ di³³, ma³³lə³³mi³³ mi⁴⁵ mlan³³ wo³³. pan⁴⁵lan³³
他 家里 都 要 有 的 婆娘 他 舍不得 不 后来

liu³¹xo³¹saŋ⁴⁵ ɕin³¹: "muɯ³¹ mlan³³ wo³³ ne⁴⁵ i³³ vu³³ dzi³³ gu⁴⁵ xau³¹, ne⁴⁵ i³³
柳 和尚 说 你 舍不得 不 呢 我 去 外面 讨 了 发语词 我

gu⁴⁵ puɯ⁴⁵ ə⁴⁵, ne⁴⁵ tsʅ⁴⁵ vu³³ puɯ³¹puɯ³¹ le³¹ke⁴⁵ phluɯ⁴⁵, vu³³ nei⁴⁵ tɕin³³ tsui⁴⁵
讨 得 了 发语词 就 去 找 匠 银 去 打 金 坠

jin³¹ lian⁴⁵." vu³³ ta³¹ ʔlei⁴⁵ di³³ le³¹ke⁴⁵ phluɯ⁴⁵, ne⁴⁵ ma³³li³³mi³³ le³¹ke⁴⁵ phluɯ⁴⁵
银 链 去 到 家 的 匠 银 发语词 婆娘 匠 银

ɕin³¹: "ɬa³¹ mi⁴⁵ tuɯ³¹ plan³¹ xau³¹." le³¹ke⁴⁵ phluɯ⁴⁵ ɕin³¹: "xan³³ da³¹ wo³³, a⁴⁵
说 拿 他 药 死 吧 匠 银 说 别 做 不 发语词

ɲi⁴⁵ au³¹ pa⁴⁵ə³³zun³³ ɯ⁴⁵nai⁴⁵." pan⁴⁵lan³³ do³¹ pau³³lə³¹ba³¹ mi⁴⁵ ma³³ na⁴⁵ da³¹
这 是 上面 要 后面 来 丈夫 她 不 给 做

wo³³, mi⁴⁵ jiu⁴⁵ da³¹ lu³¹tsu³¹, ɯ⁴⁵ pau³³tsʅ³³ da³¹ qə³³lu³³, ne⁴⁵ vu³³ lua³¹ qə³¹tsʅ³¹
不 她 又 想 主意 蒸 包子 做 晌午饭 发语词 去 放 药

ʔiau³¹ paŋ⁴⁵ʔlaŋ³³ pau³³tsɿ³³ do³¹, ne⁴⁵ aŋ³¹ tsɿ³³ a⁴⁵ pau³¹au⁴⁵ di³³, aŋ³¹ tsɿ³³ a⁴⁵
丢　　里面　　　包子　　　来　发语词　有　些　的　白　的　　　　有　些　的

tse⁴⁵luŋ³³ di³³, ne⁴⁵ ma³³pa⁴⁵ʔlei³¹ mi⁴⁵ ɬa³¹ a⁴⁵ tse⁴⁵luŋ³³ di³³ fei³¹ liu³¹tsɿ³³jin³³
黑　　　　的　发语词　老婆　　　　　他　拿　的　黑　　　　的　给　柳之因

ka³¹, pau³³lə³¹ba³¹ mi⁴⁵ ɕin³¹: "xai³³, a⁴⁵ pau³¹au⁴⁵ ne⁴⁵ ɬa³¹ fei³¹ qha⁴⁵ ka³¹."
吃　　丈夫　　　　她　说　　　嗨　　的　白　　　呢　拿　给　客人　吃

以前，判官判案判得很好，很合理。上层官员向柳和尚家要四担八斗小银子，且银子要像瓜苗，他家里都有，但是柳员外的妻子舍不得。柳和尚说："你舍不得呢，我就出去讨，讨到了就去找银匠打金坠银链。"去到银匠家，银匠的妻子说："拿药来毒死柳和尚吧。"银匠说："不能这样做，这是上面要的（银子）。"后来，她丈夫不让她这样做，她又想了别的办法，蒸包子做午饭，然后放药在包子里面。包子端上来，有的白，有的黑。她把黑色包子给柳之因吃，她丈夫说："嗨，白色的拿给客人吃。"（柳之因是员外，外号柳和尚。）

lə³¹ba³¹ mi⁴⁵ ka³¹ a⁴⁵ tse⁴⁵luŋ³³ ne⁴⁵ tu³¹ pau³³lə³¹ba³¹ mi⁴⁵ plan³¹ ə⁴⁵. ne⁴⁵
丈夫　　她　吃　的　黑　　　呢　药　丈夫　　　　她　死　了　发语词

lə³¹phau⁴⁵ wan³¹do³¹ ne⁴⁵ mi⁴⁵ ɕin³¹ ne⁴⁵ au³¹ liu³¹tsɿ³³jin³³ qɔ³¹tsɿ³¹ mi⁴⁵ tu³¹
反　　　　回来　　　呢　她　说　　呢　是　柳之因　　　　教　　　她　药

plan³¹ di³³: "ə³¹ i³³ aŋ³¹ khe³³ n̩i⁴⁵ di³³ phlu⁴⁵ aŋ³¹ khe³³ n̩i⁴⁵ di³³ sɿ⁴⁵ a³¹
死　　的　发语词　我　有　多　这　的　银子　有　多　这　的　金子　在

ʔlei³¹ mɯ³¹, ti³³to³¹ sɯ³¹ kan³¹ ma³³ juŋ³¹ji⁴⁵ ko⁴⁵ dɯ⁴⁵ wuŋ³¹ n̩i⁴⁵ wo³³."
家　　　你　　我们　　两　个　不　容易　　过　个　日子　这　不

pan⁴⁵lan³³ do³¹ tɕia³³ pu⁴⁵ liu³¹tsɿ³³jin³³ vu³³, liu³¹tsɿ³³jin³³ tsɿ⁴⁵ ɕin³¹: "ma³³pa⁴⁵ʔlei³¹
后面　　　来　抓　得　柳之因　　　　去　柳之因　　　　就　说　　妻子

mi⁴⁵ da³¹ pau³³tsɿ³³ fei³¹ i³³ do³¹ da³¹ qɔ³¹lu³³, aŋ³¹ ta³¹ duŋ³¹ a⁴⁵ tse⁴⁵luŋ³³ di³³,
他　做　包子　　　给　我　来　做　晌午饭　有　三　个　的　黑　　　的

aŋ³¹ ta³¹ duŋ³¹ a⁴⁵ pau³¹au⁴⁵ di³³, lə³¹ba³¹ mi⁴⁵ ɕin³¹ a⁴⁵ tse⁴⁵luŋ³³ di³³ əu³¹ i³³
有　三　个　的　白　　　的　丈夫　　她　说　的　黑　　　的　呢　我

ka³¹, a⁴⁵ pau³¹au⁴⁵ di³³ ne⁴⁵ ɬa³¹ fei³¹ qha⁴⁵ ka³¹. mi⁴⁵ ka³¹ ta³¹ duŋ³¹ a⁴⁵
吃　　的　白　　　的　呢　拿　给　客人　吃　他　吃　三　个　的

tse⁴⁵luŋ³³ bu⁴⁵ ne⁴⁵ mi⁴⁵ tsɿ⁴⁵ plan³¹ au⁴⁵."
黑　　　　那　呢　他　就　死　了

她丈夫吃了黑色的，就被毒死了。反过来呢，银匠妻子说这是柳之因指使她这样毒死她丈夫的，说我有这么多金子银子在你家，我们两个过日子还不容易嘛。柳之因被抓了之后，他说银匠的妻子蒸了包子来给他当午饭，有三个白的，三个黑的。银匠就说黑色的我吃，留着白色的给客人吃，然后他吃了那三个黑色的就死掉了。

ne⁴⁵ thai⁴⁵pe³¹ɕin³³ do³¹ qə³¹tsei³¹ tɕhiaŋ³³tɕiu⁴⁵, ne⁴⁵ do³¹ qə³¹tsei³¹ vei³¹ ɕin³³tan³³:
发语词 太白星　　　来　下面　抢救　　　　发语词　来　下面　卖　仙丹
"mai⁴⁵ ɕin³³tan³³ mai⁴⁵ ɕin³³tan³³." aŋ⁴⁵ kan³³ qə³¹tshu⁴⁵ plai³³plai³³ mi⁴⁵: "duɯ⁴⁵
　卖　仙丹　　卖　仙丹　　　有　个　人　　问　　他　个
ɕin³³tan³³ muɯ³¹ ɲi⁴⁵ ə³³tsɿ³¹ qə³³ze³³ vu³¹tɕin³³?" thai⁴⁵pe³¹ɕin³³ ɕin³¹: "nen³¹ tɕiu⁴⁵
仙丹　　你　这　治　病　　什么　　　太白星　　说　能　救
tɕhin³³ nin³¹ su⁴⁵, nen³¹ tɕiu⁴⁵ sɿ³³ zen³¹ tɕuan³³ xuan³¹ xui³¹." "əu⁴⁵, ti³³to³¹ ɲi⁴⁵
千　年　树　能　救　死　人　转　还　魂　呃　我们　这
aŋ³¹ kan³³ qə³¹tshu⁴⁵ tshei³¹ plan³¹ au⁴⁵, xa⁴⁵ pu³³min³¹pu³³muɯ³¹, ti³³to³¹ tsei³¹ tsɿ³³
有　个　人　才　死　了　还　不明不白　　　我们　买　一
dʐau³³ fei³¹ mi⁴⁵ ka³¹ xa⁴⁵." na³¹ thai⁴⁵pe³¹ɕin³³ tsei³¹ puɯ⁴⁵ tsɿ³³ dʐau³³ qə³¹tsɿ³¹
粒　给　他　吃　吧　　给　太白星　　买　得　一　颗　药
ʔiau³¹ bau³¹ vu³¹tso⁴⁵ mi⁴⁵, le³¹ke⁴⁵ phlu⁴⁵ tsɿ⁴⁵ puɯ³³ ə⁴⁵. le³¹ke⁴⁵ phlu⁴⁵ ɕin³¹:
放　地方　嘴　他　匠　银　就　活　了　匠　银　说
"a⁴⁵ ɲi⁴⁵ au³¹au³³ liu³¹tsɿ³³jin³³ da³¹ di³³ wo³³, au³¹ ma³³pa⁴⁵ʔlei³¹ i³³ da³¹ di³³."
发语词 这 不是 柳之因　　做 的 不 是 老婆 我 做 的
jiu⁴⁵ tɕia³³ ma³³pa⁴⁵ʔlei³¹ le³¹ke⁴⁵ phlu⁴⁵ vu³³ au⁴⁵, ła³¹ ma³³pa⁴⁵ʔlei³¹ le³¹ke⁴⁵ phlu⁴⁵
又　抓　老婆　　匠　银　去　了　拿　老婆　　匠　银
vu³³ luan³¹ au⁴⁵, ke³¹wai⁴⁵ guɯ⁴⁵ tsɿ³³ ma³³ fei³¹ le³¹ke⁴⁵ phlu⁴⁵. tɕin³³ tsui⁴⁵ jin³¹
去　杀　了　另外　讨　一　个　给　匠　银　　金　坠　银
lian⁴⁵ ła³¹ vu³³ fei³¹ kuŋ³³tɕia³³ au⁴⁵.
链　拿　去　给　公家　了

太白星下凡来抢救，卖仙丹。有个人问他："你这个仙丹可以治什么病？"太白星说："能救千年树，能让人起死回生。""呃，我们这有个人才死了，但是死得很冤枉，我们买一粒给他吃吧。"然后就跟太白星买了一颗药放在银匠的嘴里，银匠就活过来了。银匠说："这不是柳之因干的，是我妻子干的。"官府又抓了银匠的妻子去，把她杀了，另外找了一个媳妇给银匠。金坠银链也拿去给公家了。

liu³¹tsɿ³³jin³³ tsɿ⁴⁵ do³¹mau³³dzei³¹ au⁴⁵, do³¹mau³³dzei³¹ ne⁴⁵, dʑau³³ʔlei³¹ mi⁴⁵ ʔiau⁴⁵
柳之因　　　就　　回家　　　　了　回家　　　　呢　房子　他　被

miau³¹kuai³¹tɕiu⁴⁵ lua³¹ pi³³ plan³³ au⁴⁵. mi⁴⁵ plai³³plai³³ ma³³pa⁴⁵ʔlei³¹ mi⁴⁵ vu³³
苗国舅　　　　　放　火　烧　　了　他　问　　　　老婆　　　　他　去

na³³, dʑau³³ʔlei³¹ i³³ ʔiau⁴⁵ lua³¹ pi³¹ plan³³ au⁴⁵. aŋ³¹ ə³¹tshu⁴⁵ na³¹ mi⁴⁵ ɕin³¹:
哪　房子　　　　我　被　　放　火　烧　　了　有　人　　　给　他　说

"ma³³pa⁴⁵ʔlei³¹ muu³¹ ʔiau⁴⁵ miau³¹kuai³¹tɕiu⁴⁵ dzu³³ vu³³ au⁴⁵." pan⁴⁵lan³³ do³¹ əu³¹
老婆　　　　　你　被　苗国舅　　　　　占　去　了　　后面　　　来　了

mi⁴⁵ vu³³ tshu³³fa³¹ au⁴⁵, tshu³³ ta³¹ ʔlei³¹ di³³ xaŋ³¹ti⁴⁵, do³¹ tsɿ⁴⁵tiŋ⁴⁵ thiau³¹jo³¹:
他　去　告发　　　　了　告　到　　　家　的　皇帝　　来　制订　　　条约

"ba³¹ dzu³³ di³³ mi³³ tɕhuŋ³¹ u⁴⁵ ɬa³¹ ɕiaŋ³³aŋ³¹da³¹? tɕhuŋ³¹ dzu³³ di³³ mi³³ ba³¹
官　占　家　老婆　民众　要　拿　怎么办　　　　　　民众　占　家　老婆　官

u⁴⁵ ɬa³¹ ɕiaŋ³³aŋ³¹da³¹?" da³¹xu³¹ do³¹ tsɿ⁴⁵tiŋ⁴⁵: "ba³¹ dzu³³ di³³ mi³³ tɕhuŋ³¹ u⁴⁵
要　拿　怎么办　　　　　　大家　来　制订　　　　　　官　占　家　妻　民众　要

ɬa³¹ luan³¹, tɕhuŋ³¹ dzu³³ di³³ mi³³ ba³¹ je³³ u⁴⁵ ɬa³¹ luan³¹." ta³¹ pan⁴⁵lan³³ do³¹
拿　杀　　　民众　占　家　妻　官　也　要　拿　杀　　　　　到　后面　　　来

pau³³je³¹ tsɿ⁴⁵ ɕin³¹: "miau³¹kuai³¹tɕiu⁴⁵ dzu³³ di³³ mi³³ tɕhuŋ³¹ u⁴⁵ ɬa³¹ luan³¹."
判官　　　就　说　　苗国舅　　　　　　占　家　妻　民众　要　拿　杀

miau³¹kuai³¹tɕiu⁴⁵ tsɿ⁴⁵ ʔiau⁴⁵ luan³¹ au⁴⁵. ma³³pa⁴⁵ʔlei³¹ xaŋ³¹ti⁴⁵ tsɿ⁴⁵ ɕin³¹: "a⁴⁵ ɲi⁴⁵
苗国舅　　　　　就　被　杀　了　老婆　　　　皇帝　　就　说　发语词 这

ŋe⁴⁵ŋa⁴⁵ au³¹ phu³³ ti³³to³¹, da³¹tɕin³³ u⁴⁵ ɬa³¹ mi⁴⁵ luan³¹?" xaŋ³¹ti⁴⁵ ɕin³¹: "di³³
亲的　　　是　舅　我们　　　为什么　要　拿　他　杀　　　皇帝　　说　家

mi⁴⁵ ɲi⁴⁵ dzu³³ ma³³lə³³mi³³ o³³, jiu⁴⁵ ɬa³¹ la⁴⁵ o³³ da³¹ pɯ³³ ʔiau³¹ bau³¹
他　这　占　老婆　　　　　别人　又　拿　小孩　人家　做　活　丢　地方

xaŋ³³qɛ³³ ȵaŋ³³ plan³¹, jiu⁴⁵ lua³¹ pi³¹ plan³³ ʔlei³¹ o³³, kai³³ luan³¹."
厕所　　　泡　死　　　又　放　火　烧　　房子　别人　该　杀

　　柳之因回家之后发现他的房子被苗国舅放火烧了。他问别人，他的房子被火烧了，那他妻子去哪了。有人告诉他说："你妻子被苗国舅霸占了。"后来他就告到皇帝那里，要求（皇帝）制订条约："官员霸占平民的妻子，这个要怎么办？平民霸占官员的妻子，又该怎么处罚？"大家订下（条约）："官员霸占平民的妻子要杀头，平民霸占官员的妻子也要杀头。"后来，判官就说了："苗国舅霸占民众的妻子，要拿来杀头。"苗国舅就被杀了。皇后就说："这是我们的亲舅舅，为什么要把他杀了？"皇帝说："他霸占了别人的老婆，又把别人的小孩扔到厕所里活活地淹死，还放火烧别人家的房子，就该杀头。"

pan⁴⁵lan³³ do³¹ ma³³pa⁴⁵ʔlei³¹ xaŋ³¹ti⁴⁵ jiu⁴⁵ xai⁴⁵ pau³³je³¹ xan⁴⁵ əu⁴⁵. ɯ⁴⁵ dzin⁴⁵
后面　　　来　老婆　　　皇帝　　又　害　判官　　了　哦　要　请

mi⁴⁵ do³¹ zan³³ plu³¹ da³¹ wuŋ³¹jau⁴⁵, pau³³je³¹ ə³¹ɬu⁴⁵ di³³ au⁴⁵: "ɯ⁴⁵ lua³¹
他　来　喝　酒　做　生日　　　　判官　　看　的　了　要　放

qə³¹tsʅ³¹ tɯ³¹ mi⁴⁵ au⁴⁵." pau³³je³¹ vu³³ ta³¹ ʔlei³¹ xaŋ³¹ti⁴⁵ au⁴⁵, xaŋ³¹ti⁴⁵ tsʅ⁴⁵
药　　　毒　他　了　　判官　　去　到　家　　皇帝　　了　皇帝　　就

tsei⁴⁵ ji³³ pei³³ plu³¹ fei³¹ mi⁴⁵ zan³³, ma³³ dɯ⁴⁵ plu³¹ bɯ⁴⁵ tsʅ⁴⁵ sʅ⁴⁵ au³¹
倒　一　杯　酒　给　他　喝　　定指　杯　酒　那　就　是　是

qə³¹tsʅ³¹ a⁴⁵ tɯ³¹ ə³¹tshu⁴⁵ di³³ au⁴⁵. tsʅ⁴⁵ zan³³ ma³³ pei³³ plu³¹ bɯ⁴⁵ tsʅ⁴⁵ sʅ⁴⁵
药　的　毒　人　　　的　了　就　喝　　定指　杯　酒　那　就　是

au³¹ qə³¹tsʅ³¹ a⁴⁵ tɯ³¹ ə³¹tshu⁴⁵ di³³ au⁴⁵. tsʅ⁴⁵ zan³³ ma³³ pei³³ plu³¹ bɯ⁴⁵
是　药　　的　毒　人　　　的　了　就　喝　　定指　杯　酒　那

ȵuŋ³³ȵuŋ³³ tɕhi³³ vu³³ȵuŋ³³ wan³¹do³¹mau³³dzei³¹ au⁴⁵, pau³³je³¹ tsʅ⁴⁵ plan³¹ au⁴⁵,
骑　　　　起　马　　　　回家　　　　　　了　判官　　就　死　了

plan³¹ vu³³ ta³¹ wuŋ³¹ je³³ qa³³ ȵuŋ⁴⁵xuŋ³¹ lua³¹ di⁴⁵phau⁴⁵ wo³³, dzuŋ⁴⁵dzuŋ³¹
死　去　三　天　也　没有　听见　　放　地炮　　　不　每

wuŋ³¹ tɯ⁴⁵ sʅ⁴⁵ tɕi³¹ lo³¹ tsaŋ⁴⁵ ku³³. xaŋ³¹ti⁴⁵ ɕin³¹: "ji⁴⁵, ma³³ dɯ⁴⁵ plu³¹
天　都　是　击　锣　撞　鼓　　皇帝　　说　咦　定指　杯　酒

qə³¹tsʅ³¹ i³³ ȵi⁴⁵ aŋ³³ χen³¹ wo³³ a⁴⁵? da³¹tɕin³³ lə³³ pau³³je³¹ zan³³ ma³³ dɯ⁴⁵
药　　我　这　没有　气　不　啊　　怎么　　呢　判官　　喝　定指　杯

plu³¹ qə³¹tsʅ³¹ i³³ ȵi⁴⁵ vu³³ ta³¹ wuŋ³¹ a⁴⁵, qa³³ ȵuŋ⁴⁵xuŋ³¹ bau³³ na³³ luŋ³¹juŋ³¹
酒　药　　我　这　去　三　天　了　没有　听见　　处　哪　响

wo³³, qa³³ ȵuŋ⁴⁵xuŋ³¹ lua³¹ daŋ³³ wo³³. qa³³ ȵuŋ⁴⁵xuŋ³¹ qə³¹tshu⁴⁵ li⁴⁵ wo³³."
不　没有　听见　　放　枪　不　没有　听见　　人　哭　不

xaŋ³¹ti⁴⁵ ɬiau⁴⁵ pau³³je³¹ qau³³ di³³ ʔlei³¹ pa⁴⁵pai³³ pa⁴⁵ȵi⁴⁵, xaŋ³¹ti⁴⁵ ɕin³¹: "dɯ⁴⁵
皇帝　　和　判官　　住　的　房子　那边　　这边　　皇帝　　说　杯

plu³¹ qə³¹tsʅ³¹ aŋ³³ χen³¹ wo³³ a⁴⁵, na³¹ i³³ zan³³ qau⁴⁵ ə³¹ɬu⁴⁵ tɕhia³¹." xaŋ³¹ti⁴⁵
酒　药　　没有　气　不　呢　让　我　喝　杯　看　下　　皇帝

zan³³ tsʅ³³ qau⁴⁵ tsʅ⁴⁵ pa³³ xaŋ³¹ti⁴⁵ tɯ³¹ plan³¹ au⁴⁵. di³³ xaŋ³¹ti⁴⁵ li⁴⁵ sʅ⁴⁵ li⁴⁵
喝　一　杯　就　把　皇帝　　毒　死　了　家　皇帝　　哭　是　哭

lua³¹ sʅ⁴⁵ lua³¹ di⁴⁵phau⁴⁵, pan⁴⁵lan³³ do³¹ di³³ pau³³je³¹ tshei³¹ lua³¹ di⁴⁵phau⁴⁵ jiu³¹
放　是　放　地炮　　　　　后面　　来　家　判官　　才　放　地炮　　又
tshei³¹ li⁴⁵.
才　　哭

后来皇后来陷害判官了。她请判官来喝生日酒，但判官知道，(皇后)要放毒毒他了。判官去到皇帝家，皇帝就倒一杯毒酒给他喝，他喝了之后，骑马回家就死了。死了三天也没听见(他家)放地炮，每天都是敲锣打鼓，皇帝说："咦，我这个药酒没有效吗？为什么判官喝了三天了都没听见(他家的)人哭呢。"皇帝家和判官家住的房子是挨着的，皇帝说："这个酒没有效了，让我喝一杯看看。"皇帝喝一杯就被毒死了，皇帝家哭丧放地炮，后来判官家才放地炮哭丧。

（李发旺讲述，2008.7.16）

14．吃新节

ti³³to³¹ to³¹ʔlo³³ da³¹tɕin³¹ ɯ⁴⁵ ka³¹duɯ³¹ ne⁴⁵, a⁴⁵ ta⁴⁵ɕie⁴⁵buɯ⁴⁵, ti³³to³¹ to³¹ʔlo³³
我们　仡佬　　　为什么　　要　吃新　　　呢　发语词　以前　　　　我们　仡佬
tshuŋ³¹ a⁴⁵ tɯ⁴⁵lui³¹ be³¹ ə³¹lui³¹ phai⁴⁵ do³¹ ə³¹tsei³¹ di³³. phai⁴⁵ ti³³to³¹ do³¹
从　　　呢　天上　　　爷　天　　　派　　来　下面　　的　　派　　我们　　来
ə³¹tsei³¹ ne⁴⁵, ɯ⁴⁵ ko³¹zen³¹ tsʅ⁴⁵tɕi³³ taŋ³³, tsʅ⁴⁵tɕi³³ ka³¹. ŋa⁴⁵ ɲi⁴⁵ ne⁴⁵, ti³³to³¹
下面　　　呢　要　各人　　　自己　　　种　　自己　　　吃　回　这　呢　我们
do³¹ ə³¹tsei³¹ phle⁴⁵ baŋ³³ ne⁴⁵, do³¹ taŋ³³ baŋ³³ taŋ³³ lu⁴⁵ taŋ³³ vu³³ ə³¹tsei³¹
来　下面　　　劈　　田　　呢　来　种　　田　　种　　地　种　去　下面
ne⁴⁵, ʔluŋ³³ xuŋ⁴⁵ wo⁴⁵, ʔluŋ³³ xuŋ⁴⁵ wo³³ ne⁴⁵, tsʅ³³xɯ³¹ ŋe³¹ʔiu³³ na⁴⁵ tɯ⁴⁵lui³¹
呢　不会　　　熟　　不　　不会　　　熟　　不　呢　那些　　老人　　到　天上
vu³³ ɕin³¹, tɕi³³tɕio³¹ ʔlai⁴⁵ ti³³to³¹ vu³¹ ə³¹tsei³¹, da³¹ baŋ³³ da³¹ lu⁴⁵ ka³¹, nuɯ⁴⁵
去　说　　你们　　　叫　　我们　　去　下面　　　做　田　　做　地　吃　发语词
tɕia³¹ a⁴⁵ tshuŋ³³ qə³¹sɯ³¹ wo³³, ʔluŋ³³ xuŋ⁴⁵ wo³³. be³¹ ə³¹lui³¹ duɯ⁴⁵ ɕin³¹,
粮食　呢　不能　　　收　　　不　　不会　　　熟　　不　爷　天　　　就　说
tɕi³³tɕio³¹ ɯ⁴⁵ ta³¹ χe³¹ vu³¹dʑi³¹ ɯ⁴⁵ xuŋ⁴⁵ di³³ sʅ³¹tɕin³³, χe³¹ vu³¹dʑi³¹ di³³
你们　　　要　到　八　月　　　　要　熟　　的　时候　　　八　月　　　　的
wuŋ³¹ di³¹ tsei³¹ ɲi³¹ tsei³¹ vu³³ɲuɲ³³ do³¹ luan³¹, qə³¹ti⁴⁵ lui³¹ qə³¹ti⁴⁵ vu³¹tau⁴⁵,
天　　虎　　买　　牛　买　　马　　　　　来　杀　　祭　天　　　祭　地

muŋ⁴⁵ tɕia³¹ tshei³¹ ʔluŋ³¹ xuŋ⁴⁵, əu³¹ tsʅ⁴⁵ au³¹ ŋa⁴⁵ nuŋ³¹ ȵi⁴⁵. phai³¹ ȵi⁴⁵ ne⁴⁵
发语词 粮食 才 会 熟 发语词 就 是 件 事 这 次 这 呢
be³¹ ŋe³¹ʔiu³³ tsʅ⁴⁵ do³¹, wan³¹ do³¹, tsʅ⁴⁵ na³¹ ma³³xɯ⁴⁵ ɕin³¹, tsʅ³³ plei³¹ tsʅ³³
爷 老人 就 来 转 来 就 给 他们 说 一 年 一
ŋa⁴⁵ ɯ⁴⁵ luan³¹ ȵi³¹ luan³¹ vu³³ȵuŋ³³ qə³¹ti⁴⁵ lui³¹ qə³¹ti⁴⁵ vu³¹tau⁴⁵, tɕia³¹ tshei³¹
回 要 杀 牛 杀 马 祭 天 祭 地 粮食 才
ʔluŋ³¹ xuŋ⁴⁵.
会 熟

我们仡佬族为什么要吃新呢？以前，我们仡佬族是老天爷从天上派下来的，派我们下来呢，要各人自己种地，自己过日子。我们下来开荒辟草，种田种地，但（粮食）不会成熟。那些老人就到天上去问："你们叫我们下去种田种地，可粮食不能收，不会成熟啊。"老天爷就说："你们到八月（粮食）要熟的时候，在八月的虎场天买牛买马来杀，祭天祭地，粮食才会熟。""噢，是这样啊。"后来，老人就回来跟大家说，要杀牛杀马祭天祭地，一年一回，粮食才会成熟。

tshuŋ³¹ ma³³ ŋa⁴⁵ bɯ⁴⁵ ne⁴⁵, dʑi⁴⁵dʑi³¹ plei³¹ tsʅ³³ tsei³¹ ȵi³¹ do³¹ luan³¹, do³¹
从 定指 次 那 呢 每 年 就 买 牛 来 杀 来
luan³¹ ne⁴⁵ ɯ⁴⁵ dʑin⁴⁵ sɯ³¹ dɯ⁴⁵ be³¹ lui³¹lui³¹ be³¹ vu³¹tau⁴⁵ dʑin⁴⁵ ma³³xɯ⁴⁵
杀 呢 要 请 两 个 爷 天 爷 土地 请 他们
do³¹, do³¹ ka³¹, muŋ⁴⁵ tɕia³¹ tshei³¹ ʔluŋ³¹ xuŋ⁴⁵. tshuŋ³¹ ma³³ ŋa⁴⁵ bɯ⁴⁵ do³¹
来 来 吃 发语词 粮食 才 会 熟 从 定指 回 那 来
luan³¹, ta³¹ vu³¹dʑi³¹ χe⁴⁵ ne⁴⁵ tɕia³¹ dɯ⁴⁵ xuŋ⁴⁵ a⁴⁵, dɯ⁴⁵ pɯ⁴⁵ qə³¹sɯ³¹ a⁴⁵
杀 到 月 八 呢 粮食 就 熟 了 就 得 收 了
pɯ⁴⁵ qə³¹sɯ³¹ au⁴⁵ dʑi³¹ kan³¹ dʑi³¹ kan³¹ təu³³ aŋ³¹ ka³¹ le⁴⁵ man³³, dʑi³¹ kan³¹
得 收 了 每 个 每 个 都 有 吃 了 嘛 每 个
təu³³ aŋ³¹ ka³¹ le⁴⁵ man³³, do³¹ ne⁴⁵ ɯ⁴⁵nai³³ vu³¹tɕin³³ ne⁴⁵, dʑi³¹nu⁴⁵ ɯ⁴⁵ luan³¹
都 有 吃 了 嘛 来 呢 要 什么 呢 早晨 要 杀
vu³³ȵuŋ³³, ȵu⁴⁵qu³¹ luan³¹ vu³³ȵuŋ³³ pa³³ die⁴⁵ vu³³ȵuŋ³³ ɬa³¹ do³¹ tuŋ⁴⁵ xuŋ⁴⁵,
马 前 杀 马 把 肝 马 拿 来 煮 熟
da³¹tsu³¹, ka³¹ lau³³ mau³³ ne⁴⁵ tshei³¹ vu³³ a⁴⁵ ə³¹dzo³¹ luan³¹ ȵi³¹, luan³¹ ȵi³¹
献饭 吃 了 饭 呢 才 去 呢 山坡 杀 牛 杀 牛

ne⁴⁵ ɯ⁴⁵nai³³ ma³³ kan³³ a⁴⁵ luan³¹ ȵi³¹ e⁴⁵ ɬa³¹ khe⁴⁵ ɬa³¹ blaŋ³¹ ɬa³¹ kuɯ³³
呢　要　定指　个　的　杀　牛　呢　拿　锅　拿　桶　拿　瓢

dʑi³¹ tsaŋ³³ ɬa³¹ vu³³, vu³³ ne⁴⁵ ma³³ kan³³ a⁴⁵ luan³¹ ȵi³¹ ne⁴⁵ ɯ⁴⁵ dʑin⁴⁵
每　种　拿　去　去　呢　定指　个　的　杀　牛　呢　要　请

ə³¹dzo³¹ dʑin⁴⁵ lui³¹lui³¹ dʑin⁴⁵ vu³¹tau⁴⁵, dʑin⁴⁵ qha⁴⁵ dʑin⁴⁵ qhu⁴⁵ dʑin⁴⁵ qha⁴⁵
山坡　请　天　　请　地　　请　客　请　亲戚　请　亲戚

dʑin⁴⁵ qə³³die³³ dʑin⁴⁵ gi³³ ji³³xəu⁴⁵ tshei³¹ luan³¹ ȵi³¹.
请　朋友　请　好　以后　才　杀　牛

从那次以后，（人们）每年就买牛来杀，并要请老天爷和土地爷他们两个来吃，粮食才会熟。从那次到八月呢，粮食就熟了，就能收了，人们都有吃的了。（做这件事情）要怎么做呢？早晨要杀马，把马肝拿来煮熟，献饭祭祀，吃了饭才去山上杀牛，负责杀牛的（人）把锅、桶、瓢每样都拿去，要祭祀，请山、请天、请地、请亲戚朋友，都要说到，请好以后才杀牛。

pa³³ ȵi³¹ luan³¹ ləu⁴⁵, duɯ⁴⁵ ɯ⁴⁵ pa³³ pu³¹ duŋ³¹ dzu³³ mi⁴⁵ zaŋ³¹ na⁴⁵ pu³¹
把　牛　杀　了　就　要　把　四　个　奶头　它　割　给　四

pluɯ⁴⁵ vu³³, ji³³ pluɯ⁴⁵ qə³¹dzo³¹ au³¹ pluɯ⁴⁵ la⁴⁵ʔlu³¹ dau⁴⁵, ji³³ pluɯ⁴⁵ qə³¹dzo³¹ au³¹
方　去　一　边　坡　是　边　太阳　出　一　边　坡　是

pluɯ⁴⁵ pa⁴⁵qe³³, tsʅ⁴⁵ au³¹ la⁴⁵ʔlu³¹ do⁴⁵, pluɯ⁴⁵ a⁴⁵ pai⁴⁵ ȵi⁴⁵ pluɯ⁴⁵ min³¹dzu³¹ di³³
边　前面　就　是　太阳　落　边　的　边　这　边　左手　的

pluɯ⁴⁵ min³¹tsua³³. pa³³ pu³¹ pluɯ⁴⁵ qə³¹dzo³¹ ne⁴⁵, qə³¹ti⁴⁵ gi³³ ne⁴⁵ tshei³¹ dze³¹,
边　右手　把　四　边　坡　呢　祭　好　呢　才　刮

dze³¹ ne³³ ɬa³¹ tsʅ³³ ne⁴⁵ tsʅ³³ tsaŋ³¹, ɬa³¹ tsʅ³³ ne⁴⁵ gu⁴⁵ lo³¹mo⁴⁵, ɬa³¹ tsʅ³³ ne⁴⁵
刮　呢　拿　些　呢　支　灶　拿　些　呢　捡　柴　拿　些　呢

dze³¹ ȵi³¹, ɬa³¹ tsʅ³³ ne⁴⁵ fei³¹ u³³, qa³³ fei³¹ tsʅ³³tɕhin³¹, pi³¹xi³³ ɯ⁴⁵ na⁴⁵
刮　牛　拿　些　呢　分　肉　没有　分　之前　必须　要　让

ta⁴⁵tɕia³³ dʑi³¹ kan³¹ do³¹ ə³¹ɬu⁴⁵, ə³¹ɬu⁴⁵ gi³³ guŋ⁴⁵ gi³³ fei³¹ gi³³ guŋ⁴⁵ a³¹
大家　每　个　来　看　看　好　称　好　分　好　称　在

bɯ⁴⁵ do³¹, fei³¹ a³¹ bɯ⁴⁵ do³¹, ma³³ tsui³³ ɬa³¹ wo³³, ɯ⁴⁵ na⁴⁵ do³¹ da³¹tsu³¹,
那　来　分　在　那　来　不　准　拿　不　要　给　来　献饭

pa³³ tsu³¹ da³¹ gi³³, ʔlai⁴⁵ qə³³die³³ tu³¹lu⁴⁵ di³³ la⁴⁵ə³¹pe⁴⁵ʔlai³¹ do³¹, ji³³ ʁa⁴⁵ ji³³
把　饭　献　好　喊　朋友　寨子　的　小孩　　　来　一　户　一

| ku³³ | fei³¹ | fei³¹ | la⁴⁵ə³¹pe⁴⁵ʔlaŋ³³ | ka³¹, | ji³¹ | a³¹ | paŋ⁴⁵ʔlaŋ³³ | khe⁴⁵ | di³³ | ne⁴⁵, | du⁴⁵ | ɬa³¹ |
| 勺 | 分 | 给 | 小孩 | 吃 | 剩 | 在 | 里面 | 锅 | 的 | 呢 | 就 | 拿 |

fei³¹ qhɯ³¹qha⁴⁵ saŋ³³ plɯ³¹, saŋ³³ plɯ³¹ ne³³, pa³³ plɯ³¹ zan³³ gi³³, ə³¹ja⁴⁵
给　客人　　下　　酒　　　下　　酒　　呢　　把　酒　喝　好　　伸

ken³¹min³¹ je³³ gi³³, da³¹tsu⁴⁵zɯ³¹ je³³ gi³³ ne⁴⁵, tshei³¹ dze³¹dze⁴⁵ do³¹ fei³¹ u³³
手指　　　也　好　玩　　　　　也　好　呢　　才　　慢慢　　　来　分　肉

ɲi³¹, tu⁴⁵tu³³ u³³ ɲi³¹ vu³³mau³³dzei³¹ ne⁴⁵, tsʅ⁴⁵ vu³³ ka³¹ zo³¹.
牛　　提　肉　牛　回家　　　　　　呢　　就　去　吃　晚饭

把牛杀了，就要把它的四个奶头割给四方，一边是东方，一边是西方，这边左手边，这边右手边。把四边祭好了才刮（牛毛），一些人支灶，一些捡柴，一些刮牛毛，一些人分肉。没有分之前必须要让大家每个人来看，看好，称好，分好。称好分好在那儿，不准拿，要用来献饭供奉。饭献好了，就喊村子里的小孩来，一家一勺分给小孩儿吃，剩在锅里的呢，就拿给客人下酒。（大家）把酒喝好，猜拳也猜好，玩也玩好，才慢慢来分牛肉。提牛肉回家后，就去吃晚饭了。

ka³¹ zo³¹ ne⁴⁵, ma³³ kan³³ a⁴⁵ da³¹ qə³³luan³³ mlɯ³¹ au⁴⁵, ɯ⁴⁵ a³¹ pan⁴⁵lan³³
吃　晚饭　呢　定指　个　的　做　祭祀　　活　了　要　在　后面

pa³³ dzau³³ tsaŋ³¹ vu³¹zuŋ⁴⁵, ɯ⁴⁵ ʔlai³³ lɯ³¹ŋɯ³¹, pa³³ dzi³¹ kan³¹ di³³ lɯ³¹ŋɯ³¹
把　个　灶　拆　　　　要　喊　魂　　　把　每　个　的　魂

ʔlai³³ vu³³mau³³dzei³¹, vu³³ ta³¹ ʔlei³¹ tsʅ⁴⁵ ʔlai³³ tɕhi³³ qhɯ³¹qha⁴⁵ tsʅ⁴⁵ ə³¹ja⁴⁵
喊　回去　　　　　　去　到　家　就　喊　起　客人　　就　伸

ken³min³¹ ma³³, maŋ⁴⁵ tsʅ⁴⁵ pɯ⁴⁵ tsʅ³³ wuŋ³¹ man³³, maŋ⁴⁵ tsʅ⁴⁵ wuŋ³¹ a⁴⁵ ka³¹du³¹
手指　嘛　发语词　就　得　一　天　嘛　发语词　就　天　的　吃新

au⁴⁵ man³¹. wuŋ³¹lan³¹ maŋ⁴⁵ aŋ³³ nuŋ³¹ da³¹ wo³³, tsʅ³³sʅ⁴⁵ qhɯ³¹qha⁴⁵ do³¹ ne⁴⁵,
了　嘛　　第二天　嘛　没　有　事　做　不　只是　亲戚　　来　呢

qə³³die³³ a³³ qhɯ³¹qha⁴⁵ a³³ tsʅ³³ do³¹ ne⁴⁵, ə³¹ja⁴⁵ ken³¹min³¹, zan³³ plɯ³¹,
朋友　啊　亲戚　　啊　就　来　呢　伸　手指　　　　　喝　酒

vu³¹tɕin³¹ tsʅ³³ ma³³ da³¹ wo³³.
什么　　　都　不　做　不

吃（完）晚饭，负责祭祀的（人）要在后面把灶拆了，要喊魂，把每个人的魂喊回去。（大家）回去就喊起客人猜拳喝酒，（这样）就过一天了，这就是吃新的日子。第二天，没有事做，只是朋友啊，亲戚啊都来了，大家猜拳、喝酒，什么都不用做。

wuŋ³¹ khai⁴⁵ dzaŋ³¹ ne⁴⁵, ɯ⁴⁵ ka³¹ mau³³ tɕi³¹ mi³¹, ka³¹ mau³³ tɕi³¹ mi³¹ ne⁴⁵,
日　集市　龙　呢　要　吃　饭　谷　新　吃　饭　谷　新　呢
ma³³ kan³³ a⁴⁵ da³¹ qə³³luaŋ³³, ɯ⁴⁵ vu³³ gɯ⁴⁵ ko³¹tɕi³¹, gɯ⁴⁵ pau³³tɕi³¹, jaŋ³¹mau³³
定指 个 的 做 祭祀 要 去 摘 稻穗 讨 公谷 红糯稻
ko³¹zu⁴⁵, gɯ⁴⁵ do³¹ ɯ⁴⁵, ɯ⁴⁵ ne⁴⁵, di³³ ʁa⁴⁵ na³³ tsʅ³³ ma³³ thai³¹ vu³¹n̠i³¹ wo³³,
旱稻 摘 来 蒸 蒸 呢 家 户 哪 都 不 抬 甑子 不
ɯ⁴⁵ na⁴⁵ ma³³ kan³³ a⁴⁵ da³¹ qə³³luaŋ³³ do³¹ thai³¹ vu³¹n̠i³¹, mi⁴⁵ ma³³ do³¹ thai³¹
要 让 定指 个 的 做 祭祀 来 抬 甑子 他 不 来 抬
vu³¹n̠i³¹ wo³³, mɯ³¹ tsʅ³³ ɯ⁴⁵ ə³³liaŋ³³ ɯ³³ ko⁴⁵n̠i³¹, mɯ³¹ tshei³¹ lɯ³¹xɯ³¹ mi⁴⁵
甑子 不 你 就 要 掺 水 脚甑 你 才 等 他
do³¹, na⁴⁵ mi⁴⁵ do³¹ thai³¹ do³¹ qə³¹tsei³¹, mɯ³¹ tsʅ³³ ken³³ ka³¹ mau wo³³, ɯ⁴⁵
来 让 他 来 抬 来 下面 你 就 不敢 吃 饭 不 要
na⁴⁵ mi⁴⁵ do³¹ da³¹tsɯ³¹, mi⁴⁵ ma³³ da³¹tsɯ³¹, mɯ³¹ ken³³ ka³¹ wo³³, mi⁴⁵ ma³³
让 他 来 献饭 他 不 献饭 你 不敢 吃 不 他 不
do³¹ da³¹tsɯ³¹ wo³³, mɯ³¹ tsʅ⁴⁵ ɯ⁴⁵ khai³³ tsʅ³³ sa⁴⁵ ŋɯ⁴⁵mau a³¹ bɯ⁴⁵
来 献饭 不 你 就 要 舀 一 点 新饭菜 在 那
lɯ³¹xɯ³¹ mi⁴⁵, mɯ³¹ ka³¹ mau³³ tsʅ³³ ken³³ ka³¹ wo³³, ɯ⁴⁵ lɯ³¹xɯ³¹ mi⁴⁵ do³¹
等 他 你 吃 饭 都 不敢 吃 不 要 等 他 来
da³¹tsɯ³¹ ne⁴⁵ mɯ³¹ tshei³¹ ken³¹ ka³¹, pa³³ tsɯ³¹ da³¹ gi³³ ne⁴⁵, au³¹ tsʅ³³n̠i⁴⁵
献饭 呢 你 才 敢 吃 把 饭 献 好 呢 是 这样
tsʅ⁴⁵ da³¹ gi³³ au⁴⁵, ka³¹dɯ³¹ tsʅ⁴⁵ gɯ⁴⁵ man³¹.
就 做 好 了 吃新 就 完 了

赶龙场那一天，要吃新米饭，负责祭祀的（人）要去摘稻穗、公谷（传说中将水稻分公母）、红糯稻、旱稻摘来蒸。哪一家都不用抬甑子去祭献，要让负责祭祀的（人）来抬甑子他还没到，你就要添甑脚水（不使蒸干）等他来，让他来抬下去，（否则）你就不能吃饭。要让他来献饭，他不献饭你不能吃饭。他不来献饭，你就要盛一点没有吃过的饭菜在那里等着他，要等他来献饭以后，你才能吃。把饭献好后，吃过晚餐，吃新节就过完了。

（李友红讲述，2015.7.27）

参考文献

陈其光 2013 《苗瑶语文》，北京：中央民族大学出版社。

《仡佬族简史》编写组编 2008 《仡佬族简史》，北京：民族出版社。

贺嘉善 1983 《仡佬语简志》，北京：民族出版社。

康忠德 2010a 居都仡佬语否定句研究，《广西民族大学学报》第 4 期。

康忠德 2010b 居都仡佬语形容词构形法研究，《铜仁学院学报》第 2 期。

康忠德 2011a 居都仡佬语差比句分析，《中央民族大学学报》第 1 期。

康忠德 2011b 《居都仡佬语参考语法》，北京：中国社会科学出版社。

李锦芳 2011 仡央语言和彝语的接触关系，《民族语文》第 1 期。

李锦芳等 2006 《西南地区濒危语言调查研究》，北京：中央民族大学出版社。

李锦芳主编 2011 《仡佬语布央语语法标注话语材料集》，北京：中央民族大学出版社。

李锦芳、艾杰瑞 2007 中越红仡佬语比较，《民族语文》第 3 期。

李锦芳、韩林林 2009 红仡佬语概况，《民族语文》第 6 期。

李锦芳、李霞 2010 居都仡佬语量词的基本语法特征和句法功能，《语言研究》第 2 期。

李锦芳、吴雅萍 2008 关于侗台语的否定句语序，《民族语文》第 3 期。

李锦芳、徐晓丽 2004 比贡仡佬语概况，《民族语文》第 3 期。

李锦芳、阳柳艳 2014 多语言接触下的隆林仡佬语变异研究，《民族语文》第 5 期。

李锦芳、阳柳艳 2016 贵州水城仡佬语初探，《民族语文》第 3 期。

李锦芳、周国炎 1999 《仡央语言探索》，北京：中央民族大学出版社。

联合国教科文组织濒危语言问题特别专家组，范俊军、宫齐、胡鸿雁译 2006 语言活力与语言濒危，《民族语文》第 3 期。

梁敏、张均如 1996 《侗台语族概论》，北京：中国社会科学出版社。

龙海燕、蔡吉燕 2010 居都、大狗场仡佬语比较研究，《贵州民族学院学报》第 5 期。

汪平 1994 《贵阳方言词典》，南京：江苏教育出版社。

王钟翰主编 2012 《中国民族史》，武汉：武汉大学出版社。

韦名应 2008 仡佬语方言土语划分，北京：中央民族大学硕士论文。

翁家烈 1992 《仡佬族》，贵阳：贵州人民出版社。

吴秋林、靖晓莉 1997 《居都：一个仡佬族文化社区的叙述》，贵阳：贵州民族出版社。

熊大宽 2002 《仡佬族文化百科全书》，贵阳：贵州民族出版社。

许雁 2013 居都仡佬语的"给"字句，《贵州民族大学学报》第 4 期。

曾宝芬 2014a 居都仡佬语四音格研究，《广西民族大学学报》（哲社版）第 2 期。

曾宝芬 2014b 居都仡佬语俗语的语言特点及文化意蕴，《贵州民族研究》第 3 期。

张济民 1993 《仡佬语研究》，贵阳：贵州民族出版社。

张晓辉、李天元 2004 《仡佬族》，昆明：云南大学出版社。

Benedict Paul K. 1942 Thai, Kadai and Indonesian: A New Alignment in South East Asia, *American Anthropologist* 44: 576–601.

Diller, Edmondson and Luo ed. 2008 *The Tai-Kadai Languages*, London and New York: Routledge.

Irina Samarina 主编 2011 《仡佬族的语言（仡佬—俄—汉—越词汇对照）》（俄文版），莫斯科人文大学

Li Xia, Li Jinfang and Luo Yongxian 2014 *A Grammar of Zoulei, Southwest China*, Bern: PeterLang.

Ostapirat, Weera 2000 *Proto Kra*, Linguistics of the Tibeto-Burman Area 23 (1).

Shen Youmay 2003 *Phonology of Sanchong Gelao*, UTA theses.

调查手记

仡佬族是个古老的民族,其祖先先秦即从岭南进入贵州高原,大大早于后来同样循珠江水系而来的侗、水、布依等民族,战国至西汉年间建立了西南地区第一个少数民族方国"夜郎",持续约300年,强盛一时,在西南几个方国中实力雄厚,以致留下"夜郎自大"之说。后来汉灭夜郎,其地析为郡县之后,失去中心政权,其他族群陆续迁入贵州高原,今贵州西部一带仡佬族与彝族发生深刻接触,其他地区与汉族深入接触。"仡佬"一名出自宋代,是仡佬语"我们(咱们)"之意。仡佬族是被贵州地区许多民族公认为"开山辟草"创基业的民族,但在无情的历史风雨吹打下,这个族群一度凋零,四处散落,生活艰辛,至20世纪70年代末仅有2万多人,多数分布在贵州安顺、毕节、六盘水地区。英国牧师塞缪尔·克拉克(Samuel R.Clark)1914年出版的《在中国西南的部族》一书中,仡佬族被看作是"濒临灭绝"的族群。经民族识别,今天仡佬族有近60万人,主要分布在黔北,母语已经基本失传。仡佬语曾被视为系属未明语言,20世纪80年代末90年代初逐步被识别为侗台语族语言,并与新发现的分布在中国、越南的布央语、普标语、拉哈语、拉基语等组成仡央语支。此外,仡央语言还在20世纪40年代初被美国学者白保罗(Paul K. Benedict)引以为重要材料论证侗台语言与南岛语的密切关系,影响到诸多学科,引发了国际学术界的大讨论。仡央语言由此披上神秘面纱,我于1993年攻读博士学位后,选择仡央语言为研究对象,此后未有间断。在我所进行的诸多仡央语言点调查中,对六枝仡佬语的调查不算早,始于2003年,之后带领团队持续调查数次,时间由一周到三个月不等,积累了较多的调查材料。2015年有幸承担"中国语言资源保护工程"濒危语言专项课题,又有机会做补充调查,重新按新的规范摄录语料,撰写出版语言志。

之所以选择贵州六枝居都村作为仡佬语志的语言点,是基于三方面考虑:一是居都仡佬语所属的多罗方言在仡佬语四大方言中目前使用人口最多、分布地域最广,贵州、广西、云南和越南北部都有分布。二是居都村是保持仡佬族母语地区人口最多的村庄,各年龄段均使用母语,母语活力较强。三是团队调查研究基础较好。

2003年夏,"非典"疫情解除,我和五位研究生迫不及待赴贵州调查仡佬语,六枝居都村是第三站。省道连接居都的乡村公路险峻崎岖,技术娴熟的民宗局司机在滂沱大雨中小心翼翼驱车前行,离村子还有三里路左右,道路实在泥泞,车子没法前行,我们步行,冒雨进村,来到村里雨仍下个不停。说明来意,村委会给我们介绍了时年66岁的李发旺老人家,他做过村委文书,与乡镇干部接触较多,汉语能力也较强,容易配合工作。正值中午,我们在村委干部家边用餐边了解基本情况。大家围着一大锅土豆,蘸着辣椒面吃,还喝点苞谷酒(玉米酒)。这样的吃法大家都是第一次。这里土地少、贫瘠,农业生产条件较差,人们生活困难,土豆和玉米是主粮。相邻的镇宁县仡佬族村子比工水田较多,生活条件较好,发音人说米饭够吃,米酒比玉米酒好喝,喝不完,但住在山上的条件就差了,整天吃洋芋(土豆),人也吃牲畜也吃,屙出的屎都没有肥力,施放庄稼都长不好。面对村民的艰苦生活我们心情十分复杂。当时在村子里,我们了解记录了基本的人文背景,也初步了解了语音特点。由于住宿条件限制,我们与李发旺老人和另一位发音合作人回到县城展开记录。

1999年夏,我在广西隆林调查仡佬语哈给方言时,也初步了解了当地的多罗方言。2001年春节期间,我只身自费到广西隆林弯桃村对多罗方言做首次正式调查,隆林多罗方言语言衰变明显,口头文化几近失传,多数人已转用汉语。居都的语言保持明显比隆林好得多,我们在李发旺老人协助下,记录到了比较丰富的语料,除了较丰富的词汇、语法例句,他还给我们讲述了十余则神话、故事传说,还唱了几首歌,都做了录音、转写翻译。这次调查使我们对居都仡佬语有了较具体的认识,为其中一位研究生的毕业论文写作和后来的继续研究打下了良好基础。多罗仡佬语方言虽然分布广,但内部差别是几个方言中最小的,居都仡佬语保存的语言面貌最为完整、全面。居都有一整套的清鼻音声母,有复辅音,小舌音有塞、擦两套,有塞音、塞擦音的清浊对立,存古性明显,很有研究价值。广西、云南、越南的多罗方言都有翘舌音声母,唯独居都没有,这类声母也许是后起的,其诱因为何有待我们研究。多罗方言重叠构词手段比较发达,除了名词,动词也常常使用,有的是完全重叠,有的是变调重叠,这种现象在其他仡佬语方言、仡央语言和整个侗台语族语言中都十分罕见,与之有接触关系的彝语一般也不见(只是彝语支的纳西语有少量叠音动词),汉语的动词重叠属于语法、语用层面,不是构词层面。居都和其他多罗方言这一构词特点如何创新形成很值得探讨。

前几次调查我们一直都认为居都仡佬语有升、降、中平、高平4个调,2012年暑假我们再赴居都村,住在村小学,人较多,床铺不够就拼起办公桌、课桌来睡,这一趟除了要记录更多的话语材料,还要进行较全面的录音。期间应邀吃村民家满月酒,席间闲聊发现我们原先记为高平调的词有的人念成高升调45或稍低的35，而原来记为升调的有的又念为高平调，我们念成高平或高升都被认可，这下我们感觉有问题啦。第二天，我们邀请了老中青两性发音人到小学来核对，发现原来这是个调域现象。居都仡佬语中降和中平两个调是稳定的，先前我们记录的高升和高平调其实在人们的认知里就是一个高调，有时念高平有时念高升，更多习惯念高升。这样就跟学界1950年代调查所说的多罗方言有平、升、降三个调相吻合了，我们原先还以为是因为调查点不同或是时间推移而出现的变异。这也一再说明语言调查描写一定要有社会层次调查，只依据一两个合作人的调查有时候是要出现较大差错的。

仡佬语内部差别大，方言土语多，有些语言点的情况学术界还没掌握。居都村坡下的猴子田村也是一个仡佬族村寨，十几户人家，属于"剪毛仡佬"支系（女子出嫁时剪掉额头一撮毛发），有一位郭姓高龄妇女仍掌握母语，我们团队首次发现并于21世纪初头几年做了两次调查，但第一次调查几乎没有收获，其儿子阻止母亲跟外人讲仡佬语，说："讲苗话丑，别讲！"居都及周边仡佬族把自己的语言认同为"苗话"，可能与历史上贵州苗族分

李发旺老人摘新谷准备讲述吃新节习俗　六枝特区居都村 /2007.8.19/ 韦名应　摄

布广，官府泛称少数民族为"苗人"有关。由于长期语言地位低、封建官府压制，直至今天部分仡佬族群众的语言观念还不够健康、自信。2012年8月在居都调查期间，为了抢救记录猴子田仡佬语并弄清其与居都仡佬语的关系，我们决定再对猴子田仡佬语做进一步的调查，但郭氏老人已迁到居都南边数十公里开外的郎岱镇投靠其女儿，乡政府非常支持我们的工作，特别调派车辆送我们去郎岱。途径中寨乡，所属仡佬族陇戛村在《仡佬语简志》方言分布地图上被标识为稿方言语言点，此外火坑村也是仡佬族村寨，这两个村子均被称为"打铁仡佬"（以打铁营生）。我们沿途探访，试图了解语言使用情况，但令人遗憾的是，这两个村庄已经彻底转用汉语。在郭氏老人帮助下，我们对猴子田仡佬语做了较全面的记录，识别了其方言归属，它属于阿欧方言，与居都仡佬语差别较大。由于雨水冲刷，乡村公路坑洼不平，汽车受损，回程路上刹车失灵，幸亏已快下完坡，司机也有经验，否则后果不堪设想。先于我们一周来向郭氏老人调查的一位美国博士生则没那么幸运，他雇人乘坐摩托翻了车，幸好只是轻微受伤。

居都村由于地处偏僻，人口也相对集中，母语才得以保留至今，成为所有中越仡佬族分布区中最大的母语点。但其实历史上居都仡佬族的语言观念也很开放，第一次调查我们就记录到了一首学汉语儿歌，这很令我们惊讶，这种编歌教孩子学汉语的现象在民族地区中并不多见。今天，当村民得知居都是最大的仡佬语使用村寨都感到非常自豪，也产生了传承、维护母语的观念，得知村小可能被迁出合并都很担忧孩子们离开村子外出上学会忘记家乡话。政府对居都仡佬语的保护也比较重视，将之设为民汉双语和谐示范村，并特聘本村教师进行双语教学，但仅是口头双语，我们希望将来能利用本书的居都仡佬语拼写方案编制仡佬语教材，助力居都村的语言保护传承。仡佬族坚信历史上有过自己的文字，只是后来衰落，颠沛流离，生活无着，文字才失传。居都附近山上有块岩石似有符号刻痕，村民认为那就是传说中的仡佬文。许多民族都有关于语言文字的神话、传说，没有文字的都说历史上使用过。可见语言文字在人们心中地位很重要，是被看作一个民族兴衰荣辱的重要因素的。

我们在镇宁比工村和六枝居都村调查，都听到村民们说起曾有叫鲍克兰的外国女士如何来调查，仿佛是前不久的事情。其实这是远在20世纪40年代的事情，可能被认为是一件很不寻常的事人们才乐于谈论，经久不绝传至今天。奥地利人类学家鲍克兰（Inez de Beaucluair）抗战期间随同济大学内迁四川宜宾李庄，后一度任教于贵州大学，研究苗族、仡佬族，1940—1941年在中国人类学家吴定良博士的帮助下，到过安顺周边的湾子、黑寨和镇宁比工以及今六枝居都等几个仡佬族聚居地考察，写出了《贵州仡佬族的历史与现状》报告，收录在 Tribal China（Taipei：Orient Service，1970）一书中。由于居住分散、人口少，她曾预言仡佬族即将消亡，幸运的是她考察过的几处，今天仍有一部分村寨顽强地保留着

调查组与发音合作人合影　六枝特区居都村 /2012.8.14/ 曾宝芬 摄

考察口头文化讲述的旧营盘　六枝特区居都村 /2012.8.7/ 李锦芳 摄

自己的语言和文化。居都村民说鲍克兰不住村里,自带帐篷露营,还带着手枪防身,调查完成后第二天一早就不见人影啦。鲍克兰后来移居台湾,从事南岛语民族研究。

  2015年语保工程启动,居都仡佬语有幸被纳入第一批濒危语言课题,由于前期有了比较好的调查基础,为了给我所负责协调管理的其他南方民族语课题做培训、示范调查摄录,暑假期间我们直接把合作多年的居都村李友红先生专门请到广西南宁,按工程统一要求进行描写记录、音像摄录。他能唱山歌,也会讲不少故事传说,也有耐心,镜头感较好,是一位理想的语保发音合作人。只是南宁太闷热,习惯了居住在"凉都"六枝的他吃尽了苦头。课题成果是我们团队十几年劳动的结晶(遗憾的是不能署上更多人的名字),更是仡佬族人民热心、无私奉献的结果。居都仡佬族语言文化是仡佬族人民在长期生活窘境中顽强保留下来的文化遗珍。今天,各地仡佬族有志之士已纷纷成立了文化研究会,探寻民族发展之道,但愿这本志书和摄录的语料、文化资料能为仡佬族语言文化的传承发展以及社会文化复兴发挥积极作用。

语言和谐示范点匾牌
六枝特区居都村 /2012.8.6/ 李锦芳 摄

寻找"仡佬文"
六枝特区居都村 /2008.10.19/ 何荣芬 摄

后 记

20世纪80年代末，国内外学术界开始比较关注侗台语族仡央语支语言，受此背景影响，我们从80年代末90年代初开始收集相关语言资料，为仡央语言与其他侗台语言若即若离的关系感到好奇、着迷。由于这些语言都是濒危语言，语言资源流失十分严重，需要全面抢救记录、录音录像存档典藏。我们计划对各语言、语言点逐一进行地毯式的清查记录，20多年来虽然团队竭尽所能，也获得了各方人力、经费的支持，调查了不少语言方言，但也只能是对部分语言点进行比较全面、充分的调查记录，居都仡佬语就是其中的一个。

接触到居都仡佬语的第一天我们就为其语言特点所震撼，印象最深的是"骑马"称为 ŋ̊uŋ³³ ŋ̊uŋ³³ vu³³ŋ̊uŋ³³，语音和构词上都跟其他侗台语甚至其他仡佬语方言相差甚远，进一步调查后知道，居都仡佬语有一批动词为叠音构词，不能拆开使用，但其中有的可变为单音加词头 qə³³（ə³³）形式（如上述 ŋ̊uŋ³³ ŋ̊uŋ³³ "骑"可变 qə³³ ŋ̊uŋ³³ 或 ə³³ ŋ̊uŋ³³）。vu³³ŋ̊uŋ³³ "马"一词，vu³³ 是一个构词能力很强的词头，做许多名词、动词和形容词词头。居都仡佬语的语音系统在仡佬语诸方言土语中比较复杂，比较保守，声母发音类型多，声调发展分裂较慢，仅有3个。构词上词头大量使用，双音节词比例高，名词、动词中有部分叠音单纯词。这些特点使得居都仡佬语在仡央语言研究中具有十分独特的价值。同时，由于居都仡佬族母语文化生态相对其他仡佬语点保持得好，还流传有丰富的口头文化，我们得以记录不同体裁、题材的语篇，丰富了语言研究内容，同时也保存了一批珍贵的民族文化遗产。篇幅所限，部分已经转写音标、翻译好的语篇没能收录进来，也还有部分口头文化音档留待以后整理。

我们要特别感谢几位主要的发音合作人，其实，称为"发音合作人"并不能完全体现他们的价值和作用，他们熟悉本民族的语言和传统文化，也熟悉汉语，不但提供了语言文化资料，还进行了很多释解，他们的身份应为近期国际上常用的新名词"语言顾问"（language consultant）。李发旺（1933—2014）先生是其中的最年长者，多次调研他都不厌其烦地和我们共同工作,甚至有不少是重复劳动,因为设备的更新换代或者技术指标要求的提高,原先录制的语料又要重新摄录,他从无怨言。最后一次共同工作的时间是2012年夏天,20来年的合作,他老人家从一位声音响亮、歌声洪亮的60岁老人到步履蹒跚、气力虚弱的80岁老人,这一次他更多的是充当咨询对象的角色了。此次调查过后两年,他永远地离开了我们。假如仿照"非遗"工作,语言遗产也设定"传承人"的话,李发旺老人可谓当之无愧的仡佬语多罗方言"传承人"。李友红(1963—)先生是我们后面几次调查主要的合作人,也是本次"语保"工作的主要发音人,他继承长辈担任了村里最隆重节日吃新节的主祭人,有一定威望,熟悉本族语言文化,也讲述了许多口头语篇。每次合作,不论是在居都还是外出摄录,他都十分积极,工作投入,有时候还为我们在居都长期工作提供住处和生活的便利。李发素(女,1938—)、李天英(女,1938—)两位大妈提供了部分口头语篇。苏兴明(1958—)先生也参与了部分工作。他是村里同年龄段中为数不多的上过高中的人,近几年因民汉双语教学的需要,被特聘为本村小学学前班老师,教授汉语文和本族语言文化。六枝特区民宗部门、相关乡镇和居都村委会一直都很支持我们的工作,帮助我们解决了交通、起居和工作场所问题,协助物色调查合作人员,居都仡佬语调查记录工作的顺利开展也有他们一份功劳。

居都村村民们普遍希望自己的语言文化能世代相传,十分担心娃娃们个个上学外出后不再使用母语。六枝特区民宗局原局长刘廷和同志一直希望我们能帮助搞好居都的汉语仡佬语双语教学工作,使之科学规范。开展双语教学、母语文化进校园,是维持语言的重要途径。但是,规范化的双语教学工作是一个系统工程,不是轻易能实施的。希望我们此次编制的居都仡佬语拼写方案能有助于语言记录传播,甚至能进一步用来编写教材,助力双语教学。贵州省语言工作管理部门选定居都村作为"仡佬汉双语和谐环境建设"省级示范点,目的是要维护好目前的双语格局,避免母语衰退。我们的语言记录工作如果能够在归档存史的同时,也能推进双语教学、增强仡佬语的语言活力,那将是我们最希望看到的。

姜莉芳、韦名应、李霞等在攻读研究生期间为居都仡佬语的调查作出了各自的贡献,还有其他不少同学参与了语料整理工作,书稿排版校对得到了龙润田等同学的协助。感谢你们的付出。

"中国语言资源保护工程"的立项和商务印书馆的出版使得居都仡佬语的调查记录成果得以系统整理并面世,在此向相关部门和人员致以诚挚的谢忱。

作者

2018年4月18日